에듀윌과 함께 시작하면,
당신도 합격할 수 있습니다!

자소서와 면접, NCS와 직무적성검사의 차이점이 궁금한
취준을 처음 접하는 취린이

대학 졸업을 앞두고 취업을 위해 바쁜 시간을
채용시험을 준비하는 취준생

내가 하고 싶은 일을 다시 찾기 위해
회사생활과 병행하며 재취업을 준비하는 이직러

누구나 합격할 수 있습니다.
이루겠다는 '목표' 하나면 충분합니다.

마지막 페이지를 덮으면,

에듀윌과 함께
취업 합격이 시작됩니다.

누적 판매량 217만 부 돌파
베스트셀러 1위 2,420회 달성

공기업 NCS | 100% 찐기출 수록!

NCS 통합 기본서+봉투모의고사
피듈형 | 행과연형 | 휴노형 봉투모의고사
PSAT형 NCS 수문끝

매1N
매1N Ver.2

한국철도공사 | 부산교통공사
서울교통공사 | 국민건강보험공단
한국전력공사 | 한국가스공사

한국수력원자력+5대 발전회사
한국수자원공사 | 한국수력원자력
한국토지주택공사 | 한국도로공사

NCS 6대 출제사
공기업 NCS 기출 600제

대기업 인적성 | 온라인 시험도 완벽 대비!

20대기업 인적성 통합 기본서

GSAT 삼성직무적성검사
통합 기본서 | 실전모의고사 | 봉투모의고사

LG그룹 온라인 인적성검사

SKCT SK그룹 종합역량검사
포스코 | 현대자동차/기아

농협은행
지역농협

영역별 & 전공

취업상식 1위!

이해황 독해력 강화의 기술
석치수/박준범/이나우 기본서

공기업 사무직 통합전공 800제
전기끝장 시리즈 ❶, ❷

다통하는 일반상식

공기업기출 일반상식

기출 금융경제 상식

더 많은
에듀윌 취업 교재

취업 대세 에듀윌!
Why 에듀윌 취업 교재

기출맛집 에듀윌!
100% 찐기출복원 수록

주요 공·대기업 기출복원 문제 수록
과목별 최신 기출부터 기출변형 문제 연습으로 단기 취업 성공!

공·대기업 온라인모의고사
+ 성적분석 서비스

실제 온라인 시험과 동일한 환경 구성
대기업 교재 기준 전 회차 온라인 시험 제공으로 실전 완벽 대비

무료 강의 + 부가 자료

합격을 위한
부가 자료

교재 연계 무료 특강
+ 교재 맞춤형 부가학습자료 특별 제공!

eduwill

취업 교육 1위
에듀윌 취업 무료 혜택

교재 연계 강의

시간단축 SKILL
무료특강

※ 2024년 1월 7일부터 순차적으로 오픈됩니다.
※ 무료 특강 이벤트는 예고 없이 변동 또는 종료될 수 있습니다.

교재 연계 강의
바로가기

1:1 학습관리
교재 연계 온라인스터디

참여 방법

STEP 1
신청서 작성
→
STEP 2
스터디 교재
구매 후 인증
(선택)
→
STEP 3
오픈채팅방
입장 및 스터디
학습 시작

※ 온라인스터디 진행 혜택은 교재 및 시기에 따라 다를 수 있습니다.
※ 오른쪽 QR 코드를 통해 신청하면 스터디 모집 시기에 안내 메시지를 받을 수 있습니다.

온라인스터디
신청

온라인모의고사
& 성적분석 무료

응시 방법

QR 코드 링크
접속 후 로그인
→
해당
온라인모의고사
[신청하기]
클릭
→
대상 교재 내
응시코드
입력 후
[응시하기]
클릭

※ '온라인모의고사&성적분석' 서비스는 교재마다 제공 여부가 다를 수 있으니, 교재 뒷면 구매자 특별혜택을 확인해 주시기 바랍니다.

온라인
모의고사
신청

모바일 OMR
자동채점 & 성적분석 서비스

실시간 성적분석 방법

STEP 1
QR 코드 스캔
→
STEP 2
모바일 OMR
입력
→
STEP 3
자동채점 &
성적분석표
확인

※ 혜택 대상 교재는 본문 내 QR 코드를 제공하고 있으며, 교재별 서비스 유무는 다를 수 있습니다.
※ 응시내역 통합조회
에듀윌 문풀훈련소 → 상단 '교재풀이' 클릭 → 메뉴에서 응시확인

에듀윌이
너를
지지할게
ENERGY

시작하라.

그 자체가 천재성이고,
힘이며, 마력이다.

– 요한 볼프강 폰 괴테(Johann Wolfgang von Goethe)

에듀윌 공기업
NCS, 59초의 기술

의사소통능력

NCS를 준비하는 여러분에게

　　NCS 필기시험은 객관식입니다. 객관식 시험은 문제 출제의 원리가 있고, 문제로 나올 만한 내용과 그렇지 않은 기준들이 명확하게 갈립니다. 그래서 이런 출제 원리와 기준을 정확하게 알면, 반대로 그것을 파훼하는 풀이법 역시 Skill적으로 익힐 수 있습니다. 모든 문제에 다 Skill이 적용될 수는 없겠지만, Skill이 적용되는 문제는 Skill로 풀어서 문제 풀이 시간을 파격적으로 줄일 수 있습니다.

　　지금 NCS 필기시험에 주어진 시간은 평균적으로 한 문제당 1분 정도 됩니다. 그래서 우리의 목표는 한 문제를 59초 안에 푸는 것으로 정해질 수밖에 없습니다. 하지만 현실적으로 주어진 시간 안에 문제를 다 푸는 것은 매우 어려운 일입니다. 그리고 어떤 문제는 얼핏 봐도 2분은 넘게 걸릴 듯이 보이는 것도 있습니다.

　　그래서 우리는 평균 59초를 목표로 합니다. 어떤 문제는 Skill을 적용해서 20초 만에 풀고, 또 Skill이 적용되지 않는 문제들은 원론적으로 풀어 1분 40초를 씁니다. 그러면 평균 1분이 나옵니다.

　　때로는 너무 어려운 문제나, 시간이 너무 많이 걸리는 문제들은 Skip하는 것이 나을 때도 있습니다. 어차피 100점 맞는 것이 목표인 시험이 아니라, 현실적으로 커트라인을 넘는 것만 해도 되는 시험이니까요. Skip을 효과적으로 하는 것도 시간을 단축하는 중요한 요령인데, 문제를 풀다가 Skip을 할 수는 없습니다. 그러면 시간을 낭비하게 되니까요. 그래서 Skip하는 문제 같은 경우도 일정 기준을 가지고 문제를 풀기 전에 빨리 판단해야 합니다.

이래저래 NCS 문제 풀이는 무척 기술적인 일입니다. 객관식 문제에서 일정 정도의 점수를 목표로 하는 것이니까요. 그래도 다행인 것은 분명한 성과들이 있다는 것입니다. 'NCS, 59초의 기술' 시리즈는 비교적 짧은 공부 시간에 필요한 점수를 받아드는 가장 좋은 방법으로 지난 몇 년 동안 자리매김해 왔습니다.

이번 에듀윌과 만난 'NCS, 59초의 기술' 시리즈를 통해 보다 더 많은 취준생들을 만나 뵙게 되기를 기대합니다.

이시한

연세대학교 학사 · 석사 졸, 박사 수료
성신여대 겸임교수
에듀윌 취업 NCS 대표강사

Why 59초?

NCS 유형의 풀이방법과 솔루션 Skill을 알려 주는 책

'NCS 한 문제당 평균 풀이시간 59초'라는 불가능해 보이는 미션을 실현시켜 주는 책

단계별 특징

유형 분석

❶ 각 영역의 문제를 유형별로 나누고 출제 비중에 따라 유형을 Main Type과 Sub Type으로 분류하여 구성하였습니다.

❷ 각 Type의 대표적인 문제들을 샘플로 제시하여 Type별 문제의 특징을 한눈에 파악할 수 있도록 하였습니다.

문제 해결방법

❶ 일반적인 풀이법을 단계별로 제시하여 문제를 풀어 가는 기본적인 과정을 정리하였습니다.

❷ 하나의 해결방법으로 다양한 문제 유형에 접근할 수 있도록 해결방법을 최대한 단순화하여 제시함으로써 문제 유형 및 접근방법을 보다 쉽게 파악할 수 있도록 하였습니다.

Skill

❶ 59초 풀이의 핵심인 유형별 풀이 Skill을 정리하였습니다.

❷ 원론적인 Skill에서 변칙적인 Skill까지 문제 풀이시간 단축에 필요한 모든 Skill을 제공하여 문제 풀이시간을 획기적으로 줄일 수 있도록 하였습니다.

Skill 연습

❶ Skill을 적용할 수 있도록 다양한 문제 상황을 제시하였습니다.

❷ 단계적인 훈련을 통해 Skill에 대한 이해도를 높이고 Skill을 문제에 적용하는 속도를 키울 수 있도록 하였습니다.

실전 문제

❶ 실전에 대비할 수 있도록 공기업 NCS 필기시험에 출제되었던 기출 유형의 문제로 구성하였습니다.

❷ 공기업 NCS 복원 및 PSAT 기출 변형문제 등 다양한 실전 문제들을 통해 실전 감각을 높이고 문제 풀이 능력을 향상시킬 수 있도록 하였습니다.

Contents

의사소통능력
in NCS

- All that NCS: NCS의 이론과 실제
- 의사소통능력의 유형 분석과 공부 방법

PART

All that NCS
: NCS의 이론과 실제

원론적인 NCS

1 NCS(국가직무능력표준)란?

국가직무능력표준(NCS, National Competency Standards)은 산업현장에서 직무를 수행하기 위해 요구되는 능력(지식·기술·태도)을 국가가 산업부문별, 수준별로 체계화한 것으로, 산업현장의 직무를 성공적으로 수행하기 위해 필요한 능력(지식, 기술, 태도)을 국가적 차원에서 표준화한 것을 의미한다.

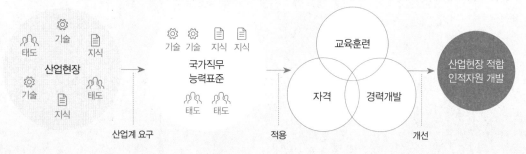

2 NCS 기반 채용의 개념

직무수행을 위해 필요한 능력(지식·기술·태도)을 산업부문별·수준별로 체계화한 NCS 기반 평가 도구를 활용한 인재채용 방식을 의미한다. NCS는 직업인의 공통 역량인 의사소통능력, 수리능력, 문제해결능력 등 직업기초능력과 해당 직무를 수행하기 위해 필요한 직무수행능력을 모두 제시한다.

- **채용유형별 적용**: 유형별로 NCS 직업기초능력, 직무수행능력을 조합한 채용도구 개발 → 대규모 공채, 직군별 공채, 경력 공채, 수시 채용 등 모든 채용유형에 적용 가능
- **채용단계별 적용**: 일반적 채용전형 단계인 '서류전형 → 필기전형 → 면접전형'과 일치하는 '능력 중심 입사지원서 → 능력 중심 필기전형 → 능력 중심 면접'으로 개발

3 NCS 기반 채용 도입을 한 이유

직무수행에 꼭 필요한 능력을 쉽고 체계적으로 평가, 선발에 활용함으로써 불필요한 스펙 쌓기에 몰입하는 잘못된 채용문화를 개선하고 능력 중심 사회 여건을 조성하기 위함이다. 구체적으로 분류하면 NCS를 기반으로 입사지원자의 직업능력을 객관적으로 평가할 수 있는 도구를 개발, 지원함으로써 다음과 같은 효용을 얻고자 한다.

❶ (기관) 적합한 인재(Right Person) 선발

기관에서 원하는 인재가 갖추어야 할 직무능력(KSA 등)을 체계적으로 평가할 수 있어 제대로 된 사람을 채용할 수 있다.

❷ (입사지원자) 불필요한 스펙이 아닌 적합한 능력 개발

본인이 원하는 기관의 수행직무를 사전에 숙지하고 입사함으로써, 직무에 대한 보람과 긍지, 몰입도를 높여 지속적인 자기계발 유도 → 개인 및 조직 경쟁력 제고

❸ (사회) "스펙 초월 능력 중심사회 구현" 및 주요 경쟁력 강화

NCS 기반 채용을 통해 "스펙 초월 능력 중심사회 구현"

직무 적합형 인재선발 → 직무 만족도 향상 → 조직 몰입도 향상 및 성과 창출 → 개인 및 조직역량 강화 → 국가경쟁력 강화라는 선순환 고리를 마련한다.

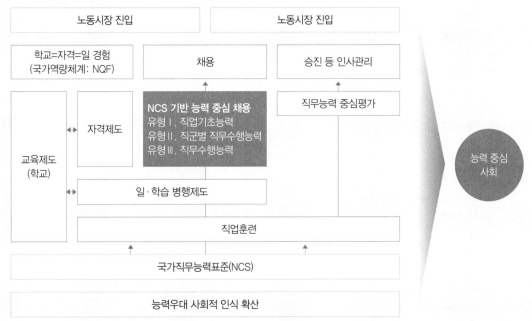

4 NCS 분류체계

국가직무능력표준의 분류는 직무의 유형(Type)을 중심으로 국가직무능력표준의 단계적 구성을 나타내는 것으로, 국가직무능력표준 개발의 전체적인 로드맵을 제시한다. 직무유형을 중심으로 대분류에서 세분류까지 내려가는 구조로 직무를 세분화해서 제시해 놓았다. 다음은 NCS 분류체계도의 한 예시이다.

[정보통신-정보기술개발분야(분류 예시)]

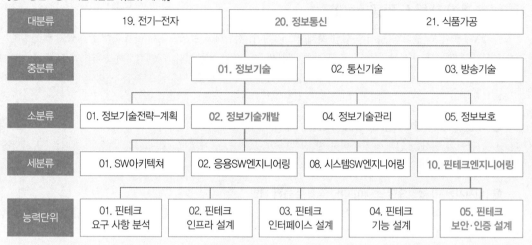

이렇게 여러 직무들이 분류되어 있다. 대분류에 속하는 직무들은 다음과 같이 나누어진다.

대분류	중분류	소분류	세분류
24개	80개	257개	1,022개
01. 사업관리	1	2	5
02. 경영·회계·사무	4	11	27
03. 금융·보험	2	9	36
04. 교육·자연·사회과학	2	3	8
05. 법률·경찰·소방·교도·국방	2	4	16
06. 보건·의료	1	2	11
07. 사회복지·종교	3	6	17
08. 문화·예술·디자인·방송	3	9	61
09. 운전·운송	4	8	31
10. 영업판매	3	8	18
11. 경비·청소	2	2	4
12. 이용·숙박·여행·오락·스포츠	4	12	46
13. 음식서비스	1	3	10
14. 건설	8	28	132
15. 기계	11	34	135
16. 재료	2	8	39
17. 화학	4	13	42
18. 섬유·의복	2	8	26
19. 전기·전자	3	33	108
20. 정보통신	3	15	95
21. 식품가공	2	4	21

22. 인쇄·목재·가구·공예	2	4	23
23. 환경·에너지·안전	6	18	57
24. 농림어업	4	13	54

5 10대 직업기초능력 영역과 하위능력

직무를 수행하는 데 기본적인 바탕으로 깔리는 것이 바로 10대 직업기초능력이다.

직업기초능력 영역	하위능력
의사소통능력	문서이해능력, 문서작성능력, 경청능력, 의사표현능력, 기초외국어능력
수리능력	기초연산능력, 기초통계능력, 도표분석능력, 도표작성능력
문제해결능력	사고력, 문제처리능력
자기개발능력	자아인식능력, 자기관리능력, 경력개발능력
자원관리능력	시간관리능력, 예산관리능력, 물적자원관리능력, 인적자원관리능력
대인관계능력	팀워크능력, 리더십능력, 갈등관리능력, 협상능력, 고객서비스능력
정보능력	컴퓨터활용능력, 정보처리능력
기술능력	기술이해능력, 기술선택능력, 기술적용능력
조직이해능력	국제감각, 조직체제이해능력, 경영이해능력, 업무이해능력
직업윤리	근로윤리, 공동체윤리

6 NCS 기반 능력 중심 채용의 효과

기업·공공기관은 일자리(직무)에 필요한 직무능력(NCS)을 채용공고를 통해 사전에 공개함으로써, 학생 및 취업준비생이 미리 준비할 수 있도록 하며, 채용기준을 공개한다. 이에 따라 다음과 같은 효과가 기대된다.

- **기업·공공기관**: 능력 중심 채용을 위한 평가도구를 활용, 서류·필기·면접 등 채용과정에서 직무능력평가를 통해 꼭 필요한 인재 확보, 기업 및 공공기관은 재교육 비용 등 채용과정의 비효율 감소(재교육 비용↓)
- **취업준비생**: 기업 및 공공기관의 채용공고를 사전에 올바르게 인지하여 무분별한 스펙쌓기를 지양할 수 있도록 유도, 취업준비생 본인이 원하는 직무에 꼭 필요한 능력 배양(불필요한 스펙쌓기에 따른 시간적, 금전적 비용↓)

STEP 02 실질적인 NCS

1 지원자들과 산업인력공단, 개별 공기업의 NCS 동상삼몽

NCS를 만들고 보급하는 한국산업인력공단에서는 앞에서 소개한 바와 같이 '직무' 위주의 채용이라는 측면에서 NCS를 언급하지만, 문제는 신규채용에 지원하는 대부분의 지원자들은 직무를 했던 경력자들이 아니라, 그야말로 막 대학을 졸업한 신입들이라는 점이다. 우리나라 대학의 교육 체계가 실습이나, 인턴과 연계되는 실무형 학습 체계가 아니기 때문에 이제 막 대학을 졸업한 학생들이 직무적인 경력이나 경험이 있을 수가 없다. NCS는 직무적인 능력을 체크하고, 그에 따른 채용을 하는 채용방식이기 때문에 영·미권의 경력직 채용 트렌드에는 잘 맞는 방식이나, 신입 공채 위주의 한국 채용시장에서는 잘 맞지 않는다.

하지만 산업인력공단은 NCS라는 것이 국가 전체의 직업을 관통하는 키워드지, 채용 하나만 이야기하는 것은 아니라는 자세다. 채용에서의 혼란은 아랑곳하지 않고 외국에서 사람들을 초청해서 세미나 열고 NCS의 이론적 구축과 정당성 확보를 위해 열 올리기 바쁘다. 개별 공기업의 입장에서는 국가에서 추진하는 방향성은 알겠는데, 사실 이미 들어온 직원들을 NCS로 나눠 평가하고 그런 부분에서는 크게 영향받지 않는다. 다만 채용과정에서 NCS로 채용을 하라니, 이 부분이 문제다. 그래서 개별 공기업에서 NCS는 NCS 채용과정을 뜻하는 의미로 많이 인식된다.

개별 공기업 입장에서 NCS 채용의 문제는 그대로 하자니 경력은커녕 인턴 이력조차 없는 지원자들에게 직무적인 역량을 측정할 길이 없다. 하지만 블라인드 채용 때문에 학벌, 학점, 영어점수, 나이 등 비교적 수량화되어서 채점하기 편한 이력들은 아예 자료조차 받지 못한다.

그래서 개별 공기업들의 선택은 말 많은 서류단계에서 최대한 기회를 많이 주고, NCS 기반의 필기시험에서 지원자들을 최대한 솎아낸 후에 면접은 최소의 인원이 치르게 하자는 전략이다. 사실 기존의 채용비리 같은 경우도 대부분 서류나 면접에서 발생했고, 필기시험에서는 그런 일이 현저히 적었다. 그래서 객관적인 필기시험의 기능을 강화한 것이다. 이런 방식은 개별 공기업 입장에서는 채용비리라든가, 주관적 채용에 대한 의혹을 떨쳐낼 수 있는 방식이기 때문에 점점 더 확대되고 있기도 하다.

그러다 보니 일반 지원자들에게 공기업의 NCS 채용이라고 하면 그건 필기시험을 의미한다. 필기시험이 가장 중요하고, 여기서 많은 인원이 탈락하기 때문이다. 그래서 이 세 주체가 NCS에 대해 서로 다른 뜻을 생각하게 되니 그야말로 동상삼몽인 것이다.

2 실제적인 공기업 채용 방법에 대한 비교

지원자 입장에서는 NCS라고 하면 왜 그것이 필기시험을 의미하게 되었는지는 다음의 표를 보면 확실히 알 수 있다. 다음 표는 채용인원이 많은 상위 24개 공기업의 채용 방식을 한눈에 볼 수 있게 정리한 것이다.

공기업	서류 통과 배수	평가기준	면접
한국철도공사	적·부(24년부터 10배수)	–	2배수
한국전력공사	사무 70배수 배전·송변전 30배수 기타 20배수	외국어 100 자격증(사무 20, 기술 40)	사무·배전·송변전 2.5배수 기타 4배수
국민건강보험공단	일반·강원인재 10배수 장애·보훈 5배수	교육, 경력, 경험	3배수

서울교통공사	적·부	—	1.5배수
국민연금공단	10배수	자기소개서 20점 교육사항 20점 자격사항 50점 공인어학성적 10점	2배수
한국농어촌공사	25배수	공인어학성적 70점 자격증 30점 가산점 4점	2~5배수
IBK기업은행	적·부		7배수
근로복지공단	10배수	자기소개서 적·부 교육, 경력, 경험	3배수
LH한국토지주택공사	30배수	자기소개서 40점 어학 20점 자격증 20점	2~4배수
한국가스공사	적·부	토익 750점	2~5배수
LX한국국토정보공사	적·부		3배수
한국수자원공사	적·부	행정 어학 90점, 자격증 10점 기술 어학 80점, 자격증 20점	2~5배수
한국산업인력공단	적·부	—	5배수
한국지역난방공사	적·부	자기소개서 적·부 가점평가 40점	3배수
한국환경공단	10배수	공통자격/전문자격/ 어학사항/기타사항	2~3배수
한전KPS	10배수	자기소개서 적·부 가점 자격증, 영어우수자 우대	3배수 또는 5배수
한국수력원자력	적·부	자기소개서 적·부 외국어성적 100점	3배수
한국공항공사	30배수	어학, 자격증 등	3배수
장애인고용공단	5배수	경력 및 경험기술서 40점 자기소개서 60점	3배수
인천국제공항공사	20~50배수	영어, 자격증 자기소개서 적·부	3배수
중소벤처기업진흥공단	30배수	자기소개서 적·부 교육, 경력, 경험, 자격증	5배수
한국서부발전	30배수	외국어 60점 자격증 사무 10점, 기술 30점 입사지원서 10점	5배수
한국중부발전	30배수	외국어성적 100점＋자격증가점(40점)	3배수
한국자산관리공사	적·부	한국사능력검정시험 2급 이상	3배수

(자세한 내용은 기업별 채용 홈페이지 참고)

공기업의 45% 정도는 학력, 나이, 학점, 심지어 영어점수 같은 것도 안 내고, 지원하면 서류는 대부분 통과해서 필기시험의 기회를 얻게 된다.

'적·부'라고 표시된 방법은 대부분 영어 점수에 지원 자격을 두고 있다. 토익 700점 정도만 넘으면 지원자격이 만족된 것이니 서류 통과가 된다는 의미다. 그래서 평가를 통한 '패스' 개념보다는 처음부터 그냥 지원 '자격' 자체로 인식하는 것이 맞는다.

그리고 서류 통과 배수가 있어서 서류 단계를 평가로 활용하는 나머지 45% 정도의 공기업도 대부분 배수가 많은 편이다. 50배수, 20~30배수 등이다. 대기업의 서류 통과 배수가 5배수에서 많아야 10배수 정도인 것과 비교될 수밖에 없다.(일부 20배수인 대기업도 있지만 정치적 이슈 때문에 순간적으로 늘린 것뿐 조금만 지나면 고무줄처럼 그 인원들은 다시 제자리로 돌아오곤 한다.)

　공기업에서 10배수 이하인 곳은 대부분 복지쪽 공기업이다. 그래서 복지쪽 공기업을 지원하는 지원자들은 서류에 채워 넣을 스펙을 만들기 위해 고심하고 있다. 전체적으로 복지 공기업만 빼면 웬만한 공기업들은 스펙초월이나 적부가 아니더라도 일반 사기업보다는 지원자들에게 훨씬 더 많은 기회를 주고 있다는 것을 알 수 있다.

　중요한 것은 면접 배수이다. 대부분이 2배수이고, 많아야 3~4배수 수준이다. 평균적으로 2.78배수를 면접전형까지 올린다. 엄청나게 많은 인원이 필기시험을 보게 되는데, 면접은 2~3배수다. 그러니 대부분이 필기시험에서 탈락하게 된다. '한국전력'의 사무직은 70배수를 뽑는데, 면접은 2.5배수다. 그러나 대부분이 NCS 필기시험에서 탈락하게 된다. 한국철도공사는 23년까지 무제한으로 왔다가, 면접은 2배수로 진행되었다. 2018년 상반기 채용 때 한국철도공사 채용에 69,000명이 지원한 적이 있었는데, 이때 면접에는 2,000명만 올라갔다. 67,000명이 NCS 필기시험에서 탈락한 것이다. 그래서 지원자들에게 공기업 채용은 NCS 필기시험에서 얼마나 유리한가에 달려있다는 인식이 퍼질 수밖에 없다.

③ 필기시험의 구성

　채용비리의 결과로 담당자들이 실형까지 선고받는 일이 잇따르면서 인사담당자들의 입장에서는 의혹을 남길 일을 조금이라도 하고 싶어 하지 않게 되었다. 그래서 주관성이라든가 외부 입김이 들어갈 여지가 조금이라도 있는 서류나 면접 단계를 최대한 축소하고, 객관적이면서도, 외주사에서 처리할 수밖에 없는 (말하자면 문제가 생기면 외주사의 책임으로 돌려버릴 수 있다는 뜻이다.) 필기시험의 영향력을 강화하였다. 그래서 이런 경향성은 당분간 계속 갈 수밖에 없다.

　필기시험은 NCS 10대 직업기초능력만 보는 공기업과 NCS 10대 직업기초능력과 전공을 같이 보는 공기업으로 갈린다. 채용인원이 많은 상위 24개 공기업의 자료로 비교해 보면 다음과 같다.

공기업	NCS	전공
한국철도공사	○	○
한국전력공사	○	○
국민건강보험공단	○	○(법률)
서울교통공사	○	○
국민연금공단	○	○
한국농어촌공사	○	○
IBK기업은행	○	○
근로복지공단	○	○
LH한국토지주택공사	○	○
한국가스공사	○	○
LX한국국토정보공사	○	○
한국수자원공사	○	○
한국산업인력공단	○	—
한국지역난방공사	○	○
한국환경공단	○	○
한전KPS	○	○
한국수력원자력	○	○
한국공항공사	○	○
한국장애인고용공단	○	○
인천국제공항공사	○	○

중소벤처기업진흥공단	○	○
한국서부발전	○	○
한국중부발전	○	○
한국자산관리공사	–	○

(자세한 내용은 기업별 채용 홈페이지 참고)

NCS 10대 직업기초능력만 출제하는 기업은 갈수록 줄어들고 있어 전공의 비중이 높아지는 추세다. 그리고 전공은 문과와 이과의 경우에 평가하는 과목이 다르다.

○ **이과의 경우**

이과가 지원하는 기술직은 대부분 전공 시험이 지원한 분야의 전공이다. 공기업 지원할 때 이과의 경우, 기사 자격증 혹은 그에 준하는 자격 조건을 요구하다 보니 지원하는 직무에 대해 전공 공부는 되어 있는 셈이다. 그래서 기사 자격증을 딸 정도의 전공 지식이라면 이 전공 시험을 치르는 데에는 큰 무리가 없다. 공기업 채용계의 공공연한 비밀 중 하나는 공기업에서 직무수행평가라는 이름으로 치러지는 전공 시험들은 사실 기사 자격증 문제를 그대로 따 와서 내는 것이라는 이야기가 많다.

이는 시험 출제가 몇몇 외주사들에 의해서 이루어진다는 데에 그 원인이 있다. 원래 문제 출제 외주사들은 각 분야에 전문가들을 둔다든가, 대학 교수들과 협력 체제를 구축해서 문제를 출제해야 하는데, 실제 그렇게 하다 보면 비용적인 부분이나 시간적인 부분, 그리고 문제 유출에 대한 위험성 등에 문제가 생기니까 그냥 자체 출제를 하는 경우가 많다. 그러다 보니 문제의 퀄리티와 난이도가 그렇게 뛰어나지 못한 경우가 많이 생겨서 이 외주사들은 다른 시험의 기출에서 그대로 가져오는 식의 선택을 할 때가 있다.

특히 전공 시험의 경우는 그런 경향이 심해서 기사 자격증 시험에서 실제 그대로 나오는 경우가 비일비재하다. 2016년 서울시농수산식품공사 신입사원 공개채용 필기시험은 '채용비리가 의심된다'고 할 정도로 문제가 똑같이 나왔었다. 4명을 뽑는 기술직 전기분야 필기시험 문제 전체가 전기기사 한 회차 시험문제에서 출제됐는데, 25문항 전체가 2011년도 전기기사 일반검정 1회차 100문제 가운데에서 그대로 가져왔다는 것이다. 그런데 사실 이건 채용-비리라기보다는 문제를 출제하는 외주사의 성의가 너무 없었던 것이다. 보통 다들 베끼기를 하지만 여러 연도의 문제들을 폭넓게 써서 여기서 한 문제, 저기서 한 문제 하는 식인데, 이건 한 회차에서 그냥 가져왔으니 지원자들에게 인지가 된 것이다.

이런 연유로 기술직 지원자들은 기사 자격증 공부하던 기억과 경험을 살려서 전공을 준비하면 대체로 큰 무리가 없는 셈이다. 산업에 따라 다르지만 보통은 전기, 기계, 토목, 건축, 전산 등이 많이 뽑는 전공들이고, 그 외 화공, 환경 등의 전공들이 있다.

○ **문과의 경우**

문과의 경우는 이과 직무에서 전공이나 자신이 소지한 기사 자격증에 맞춰 지원하는 것과 달리, 특별한 자격증을 요구하지도 않고 한정된 전공으로 제한하지도 않는다.

따라서 전공 필기시험을 완전히 새로 공부해야 하는 경우도 종종 발생한다. 예를 들어 일문과 전공인 지원자가 공기업의 행정직을 지원하면 적어도 경영, 경제, 법학, 회계, 행정 중에 한 과목은 봐야 하는데, 학교 다닐 때는 전혀 배우지 않은 생소한 과목들인 것이다.

이 다섯 과목 중 하나를 선택해서 보는 경우도 있고, 두 개씩 묶는 경우도 있다. 그리고 심지어 통합전공이라고 해서 이 다섯 과목 전부를 보아야 하는 경우도 있지만, 이런 경우는 많지 않고 소수다. 대부분은 한 과목을 선택하는 경우가 많다.

그리고 과목을 선택한 후에 그 과목 안에서도 출제되는 세부 시험 범위는 각 기업마다 다를 수 있다. 보통 한 과목들은 다음과 같은 세부 영역으로 나뉜다.

과목	세부 영역들
경영	경영학원론, 재무관리, 마케팅, 조직 및 인적관리
경제	경제학원론, 미시경제학, 거시경제학
행정	행정학원론, 행정조직론, 인사행정, 행정법
법학	헌법, 민법, 행정법, 인사소송법, 상법
회계	재무관리, 재무회계, 원가회계, 세법개론

모든 공기업에서 이 세부 영역들이 나온다는 것이 아니라, 이 중에 일부가 선택되어서 나오니까 자신이 지원할 공기업이 결정되면 채용공고나 후기를 잘 살펴서 구체적으로 어떤 영역들이 출제 범위인지 확인해야 한다.

이런 전공을 하지 않은 지원자들의 경우 사실 전공 과목의 벽이 있는 셈이니, 공기업 지원을 결심했다면 자신이 지원하는 기업에 따라 전공에 대한 공부 계획을 잘 세워야 한다.

○ **NCS 직업기초능력**

NCS 직업기초능력은 전공이 있건 없건 간에 대부분의 공기업에서 실시하고 있다. 몇 명 단위로밖에 뽑지 않는 공기업의 경우 서류와 면접 전형만 존재하는 경우도 많았는데, 채용비리 사건 이후 이런 채용에 의문을 드러내는 사람이 많아지면서, 소수의 경우라도 객관식 필기시험을 도입하는 경향이 확산되었다.

전공 시험에 어려움을 겪는 사람들은 NCS 직업기초능력만 보는 공기업으로 눈을 돌리는 것도 방법이다. 그리고 사실 시험에 전공이 없는, 그러니까 NCS 직업기초능력만 보는 경우가 53%로 전공 시험을 치르는 경우보다 많다. 문제는 그런 사람이 많다 보니 NCS 직업기초능력 시험만 보는 공기업들의 경우, 경쟁률이 치열하다는 것이다. 아무래도 대기업 준비와 같이 병행할 수 있다는 장점도 있다 보니 많은 사람들이 이런 채용에 지원하고 있다.

STEP 03 NCS 10대 직업기초능력

1 NCS 10대 직업기초능력의 원론적 구성

	직업기초능력 영역	하위능력
1	의사소통능력	문서이해능력, 문서작성능력, 경청능력, 의사표현능력, 기초외국어능력
2	수리능력	기초연산능력, 기초통계능력, 도표분석능력, 도표작성능력
3	문제해결능력	사고력, 문제처리능력
4	자기개발능력	자아인식능력, 자기관리능력, 경력개발능력
5	자원관리능력	시간관리능력, 예산관리능력, 물적자원관리능력, 인적자원관리능력
6	대인관계능력	팀워크능력, 리더십능력, 갈등관리능력, 협상능력, 고객서비스능력
7	정보능력	컴퓨터활용능력, 정보처리능력
8	기술능력	기술이해능력, 기술선택능력, 기술적용능력
9	조직이해능력	국제감각, 조직체제이해능력, 경영이해능력, 업무이해능력
10	직업윤리	근로윤리, 공동체윤리

○ **의사소통능력이란?**

의사소통능력은 의사소통의 개념과 의사소통능력을 향상하는 방법에 대한 전반적인 내용을 다루는 것이다. 따라서 의사소통의 개념 및 중요성, 의사소통능력의 필요성, 의사소통의 종류, 의사소통능력 개발을 위한 방법을 교육내용으로 선정할 수 있다. 문서이해능력은 직장생활에서 필요한 문서를 확인하고, 읽고, 내용을 이해하여 업무 수행에 필요한 요점을 파악하는 능력을 기르는 것을 주요 교육내용으로 다루고 있으며, 문서이해 능력의 개념 및 중요성, 다양한 문서의 종류와 그에 따른 이해방법, 문서이해의 구체적인 절차와 원리, 문서이해를 통한 정보획득, 수집, 종합방법을 교육내용으로 선정할 수 있다.

문서작성능력은 목적과 상황에 적합한 정보를 전달할 수 있는 문서를 작성하는 것을 주요 교육내용으로 다루고 있으며, 문서작성의 개념 및 중요성, 문서작성의 종류 및 목적과 상황에 따른 예시, 문서작성의 절차와 과정, 문서작성 시 주의사항, 효과적인 문서작성 예시를 주요 교육내용으로 선정할 수 있다.

경청능력은 다른 사람의 말을 주의 깊게 들으며, 공감하고 반응하는 능력을 기르는 것을 주요 교육내용으로 다루고 있으며, 경청의 개념 및 중요성, 올바른 경청을 방해하는 요인, 경청의 바람직한 자세, 대상과 상황에 따른 경청법 및 훈련방법을 교육내용으로 선정할 수 있다.

의사표현능력은 목적과 상황에 맞는 말과 비언어적 행동을 통해 정보를 효과적으로 전달하는 능력을 기르는 것을 주요 교육내용으로 다루고 있으며, 의사표현의 개념 및 중요성, 의사표현의 방해요인과 제거방법, 원활한 의사소통을 위한 지침, 설득력 있는 의사표현의 기본요소 및 특성을 교육내용으로 선정할 수 있다.

기초외국어능력은 외국어로 된 간단한 자료를 이해하거나 간단한 외국인의 의사표현을 이해하는 능력을 기르는 것을 주요 교육내용으로 다루고 있으며, 기초외국어능력의 개념 및 중요성, 기초외국어능력이 필요한 상황과 종류, 비언어적 표현방법의 유형과 효과, 기초외국어능력 향상을 위한 교육방법을 교육내용으로 선정할 수 있다.

○ **수리능력이란?**

　수리능력은 직장생활에서 필요한 기초적인 연산과 통계방법, 도표작성 및 분석의 중요성에 대한 전반적인 내용을 다루는 것이다. 따라서 수리능력의 중요성, 효과적인 연산수행 방법, 기본적인 통계방법, 도표작성의 중요성을 교육내용으로 선정할 수 있다.

　기초통계능력은 업무를 수행할 때 효과적으로 연산을 수행하는 방법과 이를 활용하는 내용을 다루고 있으며, 논리적인 연산수행 방법, 효과적인 검산법을 교육내용으로 선정할 수 있다. 기초통계능력은 주요 통계방법에 대한 이해와 활용을 주요 교육내용으로 다루고 있으며, 통계의 의미, 통계방법의 종류, 통계자료 해석 방법을 교육내용으로 선정할 수 있다.

　도표분석능력은 도표의 종류를 이해하고 업무에 적합하게 활용하는 것을 주요 교육내용으로 다루고 있으며, 도표의 종류, 도표의 종류별 특징, 효과적인 도표분석 방법을 교육내용으로 선정할 수 있다. 도표작성능력은 도표를 작성하는 목적을 이해하고 절차에 따라 핵심기법을 사용하여 도표를 작성하는 것을 주요 교육내용으로 다루고 있으며, 도표작성의 절차, 도표작성 시 유의사항, 도표작성 실제를 교육내용으로 선정할 수 있다.

○ **문제해결능력이란?**

　문제해결능력은 문제와 문제해결에 필요한 전반적인 것이다. 따라서 문제의 의미, 문제의 유형, 문제해결의 의미, 문제해결의 기본적 사고, 문제해결의 장애요소를 교육내용으로 선정할 수 있다. 사고력의 교육내용은 문제해결을 위해서 필요한 창의적 사고, 논리적 사고, 비판적 사고를 이해하고 배양할 수 있도록 창의적 사고의 의미, 개발방법, 논리적 사고의 의미, 개발방법, 비판적 사고의 의미, 개발방법을 교육내용으로 선정할 수 있다. 문제처리능력은 문제해결 절차에 따른 과정을 주요 내용으로 다루고 있으며, 문제 인식, 문제 도출, 원인 분석, 해결안 개발, 실행 및 평가 단계의 의미와 절차를 교육내용으로 선정할 수 있다.

○ **자원관리능력이란?**

　자원관리능력은 자원관리능력, 시간관리능력, 예산관리능력, 물적자원관리능력, 인적자원관리능력에 관한 것이다. 자원관리능력의 교육내용은 시간관리능력, 예산관리능력, 물적자원관리능력, 인적자원 관리능력에 필요한 전반적인 내용을 다루는 것이다. 따라서 자원의 의미 및 중요성, 자원낭비요인, 효과적인 자원관리과정을 교육내용으로 선정할 수 있다.

　시간관리능력의 교육내용은 시간자원 이해, 시간자원 확보 방법, 시간계획 수립 방법, 시간자원 할당 방법을 습득할 수 있도록 시간의 특성 및 의미, 시간관리방법, 시간낭비요인, 효과적인 시간계획을 교육내용으로 선정할 수 있다. 예산관리능력은 예산의 확인, 예산의 할당 방법을 습득할 수 있도록 예산관리의 필요성, 예산의 구성요소, 효과적인 예산수립, 예산집행 관리를 교육내용으로 선정할 수 있다.

　물적자원관리능력은 물적자원 확인, 물적자원 할당 방법을 습득할 수 있도록 물적자원의 의미, 물적자원 활용의 방해요인, 효과적인 물적자원관리 과정, 물적자원관리 방법을 교육내용으로 선정할 수 있다. 인적자원관리능력은 인적자원 확인, 인적자원 할당 방법을 습득할 수 있도록 인적자원의 의미, 인적자원관리의 필요성, 인맥 관리, 팀원관리를 교육내용으로 선정할 수 있다.

○ **자기개발능력이란?**

　　자기개발능력의 교육내용은 자기개발능력, 자아인식능력, 자기관리능력, 경력개발능력에 관한 것이다. 자기개발능력의 교육내용은 자기개발과 관련된 자신을 이해하고, 관리하며, 경력을 개발하는 전반적 내용을 다루는 것이다. 따라서 자기개발의 의미와 중요성, 자기개발 과정, 방해요인, 자기개발 계획 수립, 자기 브랜드화 전략을 교육내용으로 선정할 수 있다.

　　자아인식능력은 자신을 이해하기 위한 방법과 실제적인 자아발견을 주요 교육내용으로 다루고 있으며, 자아인식의 의미, 자아인식의 방법, 일과 관련된 자신의 특징 파악, 자신의 경험 반성을 교육내용으로 선정할 수 있다. 자기관리능력은 자기관리 단계별 계획을 수립하고 주요 자기관리 방법을 내용으로 다루고 있으며, 자기관리 단계별 계획수립, 자기 내면 관리, 업무수행 성과 관리, 합리적인 의사결정을 교육내용으로 선정할 수 있다.

　　경력개발능력은 개인의 경력단계를 이해하고 이에 따른 경력개발 계획을 수립하는 것을 주요 내용으로 다루고 있으며, 경력개발의 의미와 중요성, 나의 경력단계 이해하기, 경력개발 계획 수립, 경력개발 최근 이슈를 교육내용으로 선정할 수 있다.

○ **대인관계능력이란?**

　　대인관계능력, 팀워크능력, 리더십능력, 갈등관리능력, 협상능력, 고객서비스능력에 관한 것이다. 대인관계능력의 교육내용은 대인관계능력 향상에 필요한 전반적인 내용을 다루는 것이다. 따라서 대인관계능력의 의미와 중요성, 대인관계 향상 방법을 교육내용으로 선정할 수 있다.

　　팀워크능력은 팀워크의 의미, 효과적인 팀의 특성, 멤버십의 의미, 팀워크 촉진 방법을 교육내용으로 선정할 수 있다. 리더십능력은 리더십의 의미, 리더십 유형, 동기부여 방법, 코칭의 의미, 임파워먼트의 의미, 변화관리 방법을 교육내용으로 선정할 수 있다. 갈등관리능력은 갈등의 의미와 원인, 핵심적인 갈등 파악 방법, 갈등 해결 방법, 윈-윈 갈등관리법의 의미, 조직의 갈등 줄이는 방법을 교육내용으로 선정할 수 있다.

　　협상능력은 협상의 의미, 협상과정, 협상전략, 타인 설득 방법을 교육내용으로 선정할 수 있다. 고객서비스능력은 고객서비스의 의미, 고객의 불만 표현 유형 및 대응방안, 고객불만처리 과정, 고객만족조사를 교육내용으로 선정할 수 있다.

○ **정보능력이란?**

　　정보능력은 정보능력, 컴퓨터활용능력, 정보처리능력에 관한 것이다. 정보능력의 교육내용은 컴퓨터활용과 정보처리에 필요한 전반적인 내용을 다루는 것이다. 따라서 정보의 의미, 정보화사회의 특징, 컴퓨터 활용 분야, 정보처리 과정, 사이버 공간에서 지켜야 할 예절, 개인정보 보안의 중요성을 교육내용으로 선정할 수 있다.

　　컴퓨터활용능력의 교육내용은 컴퓨터 관련 이론 이해, 인터넷 정보검색, 소프트웨어 활용 능력을 함양할 수 있도록 인터넷 서비스의 종류, 인터넷 정보검색 방법, 소프트웨어의 활용 방법, 데이터베이스 구축의 필요성을 교육내용으로 선정할 수 있다. 정보처리능력은 정보처리절차에 따른 과정을 주요 내용으로 다루고 있으며, 정보수집, 정보분석 및 가공, 정보관리, 정보활용 단계의 의미와 절차를 교육내용으로 선정할 수 있다.

○ **기술능력이란?**

　기술능력은 기술이해능력, 기술선택능력, 기술적용에 관한 것이다. 기술능력은 기술의 개념과 기술능력에 대한 전반적인 내용을 다루는 것이다. 따라서 기술의 의미와 중요성, 기술능력의 의미와 중요성, 기술능력 향상 방법, 미래의 유망한 기술, 지속가능한 기술, 산업재해 예방방법을 교육내용으로 선정할 수 있다.

　기술이해능력은 기본적인 직장생활에 필요한 기술의 원리 및 절차를 이해하는 것을 주요 교육내용으로 다루고 있으며, 기술발전방법, 기술혁신을 위한 방법, 실패한 기술의 영향 등을 교육내용으로 선정할 수 있다. 기술선택능력은 기본적인 직장생활에 필요한 기술을 선택하는 것을 주요 교육내용으로 다루고 있으며, 기술선택을 위한 의사결정, 벤치마킹을 통한 기술선택, 매뉴얼을 통한 기술활용을 교육내용으로 선정할 수 있다.

　기술적용능력은 기본적인 직장생활에 필요한 기술을 실제로 적용하고 결과를 확인하는 것을 주요 교육내용으로 다루고 있며, 기술적용 시 주의사항, 기술경영자의 역할, 네트워크 혁명의 특징 등을 교육내용으로 선정할 수 있다.

○ **조직이해능력이란?**

　조직이해능력은 조직이해능력, 경영이해능력, 체제이해능력, 업무이해능력, 국제감각에 관한 것이다. 조직이해능력은 조직의 개념과 조직을 이해하는 방법에 대한 전반적인 내용을 다루는 것이다. 따라서 조직의 개념 및 조직이해의 필요성, 조직의 경영, 체제 및 업무이해, 국제감각, 환경변화에 따른 조직변화 계획 수립, 조직과 개인의 관계를 교육내용으로 선정할 수 있다.

　경영이해능력은 조직경영의 방법과 전략을 이해하는 것을 주요 교육내용으로 다루고 있으며, 조직경영의 방법, 조직의 의사결정 과정, 다양한 조직경영 전략, 근로자의 조직경영 참여방법을 교육내용으로 선정할 수 있다. 체제이해능력은 조직의 다양한 체제들을 이해하는 것을 주요 교육내용으로 다루고 있으며, 조직목표 개념, 조직구조의 결정요인 및 형태, 조직문화의 특징, 조직 내 집단의 기능과 유형을 교육내용으로 선정할 수 있다.

　업무이해능력은 업무의 특성을 이해하고 효과적인 업무수행 계획을 수립하는 것을 주요 교육내용으로 다루고 있으며, 업무특성의 개념 및 구분, 업무수행 계획수립, 업무수행 시 방해요인을 교육내용으로 선정할 수 있다. 국제감각은 세계화에 따라 다른 나라의 문화를 이해하고 국제적인 동향을 파악하는 것을 주요 교육내용으로 다루고 있으며, 세계화의 개념 및 국제감각의 필요성, 다른 나라 문화 이해방법, 국제동향 파악방법, 국제매너의 중요성 및 예시를 교육내용으로 선정할 수 있다.

○ **직업윤리란?**

　직업윤리는 직업윤리, 근로윤리, 공동체윤리에 관한 것이다. 직업윤리의 교육내용은 직업윤리 전반에 대한 내용을 다루는 것이다. 따라서 윤리의 의미, 직업의 의미, 직업윤리의 의미를 교육내용으로 선정할 수 있다. 근로윤리의 교육내용은 근면한 태도, 정직한 행동, 성실한 자세, 정직하지 못한 행위로 인한 사회적 손실을 교육내용으로 선정할 수 있다. 공동체윤리는 봉사(서비스), 책임, 준법, 예절, 성예절의 의미를 교육내용으로 선정할 수 있다.

2 객관식 필기시험으로서의 실제적인 NCS 영역 구성

10대 직업기초능력의 원론적 구성은 매우 타당하고 좋은 의미를 가지지만, 문제는 그것을 객관식으로 물어보게 되면 변별성 면에서 효과적인가 하는 의문이 생긴다. 사실 10대 직업기초능력 중 몇 가지는 태생부터 변별성이 필요한 객관식 문제로서의 기능이 결여되어 있기도 하다.

다음과 같은 문항을 보자.

> 상사가 이번에 들어온 신입사원을 훈련시키고 있다. 당신은 그렇게 도가 지나치다고 생각하지 않는데, 신입사원의 심지가 약해서인지 신입사원은 심각할 정도로 그런 부분에 대해 고민하고 있다. 옆에서 지켜보던 당신, 어떻게 하겠는가?
>
> ① 어차피 그 정도도 못 견디면 회사 생활하기 힘드니, 그냥 모른 척 한다.
> ② 사람마다 훈련의 방법은 달라야 하는 것이니, 상사에게 상황을 보고하고 조금 약하게 훈련시킬 것을 건의한다.
> ③ 상사의 방침에 대해 관여하지는 않지만, 신입사원과 술잔을 기울이며 고민을 들어준다.
> ④ 선배 때도 다 그만큼은 했다면서 신입사원을 다그친다.

이런 문항은 정답이 존재하지는 않는다. 다른 문항의 답변들과 같이 고려되어 지원자가 어떤 성향인지를 밝혀줄 뿐이다. 아마도 ①과 ④는 극단적이니, 조금 타협안이라고 할 수 있는 ②와 ③으로 응답하는 사람이 많을 것이다. 그러니 이런 문항들은 변별성을 가져다 줄 수가 없다.

자기개발능력, 대인관계능력, 직업윤리의 세 영역은 능력이라기보다는 태도에 대한 문제여서, 차라리 인성검사로 실시되는 것이지 변별성이 필요한 객관식 시험문제로서는 그리 적절하지 않다. 이들 영역을 필기시험으로 출제하는 공기업은 거의 없지만 만약 있다 하더라도 실제 문제들을 접해 보면 딱히 어렵다거나 풀이가 필요하다기보다는 가벼운 인성문제처럼 느껴질 것이다.

그래서 실제적으로는 다음과 같이 구분된다고 보면 된다.

적성(능력)	인성(태도)
의사소통능력	
수리능력	
문제해결능력	대인관계능력
자원관리능력	직업윤리
기술능력	자기개발능력
정보능력	
조직이해능력	

태도와 관계된 부분은 인성시험으로 따로 평가하게 되는 경향이 많고 대부분 NCS 시험이라고 할 때는 그래서 능력을 테스트하는 좌측의 7가지 영역이 주로 지칭되고 있다.

③ NCS 직업기초능력은 알고 보면 One Tes다

많은 책들, 강의들이 NCS 직업기초능력을 왜 보는지 이해하지 못한 채, 그저 문제유형 정리로만 구성되어 있다 보니, 지원자들 역시 NCS 직업기초능력 시험을 어떻게 준비해야 하는지, 준비가 가능한 것인지 감조차 못 잡는 경우가 많다.

NCS 직업기초능력은 크게 보자면 '외부로부터 주어지는 정보를 이해하고 활용하는 능력이 있는가를 체크하는 시험'이다. 이걸 무슨 암기과목 대하듯이 하나하나 잘라보며 영역별로 다른 시험으로 인식하면 근본적인 실력 향상에 이를 수 없다.

미래인재의 조건은 'what'이 아니라 'how'다. '무엇을 알고 있는가?' 같은 것은 암기과목으로 테스트하는 것이고, '어떻게 알 수 있는가?'가 NCS 직업기초능력을 통해 테스트하고자 하는 것이다.

유발 하라리가 〈사피엔스〉에서 언급했듯이 현대 사회는 과거 100년간 일어난 변화의 양이 1년 만에 일어나는 시대다. 그러니 아무리 많이 알고 있어봤자 1년만 지나면 알고 있는 것의 반은 '잘못된 지식'이 되는 현실이다. 그래서 미래인재의 조건은 계속적으로 발생하는 엄청난 양의 정보 중, 빠르게 정보들을 확인한 뒤에, 그중 중요한 정보를 이해하고 받아들여 자신의 것으로 적용할 수 있는 능력이다.

학력시험이 아닌 능력시험인 NCS 10대 직업기초능력 시험은 바로 그런 점을 체크하는 시험이다. 정보이해와 정보활용이라는 측면에서 영역을 구분하면, 자주 출제되는 7대 영역은 다음과 같이 구분된다.

정보이해 계열	정보활용 계열
의사소통능력 수리능력	문제해결능력 자원관리능력 기술능력 정보능력 조직이해능력

NCS 직업기초능력은 정보를 이해하는 능력과 그것을 활용하는 능력으로 구성되어 있다. 암기한 지식을 바탕으로 문제를 푸는 것이 아니라, 문제 안에 주어진 정보를 이해하고 그것을 바탕으로 적용하는 식으로 문제가 구성되는 것이다.

○ **정보이해 계열의 문제: 의사소통능력, 수리능력**

정보이해 계열은 Text 형태로 된 정보를 이해하는 영역과 표나 그래프처럼 수치적으로 주어진 정보를 이해하는 영역으로 나뉜다.

계열	해당영역	내용
정보이해	의사소통능력	Text 형태로 된 정보를 빨리 읽고 이해하기
	수리능력	수리나 표같이 수치적으로 주어진 정보를 빨리 읽고 이해하기

이 문제들은 수능 같은 시험에서도 종종 볼 수 있는 형태이기 때문에 아주 낯선 문제들은 아니다.

예를 들어 의사소통능력은 수능의 비문학과 가장 유사하다고 보면 된다. Text로 된 정보를 이해하고 자신의 이해도를 문제로 테스트받는 것이다.

다음 글에서 알 수 있는 것은?

구글의 디지털도서관은 출판된 모든 책을 디지털화하여 온라인을 통해 제공하는 프로젝트이다. 이는 전 세계 모든 정보를 취합하여 정리한다는 목표에 따라 진행되며, 이미 1,500만 권의 도서를 스캔하였다. 덕분에 셰익스피어 저작집 등 저작권 보호 기간이 지난 책들이 무료로 서비스되고 있다.

이에 대해 미국 출판업계가 소송을 제기하였고, 2008년에 구글이 1억 2,500만 달러를 출판업계에 지급하는 것으로 양자 간 합의안이 도출되었다. 그러나 연방법원은 이 합의안을 거부하였다. 디지털도서관은 많은 사람들에게 혜택을 줄 수 있지만, 이는 구글의 시장독점을 초래할 우려가 있으며, 저작권 침해의 소지도 있기에 저작권자도 소송에 참여하라고 주문하였다.

구글의 지식 통합 작업은 많은 이점을 가져오겠지만, 모든 지식을 한곳에 집중시키는 것이 옳은 방향인가에 대해서는 숙고가 필요하다. 문명사회를 지탱하고 있는 사회계약이란 시민과 국가 간의 책임과 권리에 관한 암묵적 동의이며, 집단과 구성원 간, 또는 개인 간의 계약을 의미한다. 이러한 계약을 위해서는 쌍방이 서로에 대해 비슷한 정도의 지식을 가지고 있어야 한다는 전제조건이 충족되어야 한다. 그런데 지식 통합 작업을 통한 지식의 독점은 한쪽 편이 상대방보다 훨씬 많은 지식을 가지는 지식의 비대칭성을 강화한다. 따라서 사회계약의 토대 자체가 무너질 수 있다. 또한 지식 통합 작업은 지식을 수집하여 독자들에게 제공하고자 하는 것이지만, 더 나아가면 지식의 수집뿐만 아니라 선별하고 배치하는 편집 권한까지 포함하게 된다. 이에 따라 사람들이 알아도 될 것과 그렇지 않은 것을 결정하는 막강한 권력을 구글이 갖게 되는 상황이 초래될 수 있다.

① 구글과 저작권자의 갈등은 소송을 통해 해결되었다.
② 구글의 지식 통합 작업은 사회계약의 전제조건을 더 공고하게 할 것이다.
③ 구글의 지식 통합 작업은 독자들과 구글 사이에 평등한 권력 관계를 확대할 것이다.
④ 구글의 디지털도서관은 지금까지 스캔한 1,500만 권의 책을 무료로 서비스하고 있다.
⑤ 구글의 지식 통합 작업은 지식의 수집에서 편집권을 포함하는 것까지 확대될 수 있다.

정답 | ⑤

해설 | "또한 지식 통합 작업은 지식을 수집하여 독자들에게 제공하고자 하는 것이지만, 더 나아가면 지식의 수집뿐만 아니라 선별하고 배치하는 편집 권한까지 포함하게 된다." → 지식의 수집뿐 아니라 편집권까지 나아갈 수 있다고 명시하고 있다.

① "이에 대해 미국 출판업계가 소송을 제기하였고, 2008년에 구글이 1억 2,500만 달러를 출판업계에 지급하는 것으로 양자 간 합의안이 도출되었다. 그러나 연방법원은 이 합의안을 거부하였다." → 합의안이 거부되었으므로 아직 해결된 것은 아니다.

② "따라서 사회계약의 토대 자체가 무너질 수 있다." → 구글의 지식 통합 작업으로 인하여 사회계약의 토대가 무너질 수 있다고 경고하고 있다.

③ "그런데 지식 통합 작업을 통한 지식의 독점은 한쪽 편이 상대방보다 훨씬 많은 지식을 가지는 지식의 비대칭성을 강화한다." → 평등관계가 깨지게 되고, 한쪽의 권력을 강화하게 될 것이다.

④ "이는 전 세계 모든 정보를 취합하여 정리한다는 목표에 따라 진행되며, 이미 1,500만 권의 도서를 스캔하였다. 덕분에 셰익스피어 저작집 등 저작권 보호 기간이 지난 책들이 무료로 서비스되고 있다." → 스캔한 것이 1,500만 권이고 실제로 서비스되는 것은 이 중 저작권 보호기간이 지난 것들이다.

수리능력은 응용계산과 자료해석 문제로 나누어지는데, 응용계산은 사실 20% 비중 정도고, 대부분은 자료해석 문제다. 그러니까 수리 문제가 20문제라고 치면 보통 응용계산은 4문제 이하로 나오거나 안 나올 때도 있다는 얘기다. 수리능력의 핵심은 자료해석인데, 정보의 형태가 Text가 아닌 자료, 그러니까 표나 그래프 같은 것으로 주어지고, 이 자료를 읽어내는 능력을 테스트하는 문제들이다. 이렇게 가장 기본이 되는 두 유형은 주어진 정보를 빠르고 정확하게 이해하는 능력을 체크하는 문제들이다.

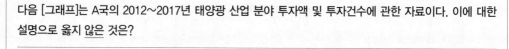

다음 [그래프]는 A국의 2012~2017년 태양광 산업 분야 투자액 및 투자건수에 관한 자료이다. 이에 대한 설명으로 옳지 <u>않은</u> 것은?

[그래프] 태양광 산업 분야 투자액 및 투자건수

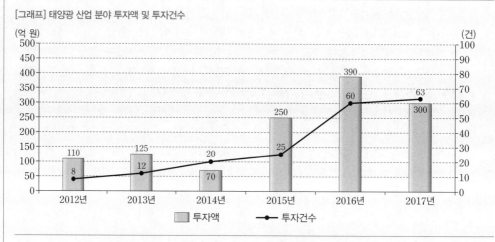

① 2013~2017년 동안 투자액의 전년 대비 증가율은 2016년이 가장 높다.
② 2013~2017년 동안 투자건수의 전년 대비 증가율은 2017년이 가장 낮다.
③ 2012년과 2015년 투자건수의 합은 2017년 투자건수보다 작다.
④ 투자액이 가장 큰 연도는 2016년이다.
⑤ 투자건수는 매년 증가하였다.

정답 | ①

해설 | 2016년의 투자액의 전년 대비 증가율은 $\frac{390-250}{250} \times 100 = 56(\%)$인 데 비해서, 2014년에서 2015년이 될 때에는

$\frac{250-70}{70} \times 100 \fallingdotseq 257(\%)$로 훨씬 높다.

② 2017년이 $\frac{63-60}{60} \times 100 = 5(\%)$로 가장 낮다.

③ 2012년과 2015년 투자건수의 합은 8 + 25 = 33(건)이고, 2017년 투자건수는 63건이다.

④ 투자액이 가장 큰 연도는 2016년으로 390억 원에 달한다.

⑤ 꺾은선그래프로 표현된 투자건수는 매년 늘어나고 있다.

○ **정보활용 계열의 문제: 문제해결(자원관리, 정보이해, 조직이해, 기술능력)**

정보를 활용하는 영역은 사실 문제해결이라는 영역으로 모두 표시가 된다. 문제해결의 일반적 과정은 주어진 문제를 이해하고 그것에 대한 대안을 설정하는 식으로 진행된다. 이 과정에서 상황을 판단하는 능력과 대안을 결정하는 능력들이 필요하다. 문제를 해결하는 과정을 프로세스로 보면 다음과 같다.

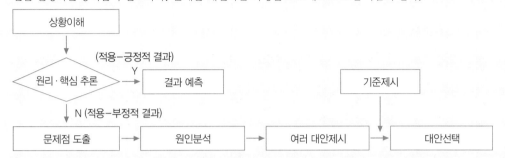

주어진 문제상황을 이해하고, 그 정보 안에서 핵심적인 내용이나 원리 등을 추출해 낸다. 그리고 그것들을 새로운 상황이나 앞으로의 상황에 적용해서 결과를 예측하는데, 그 결과가 긍정적이라면 이는 결과 예측으로 분류한다. 그런데 그 결과가 부정적이면 이는 문제점 도출이 된다. 말하자면 기존의 정보들을 바탕으로 새로운 상황에 대해 시뮬레이션을 해 보는 것이다.

여러 대안제시 상황에서 이렇게 하나의 대안을 선택하는 과정을 중분류로 '의사결정' 과정이라 명명하자.

문제해결능력이라는 이름의 영역은 사실상 정보를 이해하고, 활용하는 모든 능력을 다 지칭할 수 있다. 그래서 사실 문제해결이라고 하면 대부분의 유형을 다 낼 수 있다. 앞서 개별 공기업들의 문제출제 경향을 보았을 때 의외로 다양하지 않고, 의사소통, 수리, 문제해결의 세 영역으로 단순화되는 것은, 사실 이 문제해결 안에 모든 문제를 다 담을 수 있기 때문이다.

정보를 활용하는 계열의 영역을 정리하면 다음과 같다.

정보활용 계열		
문제해결능력	(상황판단)	기술능력/정보능력
	(의사결정)	자원관리능력/조직이해

○ **문제해결 中 상황판단(기술능력과 정보능력 포함)**

문제해결은 상황을 판단하고 의사를 결정하는 모든 유형을 포괄할 수 있다. 그런데 이것을 세부적으로 나누면 기술능력과 정보능력은 상황을 판단하는 능력이 주로 출제되게 된다. 기술적인 정보 같은 것을 준 다음에 그것의 원리를 파악하고 적용하는 형태의 문제들이다.

예를 들어 다음은 산업인력공단이 게시한 NCS 샘플 문제 중 정보능력에 해당하는 문제다.

아래는 창고에 있는 총 36개 건설 장비의 코드 목록이며 이 건설 장비들은 모두 한 회사에서 생산된 제품이다. 코드 부여 방식을 참고할 때, 다음 중 올바른 설명은?

BU-35-KRC-5C-1202	EX-70-KRA-4C-1505	DU-12-KRC-3A-1505
CR-23-KRB-2C-1302	DU-12-KRC-3A-1410	FO-10-KRC-5C-1302
BU-35-KRC-5C-1201	DU-11-KRC-4A-1207	CM-20-KRB-2C-1311
DU-12-KRA-4C-1401	EX-69-KRC-5C-1302	LO-62-KRC-4A-1403
BU-35-KRC-1A-1509	DU-12-KRA-4C-1504	RO-62-KRA-4C-1510
DU-12-KRA-4C-1503	CR-23-KRB-2C-1305	CU-44-KRB-2C-1309
CM-20-KRB-2C-1203	BU-35-KRC-1A-1403	LO-62-KRA-4C-1507
FO-10-KRA-4C-1405	BU-35-KRC-5C-1302	BU-35-KRC-5C-1302
DU-11-KRC-3A-1206	BU-35-KRC-5C-1009	DU-12-KRC-5A-1412
BU-35-KRC-1A-1304	BU-35-KRC-4A-1406	BU-35-KRC-5C-1307
CM-20-KRB-2C-1305	DU-12-KRA-4C-1502	CR-23-KRB-2C-1308
BU-35-KRC-2A-1212	DU-12-KRC-2A-1501	BU-35-KRC-1A-1109

[코드 부여 방식]
[장비 종류] - [모델 번호] - [생산 국가 도시] - [공장과 라인] - [제조연월]
[예시]
DU-12-KRA-4C-1503
2015년 3월에 한국 인천 4공장 C라인에서 생산된 덤프트럭 12번 모델

장비 종류 코드	장비 종류	생산 국가 도시 코드	생산 국가 도시
BU	불도저	CNA	중국 톈진
CM	콘크리트믹서트럭	CNB	중국 다롄
CR	기중기	CNC	중국 항저우
CU	쇄석기	KRA	한국 인천
DU	덤프트럭	KRB	한국 군산
EX	굴삭기	KRC	한국 창원
FO	지게차		
LO	로더		

① 창고에 있는 장비 중 굴삭기와 로더는 있지만 쇄석기는 없다.
② 창고에 있는 장비 중 2013년 이전에 생산된 것이 절반 이하이다.
③ 창고에 있는 불도저는 모두 한국의 한 도시에서 생산된 것들이다.
④ 창고에 있는 덤프트럭의 모델 종류는 최소 3가지 이상이 존재한다.
⑤ 2014년 2월 중국 톈진 5공장 C라인에서 생산된 지게차 12번 모델은 FO-12-CNB-5C-1402라고 코드를 표시해야 한다.

정답 | ③
해설 | 창고에 있는 불도저 BU의 생산 국가 도시 코드는 모두 KRC이므로 전부 한국 창원에서 생산된 것들이다.

이 문제를 보면 주어진 상황에서 코드를 만드는 방법을 파악한 후에 그것을 적용하는 문제라는 것을 알 수 있다. 이것이 암기가 필요한 학력 테스트 형태의 문제라면 코드를 파악하는 방법을 사전에 알고서 적용해야 하는 형태로 출제되었을 것이다. 하지만 능력 테스트이기 때문에 문제 푸는 데 필요한 모든 정보는 문제 안에 주어져 있다. 그것을 이해하고 적용하는 문제다.

○ **문제해결 中 의사결정(자원관리능력, 조직이해 포함)**

의사결정은 자원관리능력과 조직이해로 나뉜다. 의사결정은 기준제시와 합쳐져서 의미를 가진다고 설명했다. 예를 들어 다음은 산업인력공단이 게시한 NCS 샘플 문제 중 자원관리능력에 해당하는 문제다.

아래의 제시 상황을 보고 J가 선택할 교통편으로 가장 적절한 것을 고르면?

영화 제작사 홍보부 사원 J는 부산에서 열리는 영화제 개막식에 참가하고자 교통편을 알아보고 있다. J는 당일 부서회의에 참석해야 하며, 회의 종료 시각은 오후 2시이다.

◆ 부산영화제 개막식 안내

– 일시 및 장소: 20××. 10. 02.(목) PM 14:00~20:00, 부산 센텀시티

※ 개막식 입장 가능 시간은 <u>종료 2시간 전까지</u>

◆ 회사에서 공항 및 기차역까지 소요시간

출발지	도착지	소요시간
회사	김포공항	130분
	서울역	60분

◆ 비행기 및 기차 이동 시간

구분	운행요일	출발지	출발시간	소요시간
비행기	화/목	김포공항	16:30	55분
KTX	매일	서울역	매시 정각	150분

◆ 센텀시티 오시는 길

출발지	도착지	소요시간
공항 리무진 버스	김해공항	55분
버스	김해공항	70분
	부산역	40분
택시	김해공항	50분
	부산역	30분
도시철도	공항역	53분
	부산역	38분

---

① KTX – 버스

② KTX – 택시

③ 비행기 – 택시

④ 비행기 – 공항 리무진 버스

정답 | ②

해설 | 주어진 여러 시간자원을 수집하여 실제 업무상황에서 시간자원을 어떻게 활용할 것인지 계획하고 할당하는 능력을 측정하는 문항이다. KTX를 타고 부산역으로 이동 후 택시를 타고 센텀시티로 이동하면 오후 6시에 도착하게 된다. 개막식 종료 2시간 전까지 도착하는 유일한 교통편이다. 따라서 정답은 ②이다.

① KTX를 타고 부산역으로 이동 후 버스를 타고 센텀시티로 이동하면 오후 6시 10분에 도착하게 되므로 적절하지 않다.

③ 비행기를 타고 김해공항으로 이동 후 택시를 타고 센텀시티로 이동하면 오후 6시 15분에 도착하게 되므로 적절하지 않다.

④ 비행기를 타고 김해공항으로 이동 후 공항 리무진 버스를 타고 센텀시티로 이동하면 오후 6시 20분에 도착하게 되므로 적절하지 않다.

　이 문제를 보면 기준은 18시까지 도착해야 한다고 주어져 있다. 여러 안 중 이 기준에 부합하는 안은 하나밖에 없기 때문에 답을 찾을 수 있다.

　조직이해 역시 주로 나오는 문제가 되는 영역은 의사결정 과정에서 어떤 의사결정을 할 것인가가 주가 된다. 결재규정을 주고 적용해서, 최종 결재안을 어떻게 가져갈 것인가 같은 문제들이나 SWOT 분석에서 최종안은 무엇인가 찾아내는 문제들이 이에 속한다.

4 시험장에서 만날 수 있는 아주 실제적인 NCS 직업기초능력의 영역은?

　NCS 직업기초능력은 정보이해와 정보활용이라는 두 축을 바탕으로 7가지 영역이 배치된다는 것을 알았다. 하지만 실제로 나오는 문제들을 보면 7가지 영역이 아니라 3개 혹은 4개 영역의 시험인 경우가 많다.

　실제 채용인원이 많은 상위 25개 기업의 NCS 직업기초능력의 출제영역을 보면 다음과 같다.

공기업	필기 출제 영역
한국전력공사	사무 NCS 50문항/70분(의사소통, 수리, 문제해결＋자원관리, 정보) 전기 55문항/70분(NCS 40문항－의사소통, 수리, 문제해결, 자원관리＋기술능력(전공) 15문항) 기타 55문항/70분(NCS 40문항－의사소통, 수리, 문제해결, 정보능력＋기술능력(전공) 15문항)
한국철도공사	50문항/60분(NCS 25문항－의사소통, 수리, 문제해결＋전공(직무수행능력평가 25문항))
국민건강보험공단	NCS 60문항/60분(의사소통, 수리, 문제해결)＋법률 20문항/20분
인천국제공항공사	사무 · 기술 NCS 60문항/65분(의사소통, 수리, 문제해결, 자원관리, 정보＋조직이해, 기술) ＋전공 50문항/60분(지원한 분야의 전공) 관제 NCS 60문항/65분(의사소통, 수리, 문제해결, 자원관리, 정보＋조직이해, 기술)
IBK기업은행	금융일반: NCS 25문항＋직무수행능력평가 45문항 디지털/금융전문: NCS 20문항＋직무수행능력평가 50문항
한국수력원자력	90문항/90분{NCS 70%(60문항)－의사소통, 수리, 문제해결, 자원관리＋조직이해, 직무수행능력(법학 · 행정학 · 경제학 · 경영학(회계학포함)(25문항), 직무수행능력평가(5문항)}
한국수자원공사	NCS 40문항/40분(의사소통, 수리, 문제해결, 자원관리)＋전공 40문항/50분
한국가스공사	NCS 50문항/60분(의사소통, 수리, 문제해결, 자원관리, 정보능력) 직무수행능력평가 50문항/50분
한국산업인력공단	80문항/80분(NCS 40문항＋한국사 20문항＋영어 20문항)
근로복지공단	100문항/100분 (NCS 70문항－의사소통, 수리, 문제해결, 자원관리＋전공 30문항)
주택도시보증공사	NCS 40문항/60분－전영역 전공필기(신입직－관리6급 대상)
서울교통공사	80문항/100분(NCS 40문항＋전공 40문항)
중소벤처기업진흥공단	NCS 50문항/60분＋전공 40문항/50분

한국자산관리공사	직무수행능력평가(분야별 직무전공 90점＋공사 업무 10점)/120분
한국지역난방공사	NCS 50문항/50분 － 의사소통, 수리, 문제해결, 자원관리, 정보, 조직 전공 50문항
국민연금공단	NCS 60문항/60분 － 의사소통, 수리, 문제해결, 조직이해, 정보능력, 직업윤리 전공 50문항/50분
LH한국토지주택공사	NCS 50문항 － 의사소통, 문제해결, 수리능력 등 ＋전공 30문항(사무직의 경우 직무 관련 직업기초능력 심화)
한국장애인고용공단	NCS 50문항(대인관계, 의사소통, 수리, 문제해결, 직업윤리, 지원관리능력)
LX한국국토정보공사	전공 60문항 NCS 60문항(직무별 4개영역)
한국농어촌공사	전공 200점 NCS 100점
한전KPS	NCS 50문항/65분 전공 50문항/50분
한국서부발전	각 분야 전공 50문항＋한국사 10문항 NCS 50문항(의사소통, 수리, 문제해결, 자원관리, 기술)
한국중부발전	NCS 80문항(의사소통, 수리, 문제해결, 자원관리, 조직이해, 정보, 기술) 직무지식평가 60문항/80분
한국환경공단	NCS 50문항/60분(의사소통, 수리, 문제해결, 조직이해) 50% 전공 40문항/50분 50%
한국공항공사	NCS 50점 직무수행능력평가 50점

(자세한 내용은 기업별 채용 홈페이지 참고)

대부분 의사소통, 수리, 문제해결의 3영역을 기본으로 하고 있다는 것을 알 수 있다. 거기에다가 자원관리까지 확장해서 크게 보면 공기업에서 실제적으로 출제되는 NCS 직업기초능력은 의사소통, 수리, 문제해결, 자원관리의 4가지 영역이라는 것을 알 수 있다. 이렇게 4가지 영역을 보는 공기업이 가장 흔하고 많다고 보면 된다.

이유는 간단하다. 문제해결이라는 영역 안에 다른 문제들은 얼마든지 포함될 수 있기 때문이다. 그러니 3가지 영역밖에 출제되지 않는다고 공지되어 있어도 사실은 자원관리라든가, 정보능력들의 문제들을 준비하지 않을 수는 없다. 어차피 문제해결이라는 대분류 안에 다 들어가기 때문이다.

그런데 의사소통, 수리, 문제해결, 자원관리까지 해서 4영역인 경우도 많은데, 이는 객관식 문제에서 시간이 많이 걸려 차별성을 내기 좋은 자원관리 문제를 특별히 더 강조하겠다는 뜻이다. 이런 경우는 문제해결에서 원리를 파악하고, 주어진 조건을 적용하는 형태의 문제가 주로 나오고, 자원관리에서 비용이나 시간 같은 측면이 강조되는 의사결정 문제가 주로 나오게 된다. 많은 공기업들이 이 같은 형태를 가지고 있어서 NCS 직업기초능력의 4대 천왕이라고 이 영역들을 명명해도 무리는 없다.

5가지 영역 이상으로 나오는 공기업이 많지는 않은데, 이렇게 되면 4대 천왕 영역에 문과직무는 조직이해, 이과직무는 기술능력이나 정보능력 정도가 붙어서 총 5개 정도를 보는 경우가 종종 있다. 그러니 공기업 준비를 하면서 10대 직업기초능력을 똑같은 비중으로 공부하는 것은 굉장히 비효율적이다.

따라서 의사소통, 수리, 문제해결, 자원관리에 확실하게 집중하고, 그 외 조직이해, 기술능력, 정보능력은 간단하게 유형을 아는 정도로 준비하면 시간 대비 가장 효과가 좋은 준비 방법이라 할 수 있다.

의사소통능력의
유형 분석과
공부 방법

의사소통능력 유형 분석

1 의사소통 유형의 의미

　정보를 이해하고, 분석한 후에 그 정보를 바탕으로 추리를 하는 것이 지금 NCS 직업기초능력 시험의 큰 맥락이다. 이 과정에서 중요한 것은 추리하는 활용능력일 것이다. 여기서 남들과 다른 차별이 날 수 있기 때문이다. 하지만 추리는 정확하고 빠르게 정보를 이해하는 능력이 뒷받침되지 않으면 쓸모가 없다.

　정보의 가장 기본적인 형태는 Text다. Text로 된 정보를 빠르게 읽고 이해하는 능력이 정보이해능력의 가장 기본이 된다.

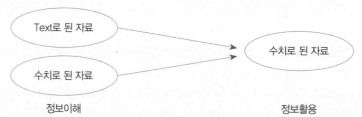

　의시소통능력은 바로 Text로 된 정보를 빠르고 바르게 이해하는 능력이다. 우리나라에서 교육을 받은 사람들에게는 '비문학'이라는 이름으로 정보이해능력은 잘 알려져 있다. 비문학에서 나오던 제시문의 성격을 생각해보면 정말 다양한 분야의 이야기가 전개되었던 것을 기억할 것이다. 문제로 제시된 제시문의 소재가 다양했던 것은 그 모든 분야를 다 알아야 된다는 의미가 아니라, 낯선 정보라 하더라도 주어진 Text 안에서 그것을 이해해야 한다는 의미다. 학문적인 내용에서 실용적인 정보까지 Text형태의 정보는 다양하다.

　NCS 직업기초능력에서는 이 Text의 범위가 조금 더 확대되어서 기존의 수능이나 PSAT형 비문학 문제에서 나올 만한 소재뿐 아니라 기업의 홍보자료, 신문기사, 심지어 홈페이지 게시글 같은 것들을 만날 수도 있다. 회사 문서나 공문, 그리고 계약서나 법률 조항까지도 모두 의사소통에서 나올 만한 Text형 정보에 들어간다.

다시 말하면 이런 문서들의 정보를 읽고 이해하는 것이 직업기초능력의 첫머리에 꼭 필요하다는 말이다. 실제로 Text로 된 정보이해능력은 직장생활뿐 아니라 기본적으로 우리 삶을 영위할 때 반드시 필요한 능력이기도 하다.

2 의사소통능력의 실질적 문제 유형

NCS 직업기초능력에서 나오는 의사소통능력은 주로 Text를 읽고 그것을 이해했는지를 체크하는 비문학 유형의 문제들이다. 그 외 논리적 분석을 하거나 맞춤법이나 어법을 체크하는 문제도 나오긴 하는데, 소수일 뿐만 아니라 점점 사라져 가는 추세이다. 그래서 의사소통능력은 주로 비문학형 문제로 수렴되어 가고 있다. 다만 제시문의 소재는 다양해지고 있다.

> a. PSAT형 or 수능형 제시문
> b. 실용형 제시문
> c. 기타: 분석 or 맞춤법 or 어법

a. PSAT형 or 수능형 제시문

PSAT형이나 수능형 제시문은 우리가 잘 아는 형태의 문제들이라고 할 수 있다. 주어진 제시문이 2~5단락 정도로 구성되어 있고, 다양한 소재의 제시문들이 나와 주제, 일치, 추론, 비판, 창의의 형태로 문제가 제시된다. 이는 크게 거시적 이해와 미시적 이해라는 카테고리로 나눌 수 있다.

> 1) 거시적 이해 – 주제, 맥락, 비판, 적용(창의) 문제
> 2) 미시적 이해 – 일치, 추론 문제

1) 거시적 이해 – 거시적 이해 문제들은 주로 글의 핵심내용과 맥락을 이해하면 비교적 쉽게 풀리는 문제들이다.
   ① 주제 문제는 실제 주제나 핵심내용을 물어보는 식으로 출제된다. 주어진 글을 한 문장으로 요약하면 어떻게 될까를 찾아내는 문제다.
   ② 맥락 문제는 (   ) 안에 들어갈 말 찾기나 밑줄 그은 말의 의미를 찾는 문제로, 전체 내용에서 중요한 말들을 물어보기 때문에 사실 주제 문제와 일맥상통하는 면이 있다.
   ③ 비판 문제는 주로 주어진 제시문의 핵심내용에 대한 비판을 물어보기 때문에 기본적으로는 핵심내용을 알아야 풀 수 있는 문제가 된다.
   ④ 창의 문제는 보통 적용 문제인데, 제시문에 주어진 원리나 핵심을 이해한 뒤에 그것을 다른 것에 적용하는 응용형태의 문제다.
2) 미시적 이해 – 미시적 이해 문제들은 내용일치나 추론 문제들이다. 글의 세부적인 정보를 잘 캐치했나 물어보는 질문들이다.
   ① 내용일치 문제는 Text와 선택지를 비교하여 세부적인 내용들이 정확히 전달되었는가를 물어보는 문제들이다. 선택지를 확인할 때 자신의 상식이 아니라 Text 안에 근거가 되는 구절이 있는가를 확실하게 체크하는 것이 포인트가 된다.
   ② 추론 문제는 내용일치 문제를 조금 더 발전시킨 것이다. 정보들이 만나서 새롭게 만들어지는 정보들을 체크하는 것이 추론 문제다. 기본적으로는 내용일치처럼 Text로 주어진 구절에 근간을 두고 있기 때문에 세부적으로 내용들을 찾는 것이 중요하다.

b. 실용형 제시문

실용형 제시문들은 실제 생활에 쓰이는 형태의 Text로 된 정보들이다. 미디어, 뉴미디어 형태의 정보들도 있고, 회사 생활을 하면서 접하게 되는 Text 형태의 정보들도 있다. 실용 문서로 제시되는 정보들은 실제 생활 가운데 쓰이는 이야기이므로 정보 자체가 어렵지는 않다. 하지만 이런 정보들을 시험 문제로 접했을 때 중요한 것은 최소한의 짧은 시간 안에 이것을 해결해야 한다는 것이다.

각 실용문의 유형과 그에 따른 특징들을 알고 있고, 그 특징에 맞춰 핵심정보를 빨리 찾아내는 연습이 필요하다. NCS 직업기초능력에서 자주 나오는 실용문의 종류는 다음과 같은 것들이 있다.

---

1) 미디어 – 신문, 보도자료
2) 뉴미디어 – 블로그, 홈페이지
3) 계약서
4) 법률 조항
5) 매뉴얼

---

1) 미디어 – 신문은 산업인력공단이 공개한 NCS 샘플 문제에서도 제시된 형태의 실용문이다. 최근 들어서는 각 공기업들이 언론사로 보내는 보도자료를 활용한 문제들이 눈에 띈다. 원래 보도자료는 신문기사 형식으로 쓰기 때문에 신문기사 읽기라고 보면 된다.

2) 뉴미디어 – 개별 공기업들의 홈페이지에는 그 공기업의 핵심사업에 관계된 정보들이 많이 제시되는 편이며, 이 내용들을 물어보기도 한다. 하지만 이는 미리 홈페이지를 보고 외우고 가라는 얘기가 아니라, 웹으로 제시되는 형태의 정보에 주의해야 한다는 것이다. 그리고 블로그같이 소통 채널로 운영하는 뉴미디어를 활용해 문제를 내기도 한다. 공고라든가, 공모 같은 정보들을 보여 준 다음에 그것을 이해했는지를 체크하는 문제들이다.

3) 계약서 – 외부와의 연계나 다른 업체와의 협업 업무를 많이 갖는 직무에서는 상당히 자주 접하는 것이 바로 계약서다. 그리고 일상 생활 가운데 이사 계약서, 구독 서비스 계약서, 보험약관 등 계약서를 읽을 일들이 꽤 많은 편이다. 이런 계약서를 주고 주로 적용형 문제들을 내는데, 주어진 [상황]에서 계약서상 어떻게 적용할 것인가에 대한 문제들이다.

4) 법률 조항 – 지켜야 할 법률이나 규약 등을 주고 적용에 대한 문제들을 낸다. 아무래도 평소에 자주 읽어보는 형태의 정보가 아니라, 처음에는 정보의 형태를 익히는 데 시간이 걸린다. 실제 법 조항이 나오는 일도 많으니, 정보의 형태에 익숙해지는 것부터 해야 한다.

5) 매뉴얼 – 어떤 일을 처리해 가는 것에 대한 프로세스를 매뉴얼이라고 할 수 있다. 서류를 작성하는 방법에 대한 매뉴얼, 전화 받는 방법에 대한 매뉴얼, 기계를 작동하는 법, 서비스를 제공할 때 어떻게 할 것인지에 대한 매뉴얼 등 기업에서는 많은 것들이 매뉴얼화되어 있기 때문에 매뉴얼만 보고 주어진 프로세스를 정확히 익힐 수 있는 정보이해능력은 매우 중요하다.

STEP 02 의사소통능력 유형의 공부 방법

1 PSAT형 or 수능형 비문학 Text의 공부 방법

그냥 줄여서 비문학형 Text라고 할 수 있는데, 어릴 때 대부분은 수능을 본 적이 있기 때문에 비문학형 Text 문제는 익숙한 유형이라고 할 수 있다. 문제는 아무리 공부를 해도 항상 점수가 그대로인 대표적인 과목이 바로 비문학이었다는 것이다.

사실 객관식 문제를 푸는데 아무리 공부해도 점수가 그대로인 이유는 두 가지 정도로 추론할 수 있다. 하나는 말만 공부를 했다고 하고 실제로는 하지 않는 경우다. 하지만 수능을 앞둔 학생이라면 그래도 어느 정도는 공부를 했을 테니 이런 가능성은 배제하자. 그렇다면 나머지 하나가 그 이유가 되는데, 바로 공부를 잘못한 경우다.

서울에서 부산으로 가려면 비행기를 타고가든 KTX를 타고가든, 아니면 아예 걸어가든 기본적으로는 방향이 남쪽이어야 한다. 어떤 과정을 거쳐 도착하는지에 따라 걸리는 시간은 다르겠지만, 일단 남쪽으로 방향을 잡으면 언젠가는 도착한다. 그런데 부산을 가면서 동쪽으로 방향을 잡으면 부산이 아니라 강릉에 도착하고 만다. 너무 당연한 일이지만 많은 이들이 비문학을 공부할 때 이런 오류에 빠진다.

비문학은 능력시험인데, 많은 이들의 공부방법은 학력시험에 맞춰져 있다. 학력시험은 시험 범위라는 것이 있어서 이 부분을 암기할 수 있느냐의 문제다. 그래서 암기 능력을 극대화하기 위한 여러 가지 방법들이 동원된다. 반면 능력시험은 어떤 능력을 가지고 있는가에 대한 테스트라, 시험 범위가 없다. 비문학은 "Text로 된 정보를 빠르고 정확하게 읽을 수 있는 능력"을 체크하는 시험이다.

실제로 독해 능력이 있는 사람이 유리할 수밖에 없다. 하지만 이 독해 능력이라는 것이 갑자기 생기는 것이 아니라서, 꾸준히 책을 읽고 이런 시험 문제를 풀고 했던 사람을 갑자기 따라잡기는 힘들다. 그래서 '문제를 무조건 많이 풀다 보면 언젠가는 감이 생긴다'는 무슨 주술 같은 조언들이 있는 것인데, 맞는 말이긴 해도 효과적인 조언이라고 할 수는 없다. 단기간에 성과를 내야 하는 시험 준비생들에게는 그런 정도의 시간이 허락되지 않기 때문이다.

> 그래서 우리에게 필요한 것은 바로 리딩스킬이다.

비문학형으로 주어진 Text를 읽을 때 어떤 부분을 버리고 어떤 부분을 취할 것인가, 정보의 핵심을 빠르게 찾는 방법은 무엇인가, 어떻게 접근해야 가장 빠르고 정확하게 글에 접근할 수 있는가, 이런 의문점에 답을 주는 것이 바로 리딩스킬이다. 글을 읽는 요령이라고 할 수 있다.

비문학형 Text를 공부하는 방법은 리딩스킬을 익히고, 그것들을 적용하는 연습을 하는 것이다. 문제를 풀어 보는 이유는 자신이 익힌 리딩스킬을 적용해 보기 위해서다. 리딩스킬을 잘 익혔으면 몇 문제 안 풀어 봐도 금세 점수가 올라갈 것이고, 아니면 문제에 적용해 보며 리딩스킬을 조금 더 실전적으로 익힐 시간이 필요할 것이다. 하지만 확실한 것은 능력시험은 이런 식으로 공부를 해야 점수가 올라가지, 무조건 문제를 많이 풀다 보면 점수가 올라갈 것이라는 안이한 대책으로 덤볐다가는 시간만 보내며 허송세월하게 된다는 것이다.

정리해서 보자면 지금까지 시간을 들였는데도 점수가 안 올랐다면 이는 많은 문제를 푸는 과정에서 결국 그 문제를 외우게 되면서 암기 요소까지 암기해 버리는 암기 과목의 성실한 학습방법을 따랐기 때문이다. 그러다가 간혹 이런 문제들은 어떻게 풀어야 된다는 방법을 깨닫는 경우도 있었다.

> 문제풀이 → 암기 or 방법 깨닫기

하지만 이는 시간이 많이 걸리는 방법으로 굉장히 비효율적이다. 효율적인 방법은 다음과 같다.

Skill or 원리 익히기 → 적용해서 문제 풀어보기

이런 방향성에 대한 이해가 있고, 리딩스킬을 잘 익히면 생각보다 의사소통능력에서 점수가 쉽게 오르는 것을 체험할 수 있을 것이다.

2 실용형 Text 공부 방법

실용형 Text는 생각보다 실용적이지 않다. 공기업 공채에 도전하는 사람들은 아무래도 이제 막 졸업한 학생들이 많다 보니 계약서라든가 법률 조항, 업무 매뉴얼 같은 것들을 볼 기회가 없기 때문이다. 말하자면 익숙하지 않은 정보들이라는 말이다. 때문에 실용형 Text로 제시되는 정보들에 대해서는 일단 익숙해질 필요가 있다. 특히 법 조항 같은 경우는 문제로라도 접하지 않으면 평소에는 들여다 볼 필요가 없는 정보들이다.

그리고 각 정보의 특징에 따라 읽는 법을 어느 정도 숙지할 필요가 있다. 이를 정리하면 다음과 같다.

1) 미디어 – 신문기사는 독자들에게 내용을 정확하게 전달하면서도 관심을 불러일으켜야 하기 때문에 두괄식으로 쓰는 경우가 많다. 따라서 신문기사라는 판단이 들면 내용 자체가 두괄식으로 구성되어 있을 것이라고 생각해야 한다. 2) 뉴미디어 – 웹에서 보여 주는 정보는 수능이나 PSAT형 제시문처럼 어려운 정보일 때도 있지만, 기본적으로 장문이 아니라 단문 형태이기 때문에 정보의 호흡이 짧다. SNS 형태의 정보들은 대부분 내용일치니까 날짜라든가 시간같이 필요한 정보들이 어느 위치에 있는지 유의하면서 봐야 한다. 3) 계약서 – 계약서에는 큰 흐름이 있다. 그러므로 맥락적인 읽기가 필요하고, 시험 문제로 꼭 나오는 것은 단서 조항이다. 단서 조항이라든가 예외 조항에 아예 밑줄을 그어 놓으며 읽어도 된다. 4) 법률 조항 – 법률 조항은 항목별로 나뉘어 제시되는 것이 특징이다. 따라서 적용문제가 등장할 때 비교적 쉽게 해당 구절을 찾아갈 수 있다. 다만 표현이 조금 어렵기 때문에 어려운 표현을 쉬운 표현으로 이해하려는 연습을 평소에 조금 해 놓을 필요가 있다. 5) 매뉴얼 – 매뉴얼은 일의 프로세스이기 때문에 매뉴얼을 보면서 전체적인 일의 흐름을 파악하는 것이 필요하다. 세부적인 정보를 보느라고 맥락을 놓치게 되면 틀릴 만한 문제들이 자주 나온다.

에듀윌이
너를
지지할게
ENERGY

사막이 아름다운 것은
어딘가에 샘이 숨겨져 있기 때문이다.

– 생텍쥐페리(Antoine Marie Roger De Saint Exupery)

리딩스킬

PART

2

비문학 유형 풀이를
59초 안에 가능하게 만드는
핵심비결

1 비문학 유형의 문제가 측정하고자 하는 능력

지금도 많은 이들이 비문학 유형의 문제는 '공부해 봤자 성적이 안 오른다'고 할 필요가 없다고 생각한다. 그건 고등학생 시절에 다른 과목에 비해 비문학은 투자한 시간에 점수가 비례하지 않음을 경험적으로 알았기 때문이다. 하지만 이는 잘못된 생각이다. 체크해 보자. 비문학 공부는 어떻게 해야 한다고 생각하는가?

---

① 문제를 많이 풀어본다.
② 무조건 문제를 많이 풀어본다.
③ 가능한 한 문제를 많이 풀어본다.
④ 제시문을 분야별로 정리한 후 문제를 많이 풀어본다.
⑤ 하루에 일정하게 시간을 정해 놓고 습관을 들여 문제를 많이 풀어본다.

만약 이 중에 답이 있다고 생각한다면 바로 그 점이 아무리 공부해도 점수가 그대로인 이유다. 능력시험 유형은 실제 필요한 능력을 체크하는 것이기 때문에 학력시험 공부하듯이 암기식으로 공부해서는 점수가 늘 수 없다.

학력시험은 암기이기 때문에 문제를 많이 풀어보는 것만으로도 점수가 오른다. 왜냐하면 문제 자체가 그대로 암기할 것들이기 때문이다. 문제로 나온다는 것은 암기할 범위 중에서도 중요한 것들을 모아 놓은 것이니, 문제를 많이 풀어 문제가 외워지면 그대로 암기할 요소들을 외운 것이나 마찬가지다. 많이 볼수록 유리한 것이 암기시험이니, 어렸을 때 대부분의 과목이 암기과목이나 다름없는 (심지어 수학조차도 원리 이해보다는 문제 유형 암기로 풀어갔던) 수능이나 고등학교 교육에서는 (사실 대학교 교육도 다를 바 없긴 하다.) 무조건 문제를 많이 풀고 무조건 오래 앉아서 시간을 들이는 것이 점수 상승의 왕도였던 것이다.

하지만 그렇게 공부해서 점수가 좋은 사람을 뽑는 것을 조직이나 기업의 입장에서 환영하지 않는다는 것을 사회는 잘 알고 있다. 이런 사람들은 매뉴얼에 적힌 것만 충실하게 수행하며, 매뉴얼 밖의 문제들에 대해서는 '매뉴얼에 없으니 해결할 수 없다'는 소리만 반복할 사람들이기 때문이다. 하지만 대부분의 문제는 매뉴얼 밖에서 일어난다. 사실 매뉴얼 안에서 일어나는 사건은 문제가 아닌 셈이다. 이미 해결책이 나와 있으니 '문제'가 될 수 없으니까 말이다.

능력시험은 이런 학력시험과는 다르게 접근을 해야 한다. 능력시험은 실제로 그런 능력이 있는가를 물어보는 시험이고, 실제로 그런 능력이 있으면 수월하게 문제를 풀어갈 수 있는 시험들이다. 의사소통능력에서 나오는 비문학 유형들이 물어보는 능력은 '주어진 Text를 빠른 시간 안에 읽고서 핵심 정보를 파악할 수 있는가' 하는 능력이다. 유발 하라리가 〈사피엔스〉라는 책에서 말하듯이 지금의 사회는 과거 100년 정도에 걸쳐서 쌓일 만한 정보의 양이 하루만에 쌓이는 사회이기 때문에 이런 능력이 중요해졌다.

과거에는 매뉴얼을 암기하고 있으면 그대로 하면 되었다. 매뉴얼이 바뀌는 것은 10년에 한 번 있을까 한 일이고 예외적인 경우도 거의 발생하지 않았기 때문이다. 하지만 지금 사회는 불과 며칠 사이에 환경이 변하고 기술이 발달해서 매뉴얼을 오랜 기간 고정할 수가 없고, 기술이나 환경 변화에 맞춰 빠르게 바꿔주어야 한다. 그리고 매뉴얼에 없는 문제들이 하루에도 수십 차례 일어나기 때문에 과거 사회와는 다른 유형의 인재가 필요하다.

이런 인재들을 문제해결력을 가진 인재라고 할 수 있는데, 이 문제해결력의 가장 첫 번째로 중요한 능력이 바로 정보이해력이다. 그리고 이 정보이해력의 가장 기본이 되는 능력이 Text로 된 정보를 빠르게 이해하는 능력이다. 비문학은 이런 능력을 측정하기 위해서 실시하는 Test인지라, 사람들이 알 만한 내용을 문제로 내는 것이 아니다. 사람들이 모를 만한 내용을 Text로 제공하고, 그 모르는 내용을 빨리 읽고서 정확하게 파악하는 능력을 체크하고자 한다. 그러니 암기를 통해서 내용을 어느 정도 숙지하고 그 내용이 반복해서 나오면 점수향상에 도움이 될 것이라는 전제의 학력시험의 공부 방법은 이 시험과는 완전히 반대 방향에 있는 셈이다.

2 비문학 유형의 문제를 풀어가는 Skill이 있긴 한가요?

비문학 유형의 문제를 풀어가는 데 가장 필요한 것은 정보의 독해능력이다. 물론 이는 독서라든가 Text를 읽는 수련을 오랜 기간 거쳐서 단련할 수 있다. 그래서 많은 이들이 책이나 신문읽기를 권한다. 그런데 당장 1~2년 안에 시험을 치러 성과를 거두어야 하는 취업 준비생들에게 독서를 권하는 것은 물이 필요한 사람에게 비가 올 때를 기다려보라는 해법과 마찬가지의 한심한 이야기일 뿐이다. 소비자의 니즈를 전혀 파악하지 못한 해법이라는 얘기다. 그런 의미에서 중·고등학생들에게는 좋은 해법이긴 하다.

단기간에 가능한 해법이 필요한 사람에게 가장 좋은 방법은 리딩스킬을 익히는 것이다. 시험 문제로 제시되는 비문학의 Text라는 것은 사실 굉장히 제한적이다. 아무리 길어야 5~6단락을 넘기 힘들고, 그 짧은 글 안에서 완결이 되어야 한다. 그리고 다의적 해석이 가능한 문학이나 에세이는 배제해야 한다. 그러면 주어지는 정보의 형식은 상당히 제한적이고 유형적이다. 그런 정보에서 핵심정보의 위치라든가 배열 방법 등을 빨리 파악하는 법을 알아서 그것을 적용하여 Text에서 전하는 정보를 바탕으로 문제를 풀어가는 것, 이것이 바로 리딩스킬이다.

시험적으로 보자면 비문학 유형의 문제에서 가장 중요한 것은 정해진 시간 안에 문제를 푸는 것이다. 문제는 정해진 시간이 매우 짧다는 것이다. 그래서 대부분의 지원자들은 문제들을 충분히 보지 못하거나, 끝까지 보지 못하고 문제를 풀게 된다. 기업의 환경이 넉넉하게 정보를 분석하고, 생각할 시간을 주지 않는다는 현실적인 이유에서인지 이 유형의 문제들은 지나치게 짧은 시간 안에 풀 것을 요구하는 것이 사실이다.

빠른 시간 안에 독해를 요구하다 보니, 가장 중요한 능력은 빠른 시간 안에 글을 읽는 것이다. 대부분 시간 안에 문제를 다 못 보게 되는데, 가장 큰 이유는 글을 빨리 못 읽어서다. 문제의 수준이 높은 편은 아니므로 글만 빨리 읽으면 문제 자체에 큰 함정이나 난점은 없다. 결국 지원자들은 어떻게 하면 기존의 글 읽기 습관을 버리고, 글을 빨리 읽을 것인가에 대한 해법을 찾아야 한다.

시험의 속도에 맞추어 글을 빨리 읽는 연습을 해야 한다. 글을 빠르고 정확하게 읽기 위해서 필요한 능력이 바로 '리딩스킬(Reading Skill)'이다. 사실 적성에서 요구하는 것은 '오만가지 배경지식'이 아니라, 어떠한 정보가 주어지더라도 '주어진 정보를 읽어 낼 수 있는 능력'이기 때문에, 필요한 것이 '글 읽는 방법'이 되는 것이다. 그러므로 언어는 '배경지식을 많이 알아야 하니까 어린 시절부터 이어온 꾸준한 독서 외에는 방법이 없다'는 식의 무기력한 말은 접어두고, 글 읽는 Skill에 대해서 알아보도록 하자. 이 단락에서 공부할 것은 바로 제시문을 '빠르고 정확하게 읽는' 리딩스킬(Reading Skill)에 관해서다. 크게 다음과 같은 두 가지 방법이 있다.

> 1. 핵심어로 읽기
> 2. 주제문장으로 읽기

'핵심어'로 제시문 읽기

1 핵심어로 글 읽기의 개념

핵심어는 주제의 주어다. "디스플레이 산업의 전망은 전략적인 발전계획을 세워야 밝아질 수 있을 것이다." 같은 주제의 글에서는 '디스플레이 산업의 전망'이 핵심어가 된다. "민주주의가 최선의 정치체제는 아니지만, 적어도 경험적으로는 그만 한 것도 없다."가 글의 주제라면 핵심어는 '민주주의'가 된다.

핵심어는 그 글에서 제일 중요한 단어 또는 어휘다. 영어로는 Key Word라고 한다. 객관식 문제에서 주어지는 제시문은 독서를 하면서 접하는 책의 길이에 비하면 상대적으로 매우 짧다. 일반적인 독서 요령을 가지고 글을 읽는 것과는 다른 방법으로 읽을 수밖에 없는데, 그 중에서 가장 다른 것이 바로 핵심어다. 긴 글에서는 핵심어에 집중하기보다는 종합적으로 글의 주제에 접근하게 되는데, 짧은 글에서는 이 핵심어에 집중할 수밖에 없다. 그래서 객관식 문제에서 제시되는 글에서 이 핵심어는 상대적으로 도드라지게 보인다.

주어진 제시문을 빠른 시간 안에 읽어야 할 때는 결국 선택과 집중의 문제로 흘러가게 된다. 어떤 문장들은 이해가 안 되더라도 그냥 쓱 넘어가야 하는 것이 있는 반면, 또 어떤 문장은 확실하게 읽어내야 하는 것들도 있다. 하지만 그 문장을 읽기까지 어떤 문장이 더 중요하고 덜 중요한지는 알 수 없다. 그 표지 역할을 하는 것이 바로 핵심어다.

핵심어 읽기는 제시문을 읽을 때 핵심어가 붙어 있는 문장들을 중심으로 읽는 것을 말한다.

모든 문장들에 집중하기 힘들다면 핵심어를 파악해서 그 핵심어가 있는 문장들 위주로 글을 읽어 나가는 것이 선택과 집중에서 선택을 하는 요령이 된다. 핵심어가 결국 그 글 주제의 주어라면 이 Skill은 상식적으로 이해가 간다. 하지만 중요한 문제가 남았다. 글을 읽어야 주제를 아는데, 그러기 전에 어떻게 주제의 주어를 알 수 있을까?

해답은 여기에 있다. 주제의 주어라고 해서 반드시 주제를 알아야 하는 것은 아니다. 핵심어는 글의 주인공인 만큼 그 글에서 가장 많이, 또 중요한 위치에서 나오는 단어다. 그러므로 글을 읽지 말고 얼핏 본 후에 가장 많이 눈에 띄는 단어를 인지하는 것이 핵심어를 찾아내는 좋은 방법이다.

다음과 같은 제시문을 보자. 이 글을 읽을 때 한 문장 한 문장 읽으며 제시문을 이해하기보다는 일단 얼핏 본 다음에 가장 눈에 많이 띄는 단어가 무엇인지 살펴보자.

루머는 구전과 인터넷을 통해 확산되고, 그 과정에서 여러 사람들의 의견이 더해진다. 루머는 특히 사회적 불안감이 형성되었을 때 빠르게 확산되는데, 이는 사람들이 사회적·개인적 불안감을 해소하기 위한 수단으로 루머에 의지하기 때문이다.

나아가 루머가 확산되는 데는 사회적 동조가 중요한 영향을 미친다. 사회적 동조란 '다수의 의견이나 사회적 규범에 개인의 의견과 행동을 맞추거나 동화시키는 경향'을 뜻한다. 사회적 동조는 루머가 사실로 인식되고 대중적으로 수용되는 과정에서도 큰 영향력을 행사한다.

사회적 동조는 개인이 어떤 정보에 대해 판단하거나 그에 대한 태도를 결정하는 데 정당성을 제공한다. 다수의 의견을 따름으로써 어떤 정보를 믿는 것에 대한 합리적 이유를 갖게 되는 것이다. 실제로 루머에 대한 지지 댓글을 많이 본 사람들은 루머에 대한 반박 댓글을 많이 본 사람들에 비해 루머를 사실로 믿는 경향이 더욱 강한 것으로 나타났다. 또한 사회적 동조가 있는 상태에서는 개인의 성향과 상관없이 루머를 사실이라고 믿는 경우가 많았다.

사회적 동조의 또 다른 역할은 사람들이 자신의 의견을 제시할 때 사회적 분위기를 고려하게 하는 것이다. 소속된 집단으로부터 소외되지 않기 위해서 다수에 의해 지지되는 의견을 따라가는 현상이 발생하기도 한다. 이와 같은 현상은 개인주의 문화권보다는 집단주의 문화권에 있는 사람들에게서 더 잘 나타난다. 집단주의 문화권 사람들은 루머를 믿는 사람들로부터 루머에 대한 정보를 얻고 그것을 근거로 하여 판단하며, 다른 사람들의 의견에 개인의 생각을 일치시키는 경향이 두드러진다.

이 글에서 가장 눈에 많이 띄는 단어는 '루머'다. 그러니까 이 글은 루머에 대한 이야기이다. 하지만 그에 못지않게 눈에 띄는 단어가 또 하나 있다. 바로 '사회적 동조'다. 핵심어가 무조건 하나라고 생각하고 어떤 것이 핵심어일까 생각하기보다는 둘 다 핵심어라고 생각하고 둘 사이의 관계를 어떻게 이 글에서 이야기하는지 살펴보는 식으로 글을 읽으면 된다.

처음부터 이 글의 방향성을 그렇게 잡고 접근하면 이 둘 사이의 관계를 정확하게 밝혀주는 한 문장이 눈에 띈다. "나아가 루머가 확산되는 데는 사회적 동조가 중요한 영향을 미친다.", 이것이 바로 이 글의 주제라고 볼 수 있다.

2 핵심어로 글 읽기의 프로세스와 적용

1단계
지문 훑어보고 핵심어 찾기

2단계
선택지 보고 확인하기

3단계
핵심어에 대해 정리하기

4단계
주제, 흐름 도출

1단계 | 지문 훑어보고 핵심어 찾기 – 핵심어는 주어진 제시문이 가진 주제의 주어다. 따라서 제일 많이 나올 수밖에 없다. 설명문이면 그 주어가 무엇인지에 대한, 논설문이면 그 주제를 가지고 설득하고자 하는 주장에 대한 글일 것이기 때문이다. 핵심어를 찾아 글을 읽을 때 제일 중요한 스킬은 바로 '핵심어를 찾는 것'이다. 너무 당연한 말이지만, 여기에 한 가지 수식어를 붙이면 얘기는 달라진다. '단 5초 만에'. 전혀 불가능한 말이 아니다. 핵심어가 결국엔 제일 자주 나오는 말이라는 사실을 상기하면, 우선 제시문을 보면서 가장 많이 나오는 말을 몇 가지 정리하고, 객관식으로 주어진 문제의 선택지를 보면서 그것을 확인하면 된다.

2단계 | 선택지 보고 확인하기 – 문제 중에서 특히 '주제를?' 하는 문제나 '핵심내용은?' 하고 물어보는 문제들은 대부분 선택지의 주어가 바로 핵심어가 된다. 전혀 엉뚱한 것이 선택지로 제시되면 그다지 헷갈리지 않고 평이하게 문제를 풀 수 있기 때문에 문제로서의 변별력이 없다. 따라서 헷갈리게 하기 위해서는 선택지에서 핵심어를 노출할 수밖에 없다.

3단계 | 핵심어에 대해 정리하기 – 실제적으로 글을 읽는 단계다. 핵심어가 주어인 문장들에 밑줄을 그어가며 읽으면 글의 흐름을 파악하기가 쉬워진다. 제시문이 핵심어를 설명하거나 주장하는 것이라면 그 핵심어에 대한 변화가 곧 글의 흐름일 것이기 때문이다.

4단계 | 주제, 흐름 도출 – 핵심어를 정리하여 요약하는 것만으로도 주제는 간단하게 도출된다. 그렇지만 여기에서 만족하지 말고 반드시 전반적인 글의 흐름을 파악하도록 하자. 글의 흐름은 글의 주제보다 더 포괄적인 개념으로, 어떠한 과정을 거쳐 주제가 도출되는가를 밝혀내는 것이다.

다음 글을 '핵심어 찾기'를 써서 읽어 보자.

메를로 퐁티가 몸을 '예술작품'이라 말한 것은 니체를 떠올리게 한다. 문명의 '내과의사'라고 자처한 니체가 『자라투스트라는 이렇게 말했다』에서 '내 몸은 나의 전부이며 그 이외의 아무 것도 아니다. 영혼이란 몸의 어떤 면을 말해주는 것에 불과하다.'라고 말했던 것은 결코 우연이 아니다. 그는 관조적 '테오리아(theoria)'에 도전하여 벗어나는 한편, 그 자리에 '아이스테시스(aisthesis)'를 대치시켰던 것이다. 그렇게 함으로써 니체는 '마음의 눈'을 통해 영원한 천상의 이데아(eidos)를 추구하고, 지상의 덧없는 순간들을 포기해 버리는 플라톤주의를 전복하려 했다.

니체의 몸의 정치는 플라톤 이래 아주 오래되고 지금도 계속되고 있는 이론적 관조의 전통에 대한 대항이다. 청년 니체는 첫 저서인 『비극의 탄생』에서 음악을, 고대 희랍적인 음악(공연예술)을 지고의 미학으로 평가했다. 고대 희랍의 '무지케(mousike)'는 낭송시, 무용, 극 그리고 음악을 포괄하는 것이다. 니체에 따르면 오직 미적현상으로서만 존재와 세계가 영원히 정당화되며, 오직 음악만이 미적현상으로서의 세계를 정당화한다는 것이 과연 무슨 의미인지를 우리에게 가르쳐 줄 수 있다. 요컨대 니체에게서 세계는 음악적 미에 의해 '측정'('메트론(metron)'이라는 음악적 의미에서)되며, 이러한 음악의 일차적 존재조건은 인간의 세계와 인간바깥의 세계 모두에 우리를 조율시키는 것이다.

몸은 늘 철학의 담론에서 고아였다. 주류 서양사상은 몸을 어두운 석굴 혹은 어두운 대륙이라고 주장했고, 몸을 벗어난 불멸을 옹호하면서 몸을 덧없고 소멸하는 상품이라고 매질하고, 심지어 '십자가에 못 박았던', 희랍사상만이 아니라 기독교도 이 점에서는 마찬가지다. 엄격하고 금욕적인 기독교인이자 신학자였으며 스스로 자신의 성기를 거세했던 오리게네스(Origenes)는 (거세는 그 당시 흔한 일이었다.) 몸을, 더욱 구체적으로는 성을 순간적인 현상으로 묘사했으며, 육으로부터 영혼을 정화시킨다는 종말적인 희망을 암시한 적이 있다.

1단계 | 가장 먼저 눈에 들어오는 것은 '몸'이다. 따라서 우리는 상당히 쉽게 '몸'이라는 핵심어를 찾을 수 있다.

2단계 | 이 지문에 대해서 나온 문제는 '글쓴이의 주장으로 가장 적절한 것'을 찾는 문제였고, 선택지는 아래와 같았다.

 ① 유기체로서 정신은 다른 정신들과 관련되어 있다. 정신은 우주의 한 부분이다. 그러나 몸은 오직 하나의 신체에만 관련되어 있다. 몸은 세계, 다른 신체들, 다른 정신들과 직접적으로 관련되어 있지 않다.

 ② 몸은 '존재'의 질서가 아니라 '소유'의 질서에 속해 있다. 살아가는 몸은 대상들 속의 한 가지 대상일 뿐이다. 몸은 느끼는 주체가 아니라 타성적인 것이다.

 ③ 우리는 몸으로, 살로 존재한다. 하나의 존재자인 살로서의 몸은 관념이 아니라 구체적인 현실이다. 인간 존재가 관념이 아닌 것은 곧 몸이 구체적 실재이기 때문이다.

 ④ 종래의 서양철학에서는 몸의 형태로 된 사상과 지식, 즉 몸의 지혜를 매우 중시하였다.

 ⑤ 생각하는 실체로서의 정신은 몸, 즉 연장자(res extensa)에서 독립해 있으며, 존재하기 위해 자신 이외에 그 어떤 것도 필요로 하지 않는다.

 선택지를 훑어봐도 쉽게 핵심어가 '몸'이라는 것을 확인할 수 있다.

3단계 | 첫 번째 단락에서는 니체의 말에 주목한다. 그 말의 내용은 "내 몸은 나의 전부이며 그 이외의 아무 것도 아니다. 영혼이란 몸의 어떤 면을 말해주는 것에 불과하다."는 것이다.

두 번째 단락에서는 니체의 몸의 정치는 플라톤 이래 아주 오래되고 지금도 계속되고 있는 이론적 관조의 전통에 대한 대항이라는 점이다.

세 번째 단락에서는 몸은 늘 철학의 담론에서 소외되어 왔었다고 얘기하고 있다.

4단계 | 이 같은 흐름을 이어보면 니체에 의해 몸이 주목받았는데, 이는 그동안의 서양 전통을 깨는 참신한 시도라는 것이다. 이런 점들을 고려해 보면 이 문제의 정답은 ③이다. 몸 철학이라고 이름 붙여진 최근의 몸에 대한 관심은 오랜 기간 우위를 점하고 있던 정신에 대항해 몸의 지위를 대등하게 격상하고자 하는 움직임이다. 이 글은 그러한 경향에 대해 소개하고 있다. ①, ②, ⑤는 여전히 정신이 우위를 점하며 몸은 이차적이고 부차적인 것이라는 관점을 드러내는 진술들이다. 하지만 ③은 몸 자체가 매우 직접적이고 일차적인 것이라는 관점을 드러낸다. ④는 종래 서양의 전통에서는 '정신'만 중요시했다고 말하기 때문에 적절하지 않다.

연습문제

다음 주어진 글에서 핵심어를 찾고, 핵심어 위주로 주제를 작성해 보자.

01

Y-염색체는 오직 한 가지 목적, 즉 남자를 만들기 위해 존재한다. Y-염색체는 인간의 다른 염색체들에 비해 작고 보잘것없어서 정말로 중요한 1개의 유전자만 지니고 있다. 이 유전자가 바로 모든 태아가 소녀가 되는 것을 막아준다. Y-염색체가 없으면 태아는 자연적으로 여자로 발달하게 된다. 만일 태아가 Y-염색체를 갖고 있고 또한 SRY라는 평범한 이름을 지닌 유전자가 제대로 작동하면, 이것이 다른 염색체들에 있는 많은 유전자들을 발현시켜 태아가 여자가 아닌 남자로 발달하도록 이끈다. SRY유전자는 난소의 발달을 억제하는 대신 정소의 성장과 남성호르몬인 테스토스테론의 생산을 촉진하는, 다른 염색체들을 활성화시킨다.

성을 결정하는 데 SRY유전자가 하는 중요한 역할이 밝혀진 것은 두 가지의 관찰 덕분이었다. 아주 드물게 약 2만 명당 1명꼴로 Y-염색체를 가진 여아가 태어난다. 이런 여아들은 대부분 평균 키보다 약간 크지만 지능도 정상이고 발달도 정상이다. 그러나 사춘기에 이들의 난소와 자궁이 제대로 발달되지 않기 때문에 아기를 가질 수 없다. 이런 여자들의 Y-염색체를 유전적으로 분석해 본 결과 이들은 SRY유전자가 없거나 또는 그것의 정상적 작동을 막는 돌연변이를 갖고 있었다. SRY유전자 홀로 충분히 남성을 만들 수 있다는 것을 보여 주는 또 다른 확실한 증거로 쥐에 대한 연구결과를 들 수 있다. 수컷 쥐도 Y-염색체를 가지며 사람의 SRY유전자에 대항하는, 구별을 위해 Sry라고 부르는 유전자를 지닌다. 아주 멋진 유전공학적 실험에서 수컷 쥐로부터 Sry유전자를 클로닝하여 그냥 두었다면 암컷 쥐가 되었을 수정란에 이식했다. 쥐의 태아는 완전한 Y-염색체가 아니라 단지 클로닝한 유전자만 가졌음에도 불구하고 수컷이 되었다.

따라서 아기의 성은 다음과 같이 결정된다. 남성인 아버지는 Y-염색체를 가지고 있다. 그의 정자 중 절반은 SRY유전자가 들어 있는 Y-염색체를 가지고, 다른 절반은 X-염색체를 품고 있다. 아기의 성은 어머니의 난자를 수정시키는 특정한 정자가 X-염색체와 Y-염색체 중 어느 것을 갖고 있는가에 따라 결정된다. 만일 정자가 X-염색체를 가졌다면 아이는 여자가 되고, Y-염색체를 가졌다면 아이는 남자가 된다. 여성은 아이의 성 결정에 아무런 영향을 주지 못한다. 얼마나 많은 아내들이 아들을 낳지 못한 것을 자신의 탓으로 돌려야 했던가!

핵심어: _____

주 제: _____

_____

소리를 내는 것, 즉 음원의 위치를 판단하는 일은 복잡한 과정을 거친다. 사람의 청각은 '청자의 머리와 두 귀가 소리와 상호작용하는 방식'을 단서로 음원의 위치를 파악한다. 음원의 위치가 정중앙이 아니라 어느 한쪽으로 치우쳐 있으면, 소리가 두 귀 중에서 어느 한쪽에 먼저 도달한다. 왼쪽에서 나는 소리는 왼쪽 귀가 먼저 듣고, 오른쪽에서 나는 소리는 오른쪽 귀가 먼저 듣는다. 따라서 소리가 두 귀에 도달하는 데 걸리는 시간 차를 이용하면 소리가 오는 방향을 알아낼 수 있다. 소리가 두 귀에 도달하는 시간의 차이는 음원이 정중앙에서 한쪽으로 치우칠수록 커진다.

양 귀를 이용해 음원의 위치를 알 수 있는 또 다른 단서는 두 귀에 도달하는 소리의 크기 차이이다. 왼쪽에서 나는 소리는 왼쪽 귀에 더 크게 들리고, 오른쪽에서 나는 소리는 오른쪽 귀에 더 크게 들린다. 이런 차이는 머리가 소리 전달을 막는 장애물로 작용하기 때문이다. 하지만 이런 차이는 소리에 섞여 있는 여러 음파들 중 고주파에서만 일어나고 저주파에서는 일어나지 않는다. 따라서 소리가 저주파로만 구성되어 있는 경우 소리의 크기 차이를 이용한 위치 추적은 효과적이지 않다.

또 다른 단서는 음색의 차이이다. 고막에 도달하기 전에 소리는 머리와 귓바퀴를 지나는데, 이때 머리와 귓바퀴의 굴곡은 소리를 변형하는 필터 역할을 한다. 이 때문에 두 고막에 도달하는 소리의 음색 차이가 생겨난다. 이러한 차이를 통해 음원의 위치를 파악할 수 있다.

핵심어: _____

주 제: _____

_____

03

　　문명 중 유일하게 서구는 다른 모든 문명에게 대대적인, 때로는 파괴적인 영향력을 미쳤다. 따라서 서구의 힘과 문화와 다른 문명들의 힘과 문화의 관계는 문명세계에서 가장 포괄적인 특성으로 나타난다. 다른 문명들의 상대적 힘이 증가하면서 서구문화의 매력은 반감되며, 비서구인들은 점점 자신들의 고유문화에 애착과 자신감을 갖게 된다. 그러므로 서구와 비서구의 관계에서 가장 핵심이 되는 문제는 서구 문화의 보편성을 관철하려는 미국을 비롯한 서구의 노력과 그들의 현실적 능력 사이에서 생겨나는 부조화라고 말할 수 있다.

　　공산주의의 몰락으로 자유 민주주의 이념이 지구적 차원에서 승리를 거두었으므로, 서구의 이념이 보편타당하다는 견해가 확산되면서 부조화는 한층 심화되었다. 서구, 그중에서도 특히 예부터 민주주의의 선교사 역할을 자임해 온 미국은 비서구인들이 민주주의, 시장 경제, 제한된 정부, 인권, 개인주의, 법치주의 같은 서구의 가치에 동조해야 하며 이러한 가치들을 자신들의 제도에 구현하여야 한다고 믿는다. 다른 문명들 내의 소수집단은 이러한 가치를 수용하고 적극적으로 선전하지만, 비서구사회의 지배적인 태도는 대체로 회의주의 아니면 격렬한 반발의 양상으로 나타난다. 서구의 보편주의가 비서구에는 제국주의로 다가온다.

　　서구는 자신의 주도적 위치를 고수하고자 지금도 노력하고 있고, 앞으로도 노력을 게을리하지 않을 것이다. 그들은 자신들의 이익을 '세계 공동체'의 이익으로 규정함으로써 그러한 이익을 수호하려고 한다. 이러한 구호는 미국과 여타 서방 국가들의 이익이 반영된 행동에 범지구적 정당성을 부여하는 완곡한 집합명사('자유세계'를 대체하는)가 되어 버렸다. 그래서 비서구인들은 서구의 원칙과 서구의 행동 사이에서 나타나는 간극을 서슴지 않고 지적한다. 위선, 이중 잣대, 단서 조항은 보편주의가 한낱 제스처에 지나지 않음을 여실히 드러낸다.

핵심어: _____

주　제: _____

　　　　_____

04

 상업적 농업이란 전통적인 자급자족 형태의 농업과 달리 판매를 위해 경작하는 농업을 일컫는다. 농업이 상업화된다는 것은 산출할 수 있는 최대의 수익을 얻기 위해 경작이 이루어짐을 뜻한다. 이를 위해 쟁기질, 제초작업 등과 같은 생산 과정의 일부를 인간보다 효율이 높은 기계로 작업하게 되고, 농장에서 일하는 노동자도 다른 산업 분야처럼 경영상의 이유에 따라 쉽게 고용하고 해고하게 된다. 이처럼 상업적 농업의 도입은 근대 사회의 상업화를 촉진한 측면이 있다.

 홉스봄은 18세기 유럽에 상업적 농업이 도입되면서 일어난 몇 가지 변화에 주목했다. 중세 말기 장원의 해체로 인해 지주와 소작인 간의 인간적이었던 관계가 사라진 것처럼, 농장주와 농장 노동자의 친밀하고 가까웠던 관계가 상업적 농업의 도입으로 인해 사라졌다. 토지는 삶의 터전이라기보다는 수익의 원천으로 여겨지게 되었고, 농장 노동자는 시세대로 고용되어 임금을 받는 존재로 변화하였다. 결국 대량 판매 시장을 위한 대규모 생산이 점점 더 강조되면서 기계가 인간을 대체하기 시작했다.

 또한 상업적 농업의 도입은 중요한 사회적 결과를 가져왔다. 점차적으로 중간 계급으로의 수렴현상이 나타난 것이다. 저임금 구조의 고착화로 농장주와 농장 노동자 간의 소득 격차는 갈수록 벌어졌고, 농장 노동자의 처지는 위생과 복지의 양 측면에서 이전보다 더욱 열악해졌다.

 나아가 상업화로 인해 그동안 호혜성의 원리가 적용되어 왔던 대상들의 성격이 변화하였는데, 특히 돈과 관련된 것, 즉 재산권이 그러했다. 수익을 얻기 위한 토지 매매가 본격화되면서 재산권은 공유되기보다는 개별화되었다. 이에 따라 이전에 평등주의 가치관이 우세했던 일부 유럽 국가에서조차 자원의 불평등한 분배와 사회적 양극화가 심화되었다.

핵심어: _____

주 제: _____

_____

정답 및 해설 P. 2

'주제문장'으로 제시문 읽기

1 주제문장으로 글 읽기의 개념

핵심어로 글 읽기는 사실 매우 간단한 Skill이다. '이왕 글을 읽는 것, 중요한 단어 위주로 포인트를 두어 가며 읽자' 정도의 Skill이라고 보면 된다. 익히는 것도 간단하고 적용하는 것도 간단하다. 그래서 효과 역시 아주 만족할 만하지는 않다. 사실 리딩스킬이라고 언급할 만한 진짜 스킬적인 풀이는 지금부터 설명하는 주제문장으로 읽기다. 핵심문장 찾기라고 보면 된다.

제시문은 보통 몇 개의 단락으로 이루어져 있다. 이때 단락을 구분하는 기준은 내용이다. 내용이 바뀌면 단락이 바뀌는 것이다. 다음의 글을 보자.

> 공동의 번영과 조화를 뜻하는 공화(共和)에서 비롯된 공화국이라는 용어는 국가라는 정치 공동체 전체를 위해 때로는 개인의 양보가 필요할 수 있음을 전제하고 있다는 점에서 사회적 공공성 개념과 연결된다. 이미 1919년 임시정부가 출범하면서 '민주공화국'이라는 표현이 등장하였고 헌법 제1조에도 '대한민국은 민주공화국'이라고 명시되어 있지만, 분단 이후 북한도 '공화국'이라는 용어를 사용함에 따라 한국에서는 이 용어의 사용이 기피되었다. 냉전 체제의 고착화로 인해 반공이 국시가 되면서 '공화국'보다는 오히려 '자유민주주의'라는 용어가 훨씬 더 널리 사용되었는데, 이때에도 민주주의보다는 자유가 강조되었다.
>
> 그런데 해방 이후 한국 사회에 널리 유포된 자유의 개념은 대체로 서구의 고전적 자유주의 전통에서 비롯된 것이다. 이 전통에서 보자면, 자유란 '국가의 강제에 대립하여 자신의 사유 재산권을 자기 마음대로 행사할 수 있는 것'을 의미한다. 이 같은 자유 개념에 기초하고 있는 자유민주주의에서는 개인의 자유를 강조할수록 사회적 공공성은 약화될 수밖에 없다.
>
> 자유민주주의가 1960년대 이후 급속히 팽배하기 시작한 개인주의와 결합하면서 사회적 공공성은 더욱 후퇴하였다. 이 시기 군사정권이 내세웠던 "잘 살아보세."라는 표어는 우리 공동체 전체가 다 함께 잘 사는 것이라기보다는 사실상 나 또는 내 가족만큼은 잘 살아보자는 개인적 욕망의 합리화를 의미했다. 그 결과 공동체 전체의 번영을 위한 사회 전반의 공공성이 강화되기보다는 사유 재산의 증대를 위해 국가의 간섭을 배제해야 한다는 논리가 강화되었던 것이다.

이 글은 세 단락으로 구성되어 있다. 그렇다는 이야기는 이 글에서 세 개의 내용을 전달하고 있다는 말이 된다. 그렇다면 단락별로 어떤 내용이 있는지 파악하는 것이 이 글을 이해하는 좋은 방법이 될 것이다. 다음과 같이 단락별로 그 단락의 핵심내용을 정리해 보도록 하자.

글의 내용	핵심
공동의 번영과 조화를 뜻하는 공화(共和)에서 비롯된 공화국이라는 용어는 국가라는 정치 공동체 전체를 위해 때로는 개인의 양보가 필요할 수 있음을 전제하고 있다는 점에서 사회적 공공성 개념과 연결된다. 이미 1919년 임시정부가 출범하면서 '민주공화국'이라는 표현이 등장하였고 헌법 제1조에도 '대한민국은 민주공화국'이라고 명시되어 있지만, 분단 이후 북한도 '공화국'이라는 용어를 사용함에 따라 한국에서는 이 용어의 사용이 기피되었다. 냉전 체제의 고착화로 인해 반공이 국시가 되면서 '공화국'보다는 오히려 '자유민주주의'라는 용어가 훨씬 더 널리 사용되었는데, 이때에도 민주주의보다는 자유가 강조되었다.	공화국이라는 용어는 국가라는 정치 공동체 전체를 위해 때로는 개인의 양보가 필요할 수 있음을 전제하고 있다는 점에서 사회적 공공성 개념과 연결된다.
그런데 해방 이후 한국 사회에 널리 유포된 자유의 개념은 대체로 서구의 고전적 자유주의 전통에서 비롯된 것이다. 이 전통에서 보자면, 자유란 '국가의 강제에 대립하여 자신의 사유 재산권을 자기 마음대로 행사할 수 있는 것'을 의미한다. 이 같은 자유 개념에 기초하고 있는 자유민주주의에서는 개인의 자유를 강조할수록 사회적 공공성은 약화될 수밖에 없다.	자유민주주의에서는 개인의 자유를 강조할수록 사회적 공공성은 약화될 수밖에 없다.
자유민주주의가 1960년대 이후 급속히 팽배하기 시작한 개인주의와 결합하면서 사회적 공공성은 더욱 후퇴하였다. 이 시기 군사정권이 내세웠던 "잘 살아보세."라는 표어는 우리 공동체 전체가 다 함께 잘 사는 것이라기보다는 사실상 나 또는 내 가족만큼은 잘 살아보자는 개인적 욕망의 합리화를 의미했다. 그 결과 공동체 전체의 번영을 위한 사회 전반의 공공성이 강화되기보다는 사유 재산의 증대를 위해 국가의 간섭을 배제해야 한다는 논리가 강화되었던 것이다.	자유민주주의가 1960년대 이후 급속히 팽배하기 시작한 개인주의와 결합하면서 사회적 공공성은 더욱 후퇴하였다.

핵심적인 내용들을 연결하여 글의 주제를 살펴보면 "한국에서는 사회적 공공성이라는 개념이 점점 약화되는 추세에 있다" 정도의 이야기가 될 것이다. 이렇게 한 제시문은 여러 단락으로 나뉘어 있고, 그 단락들은 핵심내용을 가지고 있으니 그 내용들을 파악하여 이어 붙이는 것은 그 글을 이해하는 좋은 방법이 된다.

그런데 한 단락을 구성하는 방법 또한 어느 정도 정해져 있다. 객관식 문제의 제시문은 문학이나 에세이같이 자의적인 해석을 배제하고, 군더더기 없이 깔끔하게 잘 쓴 논설이나 설명의 글들이다. 이 글들은 형식적인 면에서 거의 동일하다.

논설(주장이 있는 글)

주장 + 근거(이유)

설명

핵심정리 + 자세한 설명

이렇게 논설과 설명은 단락의 구성이 비슷하게 나온다. 논설일 때 근거의 위치가 주장 앞에 있는가 뒤에 있는가, 근거가 몇 개인가 정도가 다르게 된다. 설명일 경우에는 핵심문장의 위치와 설명이 얼마나 자세한가, 혹은 설명의 방법이 무엇인가 정도의 문제이지 기본적인 구조는 거의 같다.

하나의 주제문장과 그것을 뒷받침하는 이유 혹은 자세한 설명, 이것이 한 단락을 이루는 제시문의 기본 구조인 것이다. 그렇다면 한 단락에는 하나의 내용이 있다고 했으니 우리는 그 대표문장, 핵심문장이 그 내용을 단번에 나타내리라는 추론을 할 수가 있다. 뒷받침문장들은 설명이나 근거니까 말이다. 그래서 우리는 한 단락에 존재하는 그 하나의 핵심문장에 주의를 기울이게 된다. 그것이 바로 주제문장이다.

주어진 글에서 단락별로 내용을 정리하려고 애쓰기보다는 한 단락에 존재하는 하나의 주제문장에 밑줄을 긋고 그것들을 이어 붙여서 큰 맥락을 파악하려고 노력하는 것이 좋은 리딩스킬이 된다. 위의 예를 다시 한번 보자. 처음 제시문에 단지 밑줄만 긋는 것이다.

공동의 번영과 조화를 뜻하는 공화(共和)에서 비롯된 공화국이라는 용어는 국가라는 정치 공동체 전체를 위해 때로는 개인의 양보가 필요할 수 있음을 전제하고 있다는 점에서 사회적 공공성 개념과 연결된다. 이미 1919년 임시정부가 출범하면서 '민주공화국'이라는 표현이 등장하였고 헌법 제1조에도 '대한민국은 민주공화국'이라고 명시되어 있지만, 분단 이후 북한도 '공화국'이라는 용어를 사용함에 따라 한국에서는 이 용어의 사용이 기피되었다. 냉전 체제의 고착화로 인해 반공이 국시가 되면서 '공화국'보다는 오히려 '자유민주주의'라는 용어가 훨씬 더 널리 사용되었는데, 이때에도 민주주의보다는 자유가 강조되었다.

그런데 해방 이후 한국 사회에 널리 유포된 자유의 개념은 대체로 서구의 고전적 자유주의 전통에서 비롯된 것이다. 이 전통에서 보자면, 자유란 '국가의 강제에 대립하여 자신의 사유 재산권을 자기 마음대로 행사할 수 있는 것'을 의미한다. 이 같은 자유 개념에 기초하고 있는 자유민주주의에서는 개인의 자유를 강조할수록 사회적 공공성은 약화될 수밖에 없다.

자유민주주의가 1960년대 이후 급속히 팽배하기 시작한 개인주의와 결합하면서 사회적 공공성은 더욱 후퇴하였다. 이 시기 군사정권이 내세웠던 "잘 살아보세."라는 표어는 우리 공동체 전체가 다 함께 잘 사는 것이라기보다는 사실상 나 또는 내 가족만큼은 잘 살아보자는 개인적 욕망의 합리화를 의미했다. 그 결과 공동체 전체의 번영을 위한 사회 전반의 공공성이 강화되기보다는 사유 재산의 증대를 위해 국가의 간섭을 배제해야 한다는 논리가 강화되었던 것이다.

그러면 리딩스킬을 다음과 같이 정리할 수 있다.

한 단락에 있는 하나의 주제문장을 찾아 밑줄 긋고, 맥락적으로 파악하기

글의 주제뿐 아니라 각 단락의 내용도 알게 되면서 글의 구조까지 같이 알게 된다. 하지만 여기서 또 하나의 의문이 생긴다. 한 단락의 가장 중요한 문장이라는 것도 그 한 단락을 꼼꼼히 읽어야만 정확하게 판단할 수 있는 것이 아닌가 하고 말이다. 정확성은 증대할 수 있지만, 시간은 동일하게 소요되는 것이 아닌가 하고 생각하는데, 지금부터 익힐 Skill이 사실상 진짜 리딩스킬이다.

글을 읽지 않고 주제문장의 위치를 파악하는 것이다. 글을 읽으면 시간이 소요된다. 그러므로 가능한 한 글을 읽지 않고 주제문장을 파악하고 글의 전체 맥락을 파악해야지 **풀이시간 평균 59초**라는 우리의 미션을 완수할 수 있다. 우선 주제문장으로 읽기의 프로세스를 먼저 파악한 뒤, 글을 읽지 않고 가장 핵심이 되는 글의 주제문장을 찾아내는 Skill을 배워 보도록 하자.

한 단락 구성의 비밀

평소 글을 쓸 때를 떠올려 보자. 글을 쓴 적이 별로 없다면 인터넷 게시판에 글을 쓴다거나 친구한테 메일을 보낼 때를 생각해 보자. 생각나는 대로 글을 쓰다 보면 어느 사이 자신도 모르게 엔터 키를 눌러서 단락을 바꾸는 순간이 있다. 특별히 의도하지 않았는데도 손이 먼저 반응해서 단락을 바꿔 버린다. 단락을 바꾸는 그 순간 왜 자신이 단락을 바꾸고 있는지 스스로에게 물어 본 적은 없을 것이다. 그렇다면 이제 그것에 대해 물어 보자. 도대체 '언제 단락을 바꾸는가?'

쉽게 말하면 말이 바뀌면 단락도 바뀐다. '어제 시험을 잘 본 것 같다'라는 말을 한 다음에 '내일 영화관에 가자'라는 말을 하기 위해서는 단락을 바꾸는 것이 필요하다는 말이다. 이 두 내용을 한 단락에 이어 써 버리면 첫째, 스크롤의 압박이라는 비난을 받을 것이고 둘째, 산만하다는 지적을 받을 것이다. 그리고 셋째, 도대체 무슨 이야기를 하고 싶은 거냐고 채근을 받을지도 모른다.

'한 가지 내용은 한 단락에', 이것이 바로 자신도 모르게 지켜 오던 단락 구성의 비밀이다. 한 단락을 구성할 때는 반드시 한 가지 주제로 구성해야 하고, 한 단락에는 중요한 주제문장이라고 말할 수 있는 문장이 있으며 다른 문장은 그것을 자세히 설명한다든지, 아니면 증명한다든지 할 때 필요한 보조적 기능을 하게 된다.

반대로 글을 쓸 때 말고, 글을 읽을 때를 생각해 보자. **'한 가지 내용은 한 단락에'라는 불문율이 대부분의 글에 적용되고 있다면 바로 이러한 요령으로 글을 읽는 것도 쉬워질 수 있다.** 글의 모든 부분을 신경 써서 읽기보다는 한 단락이 주어졌으면 그중 가장 중요한 한 문장을 찾으려 노력해야 하고, 바로 그 문장이 그 단락의 가장 중요한 이야기가 되기 때문에 결국 그 문장을 찾아내 읽으면 그 단락 전체를 파악한 것이 된다.

일반적으로 논설문이나 설명문의 한 단락에는 하나의 생각이 들어간다. 두 개의 생각이 있다면 그것은 두 단락으로 나누어야 한다. 아무리 길더라도 한 가지 내용이라면 그것은 한 단락이 된다는 것이다.

그런데 보통 하나의 단락을 이루는 중심생각은 그 단락 안에 하나의 문장으로 표현되어 있다. 그러니까 정리하자면, 한 단락에는 하나의 생각이 들어있는데, 그 생각은 한 문장으로 표현 가능하다는 것이다.

그래서 우리의 과제는 아주 좁혀진다. 바로 그 주제문장을 찾을 수 있다면 내용 파악의 난도가 대폭 줄어든다는 것이다. **주제문장에 밑줄을 긋고 그 주제문장 위주로 글을 다시 보면 글의 구조와 내용이 한눈에 파악된다.** 다른 문장들은 그 주제문장을 돋보이거나 뒷받침해 주는 문장들이기 때문에, 주제문장만 정해진다면 글의 내용을 일목요연하게 파악할 수 있게 된다.

예를 들어 다음과 같은 글이 제시되었다면, 어떤 식으로 풀어야 할까? 우선 주제문장을 찾아보자.

> 상대주의는 진리에 상대적 국면이 있음을 인정하는 데서 그치지 않고, 신적 권위든지 이성적 법칙이든지 절대성을 표방하는 모든 것을 배격한다. 진리를 파악하는 데 한계가 있다는 것을 인정하는 것과 상대주의 이외의 절대적 진리가 없다고 주장하는 것은 전혀 다른 문제이다. 억압적 체계나 규범을 비판하는 것과 모든 형태의 규범이나 제도가 잘못된 것이라고 주장하는 것에는 큰 차이가 있다. 후자는 다원주의를 넘어서 혼돈에 빠질 수밖에 없다. <u>상대주의는 가치와 도덕을 무너뜨리고 극단적 실용주의를 부추긴다.</u> 또 아예 드러내 놓고 학문이 이데올로기와 권력투쟁의 도구라고 주장하기도 한다.
>
> 절대적 진리의 존재가 부정될 때 남는 것은 '의견'뿐이다. 한 사회나 문화를 지배하는 거대 담론이 사라지면 상대주의가 활개치게 되고 완전히 규제가 풀린 세계가 된다. 거기에는 단순한 구호와 유행 그리고 피상적 이미지가 진리와 의미를 대변하게 된다. 또 신앙이나 이성에 의해 규제되던 감성, 관능, 탐욕 등의 폭발적 해방을 부추길 가능성이 있다. 요즘 예술 특히 상업 예술이나 대중 예술의 급진성은 이런 분위기를 배경으로 이해하여야 한다. <u>잘못된 절대주의의 붕괴는 환영할 만하지만 상대주의와 무정부 상태는 그것보다 더 무서운 악이다.</u> 이런 세계가 빠질 수 있는 가장 위험한 형태가 정신분열증과 테러리즘이라는 지적은 옳다.

첫 번째 단락에서 '상대주의는 모든 것을 배격한다.'가 첫 번째 문장으로 제시되었다. 이어지는 문장에서는 상대주의가 극단적으로 가면 다다를 수 있는 문제에 대해서 언급하고, 이럴 경우 혼돈에 빠질 수 있다는 것을 말한다. 이러한 내용을 정리하는 것이 바로 '상대주의는 가치와 도덕을 무너뜨리고 극단적 실용주의를 부추긴다.'이다. '또' 하고 뒤에 붙는 부분은 쓰인 접속사 그대로 부연일 뿐이므로 없어도 되는 부분이다. 그렇게 볼 때, 첫 번째 단락은 끝에서 두 번째 문장으로 앞의 이야기들을 정리하고 있기 때문에 이 문장이 이 단락의 주제문장이 된다.

두 번째 단락에서는 극단적 상대주의가 만연하게 되면 닥칠 문제들에 대해서 언급하고, 최근의 실태에 대해서도 거론한다. 그리고 그러한 부분을 일반적인 말로 정리하는데, 그것이 바로 끝에서 두 번째 문장인 '잘못된 절대주의의 붕괴는 환영할 만하지만 상대주의와 무정부 상태는 그것보다 더 무서운 악이다.'이다. 마지막 문장은 문맥상 있어도 그만, 없어도 그만이다.

이렇게 찾은 각 단락의 주제문장을 연결하면 "상대주의에 대한 경계"를 드러내는 글이라는 것을 쉽게 알 수 있다. 찾은 주제문장들을 연결하는 것은 쉽지만, 사실 짧은 시간 안에 생판 처음 보는 글에서 주제문장을 정확히 찾아내는 일은 꾸준한 연습이 뒷받침되지 않으면 무척 힘든 일이다. 다음에 제시되는 문제들을 해결하며 연습해 보자.

2 주제문장으로 글 읽기의 프로세스와 적용

1단계	2단계	3단계
각 단락의 주제문장 찾기	주제문장을 이어 주제 파악하기	흐름 파악하기

1단계 | 각 단락의 주제문장 찾기 - 한 단락에는 하나의 내용이 있다. 내용이 전환되면 단락이 바뀐다. 그러다 보니 그 내용을 직접적으로 전달하는 하나의 문장이 한 단락에 하나씩은 있기 마련이다. 그것을 우리는 주제문장이라 한다. 각 단락의 주제문장을 빠른 시간 안에 찾아낸다. 이때 각 단락의 주제문장은 전체 맥락에서 파악해야 한다는 것을 주의한다.

2단계 | 주제문장을 이어 주제 파악하기 - 주제문장을 이어서 하나의 완결된 내용을 만들면 곧 주어진 제시문을 요약한 핵심내용이 된다. 내용을 최대한 줄이고 명사형으로 만들면 곧 글의 제목이 되는데, 이 정도까지 축약하는 연습을 하면 글을 완벽하게 이해하였다고 볼 수 있다.

3단계 | 흐름 파악하기 - 전체적인 글의 흐름을 파악해야 한다. 주제문장이 변하는 양상이므로, 주제문장을 찾아내는 방법은 글의 흐름의 변화를 가장 민감하게 찾아내는 방법이다.

여기서 가장 중요한 것은 주제문장을 찾는 것이다. 그런데 한 가지 의문이 들 수 있다. 빠르게 읽는 것이 관건이라면 결국, 주제문장을 찾을 때 글을 정확히 읽어야 하므로 시간상 이점은 없는 것이 아닌가 하고 말이다.

주제문장으로 글 읽기의 핵심은 바로 여기에 있다. 제한된 시간 안에 '신속', '정확'하게 푸는 가장 좋은 방법은 주제문장을 찾아가는 매뉴얼을 만들어, 주제문장을 찾는 일이 비교적 손쉽게 이루어지게 하는 것이다. 다음에 소개하는 것은 주제문장을 빨리 찾아가는 테크닉이다. 그다지 어렵지 않으니 빠른 시간 안에 익혀 각자의 것으로 해 보자.

위에서 익힌 흐름으로 다음 문제를 풀어 보자.

다음 글의 표제와 부제로 가장 적절한 것은?

비나 눈과 같은 강수는 어떻게 만들어지는 것일까? 구름은 공기 중의 수증기가 응결하여 생긴 미세한 물방울이나 작은 얼음 결정이 공중에 떠 있는 것인데, 이러한 물방울이나 얼음 결정이 구름 속에서 성장하는 과정을 거치면 강수가 생성된다.

온대 지방이나 한대 지방에서는 얼음 결정이 커져 강수가 생성된다. 구름 속 온도가 0℃에서 영하 40℃ 사이인 경우, 구름 속에는 과냉각 물방울과 얼음 결정이 공존한다. 과냉각 물방울은 대기 중의 작은 물방울이 0℃ 이하의 온도에서도 얼지 않고 액체 상태로 존재하는 것을 말한다. 그런데 0℃ 미만에서는 과냉각 물방울에 대한 포화수증기압*이 얼음 결정에 대한 포화수증기압보다 더 크다. 그렇기 때문에 과냉각 물방울은 증발하여 수증기가 되고, 이 수증기는 얼음 결정으로 이동한다. 이동한 수증기가 얼음 결정에 달라붙어 점차 얼음 결정이 커지게 되는 것이다. 이러한 과정을 '빙정 과정'이라 한다. 이렇게 커진 얼음 결정이 지상으로 내리면 눈이 되고, 내려오는 도중에 녹으면 비가 된다. 빙정 과정을 응용하여 인공 강우를 만들어내기도 한다. 요오드화은을 구름에 뿌리면 얼음 결정 생성에 도움을 주는데, 생성된 얼음 결정은 빙정 과정을 거쳐 성장하여 눈이나 비가 되는 것이다.

한편 열대 지방에서 구름 속의 온도가 0℃ 이상인 경우에는 얼음 결정이 존재하지 않으므로, 빙정 과정과 다른 과정을 거쳐 강수가 생성된다. 구름 속에는 다양한 크기의 물방울이 존재하는데, 상대적으로 큰 물방울은 떨어지면서 작은 물방울들과 충돌하며 합쳐진다. 이때 구름 속 상승기류는 큰 물방울이 구름 속에 더 오래 머물게 하여 작은 물방울들과 반복적으로 충돌하게 한다. 이로 인해 더 커진 물방울은 떨어지면서 다른 물방울과 충돌

하며 합쳐지는 과정을 반복한다. 이러한 과정을 '충돌–병합 과정'이라 한다. 충돌–병합 과정으로 수백만 개의 물방울이 합쳐지면 빗방울이 되어 지면으로 떨어진다. 충돌–병합 과정을 응용하여 소금 입자와 같이 공기 중의 습기를 흡수하는 물질이나 물방울을 공중에 뿌려 구름 속 물방울이 크게 성장하도록 함으로써 인위적으로 강수를 유발하기도 한다.

※ **포화수증기압**: 주어진 온도에서 공기 중에 존재할 수 있는 수증기량이 최대가 되었을 때의 수증기의 압력.

① 인공 강우의 원리
　　– 수증기의 이동을 중심으로
② 물방울의 과학적 특징
　　– 과냉각 상태의 특징을 중심으로
③ 구름의 종류와 형성 과정
　　– 수증기의 응결 작용을 중심으로
④ 강수가 생성되는 원리
　　– 얼음 결정과 물방울의 성장을 중심으로
⑤ 빙정 과정에 작용하는 과학적 원리
　　– 지역에 따른 강수 생성의 과정을 중심으로

SKILL ❶　각 단락의 주제문장 찾기

첫 번째 단락에서 '?'가 있기 때문에 이에 대한 답을 찾으면 된다. 그런데 사실 첫 번째 문장이 의문문이기 때문에 이 글 전체가 이에 대한 답이다. "비나 눈과 같은 강수는 어떻게 만들어지는 것일까?" 이 질문에 대한 답이라면 사실 답은 이미 ④로 결정이 된 것이나 마찬가지다. 단락별 주제문장을 찾아 보자.

　비나 눈과 같은 강수는 어떻게 만들어지는 것일까? 구름은 공기 중의 수증기가 응결하여 생긴 미세한 물방울이나 작은 얼음 결정이 공중에 떠 있는 것인데, 이러한 물방울이나 얼음 결정이 구름 속에서 성장하는 과정을 거치면 강수가 생성된다.
　온대 지방이나 한대 지방에서는 얼음 결정이 커져 강수가 생성된다. 구름 속 온도가 0℃에서 영하 40℃ 사이인 경우, 구름 속에는 과냉각 물방울과 얼음 결정이 공존한다. 과냉각 물방울은 대기 중의 작은 물방울이 0℃ 이하의 온도에서도 얼지 않고 액체 상태로 존재하는 것을 말한다. 그런데 0℃ 미만에서는 과냉각 물방울에 대한 포화수증기압이 얼음 결정에 대한 포화수증기압보다 더 크다. 그렇기 때문에 과냉각 물방울은 증발하여 수증기가 되고, 이 수증기는 얼음 결정으로 이동한다. 이동한 수증기가 얼음 결정에 달라붙어 점차 얼음 결정이 커지게 되는 것이다. 이러한 과정을 '빙정 과정'이라 한다. 이렇게 커진 얼음 결정이 지상으로 내리면 눈이 되고, 내려오는 도중에 녹으면 비가 된다. 빙정 과정을 응용하여 인공 강우를 만들어내기도 한다. 요오드화은을 구름에 뿌리면 얼음 결정 생성에 도움을 주는데, 생성된 얼음 결정은 빙정 과정을 거쳐 성장하여 눈이나 비가 되는 것이다.
　한편 열대 지방에서 구름 속의 온도가 0℃ 이상인 경우에는 얼음 결정이 존재하지 않으므로, 빙정 과정과 다른 과정을 거쳐 강수가 생성된다. 구름 속에는 다양한 크기의 물방울이 존재하는데, 상대적으로 큰 물방울은 떨어지면서 작은 물방울들과 충돌하며 합쳐진다. 이때 구름 속 상승기류는 큰 물방울이 구름 속에 더 오래 머물게 하여 작은 물방울들과 반복적으로 충돌하게 한다. 이로 인해 더 커진 물방울은 떨어지면서 다른 물방울과 충돌하며 합쳐지는 과정을 반복한다. 이러한 과정을 '충돌–병합 과정'이라 한다. 충돌–병합 과정으로 수백만 개의 물방울이 합쳐지면 빗방울이 되어 지면으로 떨어진다. 충돌–병합 과정을 응용하여 소금 입자와 같이 공기 중의 습기를 흡수하는 물질이나 물방울을 공중에 뿌려 구름 속 물방울이 크게 성장하도록 함으로써 인위적으로 강수를 유발하기도 한다.

 **SKILL ②**　주제문장을 이어 주제 파악하기

① 구름은 공기 중의 수증기가 응결하여 생긴 미세한 물방울이나 작은 얼음 결정이 공중에 떠 있는 것인데, 이러한 물방울이나 얼음 결정이 구름 속에서 성장하는 과정을 거치면 강수가 생성된다.
② 온대 지방이나 한대 지방에서는 얼음 결정이 커져 강수가 생성된다.
③ 한편 열대 지방에서는 / 빙정 과정과 다른 과정을 거쳐 강수가 생성된다.

→ 온대 지방(한대 지방 포함)과 열대 지방으로 나누어서 강수가 형성되는 원리를 설명하고 있다.

 **SKILL ③**　흐름 파악하기

강수가 형성되는 원리를 온대 지방이나 한대 지방에서는 얼음 결정이 성장하는 과정을 중심으로, 열대 지방에서는 물방울의 충돌-병합 과정을 중심으로 설명하고 있다. 따라서 정답은 ④가 된다.

3 제시문을 읽지 않고 핵심을 파악하는 리딩스킬

한 단락에서 주제문장을 파악하는 방법으로 글의 내용을 선명하게 알 수 있다는 것을 파악했다면 그다음 단계의 문제는 그 주제문장을 어떻게 파악하느냐로 넘어간다. 사실 주제문장을 잘 파악하라고 충고해 주는 것은 쉽지만 그간 안 되었던 독해가 갑자기 쉽게 될 리는 없으니까 문제가 된다.

그래서 다음과 같이 주제문장을 파악하는 몇 가지 비법들을 소개한다. 이러한 비법들은 그야말로 기술적인 것들로, 손에 익히고 눈에 익혀야 자기 것이 된다. 다음의 원칙들을 정확히 이해하고 파악한 후 부지런한 연습으로 자기 것으로 만들어 보자. 그동안 눈에 안 들어오던 언어의 제시문들이 비교적 쉽게 눈에 들어오는 '놀라운' 일들이 생길 것이다.

비법 1. 제일 앞 문장이 주제문장이다.
비법 2. '따라서', '즉', '그러므로', '결국' 뒤에 있는 문장을 유의해 보자.
비법 3. '그러나'를 주의하자.
비법 4. 비유와 은유를 주목하자.
비법 5. 의문문이 앞에 나와 있으면 그에 대한 답을 찾자.
비법 6. 분류의 방식에는 모두 밑줄을 치자.
비법 7. 인용을 했으면 왜 인용했는지를 생각하자.
비법 8. 변증법적 구성에서는 마지막에 주제가 있다.
비법 9. 글쓴이의 생각이나, 가치판단이 들어 있는 문장에 주목하자.
비법 10. 마지막 문장도 중요하다.

비법 1. 대원칙은 "제일 앞 문장이 주제문장이다"라는 것이다.

논리적이나 합리적인 글들은 비교적 그 논점이나 핵심이 분명하다. 그리고 이렇게 분명한 어조로 쓰인 글은 제일 처음에 자신의 핵심주장이나 내용을 얘기한 후에 그것을 풀어 쓰는 식의 두괄식을 취할 가능성이 많다. 그러니까 잘 쓴 글일수록 두괄식 구성을 하고 있는 글들이 많은데, 시험에 나올 정도면 훌륭한 글 가능성이 높으므로 따라서 두괄식을 의심해서 일단 제일 앞 문장이 주제문장일 것이라고 생각하는 요령을 적용해 볼 수 있다.

─┤예시├─

　　한편, 이와는 달리 운석이 오히려 지구상의 생명을 멸종시켰다는 가설도 있다. 한때 지구의 주인이었던 공룡이 중생대 말에 갑자기 멸종했는데, 이에 대해 1980년에 알바레즈(W. Alvarez)는 운석 충돌을 그 원인으로 추정했다. 이때 그는 중생대와 신생대 사이의 퇴적층인 K·T층이 세계 여러 곳에서 발견된다는 점에 주목했다. 이 K·T층에는 이리듐이 많이 포함되어 있기 때문이다. 이리듐은 지구의 표면에 거의 없는 희귀 원소로, 운석에는 상대적으로 많이 포함되어 있다. 이를 바탕으로 그는, 중생대 말에 지름 약 10km 크기의 운석이 지구에 떨어졌고, 그에 따라 엄청나게 많은 먼지가 발생하면서 수십년 동안 햇빛을 차단한 나머지 기온이 급강하했으며, 이로 말미암아 공룡을 비롯한 대부분의 생명이 멸종되었다고 주장하였다.

　　→ 첫 번째 문장을 자세하게 풀어 설명한 것이 뒤에 이어지는 문장들이다. 그러므로 첫 번째 문장이 전체 내용의 일반화 정리라고 할 수 있다.

비법 2. **'따라서', '즉', '그러므로', '결국', '그래서' 뒤에 있는 문장은 주제문장일 가능성이 많으므로 유의해 보아야 한다. '이런 점에서', '이렇게'와 같이 앞의 말들을 정리한다는 의미에서 지시하는 말 뒤도 마찬가지다.**

앞의 말들을 결론 짓거나 정리하는 접속사이기 때문에 그렇다. 적어도 두 문장 이상을 정리할 때 이와 같은 접속사들을 쓰는데, 사실 한 단락이라고 해 봐야 몇 문장 안 되기 때문에 한 단락의 마지막에 와서, 앞의 말들을 정리하는 식으로 많이 쓴다. 이것의 응용형태로 접속사가 생략된 형태도 나온다. 의심 가는 부분이 있으면 '그러므로' 정도의 접속사를 넣어서 내용이 이어지는지 확인해 본다.

─┤예시├─

　　그러나 시장 이자율이나 민간 자본의 수익률을 사회적 할인율로 적용하자는 주장은 수용하기 어려운 점이 있다. 우선 공공 부문의 수익률이 민간 부문만큼 높다면, 민간 투자가 가능한 부문에 굳이 정부가 투자할 필요가 있는가 하는 문제가 제기될 수 있다. 더욱 중요한 것은 시장 이자율이나 민간 자본의 수익률이, 비교적 단기적으로 실현되는 사적 이익을 추구하는 자본 시장에서 결정된다는 점이다. 반면에 사회적 할인율이 적용되는 공공사업은 일반적으로 그 이익이 장기간에 걸쳐 서서히 나타난다. 이러한 점에서 공공사업은 미래 세대를 배려하는 지속 가능한 발전의 이념을 반영한다. 만일 사회적 할인율이 시장 이자율이나 민간 자본의 수익률처럼 높게 적용된다면, 미래 세대의 이익이 저평가되는 셈이다. 그러므로 사회적 할인율은 미래 세대를 배려하는 공익적 차원에서 결정되는 것이 바람직하다.

　　→ "그러나 시장 이자율이나 민간 자본의 수익률을 사회적 할인율로 적용하자는 주장은 수용하기 어려운 점이 있다."라는 첫 번째 문장도 중요하다. 그런데 중간 과정의 이야기들을 전체적으로 정리해 주는 것이 바로 마지막 문장으로, "이러한 점에서 공공사업은 미래 세대를 배려하는 지속 가능한 발전의 이념을 반영한다." 같은 내용과 합해져서, "그러므로 사회적 할인율은 미래 세대를 배려하는 공익적 차원에서 결정되는 것이 바람직하다."라는 결론에 도달하는 것이다.

사실 첫 번째 문장의 이야기와 마지막 문장의 이야기는 거의 비슷하다. 그럼에도 마지막 문장을 더 중요하게 보아야 하는 것은 '그러므로'라는 말을 써서 앞의 이야기들을 정리하는 식으로 구성되어 있기 때문이다.

비법 3. '그러나'가 한 단락의 앞부분쯤에 나오면 주제문장이다. 하지만 한 단락의 뒷부분에 나오면 주제문장이라기보다는 단순히 문제를 제기해서 다음 단락과 자연스럽게 연결하려는 문장이다.

어떤 사람을 칭찬한다고 했을 때, 10분간 칭찬을 하다가 마지막 말은 '그런데 이런 단점이 있긴 해'라는 말로 끝났다고 해도, 전체적으로 칭찬을 한 것이 된다. 그런데 만약 첫 마디만 '그 친구의 장점은 이런 게 있어. 하지만~' 하면서 10분간 단점만 이야기했다면 그것을 칭찬했다고 보기는 어려울 것이다. '그러나'의 위치가 앞인지 뒤인지에 따라 주제문장이 달라지는 이유는 그것이다. 어쨌거나 '그러나'는 앞의 이야기와는 반대의 이야기를 하는 접속사니까 '그러나' 앞이든가 뒤 중 하나만이 주제가 될 것이다.

┤예시├

양자 역학은 고전 역학보다 더 많은 현상을 정확하게 예측함으로써 고전 역학을 대체하여 현대 물리학의 근간이 되었다. 그럼에도 불구하고 양자 역학이 예측하는 현상들 중에는 매우 불가사의한 것이 있다. 다음의 예를 살펴보자. 양자 역학에 따르면, 같은 방향에 대한 운동량의 합이 0인 한 쌍의 입자는 아무리 멀리 떨어져도 그 연관을 유지한다. 이제 이 두 입자 중 하나는 지구에 놓아 두고 다른 하나는 금성으로 보냈다고 가정하자. 만약 지구에 있는 입자의 수평 방향 운동량을 측정하여 +1을 얻었다면, 금성에 있는 입자의 수평 방향 운동량이 −1이 된다. 도대체 그렇게 멀리 떨어진 입자가 어떻게 순간적으로 지구에서 일어난 측정의 결과에 영향을 받을 수 있을까?

→ '그러나' 같은 반전의 표현들은 반드시 앞의 내용과 뒤의 내용이 상반된다. 이 글에서도 양자역학은 더 많은 현상을 '예측'하게 해서, 물리학의 근간이 되었다는 내용이 처음에 제시되지만, "그럼에도 불구하고" 하면서 제시되는 것은 "예측 현상 가운데 매우 불가사의한 것이 있다."라는 것이다. 그 뒤의 예들은 바로 그러한 불가사의한 것들을 구체적으로 설명해 준다.

비법 4. 비록 처음 부분에 오더라도 비유적이고 은유적인 문장은 주제문장이 되기 힘들다. 또한 예를 들거나 예화를 이야기하는 문장도 주제문장이 될 수 없다.

비유를 통해 말하거나 예나 예화를 드는 것은 바로 그 비유적인 이야기를 통해서 무언가 주제를 전달하려고 하는 것이다. 그리고 문학작품이 아니고 설명문이나 논설문인 이상 그 주제는 반드시 그 단락 안에서 밝혀진다. 바로 그 부분이 주제가 된다. 그러니까 비유나 예, 예화에 대한 작가의 해석이 주제문장이 된다는 것이다.

┤예시├

'춤연극'으로 잘 알려진 피나 바우쉬의 영화 「황후의 탄식」에는 각 장면들이 연극 무대처럼 펼쳐진다. 이 작품은 일정한 줄거리가 없는 대신, 상이한 연상을 불러일으키는 다양한 장면들로 구성된 몽타주와 같다. 연출가는 배우들의 모습을 클로즈업하여 그들의 표정과 행동을 자세하게 관찰하고, 그들이 도시와 숲속에서 돌아다니는 모습을 먼 거리에서 바라보고 있다. 도시와 자연 배경은 주위와의 연관 관계로부터 떨어져 나와 원래의 지리적 공간이 아닌 낯설고 새로운 추상적인 공간이 된다. 그 공간에 등장하는 배우들은 갈 곳을 잃고 헤매는 모습을 보여 주고 있다. 낮과 밤의 구별이 없는 도시의 거리, 마른 나뭇가지들이 여기저기 흩어진 숲 속의 빈 터, 너른 풀밭, 어두운 숲 등은 그 빛과 어둠으로 우리 존재의 슬픈 내면을 비춘다. 밝음 속에서 소외되는 것과 어둠 속에 갇히는 것은 본원적으로 같다. 이렇게 상징적인 이미지를 통해서 연출가는 작품을 고정되고 완성된 것이 아니라, 새롭게 생성되는 '과정 속의 작품'으로 만들게 된다.

→ 「황후의 탄식」이라는 영화에 대해서 얘기가 펼쳐지는데, 영화평론이 아니고서야 이것 자체가 주제일 수가 없다. 그렇다면 이 예를 든 것은 어떤 말을 하고자 함인가에 대한 의문이 따라야 하고, 이에 대한 답은 제일 마지막에 이 예에 대한 글쓴이의 해석으로 제시되어 있다.(그러니까 도대체 이 예를 왜 들었나에 대해 글쓴이가 설명하는 부분이 주제문장이 된다.)

비법 5. 의문문인 주제문장은 많지 않다. 대신 그 의문에 대한 답이 주제문장이다. 특히 처음 부분에 의문문이 등장하면 틀림없이 그렇다.

한참 볼 만할 때 'to be continued' 하면서 다음을 기약하는 TV가 아닌 한 처음 부분에 던진 의문에 대해서 반드시 글쓴이가 답을 하게 되어 있다. 그런데 처음에 의문문이 등장한다는 것은 글쓴이가 그 부분에 대한 환기가 필요하다고 생각했다는 뜻이고, 그 정도로 글쓴이가 글을 읽는 사람들이 이 부분에 관심을 가져 주었으면 좋겠다고 생각했다는 뜻이다. 그런 걸 우리는 보통 '주제문장'이라고 한다.

┤예시├

　　조선 성리학자들은 '세계를 어떻게 바라보고, 자신이 추구하는 삶을 어떻게 실현할 것인가' 하는 문제와 관련하여 지(知)와 행(行)에 깊은 관심을 기울였다. 그들은 특히 도덕적 실천과 결부하여 지와 행의 문제를 다루었는데, 그 기본적인 입장은 '지행병진(知行竝進)'이었다. 그들은 지와 행이 서로 선후(先後)가 되어 돕고 의지하면서 번갈아 앞으로 나아가는 '상자호진(相資互進)'관계에 있다고 생각했다. 또한 만물의 이치가 마음에 본래 갖추어져 있다고 여기고 도덕적 수양을 통해 그 이치를 찾고자 하였다.

　　→ '?'로 끝나는 의문의 형식은 아니지만, '세계를 어떻게 바라보고, 자신이 추구하는 삶을 어떻게 실현할 것인가'라는 의문문을 나름 세련되게 나타내려고 평서문 형태로 만든 것으로 볼 수 있다. 그러니까 이 글은 내용상 의문문이고, 이에 대한 답은 지행병진이라는 원리다.

비법 6. 분류의 방식으로 쓰는 글, 그러니까 '첫째', '둘째'를 따지는 글에서는 바로 그 '첫째', '둘째'라는 답을 유도한 문장이 주제문장이 된다.

이러한 글은 눈에 금방 띄기 때문에 주제를 파악하는 것이 어렵지는 않지만 '첫째', '둘째'를 유도한 부분뿐 아니라, 바로 그 '첫째', '둘째'의 내용까지 눈여겨보아야 한다. 때문에 신경쓰이는 부분이 많아지는 구성이기도 하다.

┤예시├

　　표상적 지식은 다시 여러 가지 기준에 따라 나눌 수 있는데, 그중에서도 '경험적 지식'과 '선험적 지식'으로 나누는 방법이 대표적이다. 경험적 지식이란 감각 경험에서 얻은 증거에 의존하는 지식으로, '그는 이 사과가 둥글다는 것을 안다'가 그 예이다. 물리적 사물들의 특정한 상태, 즉 사과의 둥근 상태가 감각 경험을 통해서 우리에게 입력되고, 인지 과정을 거쳐 하나의 표상적 지식이 이루어진 것이다. 우리는 감각 경험을 통해 직접 만나는 개별적인 대상들로부터 귀납추리를 통해 일반 법칙에 도달할 수 있다. 따라서 자연 세계의 일반 법칙에 대한 지식도 경험적 지식이다.

　　한편, 같은 표상적 지식이라 할지라도 '2+3=5'를 아는 것은 '이 사과가 둥글다'를 아는 것과는 다르다. 2+3 =5'라는 명제는 감각 경험의 사례들에 의해서 반박될 수 없는 진리이다. 예컨대 물 2리터에 알코올 3리터를 합한 용액이 5리터가 안 되는 것을 발견했다고 해서 이 명제가 거짓이 되지는 않는다. 이렇게 감각 경험의 증거에 의존하지 않는 지식이 선험적 지식이다. 그래서 어떤 철학자들은 인간에게 경험 이외에 지식을 산출하는 다른 인식 능력이 있다고 생각하며, 수학적 지식이 그것을 보여 주는 좋은 예가 된다고 믿는다.

　　→ 아무래도 글의 스케일상 두 단락 이상일 가능성이 많지만, 글을 읽는 원리는 아주 간단하다. 첫째, 둘째 등으로 분류되는 것과 도대체 무엇을 분류한 것인지에 대해서 인식할 만한 것에 모두 밑줄을 긋고 이를 합쳐 보면 된다. 대부분 이런 글들은 매우 구조적이어서 눈에 확 띄기 마련이다.

비법 7. 누가 무엇이라고 말했다거나 어떤 주장을 했다는 문장은 대개 주제문장이 아니다. 주로 그 말이나 주장을 글쓴이가 해석하는 문장이 주제문장이 된다.

어떤 사람의 말을 인용했을 때는 그 인용에 대한 글쓴이의 해석이 따라붙는다. 그 해석이 주제문장이 된다.

┤예시├

괴테는 젊은 시절에 이탈리아로 여행을 떠나면서 "나의 조국을 알기 위해서 이탈리아로 가노라." 하는 말을 남겼다. 이 말은 언어를 이해하는 데에 시사하는 바가 크다. <u>외국어를 통해서 한국어에 없는 문법 장치를 발견함으로써 우리는 언어에 대한 인식의 지평을 넓힐 수 있다.</u>

→ 괴테의 말만 있다면 그것은 사람에 따라, 상황에 따라 다르게 해석될 수 있다. 설명문이나 논설문 같이 정확한 글에서는, 이렇게 해석의 여지가 많은 글에 대해서는 반드시 이 글에서 그 말을 인용한 해석이 등장하기 마련이다. 이 글에서는 괴테의 말을 지금 왜 인용한 것이며, 그 말에서 어떤 것을 깨달을 수 있을지 해석해 주는 부분이 바로 주제문장이 된다.

비법 8. 정·반·합의 구성, 그러니까 어떤 의견과 그것에 대한 반론, 그리고 결국 두 가지의 장점을 합친 의견으로 도달하는 구성에서 주제문장은 당연히 '합'의 문장이다.

정·반·합의 구성 자체가 앞서 제시한 두 가지의 장점을 가진 채 그것의 조화로운 응용을 목표로 하는 것이기 때문에 합에 해당하는 부분이 당연히 주제문장이 된다.

┤예시├

이런 분석에 따라 시장의 범위가 정해지면, 그 결합이 시장의 경쟁을 제한하는지를 판단하게 된다. 하지만 설령 그럴 우려가 있는 것으로 판명되더라도 곧바로 위법으로 보지는 않는다. <u>정부가 당사자들에게 결합의 장점이나 불가피성에 관해 항변할 기회를 부여하여 그 타당성을 검토한 후에, 비로소 시정조치 부과 여부를 최종 결정하게 된다.</u>

→ "결합이 시장의 경쟁을 제한하는지를 판단" + "하지만 우려가 있더라도 곧바로 위법이라 보지는 않는다." 이 두 가지의 서로 다른 이야기가 만나서 타협점으로 나온 것이 바로 "= 항변의 기회를 준 다음에 최종 결정"이다. 양쪽을 아우르는 결론을 찾아내는 것이 바로 변증법이다.

비법 9. 단순한 사실 설명이나 해설보다는 글쓴이의 생각이나 단정, 가치 판단이 들어 있는 문장이 주제문장일 가능성이 많다.

주로 논설문에서 그렇다. 사실 논설문은 글쓴이의 주장이 담긴 글이고, 그 주장을 남에게 설득하기 위해서 쓰는 글이기 때문에 글쓴이의 가치판단이 있다면 바로 그 부분이 중요한 문장이 될 수밖에 없다.

┤예시├

인간은 성장 과정에서 자기 문화에 익숙해지기 때문에 어떤 제도나 관념을 아주 오래 전부터 지속되어 온 것으로 여긴다. 나아가 그것을 전통이라는 이름 아래 자기 문화의 본질적인 특성으로 믿기도 한다. 그러나 이런 생각은 전통의 시대적 배경 및 사회 문화적 의미를 제대로 파악하지 못하게 하는 결과를 초래한다. <u>여기에서 과거의 문화를 오늘날과는 또 다른 문화로 보아야 할 필요성이 생긴다.</u>

→ "여기에서 과거의 문화를 오늘날과는 또 다른 문화로 보아야 할 필요성이 생긴다."라는 구절은 글쓴이의 생각을 명확하게 보여 준다. 그러니까 중간에 등장하는 '나아가'나 '그러나' 등에 신경 쓸 필요가 없다. 글쓴이가 이 단락에서 말하고자 하는 가장 중요한 것은 바로 지금의 문화와 과거의 문화는 서로 다른 것으로 보아야 할 것이라는 점이다.

비법 10. 단락의 앞쪽에서 주제문장이 보이지 않으면 마지막 문장이나 마지막에서 두 번째 문장 정도가 주제문장일 가능성이 많다.

미괄식으로 마지막에 결론을 맺는 것이다. '따라서'나 '그러므로' 등의 접속사를 만들어서 읽어 보면 조금 더 확실하게 구분될 수도 있다.

┌─ 예시 ─

신뢰도 문제에서 직렬이나 병렬의 구조로 분석할 수 없는 중 'n 중 k 구조'도 나타난다. 이 구조에서는 모두 n개의 부품 중에 k개만 작동하면 시스템이 정상 가동된다. n겹의 쇠줄로 움직이는 승강기에서 최대 하중을 견디는 데 k겹이 필요한 경우가 그 예이다. <u>이 구조에서도 부품 간의 상호 작용에 따라 신뢰도가 달라진다.</u>

→ 이처럼 마지막 문장은 '그러므로', '이와 같이', '살펴본 대로' 등의 말이 생략된 채 제시되는 형태가 많다. 첫 번째 문장이 주제문장이 아니고 문제를 제기한 정도의 말이고, 중간에도 이런 정리라든가 반전의 말이 안 나오면 결국 마지막 문장에서 이런 이야기들을 정리하게 되어 있기 때문에 주제문장이 될 가능성이 많다.

4 주제문장 읽기의 단계적 연습

연습문제 ❶

다음 글에서 주제문장은 무엇인가?

01
　① 대저 온 천하 사람에게 모두 농사를 짓도록 하는 일은 본디 내가 하고자 한 바이지만, 그 온 천하 사람이 모두 다 농사만을 짓지 않는다 해도 또한 이를 허가할 뿐이다. ② 농사를 짓는 사람에게는 전지를 얻도록 하고 농사를 짓지 않는 사람에게는 전지를 얻지 못하도록 한다면 이는 옳은 일이다.

02
　① 많은 사람들이 생각하는 것과는 정반대로, HIV 양성 검사가 반드시 사형선고는 아니다. ② 우선 항체 항성으로부터 임상적 징후가 나타나기까지의 시간이 평균 10년에 가깝다. ③ 그리고 오늘날 수많은 보고서들이 주장하고 있듯이, 양성 검사를 받은 상당수의 사람들이 임상적인 AIDS로 발전하지 않고 있다.

03
　① 만일 어떤 행위가 모든 사람의 관심을 기울이는 최고의 관심사를 고무시키면서 어떤 누구의 권리도 침범하지 않는다면, 그 행위는 도덕적으로 용납될 수 있다. ② 적어도 몇 가지 경우에서는, 안락사 행위가 모든 사람이 관심을 기울이는 최고의 관심사를 고무시키면서 어떤 누구의 권리도 침범하지 않는다. ③ 그러므로 적어도 몇 가지 경우의 안락사 행위는 도덕적으로 용납될 수 있다.

04
　① 사막의 산 정상은 천문학자에게 좋은 관찰 지점이 된다. ② 위치가 높아서 그들은 대기권 중의 한 층 위에 앉아 있는 셈이므로, 별빛이 대기권을 모두 통과하지 않더라도 망원경에 포착될 수 있다. ③ 사막은 건조해서 구름의 방해도 거의 없다. ④ 지극히 얇은 안개나 구름층이 생겨도 수많은 천문학의 기구들은 하늘을 관찰하는 데 쓸모가 없어진다.

05

① 소리의 중요한 물리적 양은 주파수와(진동수)와 세기이다. ② 사람은 주파수와 세기의 차이로 소리를 구별해 낼 수 있다. ③ 주파수의 차이는 어떤 종류의 유모세포로부터 진동이 감지되는지를 통해서 알아낼 수 있으며, 이러한 주파수의 차이를 소리의 높낮이로 인지한다. ④ 세기는 유모세포에 의해 감지되는 신호의 크기로 알아 낼 수 있으며, 소리의 세기는 진폭으로 구분한다.

06

① 라스베이거스가 카지노 도시에서 컨벤션 도시로 변하고 있다. ② 올해 라스베이거스에서 늘어나는 컨벤션센터의 연면적은 1만 9,025m², 2012년까지는 300억 달러(약 39조 원)를 들여 11만 2,971m²가 확충된다. ③ 라스베이거스에서 2007년 한 해 동안 열린 각종 회의, 전시 등 컨벤션은 2만 3,847건에 이른다. ④ 굵직한 것만 추려 봐도 세계 최대 규모의 전자·정보기술(IT) 전시회인 CES를 비롯해 방송장비 전시회 NAB, 자동차부품전 SEMA와 AAPEX 등 끝이 없다. ⑤ 지난해 각종 컨벤션 참석차 라스베이거스를 방문한 사람들은 620만 9,253명. 이 도시 인구의 10배를 웃돈다. ⑥ 이들은 주요 관광지와 쇼핑몰, 식당에 84억 4,920만 달러(약 10조 9,839억 원)를 뿌리고 갔다. ⑦ 컨벤션 산업이 활짝 꽃을 피우자 통역, 사무기기 대여, 음식 배달, 청소 등 관련 업체들도 덩달아 신났다. ⑧ 라스베이거스 시에 등록된 사업체는 1997년 2만 6,218개에서 2007년 3만 9,306개로 49.9% 늘었다. ⑨ 경제가 활기를 띠고 외지인의 이주가 늘어나면서 같은 기간 라스베이거스 시 인구도 42만 5,270명에서 60만 3,093명으로 크게 증가했다.

07

① 미국 필라델피아 모넬화학감각센터 게리 보챔프 박사와 그의 연구진들은 생쥐와 화학장치를 이용해 섭취하는 음식이 달라질 때 실제의 고유 체취도 달라지는지 조사했다. ② 이들은 생쥐에게 냄새를 이용해 MHC 유전자나 섭취하는 먹이 종류가 다른 생쥐를 선택하도록 훈련하고, 이들의 오줌에서 나오는 휘발성 유기화합물(VOC)을 화학장치를 이용해 분석했다. ③ 그 결과 먹이가 달라지면 생쥐의 몸에서 나는 냄새 역시 상당한 영향을 받기는 했으나 유전적으로 결정된 고유의 체취는 그대로 유지되는 것으로 나타났다. ④ 먹이를 바꾸는 것이 훈련된 생쥐나 화학적인 방법으로 고유 체취를 구별해 내는 데 전혀 지장을 주지 않았다는 것이다. ⑤ 연구진은 "이 연구결과는 고유 체취도 지문처럼 개체의 신원을 구분하는 믿을 만한 방법이 될 수 있음을 보여 준다."라며 "이것이 사람의 경우에도 적용될 수 있는 것으로 확인되어 체취로 신원을 확인하는 장치도 개발할 수 있을 것."이라고 말했다.

08

① 실록의 간행 과정은 상당히 길고 복잡했다. ② 먼저, 사관이 국왕의 공식적 언행과 주요 사건을 매일 기록하여 사초를 만들었다. ③ 그 국왕의 뒤를 이어 즉위한 새 왕은 전왕(前王)의 실록을 만들기 위해 실록청을 세웠다. ④ 이 실록청은 사초에 담긴 내용을 취사선택해 실록을 만든 후 해산하였다. ⑤ 이렇게 만들어진 실록은 전왕의 묘호(廟號)를 붙여 '○○실록'이라고 불렀다.

09

① 생체에서 신호물질로 작용하는 것에는 기체 형태의 신호물질이 있다. ② 이 신호물질이 작용하는 표적세포는 신호물질을 만든 세포에 인접한 세포 중 신호물질에 대한 수용체를 가지고 있는 것이다. ③ 이 신호물질과 수용체의 결합은 표적세포의 구조적 상태를 변화시키고, 결국 이 세포가 있는 표적조직의 상태를 변화시켜 생리적 현상을 유도한다.

10

① 별의 표면에서 얼마간의 초기 속도로 입자를 쏘아 올려 아무런 방해 없이 위로 올라간다고 가정해 보자. ② 만약에 초기 속도가 충분히 빠르지 않으면 별의 중력은 입자의 속도를 점점 느리게 할 것이며, 결국 그 입자를 별의 표면으로 되돌아가게 할 것이다. ③ 만약 초기 속도가 충분히 빠르면 입자는 중력을 극복하고 별을 탈출할 수 있을 것이다. ④ 이렇게 입자가 별을 탈출할 수 있는 최소한의 초기 속도는 '탈출 속도'라고 불린다. ⑤ 미첼은 뉴턴의 중력이론을 이용해서 탈출 속도를 계산할 수 있었으며, 그 속도가 별 질량을 별의 둘레로 나눈 값의 제곱근에 비례한다는 것을 유도하였다.

다음에 제시되는 예문에서 주제문장을 빨리 찾는 요령을 적용하여 빠르게 주제문장을 찾아 보고 왜
그 부분이 주제문장이 되는지 그 이유를 간단하게 써 보자.

01

> 도시의 담장이 만드는 그늘 밑은, 도시이기 때문에 반드시 생길 수밖에 없는 음지인데, 이러한 곳은 범죄자의 은신처가 되기 쉬웠다. 이런 그늘 밑에 숨은 범죄자를 찾는 것은 서로에 대한 정보가 공개되어 그늘이 없는 농촌공동체에 비해 몇 배나 어려운 일이었다. 바로 이 대도회라는 조건, 대도회가 보장하는 익명이야말로 범죄가 생기는 가장 필요한 조건이 된다. 그래서 익명의 그늘에 숨어 있던 범인을 밝혀내는 '추리소설'은 바로 이런 대도회의 성립 이후에나 나올 수 있는 소설인 것이다. 서양 추리소설의 효시라고 지목되는 포의 『모르그 가의 살인사건』(1841)이 근대적인 도시가 생겨난 후에 창작된 것은 결코 우연이 아니다. 모르그에서 사건이 일어났을 때 도시는 안개에 휩싸여 있었는데, 이 안개야말로 도시가 보장하는 익명성의 뚜렷한 은유인 것이다. 셜록 홈즈에게 쫓기던 범인들을 종종 숨겨 주던 런던의 안개처럼 말이다.

주제문장: _____

_____

이　　유: _____

_____

02

> 그런데 우리의 상황에서는 능력 본위주의라도 제대로 이루어졌으면 좋겠다. 서구에서는 능력에 따른 보상 제도가 심각한 도전을 받게 되고 기회 균등의 이념이 비판을 받고 있지만, 우리 형편에서는 이것만이라도 제대로 지켜 주었으면 정의로운 사회가 되는 길이 열릴 것이다.

주제문장: _____

_____

이　　유: _____

_____

03

　　"유전자 치료가 과연 우생학의 일종으로 비판받아야 하는가?" 의료윤리학자 존 해리스(John Harris)는 최근 한 논문에서 직설적으로 묻고 있다. 해리스의 입장은 다소 극단적인데 체세포나 생식세포 유전자 치료는 과학적 불확실성만 제거된다면 양자 간에 근본적인 차이가 없다고 본다. 치료적 유전자 조작이나 특질강화를 목적으로 한(우생학적) 유전자 조작 역시 근본적인 차이가 없다고 본다. 치료적인 조작이나 우생학적인 조작 모두 개인의 생존과 건강을 보호(protection)하는 방법의 하나로 보기 때문이다. 한마디로 대상유전자의 종류(체세포 혹은 생식세포 유전자)나 조작의 목적(치료 혹은 특질강화)에 관계없이 이러한 조작은 모두 개인의 생존과 보호라는 보편적 가치 아래 용인될 수 있다는 입장이다.

주제문장: _____

_____

이　　유: _____

_____

04

　　코페르니쿠스가 죽은 지 30년 후 어느 날 저녁 청년 티코는 저녁 식사를 하러 가던 중 우연히 지금까지 보지 못했던 새로운 별을 보았다. 그러나 천상계는 완전하므로 아무런 변화도 일어나지 않는다는 플라톤 철학에 젖어있던 티코는 이 사실을 도저히 받아들일 수 없었다. 그 후 그는 길을 가다가 만난 농부에게 새로 발견한 별을 가리키면서 이전에 저 별을 본 적이 있느냐고 물었다고 한다. 그러자 라틴어와 플라톤 철학을 몰랐던 그 농부는 아무렇지 않은 듯이 저 별은 며칠 전에 새로 나타난 별이라고 말해 주었다는 일화가 있다. 플라톤 이래로 사람들은 천상계에 새로운 별은 생겨나지 않는다고 생각하였고 별은 하늘에 고정되어 있는 불변의 것이라 생각하였다. 티코는 케플러의 업적의 기초가 되는 중요한 작업을 하였음에도 불구하고 여전히 중세적인 사고를 벗어나지 못했다.

주제문장: _____

_____

이　　유: _____

_____

05

　　꿈은 주로 시각적 형상으로 사고하지만 전적으로 그런 것만은 아니다. 꿈은 청각 형상과 더불어 미미하게나마 다른 감각 인상들도 다룬다. 또한 꿈에서는 평상시 깨어 있을 때와 마찬가지로 단순히 생각하거나 상상하는 경우도 많다. 그러나 형상들과 유사한 내용 요소들, 즉 기억 표상보다는 지각에 더 가까운 내용 요소들만이 꿈의 특색을 나타낸다. 정신과 의사들에게 잘 알려진 환각의 실체에 대한 토론은 무시해 버리고, 조예 깊은 연구가들에게 동조하여 꿈은 환각을 일으키며 환각을 통해 사고를 보충한다고 말할 수 있다. 이러한 점에서 시각적 표상과 청각적 표상 사이에는 전혀 차이가 없다.

주제문장: _____

　　　　　 _____

이　　유: _____

　　　　　 _____

06

　　현재 학계에서는 비판적 사고란 이름으로 형식 논리나 비형식 논리를 가르치거나, 논리학에 인식론을 결합하여 가르치거나, 논리학에 인식론과 과학 철학을 결합하여 가르치고 있다. 이러한 비판적 사고는 논증들을 비판적으로 평가하는 앞서 설명한 바와 같은 모든 종류의 도구 모음에 해당될 것이다. 나는 이에 대해 회의적인 견해들을 많이 말할 수 있다. 그러나 그중에서도 한 가지 분명한 것은 오직 논증에 있어서만 비판적 사고가 적용되지는 않는다는 점이다. 그리고 비판적 사고를 위해서는 다른 많은 것들이 필요하다. 텍스트만으로 이루어진 매우 학문적인 맥락만을 생각할지라도 역시 그렇다. (여기서 텍스트만으로 이루어졌다 함은 패션이나 그림, 자동차 정비, 춤 등으로 이루어지지 않았다는 의미이다.) 정의, 주장, 가설, 설명, 제안 등의 다른 많은 것들도 비판적 사고를 요구한다. 따라서 비판적 사고를 가르친다고 주장하려면 논증뿐 아니라 주장, 정의, 설명에 대한 비판적 분석도 가르치는 것이 바람직하다.

주제문장: _____

　　　　　 _____

이　　유: _____

　　　　　 _____

07

　　다윈이 발견한 생물종의 역사는 하나의 패러다임을 형성했고 현재까지도 매우 성공적인 학문적 조류를 이루며 발전하고 있다. 집단유전학과 결합한 진화생물학은 근대종합(modern synthesis)을 통해 세련된 형태의 독자적 학문체계를 이루었다. 그러나 진화론이 진화생물학이라는 학문에 국한되어 연구되어 온 것은 아니다. 인간이라는 종이 진화라는 역사의 산물이라면 인간이 연관되는 그 어떠한 학문도 진화론의 틀에서 크게 자유롭지는 못하다. 연구방법론과 데이터들의 충실함이 극복된다면 결국 인간을 다루는 모든 학문은 진화론적 패러다임을 수용할 수밖에 없다.

주제문장: _____

_____

이　　유: _____

_____

08

　　좋은 그림책이란 어떤 것인가? 좋은 그림책이란 회화의 공간성과 영화의 시간성이 간결한 언어와 입체적으로 만나서 풍부한 이미지를 주는 그림책이다. 즉 글 속에 생략되어 있는 묘사와 서술을 세심하게 이행하고 있는 그림을 엮은 책이다. 그려져 있는 것과 그려져 있지 않은 것 사이의 새로운 관계를 모색하는 독자의 능동적인 참여를 기다리는 그림책 속에는 글과 그림의 조합 방식에 대한 면밀한 고려가 숨어 있다. 끊어질 듯 끊어질 듯 이어지는 가느다란 선으로 표현하여 어딘지 소극적이고 더듬거릴 것 같아 보이는 그림, 유창한 드로잉으로 힘 있게 날아오를 것 같은 느낌을 주는 그림, 사인펜으로 북북 그어 놓은 선들 때문에 꼭 망친 것 같아서 인물의 절망감을 시각적으로 드러내는 그림, 하얀 바탕에 목탄을 문질러서 아련한 느낌을 주는 그림들은 들여다 보면 볼수록 재미가 있다. 그림 자체가 보는 사람에게 전하는 감정이 풍부하기 때문이다.

주제문장: _____

_____

이　　유: _____

_____

09

동물의 행동을 선하다거나 악하다고 평가할 수 없는 이유는 동물이 단지 본능적 욕구에 따라 행동할 뿐이기 때문이다. 오직 인간만이 욕구와 감정에 맞서서 행동할 수 있다. 인간만이 이성을 가지고 있다. 그러나 인간이 전적으로 이성적인 존재는 아니다. 다른 동물과 마찬가지로 인간 또한 감정과 욕구를 가진 존재다. 그래서 인간은 이성과 감정의 갈등을 겪게 된다.

주제문장: _____

_____

이 유: _____

_____

10

기술의 발전 덕분에 더 풍요로운 세계를 만들 수 있다. 원료, 자본, 노동 같은 생산요소의 투입량을 줄이면서 산출량은 더 늘릴 수 있는 세계 말이다. 디지털 기술의 발전은 경외감을 불러일으키는 개선과 풍요의 엔진이 된다. 반면 그것은 시간이 흐를수록 부, 소득, 생활수준, 발전 기회 등에서 점점 더 큰 격차를 만드는 엔진이기도 하다. 즉 기술의 발전은 경제적 풍요와 격차를 모두 가져온다.

주제문장: _____

_____

이 유: _____

_____

다음 각 제시문에서 단락별로 가장 중요하다고 생각되는 주제문장을 찾아 밑줄을 긋고, 그 옆에 왜 그 문장을 단락의 주제문장으로 생각했는지 이유를 적어 보자.

01

(가) 현대인은 타인의 고통을 주로 뉴스나 영화 등의 매체를 통해 경험한다. 타인의 고통을 직접 대면하는 경우와 비교할 때 그와 같은 간접 경험으로부터 연민을 갖기는 쉽지 않다. 더구나 현대 사회는 사적 영역을 침범하지 않도록 주문한다. 이런 존중의 문화는 타인의 고통에 대한 지나친 무관심으로 변질될 수 있다. 그래서인지 현대 사회는 소박한 연민조차 느끼지 못하는 불감증 환자들의 안락하지만 황량한 요양소가 되어 가고 있는 듯하다.

(가) ＿＿＿＿＿＿
＿＿＿＿＿＿
＿＿＿＿＿＿
＿＿＿＿＿＿

(나) 연민에 대한 정의는 시대와 문화, 지역에 따라 가지각색이지만, 다수의 학자들에 따르면 연민은 두 가지 조건이 충족될 때 생긴다. 먼저 타인의 고통이 그 자신의 잘못에서 비롯된 것이 아니라 우연히 닥친 비극이어야 한다. 다음으로 그 비극이 언제든 나를 엄습할 수도 있다고 생각해야 한다. 이런 조건에 비추어 볼 때 현대 사회에서 연민의 감정은 무뎌질 가능성이 높다. 현대인은 타인의 고통을 대부분 그 사람의 잘못된 행위에서 비롯된 필연적 결과로 보며, 자신은 그러한 불행을 예방할 수 있다고 생각하기 때문이다.

(나) ＿＿＿＿＿＿
＿＿＿＿＿＿
＿＿＿＿＿＿
＿＿＿＿＿＿

(다) 그러나 현대 사회에서도 연민은 생길 수 있으며 연민의 가치 또한 커질 수 있다. 그 이유를 세 가지로 제시할 수 있다. 첫째, 현대 사회는 과거보다 안전한 것처럼 보이지만 실은 도처에 위험이 도사리고 있다. 둘째, 행복과 불행이 과거보다 사람들의 관계에 더욱 의존하고 있다. 친밀성은 줄었지만 사회·경제적 관계가 훨씬 촘촘해졌기 때문이다. 셋째, 교통과 통신이 발달하면서 현대인은 이전에 몰랐던 사람들의 불행까지도 의식할 수 있게 되었다. 물론 간접 경험에서 연민을 갖기가 어렵다고 치더라도 고통을 대면하는 경우가 많아진 만큼 연민의 필요성이 커져 가고 있다. 이런 정황에서 볼 때 연민은 그 어느 때보다 절실히 요구되며 그만큼 가치도 높다.

(다) ＿＿＿＿＿＿
＿＿＿＿＿＿
＿＿＿＿＿＿
＿＿＿＿＿＿

(라) 진정한 연민은 대부분 연대로 나아간다. 연대는 고통의 원인을 없애기 위해 함께 행동하는 것이다. 연대는 멀리하면서 감성적 연민만 외치는 사람들은 은연중에 자신과 고통받는 사람들이 뒤섞이지 않도록 두 집단을 분할하는 벽을 쌓는다. 이 벽은 자신의 불행을 막으려는 방화벽이면서, 고통 받는 타인들의 진입을 차단하는 성벽이다. '입구 없는 성'에 출구도 없듯, 이들은 성 바깥의 위험 지대로 나가지 않는다. 이처럼 안전 지대인 성 안에서 가진 것의 일부를 성벽 너머로 던져 주며 자족하는 동정도 가치 있는 연민이다. 그러나 진정한 연민은 벽을 무너뜨리며 연대하는 것이다.

(라) ＿＿＿＿＿＿
＿＿＿＿＿＿
＿＿＿＿＿＿
＿＿＿＿＿＿

02

(가) 구글의 디지털도서관은 출판된 모든 책을 디지털화하여 온라인을 통해 제공하는 프로젝트이다. 이는 전 세계 모든 정보를 취합하여 정리한다는 목표에 따라 진행되며, 이미 1,500만 권의 도서를 스캔하였다. 덕분에 셰익스피어 저작집 등 저작권 보호 기간이 지난 책들이 무료로 서비스되고 있다.

(나) 이에 대해 미국 출판업계가 소송을 제기하였고, 2008년에 구글이 1억 2,500만 달러를 출판업계에 지급하는 것으로 양자 간 합의안이 도출되었다. 그러나 연방법원은 이 합의안을 거부하였다. 디지털도서관은 많은 사람들에게 혜택을 줄 수 있지만, 이는 구글의 시장독점을 초래할 우려가 있으며, 저작권 침해의 소지도 있기에 저작권자도 소송에 참여하라고 주문하였다.

(다) 구글의 지식 통합 작업은 많은 이점을 가져오겠지만, 모든 지식을 한곳에 집중시키는 것이 옳은 방향인가에 대해서는 숙고가 필요하다. 문명사회를 지탱하고 있는 사회계약이란 시민과 국가 간의 책임과 권리에 관한 암묵적 동의이며, 집단과 구성원 간, 또는 개인 간의 계약을 의미한다. 이러한 계약을 위해서는 쌍방이 서로에 대해 비슷한 정도의 지식을 가지고 있어야 한다는 전제조건이 충족되어야 한다. 그런데 지식 통합 작업을 통한 지식의 독점은 한쪽 편이 상대방보다 훨씬 많은 지식을 가지는 지식의 비대칭성을 강화한다. 따라서 사회계약의 토대 자체가 무너질 수 있다. 또한 지식 통합 작업은 지식을 수집하여 독자들에게 제공하고자 하는 것이지만, 더 나아가면 지식의 수집뿐만 아니라 선별하고 배치하는 편집 권한까지 포함하게 된다. 이에 따라 사람들이 알아도 될 것과 그렇지 않은 것을 결정하는 막강한 권력을 구글이 갖게 되는 상황이 초래될 수 있다.

(가) ＿＿＿＿＿＿＿＿＿＿＿＿
＿＿＿＿＿＿＿＿＿＿＿＿＿＿＿＿
＿＿＿＿＿＿＿＿＿＿＿＿＿＿＿＿
＿＿＿＿＿＿＿＿＿＿＿＿＿＿＿＿

(나) ＿＿＿＿＿＿＿＿＿＿＿＿
＿＿＿＿＿＿＿＿＿＿＿＿＿＿＿＿
＿＿＿＿＿＿＿＿＿＿＿＿＿＿＿＿
＿＿＿＿＿＿＿＿＿＿＿＿＿＿＿＿
＿＿＿＿＿＿＿＿＿＿＿＿＿＿＿＿
＿＿＿＿＿＿＿＿＿＿＿＿＿＿＿＿

(다) ＿＿＿＿＿＿＿＿＿＿＿＿
＿＿＿＿＿＿＿＿＿＿＿＿＿＿＿＿
＿＿＿＿＿＿＿＿＿＿＿＿＿＿＿＿
＿＿＿＿＿＿＿＿＿＿＿＿＿＿＿＿
＿＿＿＿＿＿＿＿＿＿＿＿＿＿＿＿
＿＿＿＿＿＿＿＿＿＿＿＿＿＿＿＿

03

(가) 정부와 농업계가 벼랑 끝에 몰려 있다. 정부는 한·칠레 양국 대표가 서 명한 자유무역협정(FTA)의 발효가 지연되면서 대외신인도 하락의 위기 를 맞고 있다. 또 농업계는 도하개발아젠다(DDA) 농업협상과 당장의 한·칠레 FTA 체결로 인한 불안감에 가득 차 있다. 하지만 한편으로는 이런 위기 속에서도 그동안 숱한 논의에만 그쳐 온 개방화와 농업문제 해결을 위한 근본적인 틀이 마련될 수 있다는 기대감도 생긴다.

(가) _____
_____
_____
_____
_____

(나) 우리가 전화위복의 계기를 마련하기 위해서는 먼저 냉철한 현실인식이 선행되어야 한다. 현재 우리는 WTO(다자주의)와 FTA(양자주의)가 보 완적으로 경쟁하고 있는 세계적인 개방화 시대에 살고 있다. 공산품뿐 아니라 농산품, 서비스 등 모든 산업이 세계적인 경쟁에 직면하고 있다. 그나마 다행이자 기회인 것은 개방화·자유화가 궁극적으로 추구하고자 하는 것이 국가 간의 무역증대라는 사실이다. 무역은 오늘의 우리 경제 를 일궈 온 일등 공신이자 우리에게 '소득 2만 불 시대'를 안겨 줄 것으 로 기대되는 최대의 무형 자산이다.

(나) _____
_____
_____
_____
_____

(다) 한편, 우리 농업계는 높은 토지 용역비와 인건비라는 구조적인 한계와 함께 농촌에서의 삶의 질 피폐라는 어려움에 직면해 있다. 이런 한계로 인해 어느 정도의 구조조정이 이뤄진다 하더라도 과연 선진 농업국과 경 쟁이 되겠느냐는 회의론마저 제기되고 있는 것이 사실이다. 물론 우리 농업계의 경쟁력 하락은 결코 농업계만의 잘못은 아니다. 따라서 구조조 정 문제를 전적으로 농업계에 떠맡겨서도 안 된다. 요는 개방화, 자유화 라는 세계적인 시대조류 아래서 우리 농업이 처한 현실적인 여건을 감안 하여 선택과 집중을 통한 농업 구조조정이 이뤄져야 한다는 것이다.

(다) _____
_____
_____
_____
_____

(라) 농업 구조조정, 농민복지 증가를 위한 대책을 마련하려면 농업계의 자구 노력과 함께 정부와 기업의 측면적인 지원이 곁들여져야 한다. 이런 의 미에서 최근 정부가 발표한 119조 원의 지원책 및 기업계와 농업계 간 의 간담회는 시의적절하다고 평가할 수 있다. 특히 이번에 마련된 정부 지원책은 과거 우루과이라운드(UR) 당시의 42조 원에 비해 규모나 내용 면에서 크게 진일보한 것으로, 농업문제를 해결하기 위한 정부의 강력한 지원의지를 보여 주고 있다. 또한 기업가적 마인드를 갖춘 농업인 최고 경영자(CEO) 양성, 농산품 기술개발을 통한 공동의 수출 활로 모색 등 기업과 농업계 간의 협력을 논의하는 것 자체를 그동안 대립관계로만 보 였던 기업과 농업이 상호 협력할 수 있는 가능성을 열어 준다는 점에서 높게 평가할 수 있을 것이다.

(라) _____
_____
_____
_____
_____

(마) 아울러 우리 경제의 활로인 수출을 확대하기 위해서는 한·칠레 FTA를 하루 속히 발효시키는 것이 필요하다. FTA 비준이 지연됨에 따라 당장 전 세계 30여 개국과 FTA를 체결한 칠레시장으로의 수출이 막히고 있다 는 피해 사례가 속출하고 있다. 더욱이 비준이 지연되면서 세계통상 무대 에서의 고립에 따른 피해는 앞으로 더욱 확대될 전망이다. 일본, 싱가포 르와 FTA 체결을 위한 공식 협상을 진행하고 멕시코, 아세안 등과 FTA 를 추진하기 위해서는 한·칠레 FTA 문제를 매듭짓는 것이 급선무다.

(마) _____
_____
_____
_____
_____

04

(가) 1908년에 아레니우스(S. Arrhenius)는 지구 밖에 있는 생명의 씨앗이 날아와 지구 생명의 기원이 되었다는 대담한 가설인 '포자설'을 처음으로 주장했다. 그러나 당시 이 주장은 검증할 방법이 없었으므로 과학적 이론으로 받아들여지지 않았다. 그 후 DNA의 이중 나선 구조를 밝혀 노벨상을 받은 크릭(F. Crick)이 1981년에 출판한 『생명의 출현』에서 '포자설'을 받아들였지만, 그의 아내조차 그가 상을 받은 이후 약간 이상해진 것이 아니냐고 말할 정도였다.

(나) 지구 밖에 생명이 있다고 믿을 만한 분명한 근거는 아직까지 없다. 그럼에도 불구하고 일부 과학자들은 외계 생명의 존재를 사실로 인정하려 한다. 그들은, 천문학자들이 스펙트럼으로 별 사이에 있는 성운에서 메탄올과 같은 간단한 유기 분자를 발견하자, 이것이 외계 생명의 증거라고 하였다. 그러나 별 사이 공간은 거의 진공 상태이므로 생명이 존재하기 어렵다. 외계 생명의 가능성을 지지하는 또 한 가지 증거는 운석에서 유기 분자가 추출되었다는 것이다. 1969년에 호주의 머치슨에 떨어진 운석 조각에서 모두 74종의 아미노산이 검출된 데에서도 알 수 있듯이, 유기 분자가 운석에 실려 외계에서 지구로 온다는 것은 분명한 사실이다.

(다) 한편, 이와는 달리 운석이 오히려 지구상의 생명을 멸종시켰다는 가설도 있다. 한때 지구의 주인이었던 공룡이 중생대 말에 갑자기 멸종했는데, 이에 대해 1980년에 알바레즈(W. Alvarez)는 운석 충돌을 그 원인으로 추정했다. 이때 그는 중생대와 신생대 사이의 퇴적층인 K·T층이 세계 여러 곳에서 발견된다는 점에 주목했다. 이 K·T층에는 이리듐이 많이 포함되어 있었기 때문이다. 이리듐은 지구의 표면에 거의 없는 희귀 원소로, 운석에는 상대적으로 많이 포함되어 있다. 이를 바탕으로 그는 중생대 말에 지름 약 10km 크기의 운석이 지구에 떨어졌고, 그에 따라 엄청나게 많은 먼지가 발생하면서 수십 년 동안 햇빛을 차단한 나머지 기온이 급강하했으며, 이로 말미암아 공룡을 비롯한 대부분의 생명이 멸종되었다고 주장하였다.

(라) 화석 연구를 통하여 과학자들은 지구 역사상 여러 번에 걸쳐 대규모의 멸종이 있었음을 알아내었다. 예컨대 고생대 말에 삼엽충과 푸줄리나가 갑자기 사라졌다. 이러한 대규모 멸종의 원인에 관해서는 여러 가설이 있는데, 운석의 충돌도 그중 하나일 가능성을 배제할 수 없다.

(마) 오늘날에는 생명의 원천이 되는 유기물이 운석을 통하여 외계에서 왔을 가능성과, 운석으로 인해 지구상의 생명이 멸종되었을 가능성을 그대로 받아들이려는 학자들이 많다. 하지만 지구상 유기물의 생성 과정에 대해서는 의견이 일치하지 않고 있다. 그렇기에 세이건(C. Sagan)은 외계에서 온 유기물과 지구에서 만들어진 유기물이 모두 생명의 탄생에 기여했을 것이라는 절충적인 견해를 제시하기도 했다. 결정적인 증거가 발견되기까지 생명의 기원을 설명하는 가설은 앞으로도 계속해서 다양하게 제기될 것이다.

(가) ＿＿＿＿＿＿＿＿
＿＿＿＿＿＿＿＿＿＿＿＿
＿＿＿＿＿＿＿＿＿＿＿＿
＿＿＿＿＿＿＿＿＿＿＿＿

(나) ＿＿＿＿＿＿＿＿
＿＿＿＿＿＿＿＿＿＿＿＿
＿＿＿＿＿＿＿＿＿＿＿＿
＿＿＿＿＿＿＿＿＿＿＿＿
＿＿＿＿＿＿＿＿＿＿＿＿

(다) ＿＿＿＿＿＿＿＿
＿＿＿＿＿＿＿＿＿＿＿＿
＿＿＿＿＿＿＿＿＿＿＿＿
＿＿＿＿＿＿＿＿＿＿＿＿
＿＿＿＿＿＿＿＿＿＿＿＿

(라) ＿＿＿＿＿＿＿＿
＿＿＿＿＿＿＿＿＿＿＿＿
＿＿＿＿＿＿＿＿＿＿＿＿
＿＿＿＿＿＿＿＿＿＿＿＿

(마) ＿＿＿＿＿＿＿＿
＿＿＿＿＿＿＿＿＿＿＿＿
＿＿＿＿＿＿＿＿＿＿＿＿
＿＿＿＿＿＿＿＿＿＿＿＿
＿＿＿＿＿＿＿＿＿＿＿＿

05

(가) 다원주의 사회 내에서는 불가피하게 다양한 가치관들이 충돌하게 되는데, 이러한 충돌과 갈등을 어떻게 해결할 것인가? 자유주의는 상충되는 가치관으로 인해 개인들 사이에서 갈등이 빚어질 경우, 이러한 갈등을 사적 영역의 문제로 간주하고 공적 영역에서 배제함으로써 그 갈등을 해결하고자 했다.

(가) _____
_____
_____
_____

(나) 하지만 다원주의 사회에서 발생하는 심각한 갈등들을 해소하기 위해서 모든 사람이 수용할 수 있는 합리성에 호소하는 것은 어리석은 일이다. 왜냐하면 모든 사람들이 수용할 수 있는 합리성의 범위가 너무 협소하기 때문이다. 물론 이러한 상황에서도 민주적 합의는 여전히 유효하고 필요하다. 비록 서로 처한 상황이 다르더라도 정치적으로 평등한 모든 시민들이 자유롭게 합의할 때, 비로소 그 갈등은 합법적이고 민주적으로 해결될 것이기 때문이다. 따라서 다원주의 사회의 문제는 궁극적으로 자유주의의 제도적 토대 위에서 해결되어야 한다.

(나) _____
_____
_____
_____
_____

(다) 가령 한 집단이 다른 집단에게 자신의 정체성을 '인정'해 달라고 요구할 때 나타나는 문화적 갈등은 그 해결이 간단하지 않다. 예컨대 각료 중 하나가 동성애자로 밝혀졌을 경우, 동성애를 혐오하는 사람들은 그의 해임을 요구할 것이다. 이 상황에서 발생하는 갈등은 평등한 시민들의 자유로운 합의, 대의원의 투표, 여론조사, 최고통치자의 정치적 결단 등의 절차적 방식으로는 잘 해결되지 않는다. 동성애자들이 요구하고 있는 것은 자신들도 사회의 떳떳한 구성원이라는 사실을 다른 구성원들이 인정해 주는 것이기 때문이다.

(다) _____
_____
_____
_____
_____

(라) 이처럼 오늘날 자유주의가 직면한 문제는 단순히 개인과 개인의 갈등뿐 아니라 집단과 집단의 갈등을 내포한다. 사회 내 소수 집단들은 주류 집단에게 사회적 재화 중에서 자신들의 정당한 몫을 요구하고, 더 나아가 자신들도 하나의 문화공동체를 형성하고 있는 구성원이라는 사실을 인정하라고 요구한다. 그들이 저항을 통해, 심지어는 폭력을 사용해서라도 자신의 정체성을 인정하라고 요구한다는 사실은 소수 문화가 얼마나 불평등한 관계에 처해 있는지를 여실히 보여 준다. 따라서 자유주의가 채택하는 개인주의나 절차주의적 방법으로는 소수자들의 불평등을 실질적으로 해결하지 못한다. 그 해결은 오직 그들의 문화적 정체성을 인정할 때에만 가능할 것이다.

(라) _____
_____
_____
_____
_____

정답 및 해설 P. 2~6

작은 성공부터 시작하라.

성공에 익숙해지면 무슨 목표든지 이룰 수 있다는
자신감이 생긴다.

– 데일 카네기(Dale Carnegie)

일반형 정보
Text 읽기

PART

거시적 이해:
주제문제

유형 분석

Main Type	Sub Type 1	Sub Type 2
주제찾기 문제	맥락형 문제	근거, 예, 반론 등 찾기

★ Main Type · 주제찾기 문제

　주어진 제시문을 읽고 주제, 중심내용, 핵심내용을 찾는 문제들이다. 글의 거시적인 내용을 파악하라는 문제인데, 앞서 배운 리딩스킬을 활용하면 굉장히 빠른 시간 안에 해결 가능한 문제이다. 가장 일반적이면서도 흔하게 나오는 문제들이다.

정답 및 해설 P. 7

다음 글의 핵심내용으로 가장 적절한 것은?

1948년에 제정된 대한민국 헌법에서 공동체의 정치적 문제는 기본적으로 국민의 의사에 의해 결정된다는 점을 구체적인 조문으로 명시하고 있다. 그러나 이러한 공화제적 원리는 1948년에 이르러 갑작스럽게 등장한 것이 아니다. 이미 19세기 후반부터 한반도에서는 이와 같은 원리가 공공 영역의 담론 및 정치적 실천 차원에서 표명되고 있었다.

공화제적 원리는 1885년부터 발행되기 시작한 근대적 신문인 『한성주보』에서도 어느 정도 언급된 바 있지만 특히 1898년에 출현한 만민공동회에서 그 내용이 명확하게 드러난다. 독립협회를 중심으로 촉발되었던 만민공동회는 민회를 통해 공론을 형성하고 이를 국정에 반영하고자 했던 완전히 새로운 형태의 정치운동이었다. 이것은 전통적인 집단상소나 민란과는 전혀 달랐다. 이 민회는 자치에 대한 국민의 자각을 기반으로 공동생활의 문제들을 협의하고 함께 행동해 나가려 하였다. 이것은 자신들이 속한 정치공동체에 대한 소속감과 연대감을 갖지 않고서는 불가능한 현상이었다. 즉 만민공동회는 국민이 스스로 정치적 주체가 되고자 했던 시도였다. 전제적인 정부가 법을 통해 제한하려고 했던 정치참여를 국민들이 스스로 쟁취하여 정치체제를 변화시키고자 하였던 것이다.

19세기 후반부터 한반도에 공화제적 원리가 표명되고 있었다는 사례는 이뿐만이 아니다. 당시 독립협회가 정부와 함께 개최한 관민공동회에서 발표한 헌의 6조를 살펴보면 제3조에 "예산과 결산은 국민에게 공표할 일"이라고 명시하고 있는 것을 확인할 수 있다. 이것은 오늘날의 재정운용의 기본원칙으로 여겨지는 예산공개의 원칙과 정확하게 일치하는 것으로 국민과 함께 협의하여 정치를 하여야 한다는 공화주의 원리를 보여 주고 있다.

① 만민공동회는 전제 정부의 법적 제한에 맞서 국민의 정치 참여를 쟁취하고자 했다.
② 한반도에서 예산공개의 원칙은 19세기 후반 관민공동회에서 처음으로 표명되었다.
③ 예산과 결산이라는 용어는 관민공동회가 열렸던 19세기 후반에 이미 소개되어 있었다.
④ 만민공동회를 통해 대한민국 헌법에 공화제적 원리를 포함하는 것이 결정되었다.
⑤ 한반도에서 공화제적 원리는 이미 19세기 후반부터 담론 및 실천의 차원에서 표명되고 있었다.

글의 맥락에 맞게 빈칸에 들어갈 말을 찾아 쓰거나, 아니면 밑줄 친 구절의 뜻을 해석하는 식의 문제들이다. 얼핏 미시적인 내용을 물어보는 문제들 같지만, 빈칸이라든가 밑줄 친 뜻을 물어보는 구절 등은 대부분 글의 핵심내용과 관련 있는 문제들이 많다. 그래서 맥락을 물어보는 문제들은 거시적인 이해로 분류하는 것이 문제를 풀 때, 보다 효과적이다.

정답 및 해설 P. 7

다음 글의 빈칸에 들어갈 진술로 가장 적절한 것은?

모두가 서로를 알고 지내는 작은 규모의 사회에서는 거짓이나 사기가 번성할 수 없다. 반면 그렇지 않은 사회에서는 누군가를 기만하여 이득을 보는 경우가 많이 발생한다. 이런 현상이 발생하는 이유를 확인하는 연구가 이루어졌다. A 교수는 그가 마키아벨리아니즘이라고 칭한 성격 특성을 지닌 사람을 판별하는 검사를 고안해 냈다. 이 성격 특성은 다른 사람을 교묘하게 이용하고 기만하는 능력을 포함한다. 그의 연구는 사람들 중 일부는 다른 사람들을 교묘하게 이용하거나 기만하여 자기 이익을 챙긴다는 사실을 보여 준다. 수백 명의 학생을 대상으로 한 조사에서, 마키아벨리아니즘을 갖는 것으로 분류된 학생들은 대체로 대도시 출신임이 밝혀졌다.

위 연구들이 보여 주는 바를 대도시 사람들의 상호작용을 이해하기 위해 확장해 보자. 일반적으로 낯선 사람들이 모여 사는 대도시에서는 자기 이익을 위해 다른 사람을 이용하는 성향을 지닌 사람이 많다고 생각하기 쉽다. 대도시 사람들은 모두가 사기꾼처럼 보인다는 주장이 일리 있게 들리기도 한다. 그러나 다른 사람들의 협조 성향을 이용하여 도움을 받으면서도 다른 사람에게 도움을 주지 않는 사람이 존재하기 위해서는 일정한 틈새가 만들어져 있어야 한다. ☐☐☐☐☐☐☐☐ 때문에 이 틈새가 존재할 수 있는 것이다. 이는 기생 식물이 양분을 빨아먹기 위해서는 건강한 나무가 있어야 하는 것과 같다. 나무가 건강을 잃게 되면 기생 식물 또한 기생할 터전을 잃게 된다. 그렇다면 어떤 의미에서는 모든 사람들이 사기꾼이라는 냉소적인 견해는 낯선 사람과의 상호작용을 잘못 이해한 것이다. 모든 사람들이 사기꾼이라면 사기를 칠 가능성도 사라지게 된다고 이해하는 것이 맞는다.

---

① 대도시라는 환경적 특성

② 인간은 사회를 필요로 하기

③ 많은 사람들이 진정으로 협조하기

④ 많은 사람들이 이기적 동기에 따라 행동하기

⑤ 누가 마키아벨리아니즘을 갖고 있는지 판별하기 어렵기

근거, 예, 반론 등 찾기

근거나 예, 반론, 비판한 것으로 맞는 것 등을 찾는 문제들은 대부분 '주어진 글에서'로 시작한다. 그러니까 '근거, 예, 반론, 비판' 등을 찾으려면 먼저 주어진 글의 핵심내용이 무엇인지를 정확히 파악해야 한다. '주어진 글의 근거로 알맞은 것은?' 혹은 '주어진 글의 비판으로 적절한 것은?' 같은 문제의 핵심은 근거나 비판이 아니라, 주어진 글이 무슨 내용인지 정확히 그 주제를 파악하는 것에 있다.

정답 및 해설 P. 7

주어진 글의 주장을 뒷받침하는 진술만을 [보기]에서 모두 고르면?

우리는 물체까지의 거리 자체를 직접 볼 수는 없다. 거리는 눈과 그 물체를 이은 직선의 길이인데, 우리의 망막에는 직선의 한쪽 끝 점이 투영될 뿐이기 때문이다. 그러므로 물체까지의 거리 판단은 경험을 통한 추론에 의해서 이루어진다고 보아야 한다. 예컨대 우리는 건물, 나무 같은 친숙한 대상들의 크기가 얼마나 되는지, 이들이 주변 배경에서 얼마나 공간을 차지하는지 등을 경험을 통해 이미 알고 있다. 우리는 물체와 우리 사이에 혹은 물체 주위에 이런 친숙한 대상들이 어느 정도 거리에 위치해 있는지를 우선 지각한다. 이로부터 우리는 그 물체가 얼마나 멀리 떨어져 있는지를 추론하게 된다. 또한 그 정도 떨어진 다른 사물들이 보이는 방식에 대한 경험을 토대로, 그보다 작고 희미하게 보이는 대상들은 더 멀리 떨어져 있다고 판단한다. 거리에 대한 이런 추론은 과거의 경험에 기초하는 것이다.

반면에 물체가 손이 닿을 정도로 아주 가까이에 있는 경우, 물체까지의 거리를 지각하는 방식은 이와 다르다. 우리의 두 눈은 약간의 간격을 두고 서로 떨어져 있다. 이에 우리는 두 눈과 대상이 위치한 한 점을 연결하는 두 직선이 이루는 각의 크기를 감지함으로써 물체까지의 거리를 알게 된다. 물체를 바라보는 두 눈의 시선에 해당하는 두 직선이 이루는 각은 물체까지의 거리가 멀어질수록 필연적으로 더 작아진다. 대상까지의 거리가 몇 미터만 넘어도 그 각의 차이는 너무 미세해서 우리가 감지할 수 없다. 하지만 팔 뻗는 거리 안의 가까운 물체에 대해서는 그 각도를 감지하는 것이 가능하다.

|보기|

ㄱ. 100미터 떨어진 지점에 민수가 한 번도 본 적이 없는 대상만 보이도록 두고 다른 사물들은 보이지 않도록 민수의 시야 나머지 부분을 가리는 경우, 민수는 그 대상을 보고도 얼마나 떨어져 있는지 판단하지 못한다.

ㄴ. 아무것도 보이지 않는 캄캄한 밤에 안개 속의 숲길을 걷다가 앞쪽 멀리서 반짝이는 불빛을 발견한 태훈이가 불빛이 있는 곳까지의 거리를 어렵잖게 짐작한다.

ㄷ. 태어날 때부터 한쪽 눈이 실명인 영호가 30센티미터 거리에 있는 낯선 물체 외엔 어떤 것도 보이지 않는 상황에서 그 물체까지의 거리를 옳게 판단한다.

① ㄱ   ② ㄷ   ③ ㄱ, ㄴ   ④ ㄴ, ㄷ   ⑤ ㄱ, ㄴ, ㄷ

1단계	2단계	3단계
단락별 주제 찾기	단락별 주제를 연결해 전체 주제 찾기	주제찾기나 맥락 문제면 그대로 문제를 풀 수 있다.

4단계
근거, 예, 반론 등에 대한 문제면 주장을 뒷받침하거나 반론하는 것이 무엇인지 한 단계 더 생각하면 된다.

1단계 ┃ 주제문장을 빨리 찾는 요령을 적용해서 각 단락의 주제문장을 찾는다. 사실 주제문장을 못 찾더라도 각 단락의 핵심내용만 추려낼 수 있으면 상관없다.

2단계 ┃ 주제문장을 연결한 것이 곧 주제가 되지만, 주제를 정확히 이해하기 위해서는 각 단락을 똑같은 비중으로 읽기보다는 첫 단락과 마지막 단락을 힘 주어 읽는 것이 효과적이다. 대부분의 경우 첫 단락에서는 앞으로 어떤 글을 쓸 것인지 서술되어 있기 때문에 주제를 찾아내기 편하고, 마지막 단락의 경우 인과적 서술이나 분석적인 글은 마지막 단락에 주제를 제시하는 경우가 많기 때문에 주제를 찾아내기 편하다.

3단계 ┃ 주제찾기나 맥락 문제는 사실 2단계면 이미 문제풀이가 완성된다. 평소에 단락별 주제문장을 찾고 그것들을 연결해서 하나의 주제로 만들기 연습을 꾸준히 하면 이 단계까지 상당히 빠른 시간 안에 해결이 가능하다.

4단계 ┃ 한 단계 더 필요한 문제는, 그러한 주장이나 핵심내용하에서 그것을 뒷받침하거나 반론하는 것은 어떤 것일까 한번 더 생각하는 문제들이다. 주장을 정확히 찾으면 뒷받침이나 반론은 상식적으로 풀어 가는 문제이기 때문에 어렵지는 않다.

SKILL ❶ 단락별 주제문장 찾아 주제 찾기

단락별로 주제문장을 찾아서 그것들을 연결하여 전체 거시적인 맥락하에 주제를 찾아내는 Skill은 이미 앞 장에서 따로 떼어서 충분히 익혔다. 그것을 객관식 문제에 잘 적용하는 연습이 필요하다. 처음에는 정확하게 찾는 것이 중요하겠지만, 조금만 익숙해져도 정확도는 어느 정도 보장되니까 문제는 스피드이다. 가능한 한 빠른 시간 안에, 그러니까 가능한 제시문을 보지 않고 중요한 문장을 파악하고 그것을 정리하는 연습을 해 보자. 이에 대한 Skill은 앞장에서 집중적으로 연습했으므로 여기서는 상기하는 차원에서 다시 적어 보았다.

 **SKILL ②** 글의 구조를 생각하며 단락별 주제를 전체 주제로 정리하기

 단락별 주제를 전체 주제로 정리할 때, 글의 구조를 생각하면 조금 빨리 정리될 수 있고, 함정에 빠지지 않을 수 있다. 우리가 NCS를 통해서 접하게 될 Text 정보들은 대부분 설명문과 논설문이다. 설명문은 어떤 정보를 충실히 전하는 글이고, 논설문은 자신의 주장을 설득하는 글이다. 이런 글들은 목적이 분명한 만큼 형식적인 면도 분명하다. 형식이 산만하고 다양하면 그만큼 전달하고자 하는 정보나 주장이 제대로 전달되지 않기 때문이다. 따라서 설명문이나 논설문에서 나올 만한 글의 구조를 몇 가지 알고 있다면 제시되는 글을 파악하는 데 보다 용이하다. 다음에 제시되는 것은 설명문과 논설문에 자주 쓰이는 몇 가지 구조이다.

설명문
① 사(史)적인 전개(사람 위주, 이론 위주, 시대 위주)
② 항목별로 나열하는 식의 전개
③ 낯선 용어 설명 위주의 전개(개념, 원리, 이론 등)
④ 논란이나 이견에 대해서 상대방의 의견을 소개하는 식의 전개
⑤ 두 대상을 비교·대조해서 설명하는 방법
⑥ 인과적인 방법으로 꼬리를 무는 전개

논설문
⑦ 논거와 주장으로 자신의 의견을 강하게 주장하는 방법
⑧ 다른 사람의 의견을 소개하고 그것에 반박하는 방법
⑨ 유명인들(권위자들)의 말을 소개한 뒤에 자신의 의견을 얹는 방법

---

❶ 사(史)적인 전개(사람 위주, 이론 위주, 시대 위주)

 문제로 제시되기에 가장 흔한 형태의 설명문이다. 그리고 교과서에서도 주로 이런 방법을 통해 설명하기를 즐긴다. 사람 위주면 사람별로, 이론 위주면 이론별로 핵심내용을 정리하면 된다. 한 사람이나 한 이론에 할애된 단락은 기껏해야 한 단락 정도일 경우가 많기 때문에 그 단락의 가장 중요한 얘기를 찾으면 자동적으로 정리되기도 한다.

 시대적인 정리를 하면 시대에 따른 변화양상이, 인물에 대한 정리면 다른 인물들과의 차이점이, 이론별로 정리를 하면 이론의 발전양상이 중요한 소재가 된다. 즉 이러한 사(史)적인 전개의 글에서는 그에 따른 '변화'가 가장 중요한 내용이라는 것이다. 따라서 글에서 이루어지는 변화의 기준, 발전의 특징들을 찾는 데 주력해야 할 것이다.

 다음과 같이 변화를 축으로 정리하면 이해하기에 좋다.

A: _____
          ↓
B: _____
          ↓
C: _____
          ↓
D: _____

❷ 항목별로 나열하는 식의 전개

집중적인 설명보다 개론적이고 전반적인 설명에 유리한 방법이다. 폭은 넓지만 깊이는 없기 때문에 이러한 종류의 글치고 어려운 것은 별로 없다. 하지만 산만한 전개이기 때문에 자칫 내용을 놓치기 쉬운 종류의 글이기도 하다.

이러한 종류의 글은 내용을 정리하며 읽어야 하겠다. 개요처럼 항목별 제목을 뽑아내면서 정리해 보자. 전체 핵심주제를 파악한 뒤에 글 자체를 마치 개요를 짜듯이 정리한다.

전체 핵심주제: _____

첫 번째 단락: _____

두 번째 단락: _____

세 번째 단락: _____

네 번째 단락: _____

다섯 번째 단락: _____

❸ 낯선 용어 설명 위주의 전개(개념, 원리, 이론 등)

우선 글에서 설명하고자 하는 용어나 개념, 원리 등이 무엇인지 파악한다. 핵심어를 파악하는 기술처럼 가장 자주 등장하는 것이 일단 주인공이라고 보면 된다. 이러한 개념 설명 위주의 글일수록 처음 제시되는 개념은 제일 첫 단락에 등장하기 쉽다.

제시문에서 제시한 것에 대해 알고 있는 것이든 모르는 것이든, 제시문 안의 내용만 가지고 생각할 필요가 있다. 그러니까 A의 특징에 대해 설명을 했다면 제시문에서 설명한 A의 특징이 무엇인지가 중요하다는 것이다. 제시문에서 주어지는 글 중, A가 주어가 되는 문장에 밑줄을 그어 가며 파악하는 것이 좋겠다. 그리고 다음과 같이 정리하자.

핵심어 A: _____

A의 특징 1. _____

2. _____

3. _____

❹ 논란이나 이견에 대해서 두 명의 상반된 의견이나 여러 명의 의견을 소개하는 식의 전개

어떤 사람이 하는 주장은 그 사람의 논거를 바탕으로 한다. 따라서 논설문은 주로 이런 식의 전개를 따르지만 설명문에 논거와 주장이 등장한다는 것은, 글쓴이의 주장을 본다는 의미가 아니라, 누군가의 주장과 논거를 소개한다는 정도의 의미일 것이다.

논란이나 이견 등에 대해서 소개만 하면서 자신의 의견을 주장하지 않는다면 주로 역사상 유명한 논쟁이라든가, 학문적인 소개, 신문기사 같은 종류의 글일 가능성이 많다. 가장 중요한 것은 주장의 핵심이다. 무엇을 주장하는지 정확히 파악한 후에 그 주장의 논거가 무엇인지 파악해야 한다. 다음과 같은 식으로 정리가 되면 비교적 정확하게 글을 읽을 수 있다.

상황. 논점 설명: _____

A의 주장 _____

A의 논거 1. _____

2. _____

3. _____

B의 주장	_____
B의 논거 1.	_____
2.	_____
3.	_____

❺ 두 대상을 비교·대조해서 설명하는 방법

두 대상을 놓고 비교, 대조하는 방법인데, 주로 비교보다는 대조가 나온다. 비교는 두 대상 간의 유사점을, 대조는 두 대상 간의 차이점을 찾아 부각하는 방법이다. 그러니까 대조가 더 많이 쓰인다는 것은 유사점을 찾아내기보다는 두 대상 간의 비교점을 찾아내서 보여 주는 지문이 더 많다는 것이다. 중요한 것은 두 대상 간의 대조 포인트가 무엇인가 하는 것이다. 논쟁이라면 논쟁점에 대해서, 이론의 발전이라면 이론이 변화, 발전한 바로 그 부분에 대해서 분명한 대조가 있어야 이러한 유형의 지문을 정확히 이해할 수 있다.

다음과 같이 정리할 수 있다. 비교 포인트는 주제와도 관련이 깊다. 주로 대조로 된 설명문에서는 비교점은 두 대상이 비교 대상이 된 이유에 대해서 나올 수밖에 없기 때문이다. 가령 지구의 생성에 관한 이론의 두 종류라든가, FTA를 바라보는 두 관점이라든가 하는 식으로 두 대상 간의 유사점이 가장 큰 주제를 형성하게 된다.

A대상 B대상 간의 비교 포인트 –	_____
A대상 B대상 간의 대조 포인트 1.	_____
2.	_____
3.	_____

❻ 인과적인 방법으로 꼬리를 무는 전개

논리적인 전개라 할 수 있다. 앞의 것이 원인이 되어서 그것이 미치는 파장이나 결과를 다음 단락에 써 놓게 되고, 또 그것이 만드는 결과를 그다음 단락에 써 놓는 식으로 인과적인 전개를 보이는 방법이다.

원인과 결과의 관계에서 중요한 것은 결국 결과이다. 도대체 무엇 때문에 그 원인에서부터 논리적으로 따져 들어가는지 정확히 파악해야 할 것이다. 이런 글의 서두에서는 보통 가야 할 방향이 제시된다. 그러니까 이런 글의 주제가 무엇일지는 처음에 시작하는 단락에서 짐작을 하든지, 아니면 인과적인 연쇄 고리를 따라가 결국 다다른 지점이 어디인지 따져보아 그것을 최종적인 주제로 상정하면 되겠다.

인과가 올바른지를 파악할 필요는 없을 것이다. 인과가 적절하지 못한 글이 시험의 제시문으로 제시될 수는 없기 때문이다. 다만 인과적인 전개의 고리를 정확히 파악을 해야 한다. 바로 그러한 인과가 문제에 나오기 좋기 때문이다.

소재나 기준 추출: (_____)

↓ 인과적인 전개

(_____)

↓ 인과적인 전개

(_____)

↓ 인과적인 전개

(_____)

↓ 인과적인 전개

결론: (_____)

❼ 논거와 주장으로 자신의 의견을 강하게 주장하는 방법

　자신의 논리를 가진 글로, 그만큼 자신의 의견이 강하게 부각되고 있는 글이다. 논리를 가졌다는 것은 결국 논거와 주장이 정확하게 연결되었다는 뜻이다. 이러한 글은 논거만 정확히 파악하면 비교적 손쉽게 읽힌다.

　주장이 먼저 강하게 제시되고 난 후, 그 뒤에 주장을 정당화하는 논거들이 소개되기 때문에 주장과 논거가 어떤 식의 관계로 연결되는지를 주의 깊게 보면 될 것이다.

주장:	_____
논거 1.	_____
2.	_____
3.	_____

❽ 다른 사람의 의견을 소개하고 그것에 반박하는 방법

　다른 사람의 주장을 반박하기 위해 소개한다. 그러니까 자신의 주장은 자신이 소개하는 입장과 정 반대에 서 있는 셈이다. 주의할 것은 소개한 입장은 글쓴이의 입장이 아니라는 것이다. '이렇게 말한 사람도 있다'는 식의 얘기를 글쓴이의 주장으로 받아들여 엉뚱하게 해석을 하면 안 된다.

　소개된 이론의 약점이나 소개된 주장의 논거들에 대해서 글쓴이가 반론을 하게 된다. 약점은 "~해서 적용이 안 된다."라는 식으로 공격하게 되고 논거는 "그 사람이 든 논거는 ~기 때문에 성립할 수 없다."라는 식으로 공격하게 된다. 글쓴이의 주장을 정확히 하기 전에 상대방의 주장을 정확히 알 필요가 있다. 글쓴이는 그 반대로 말하고 싶어서 그를 굳이 소개하는 것이다. 다음과 같이 정리해 보자.

상대방의 주장, 이론:	_____
상대방 주장의 논거, 혹은 이론의 약점:	_____
글쓴이의 반론:	_____
글쓴이의 최종 주장:	_____

❾ 유명인들(권위자들)의 말을 소개한 뒤에 자신의 의견을 얹는 방법

　출제 빈도가 높은 구조의 지문은 아니다. 고전 지문 중에 "~가 말하길" 하는 식의 훈고학적인 지문에서 많이 쓰인다. 어쨌든 이 글 역시 논설문이므로 글쓴이의 주장이 들어가게 되는데, 그 부분이 유명인들의 말에 가려지기 쉽다. 유명인들의 말은 글쓴이의 주장을 그럴듯하게 만들기 위해 들어간 보조물이므로 이러한 종류의 글을 읽을 때는 글쓴이가 그 유명인들의 말에 대해 어떻게 해석하는지, 혹은 유명인들은 어떠한 논거를 대며 주장을 전개하는데, 글쓴이는 거기에 어떠한 논거를 첨가하는지 등을 눈여겨보아야 할 것이다.

유명인들의 말이나 주장:	_____
글쓴이의 첨가 논거나 해석:	_____
글쓴이의 핵심주장:	_____

Skill 연습 ❶

다음 주어진 제시문에서 주제문장이라고 생각되는 문장을 찾아 밑줄을 그어 보자. 그리고 그 이유가 무엇 때문인지도 생각해 보자.

01　어떤 학자는 산업사회와 후기산업사회를 구분하면서 전자의 특징은 '힘의 정복'에 있고, 후자의 특징은 '시간의 정복'에 있다고 한다. 다시 말해, 기계와 동력이 주된 가치인 산업사회에서는 넓은 의미에서 힘을 키워 왔고, 디지털과 정보통신기술을 바탕으로 한 후기산업사회는 속도(시간의 정복)를 키워 가고 있다는 입장이다. 하지만 필자는 바로 이 점에서 우리의 삶은 아직 산업사회의 커다란 파도의 연속에 있다고 생각한다. 후기산업사회에서 '후기'라는 말은 연속의 의미이지 '탈(脫)'의 의미는 매우 미약하다는 것이다. 시간의 정복은 산업사회에서도 교통과 통신 수단의 속도 증진으로 지속돼 온 것이기 때문이다.

02　시간이라는 새는 자신의 둥지에서 속도라는 독사의 알을 부화했다. 사람들이 쉽게 지나치는 것이지만, 시간과 속도는 사실 천적(天敵) 관계에 있다. 인간이 속도를 내는 것은 시간의 지배를 벗어나고자 하는 방식이다. 이동과 속도에 대한 인간의 열망은 '최대한 빠르게'에 대한 욕구로 마침내 '시간을 없앨 것'을 요구하게 된 것이다. 진정한 의미에서 실시간(real time)이 실현되면, 즉 절대 속도가 실현되면 시간은 소멸한다. 그런데 이 말은 곧 속도의 의미와 필요도 소멸할 것이라는 것을 뜻한다. 이상시(理想時), 즉 절대 속도에 대한 추구는, 자신의 천적을 부화하면서도 건재한 냉소적 지배자 시간을 상대로 한 인간의 처절하고 허망한 싸움일 뿐이다.

03　완전경쟁은 개개인 결정의 독립성을 가정한다. 그러나 공간적 차원이 경제에 결부되자마자 그 결정들이 과점 조직하에서와 같은 방법으로 상호의존적으로 된다는 것은 명백하다. 예를 들어 사람들이 고르게 분포되어 있는 해변가에 두 명의 아이스크림 행상인이 있다고 상상해 보자. 해변에 있는 모든 사람들이 아이스크림을 살 것이며 항상 가까이에 있는 행상인에게서 사려 하고, 행상인들은 판매수익을 최대화하려고 행동한다고 가정하자. 두 명의 행상인이 그들 스스로 해변의 4분의 1 지점에서 자리를 잡고 일과를 시작한다고 생각하자. 그 지점은 사실상 해변에 있는 아이스크림 소비자들이 걷는 전체 거리를 최소화할 수 있는 곳이다. 그러나 이 지점은 안정적이지 않다. 왜냐하면 판매수익을 최대화하기 위해 행상인 A는 B의 시장을 더 많이 침해하려고 시도할 것이고 B는 입지이동에 대해 앙갚음을 할 것이기 때문이다. 따라서 유일한 안정적인 균형성은 양쪽 행상인이 그들 스스로 해변의 중앙에 자리를 정할 때 이루어질 것이다. 이것은 균형해법에서 소비자들이 걸어야 하는 평균거리가 두 배가 된다는 것을 입증해 줄 수 있으며, 그리고 그것은 본질적으로 중요한 결론이다. 그렇지만 세 명의 아이스크림 행상인이 있다면 어떤 일이 일어날 수 있는가를 상상해 보자. 시장점유의 관계에서 그들이 갖는 입지적 상호관련성은 사실상 안정적 해법이 없다는 것을 의미한다.

04　오늘날의 예술, 특히 미술은 그 기본 존재 의의부터 지난날의 미술과 다르다. 사물을 객관적으로 보여지는 그대로 표현하는 것은 아마도 미술가가 추구하는 것 중 극히 작은 부분에 지나지 않을 것이다. 오늘날의 미술은 사물의 실체를 표현하는 노력, 인간의 인지심리에 관한 작가 나름대로의 견해, 작가가 우리에게 전달하려고 하는 메시지 등이 어지럽게 교차하고 있다. 따라서 미술 작품을 이해하는 것이 그만큼 어려워졌다.

05　반면에 괴테는 색채 현상을 밝음과 어둠의 양극적 대립 현상으로 보면서, 인간의 감각과는 무관하게 존재하는 색채 자체의 실체를 인정하기를 거부한다. 그리고 이러한 입장이 이후 그의 색채 이론의 토대가 된다. 그러나 괴테 당대는 물론 그 이후에도, 수학적인 체계를 갖추지 못한 괴테의 색채 이론은 거의 아무런 주목을 받지 못한다. 괴테는 자신의 문학 작품들은 다른 사람들도 쓸 수 있는 것이었지만, 그의 색채론만큼은 독창적인 것으로서 자신의 불멸의 업적이며, 자기야말로 이 위대한 자연의 대상에 관하여 수백만 중에 올바른 것을 알고 있는 유일한 사람이라며 호언장담하기까지 한다. 그리고 뉴턴의 이론은 순수한 학문의 발전을 위해서는 쳐부수어야 할 〈바스티유의 요새〉라며 적대의 감정을 숨기지 않는다. 하지만 그의 색채 이론은 색채의 심미적인 효과에 대한 자세한 설명과 병리색에 대한 독창적인 설명에 의하여 일부 화가와 생리학자들의 주목을 받았을 뿐, 물리학의 주류로부터는 완전히 배제되어 있었다. 그러나 20세기 중반에 들어와 산업사회의 모순이 심화되고, 도구적 사고방식과 무한 성장에 의한 문명의 자기파괴적인 결과가 초래되면서 괴테의 색채론이 하나의 대안으로서 일부 물리학자들을 비롯한 연구자들에 의해 새롭게 조명되었다. 괴테가 명백하게 드러난 색채론의 여러 오류에도 불구하고, 자신의 이론에 집착했던 이유가 어느 정도 설득력을 얻게 되었던 것이다. 말하자면 괴테는 그의 색채론을 통하여 데카르트와 갈릴레이, 그리고 뉴턴에서 출발한 자연과학의 기계론적, 환원주의적 사고 방식이 초래할 위험성을 예고하고 있었다는 것이다. 괴테는 자신의 색채 이론이 인정받지 못했던 것을 원통해 했지만, 바로 그 점 때문에, 즉 근대 자연과학의 주류와 대척 관계에 있었다는 점 때문에 현대에 다시 재조명을 받게 된 것이다.

06   약물치료에 변환을 준 생명공학의 기술에는 두 가지가 있다. DNA의 재조합기술과 하이브리도마 (Hybridoma)공학에서 유래된 단일항체 제조기술이 그것이다. DNA 재조합기술은 사람의 공여세포(donor cell)의 유전정보를 대개 박테리아의 플라스미드나 박테리오파지 등의 매개분자(vector molecule)에 전달하는 재조합 DNA에 의하여 내인성 치료물질을 적절한 가격으로 충분한 양을 만들어 내는 기술이다. 단일항체 제조기술은 동물에게 방어기전의 활성화를 자극하는 특수항원을 주사하여 특이적인 항체를 생성하도록 한 다음, 수명이 짧은 임파구를 수명이 긴 골수종세포(myeloma cell)와 융합하는 것이다. 이 Hybridoma로부터 특이한 항체를 스크린하고 분류하여 시험동물에게 재주사하면 많은 양의 단일항체를 얻을 수 있다. 이 원리를 이용한 약물이 오르쏘제약의 장기이식 면역 억제제 '올소클론OKT3'이다.

07   다원적 유연사회라는 사회개방체제의 모습으로 정보사회의 내용을 묘사하는 의견이 대체로 받아들여지고 있다. '다원적'은 사회의 각 영역이 완고한 경계를 갖고 하나의 유기체인 양 일사불란하게 조직되던 제도의 변화를 명시한다. 정보화의 파급효과는 국가 간의 국경 개념을 무색케 하는 월드와이드웹(WWW) 사회를 가능케 하였듯이 한 사회의 각 영역 간의 폐쇄성을 이완시켰다. 사회가 발전할수록 사회분화는 더 심화되지만 이 분화에 의한 다양한 실체들이 서로 긴밀한 영향하에 엮여 있게 된다. '유연사회'는 옳고 그름, 선과 악 등의 판단을 하게 되는 배열적 사고가 존재하는 모든 것들에 나름대로의 가치를 부여하는 조합적 사고로 전환되어 열린 사회의 경향을 낳는다. 이 사회에서는 표준화되고 획일화된 생활세계에 의한, 마치 틀 속에 갇힌 듯한 생활을 하는 개인보다는 열린 마음으로 다양한 생활양식을 보이는 개성화된 퍼스널리티가 용납되어 개성의 편차에 의한 경쟁력을 더 갖게 되는 사회분위기가 일상생활을 지배하게 되는 것이다. 사회의 구석구석까지 보급되는 전산화에 의한 각 사회 실체들의 온라인화는 합리성을 높여 줄 뿐 아니라 사회네트워크체제의 유연성을 가져와 결국 가치체계의 다원화가 자연스레 자리 잡게 된다.

08   구조주의 진화론을 짧은 지면에서 설명하기에는 벅차지만, 적응 진화에 영향받지 않는 '항상(homeostasis)' 과 '운하화(canalization)'라는 발생학적 개념으로서 생물학적 형질을 설명하는 방식이다. 이타주의 형질이나 도덕감의 특질의 경우도 비록 이기적 행동특질에 비해 약한 기능의 발현이지만, 그것도 일종의 운하화의 산물이라는 점이다. 이는 영장류에서 인간화(hominization)가 이루어지면서 인류만이 갖는 도덕적 특이성으로 진화하면서, 적응 기제와 다른 방식의 구조적인 도덕감이 형성되었다는 설명 방식이다. 이런 방식의 형질 구조화는 이타적 표현형이 유전자풀로 환원되지 않는 측면이 있을뿐더러 생물 종마다 다른 형질의 고유성을 인정할 수밖에 없다. 형질로서의 이타적 도덕감 역시 마찬가지이다. 쉽게 말해서 인간만이 지니는 성대의 발생학적 기관에서 언어행위 나아가 논리적 이성, 혹은 환경을 인지하는 감각기관에서 군집/집단을 인식하는 기능, 나아가 도덕적 행위와 자아를 반성하는 행위 등은 매우 밀착된 연속적 상관성을 지니며 이는 적응 진화로 설명하기 어려우며, 구조적으로 안정된 종 고유성으로 인정해야 한다.

09   자본주의사회에서 '선거'란 기본적으로 자본주의사회를 유지·재생산하는 정치형식의 하나로, 그것도 가장 기초적인 '헤게모니적' 정치형식에 속한다. 이때 '헤게모니적'이라 함은 자본주의사회를 유지·재생산하는 방식이 '억압'과 '배제'를 앞세우는 것이 아니라, '동의'와 '자발적 지지' 획득을 목표로 하는 것이라는 점을 말한다. '선거'가 자본주의사회를 유지·재생산하는 가장 기초적인 '헤게모니적' 정치형식에 속하는 이유는 다음과 같다. 자본주의사회에서의 정치는 사회구성원 모두로부터 분리된 국가와 국가를 중심으로 형성된 제도정치권을 중심으로 이루어진다. 이로 인해 일반국민들은 일상적으로는 정치과정에 직접적으로 참여하지 못하고 국가권력의 행사로부터 배제된다. 그러나 선거는 '주권재민'의 원리를 확인하고 일반국민이 정치과정에 직접적으로 참여할 기회를 제공하며, 국가권력의 행사에 요구되는 절차적 정당성을 부여해 주는 것이다. 이로 인해 부르주아지는 일반국민들의 자발적인 정치적 의사를 수렴하는 선거라는 형식을 빌려 자신의 지배를 관철함으로써 자신의 지배에 대한 절차적 정당성을 확보하게 되고, 이를 통해 자신의 지배를 헤게모니적 지배로 상승시킬 수 있게 된다.

10   외교언어의 해석문제는 문화 간 소통맥락에서 번역의 문제를 내포한다. 오해의 여지가 없는 번역은 외교텍스트 생산자의 의도뿐만 아니라 해당 텍스트의 사회적·문화적·역사적 배경을 충분히 전달할 수 있는 번역이다. 국제관계에서 외교용어의 잘못된 번역은 자칫 오해나 사건의 복잡화 및 불필요한 혼란을 낳기 쉽다. 외교수사의 문제는 단순한 용어 선택이나 번역의 문제를 훨씬 뛰어넘는 매우 포괄적인 것이기 때문이다. 가령 두 국가 사이에서 일어난 사고를 놓고, 특정국이 상대국에게 사과의 표현을 제대로 하느냐 하지 않느냐의 차이는 단순한 용어문제를 넘어서 사후 국제정치상의 협상에서 얼마나 자국의 이익을 포기해야 하느냐의 문제와 직결된다. 예를 들어 2001년 봄 미국 정찰기와 중국 전투기 사이의 충돌사건 직후 미국의 사과는 곧 중국 영공 근처에서의 정찰비행 중지 등의 요구를 받아들여야 하는 책무를 수반할 것이므로, 미국으로서는 단순한 사고의 성격을 띤 사건에 대한 사과를 피하기 위해 양측에서 납득할 수 있고 만족할 수 있는 외교용어의 선택을 놓고 오랫동안 고심해야 했다.

Skill 연습 ❷

조금 긴 글에서 주제문장들을 찾아 연결하여 거시적 맥락의 주제를 찾아내는 연습을 해 보자.

01   우리는 식인 풍습의 긍정적인 형태들, 여기에는 그 기원이 신비적이고도 주술적이며 종교적인 것들이 대부분 포함될 것인데, 이것들을 고찰해 볼 필요가 있다. 조상의 신체의 일부분이나 적의 시체의 살점을 먹음으로써 식인종은 죽은 자의 덕을 획득하려 하거나 그들의 힘을 중화하고자 한다. 이러한 의식은 종종 매우 비밀스럽게 거행된다. 그들은 먹고자 하는 그 음식물을 다른 음식물과 섞거나, 빻아서 가루로 만든 유기물 약간을 합해 먹는다. 사람들은 식인 풍습을 비도덕적이라는 근거를 들어 저주하기도 한다. 그러나 식인 풍습의 요소가 보다 공개적으로 인정되었다고 할지라도, 그것은 시체가 물질적으로 파괴되면 어떤 육체적 부활도 위태로워진다는 생각이 의존하고 있는 육체와 정신의 통일에 의거하고 있는 것과 마찬가지의 논리에 의거할 것일 뿐이다. 또한 영혼과 육체의 이원론과 그것의 연결에 따르는 다양한 관념들이 널리 퍼져 있는 지역에서의 풍습이 이와 다르다는 점을 인정해야만 한다. 이러한 확신들은 의식적인 식인 풍습의 의미로 시행되고 있는 것에 나타나는 것과 동일한 성격을 지니는 것이다. 그러므로 우리는 어느 편이 더 나은 것이라고 말할 수 있는 어떠한 정당한 이유도 지니고 있지 못하다. 뿐만 아니라 우리는 죽음의 신성함을 무시한다는 이유에서 식인종을 비난하지만, 이는 우리가 해부학 실습을 용인하고 있는 사실과 별반 다를 것이 없다.

    그러나 무엇보다도 만약 어떤 다른 사회의 관찰자가 우리를 조사하게 된다면, 우리와 관련된 어떤 사실이 그에게는 우리가 비문명적이라고 여기는 식인 풍습과 비슷한 것으로 여겨질 수 있다는 점을 인식해야만 한다. 여기에서 나는 우리들의 재판과 형벌의 습관들에 대해 생각해 보고 싶다. 만약 우리가 외부로부터 이것들을 관찰한다면, 우리는 두 개의 상반되는 사회형을 구별하고자 할 것이다. 즉, 식인 풍습을 실행하는 사회에서는 어떤 무서운 힘을 지니고 있는 사람들을 중화시키거나 또는 그들을 자신들에게 유리하도록 변모시키는 유일한 방법은 그들을 자신들의 육체 속으로 빨아들이는 것이라고 믿는다. 한편, 우리 사회와 같은 두 번째 유형의 사회는, 소위 말하는 앙트로페미(anthropémie: 특정인을 축출 또는 배제하는 일)를 채택하는 사회이다. 즉, 동일한 문제에 직면하여 우리와 같은 사회는 정반대의 해결을 선택했던 것이다. 우리와 같은 사회는 이 끔찍한 존재들을 일정 기간 또는 영원히 고립시킴으로써 그들을 사회로부터 추방한다. 이 존재들은 특별한 목적을 위해 고안된 시설 속에서 인간과의 모든 접촉이 거부된다. 우리가 미개하다고 여기는 대부분의 사회적 관점에서 볼 때, 우리와 같은 사회의 이 같은 관습은 극심한 공포를 불러일으킬 것이다. 그들이 오직 우리와는 대칭적인 관습들을 지니고 있다는 이유만으로 우리가 그들을 야만적이라고 간주하듯이 우리들도 그들에게는 야만적으로 보이게 될 것이다.

02 의식에 대한 문제를 다룰 때에는 '쉬운 문제'와 '어려운 문제'를 구분하는 것이 유익하다. '쉬운 문제'란 다음과 같은 물음들이다. 인간이 어떻게 감각 자극들을 구별해 내고 그에 대해 적절하게 반응하는가? 두뇌가 어떻게 서로 다른 많은 자극들로부터 정보를 통합해 내고 그 정보를 행동을 통제하는 데 사용하는가? 인간이 어떻게 자신의 내적 상태를 말로 표현할 수 있는가? 이 물음들은 의식과 관련되어 있지만 모두 인지 체계의 객관적 메커니즘에 관한 것이다. 따라서 인지 심리학과 신경 과학의 지속적인 연구가 이에 대한 해답을 제공해 줄 것이라고 충분히 기대할 수 있다.

이와 달리 '어려운 문제'는 두뇌의 물리적 과정이 어떻게 주관적 경험을 갖게 하는가에 대한 물음이다. 이것은 사고와 지각의 내적 측면—어떤 것들이 주체에게 느껴지는 방식—과 관련된 문제이다. 예를 들어 하늘을 볼 때 우리는 생생한 푸름과 같은 시각적 감각을 경험한다. 또는 말로 표현할 수 없는 오보에 소리, 극심한 고통, 형언할 수 없는 행복감을 생각해 보라. 이러한 의식 현상들이야말로 마음에 관한 진정한 미스터리를 불러일으키는 것들이다.

최근 신경 과학과 심리학의 분야에서 의식과 관련된 연구가 돌풍을 일으키고 있다. 이 현상을 감안하면 그러한 미스터리가 풀리기 시작했다고 생각할 수도 있다. 그러나 자세히 살펴보면 오늘날의 거의 모든 연구가 의식에 대한 '쉬운 문제'를 다루고 있음을 알 수 있다. 환원주의자들의 자신감은 '쉬운 문제'와 관련된 연구가 이룩한 성과에서 나오는 것이지만 그중 어느 것도 '어려운 문제'와 관련해서는 명확한 해답을 주지 못한다.

'쉬운 문제'는 인지 기능 혹은 행동 기능이 어떻게 수행되는가와 관계된다. 일단 신경 생물학이 신경 메커니즘을 적절하게 구체화하면서 어떻게 기능들이 수행되는지를 보여 주면, '쉬운 문제'는 풀린다. 반면에 '어려운 문제'는 기능 수행 메커니즘을 넘어서는 문제이다. 설사 의식과 관계된 모든 행동 기능과 인지 기능이 설명된다고 해도 그 이상의 '어려운 문제'는 여전히 해결되지 않은 채로 남을 것이다. 그 미해결의 문제는 이러한 기능의 수행이 왜 주관적 의식 경험을 수반하는가라는 것이다.

03　현대 연극은 현실의 재현을 의도했던 예전의 연극과는 다른 세계를 창조한다. 눈에 보이는 것, 언어로 지시된 것만이 객관적 사실이라는 믿음 위에 서 있었던 리얼리즘의 시각에서 보면, 그 세계는 새롭고 낯설다. 현대 연극의 텍스트는 고정된 의미를 제시하기보다 관객 스스로 텍스트의 의미를 적극적으로 찾아나갈 것을 요구한다. 물론 관객의 해석이 작가의 의도와 반드시 일치하는 것은 아니다. 중요한 것은 해석의 가능성이며, 현대 연극 텍스트는 관객이 부여하는 의미로 그 두께를 더해 가게 된다.

　현대 연극에서는 오브제가 이러한 해석 행위의 좋은 대상이 된다. 예전의 연극에서 오브제는 극중 인물의 형상화와 상황의 전개를 돕는 소품으로, 단지 리얼리티의 재현 도구로 사용되었을 따름이다. 그러나 현대 연극에 이르러 오브제는 극적 상상력을 확대하는 중요한 기표가 되었다. 이런 의미에서 현대 연극은 '오브제와의 유희'라고 할 만하다. 무대 공간을 자신의 창조력이 집중되는 터전으로 삼게 된 연출가는 오브제의 다양한 활용을 통해 무대 공간의 물리적 제약을 뛰어넘을 수 있었다. 연출가는 오브제를 배치하고 활용하는 총책임자로서 새로운 의미 창조의 중심에 선다. 예전의 연극이 극작가 중심이었다면, 현대 연극은 연출가 중심이라 할 수 있는 것이다.

　폴란드 태생의 극작가 칸토르가 직접 쓰고 연출한 〈죽음의 교실〉은 아우슈비츠 수용소에서 돌아오지 못한 자신의 아버지를 회상하면서 죽은 자들을 추모하는 '죽음의 연극'이자, 죽은 자들과 산 자가 '교실'에서 만나는 '제의(祭儀)의 연극'이다. 나이가 든 모습의 연기자들은 아이 크기만 한 인형을 안거나 업고 무대인 교실에 등장한다. 교실 의자에 앉혀진 아이 인형들은 노인들의 어린 시절의 모습 또는 전쟁터에서 죽은 이들을 상징한다. 무대 한편에 놓인 긴 의자에 앉아 있는 노인들은 군인들에 의해 학살되는 인형을 지켜보기도 하고, 그 인형들이 재현하는 행복한 어린 시절을 관망하기도 한다. 과거에는 이들이 그 사건을 직접 체험했지만, 지금은 무대 위에서 연기자이자 사건의 관망자가 된다. 인형들에게 벌어진 사건은 무대 위에서는 연기자들이, 객석에서는 관객들이 바라보고 있는 사건들이기도 하다. 행복한 유년 시절에 대한 기억, 잔인한 전쟁의 참상, 그리고 살아남은 자들의 죄의식과 피해 의식이 여러 시선을 통해 해석되기를 기다리는 것이다.

　이 연극에서는 인형들이나 연기자들에 섞여 무대 위에 선 연출가의 존재가 특이하다. 무대 위의 연출가는 관객들에게 자신의 몸을 하나의 오브제로 제공한다. 이러한 행동은 '왜 나는 무대 위에 올랐는가? 연극 속에서 나는 과연 누구인가?'라는 연출가 자신의 반성적 성찰도 드러내고 있다. 아마도 그는 자기 자신인 동시에 자기를 비추는 거울일지 모른다.

　이와 같은 연극을 접한 관객들은 과연 어떤 태도를 지녀야 할까? 작품의 다층적이고 복합적인 성격 중에서 오브제가 지닌 이미지를 적극적으로 수용하는 것이 한 방법이 된다. 오브제는 이제 관객들의 해석을 기다리는 기호, 곧 관객과 무대를 이어 주는 가교가 된다. 관객은 오브제를 통해 작품의 의미를 해석해 내거나 자신의 삶과 연관 지어 새로운 의미를 생산해 내는 경험을 하게 된다. 오브제는 공연의 영역에 속해 있는 동시에 관객들의 삶에 속해 있는 것이다.

04 18세기 초부터 약 한 세기 동안 영국의 경험주의 철학자들이 발전시킨 미의 이론인 취미론은 미를 객관적이고 형식적인 성질, 예를 들어 비례와 같은 것으로 이해하였던 전통적인 미론과는 근본적으로 다른 것이었다. 취미론에 속하는 이론가들은 상이한 개념이나 취지로 다양한 주장들을 전개했지만, 이것들로부터 다음과 같은 몇 가지 공통 요소들을 도출할 수 있다.

먼저 취미론자들은 '미의 감관'의 존재, 즉 감각적인 성질로서의 미를 파악하는 감관(sense)인 '취미(taste)'가 존재함을 주장한다. 하지만 취미는 시각과 청각과 같은 외적 감관이 아니라 내적인 감관이다. 맹인이 빛을 보지 못하듯, 사람들 중에는 뛰어난 시각 능력을 지니고 있으면서도 자연 풍경이나 그림에서 아무런 즐거움을 얻지 못하거나, 혹은 뛰어난 청각 능력에도 불구하고 음악에서 아무런 감흥을 느끼지 못하는 경우가 있다. 이들은 취미를 결여한 사람들이다. 이렇듯 비록 대상을 지각하는 외적인 감관과 더불어 작동하더라도 취미는 외적 감관인 오감의 능력과는 구별되는 능력이며, 그러한 의미에서 '내감' 혹은 '제6감'이라고도 할 수 있다.

한편, 미가 취미에 의해 지각된 것이라면 취미론자들에게 미는 주관적인 것이 된다. 취미론자의 한 사람인 허치슨은 미란 마음속에 일어난 하나의 관념이라고 주장했다. 이는 곧 미가 그것을 지각하는 마음과 어떠한 관계도 없이 그 자체로 아름다운 성질, 곧 대상 속에 들어 있다고 생각되는 성질을 뜻하는 것이 아니라는 말이다. 미의 관념이란 대상의 어떤 특수한 성질을 지각할 때 그 지각으로부터 환기되는 특수한 즐거움을 뜻한다고 이해할 수 있다. 취미론자들은 '이 꽃은 아름답다.'와 같은 취미 판단을 할 때 '이 꽃'은 분명 외부 세계의 대상들을 지시하고 있지만, '아름답다'는 외적인 자극의 성질을 지시하는 것이 아니고 그러한 자극에 의해 우리의 마음속에 환기된 즐거움을 지시하고 있는 것으로 파악했다. 물론 고전적 미론에서도 주관의 즐거움이 거론된 경우는 있었으나, '아름다운 사물은 우리를 즐겁게 한다.'와 같은 식의 파생적인 요소로 거론된 것이었고, 미의 본질에 대한 대답은 아니었다. 이 변화가 바로 스톨니츠에 의해 '미학에서 일어난 코페르니쿠스적 혁명'이라 명명된 것으로, 취미론으로부터 비롯된 근대 미론과 그 이전의 고전적 미론을 구분하는 분수령이 된다.

하지만 주관적 즐거움이 모두 다 미일 수는 없다. 왜냐하면 그러한 즐거움 중에는 우리의 식욕이나 성욕 혹은 소유욕이나 지배욕 등으로 인한 즐거움이 있을 수 있기 때문이다. 이에 대해 취미론은 '무관심(disinterestedness)'이라는 기준을 제시한다. 즉, 이해관계(interest)에서 벗어나 대상을 그 자체로서 지각할 때 얻는 특수한 즐거움이 무관심적 즐거움이며, 이것이 곧 미적 즐거움이라는 것이다.

마지막으로 취미론은 무관심적 즐거움을 느끼게 하는 대상들의 성질들을 경험적으로 관찰하기 시작했다. 이는 우리의 취미 능력에 반응하여 특수한 즐거움을 환기하는 대상들의 공통적인 성질을 찾아내어 미적 판단의 보편적 기준을 확보함으로써 소위 '취미론의 공식'을 완성하려는 시도였다. 그 결과 제시된 것이 '다양성 속의 통일성', '비례' 같은 것이었다. 그러나 예견할 수 있는 일이듯이, 이 성질들의 목록은 확정될 수 없는 것이다. 어떤 대상을 아름답다고 판단하는 근거가 궁극적으로 주관적인 즐거움에 있다면, 그렇게 판단된 대상들을 경험적으로 관찰하여 도출된 대상의 특수한 성질이라는 기준은 기껏해야 개연성을 가질 뿐 보편적인 확실성을 가질 수는 없기 때문이다. 요컨대 취미론을 따르는 한, 미적 판단의 객관성과 보편성에 대한 기대는 헛된 것이 된다.

취미론의 기본 정신은 후에 미적 태도론으로 계승되는데, 여기에서는 미적 판단의 객관성과 같은 문제는 대두되지 않는다. 취미론보다 훨씬 간단한 구조를 가진 미적 태도론에서는 특수한 감관으로서의 취미나 취미에 반응을 일으키는 특수한 대상과 같은 요소들이 미를 정의하기 위해 필요한 것이 아니기 때문이다. 대신 태도론자들은 우리들 누구나 가지고 있는 지각 능력을 일상적 지각과 미적 지각으로 구분할 것을 제안한다. 대표적인 미적 태도론자인 쇼펜하우어에게 있어 미적 지각은 대상에 대한 관조적 태도라고 할 수 있는데, 그는 그 태도의 특징이 무관심적이라고 한다. 미적 태도론은 대상이 무엇이든 간에 그것에 대해 미적 태도를 취하기만 하면 그것이 곧 아름다운 대상이라는 결론으로 귀결된다.

다음 주어진 글을 구조로 나눈 분류 ㄱ~ㅈ 중 어디에 해당되는지 찾아 보자.

ㄱ. 사(史)적인 전개(사람 위주, 이론 위주, 시대 위주)

ㄴ. 항목별로 나열하는 식의 전개

ㄷ. 낯선 용어 설명 위주의 전개(개념, 원리, 이론 등)

ㄹ. 논란이나 이견에 대해서 상대방의 의견을 소개하는 식의 전개

ㅁ. 두 대상을 비교·대조해서 설명하는 방법

ㅂ. 인과적인 방법으로 꼬리를 무는 전개

ㅅ. 논거와 주장으로 자신의 의견을 강하게 주장하는 방법

ㅇ. 다른 사람의 의견을 소개하고 그것에 반박하는 방법

ㅈ. 유명인들(권위자들)의 말을 소개한 뒤에 자신의 의견을 얹는 방법

01   과학자는 미래를 정확하게 내다 볼 수 있는 마법의 구슬을 가지고 있을 것이라는 생각은 과학 자체만큼이나 역사가 오래되었다. 수학자 라플라스는 다음과 같이 말했다. "주어진 순간의 모든 입자들을 상세하게 기술할 수 있는 지적인 존재라면 정확하게 미래에 대한 예측을 할 수 있다. 그에게는 불확실한 것이란 있을 수 없다. 그리하여 미래는 과거와 똑같이 그의 눈앞에 펼쳐진다."

뉴턴이 남긴 많은 미해결 문제를 해결하여 뉴턴역학의 지위를 공고히 하는 데 크게 기여하였던 라플라스는 "뉴턴은 천재이기도 하지만 운도 무척 좋은 사람이다. 우주는 하나뿐이므로."라고 말하여 뉴턴에 대한 부러움과 뉴턴이론에 대한 확신을 표시하였다. 그에게 뉴턴이론은 자연의 비밀을 열어줄 열쇠였다. 우주의 전 과정을 예측해 줄 열쇠를 손에 쥐고 있으므로, 미래를 예측하기 위해서 그에게 필요한 것은 주어진 순간의 모든 입자들의 위치와 운동량에 대한 완벽한 기술, 즉 초기 조건에 대한 완벽한 정보뿐이었다.

분명히 현대의 천문학자들은 하늘의 운행을 예측할 수 있게 되었다. 일식과 월식, 행성의 움직임, 별과 별자리의 운행 등을 100년 후까지도 예측할 수 있다. 반면, 물리학자들은 다른 쪽 탁구대로 넘어간 탁구공이 어디로 튈지조차 예언하지 못한다.

과학자들이 미래를 정확하게 예측하기도 하면서 그렇지 못하기도 한다는 사실을 최근 벌어진 사건에서 알 수 있다. 지구의 그림자가 달을 가리는 시간을 천문학자들은 정확하게 예측했지만 로스앤젤레스의 그리피스 공원 천문대에 모여든 수많은 관람객들은 그 장관을 볼 수 없었다. 하필 그 순간 남쪽에서 몰려온 구름이 달을 가렸기 때문이다.

→ 주어진 글의 구조는 ＿＿＿＿＿＿＿＿＿ 이다.

02   사회의 주류적인 의견과 다른 의견을 가진 사람들을 통제함으로써 생기는 피해는 이단적 견해를 가진 당사자에게보다는 그러한 통제를 지켜보는 사회의 지식인들에게 더 크다. 앞날이 촉망되지만 성격이 소심한 지식인은 독창적인 견해를 가진 사람이 처벌되는 것을 목격하면 처벌이 무서워 자신의 생각을 있는 그대로 표현하기를 꺼리고 주류적인 생각에 맞게 자신의 생각을 위장한다. 이러한 상황에서 지식인은 스스로 결코 침묵시킬 수 없는 학자로서의 양심과 지성을 궤변으로 기만하려고 노력하면서 일생을 보낸다. 자신의 양심과 지성을 정통 학설과 조화시키려는 시도 속에서 그들의 풍부한 상상력은 소진된다. 이것은 얼마나 큰 손실인가? 자신의 양심과 지성이 시키는 대로 하지 않고 그것을 속이는 사람은 어느 누구도 위대한 사상가가 될 수 없다. 스스로 생각하는 고뇌를 거치지 않고 획득하는 진리보다는 오히려 스스로 생각해 낸 오류에 의하여 진리는 발전된다. 사상의 자유가 보장되어야 하는 이유는 위대한 사상가를 탄생시키기 위한 데에 있는 것이 아니다. 그 이유는 보통 사람들로 하여금 아무리 보잘것없더라도(오류투성이라도) 자신이 스스로 생각해 낸 견해가 얼마나 중요한가를 깨닫도록 하는 데에 있다. 원칙이 논박되어서는 안 된다는 암묵적 관습이 있는 곳에서, 인류 공통의 관심사에 대한 자유로운 토론이 억압된 곳에서는 높은 수준의 정신적 활동을 결코 기대할 수 없다.

    사회에서 일반적으로 옳다고 생각되는 견해도 사실은 오류일 수 있다는 가정을 무시하고, 그것의 진위 여부에 대하여 자유롭고 공개적인 토론이 이루어지지 않는 경우를 생각해 보자. 사회에서 강력한 영향력을 행사하는 의견의 소유자는 그러한 자신의 의견이 어쩌면 오류일 수 있다는 사실을 자인하는 것까지는 힘들더라도 최소한 다음의 사실은 명심해야 한다. 만일 그 자신의 의견이 개방된 분위기 속에서 충분한 토론의 도마 위에 올려진 적이 없다면, 설령 그것이 진리라고 할지라도 그것을 살아있는 진리라고 할 수 없으며 죽은 독단으로서 지지되는 진리일 뿐이라는 것이다.

    → 주어진 글의 구조는 _____ 이다.

03   인적 판매는 판매원과 예상 고객 사이의 대인적 커뮤니케이션으로서 자사의 제품과 서비스에 대한 구매요구에 영향을 미치는 것을 말한다. 다른 마케팅 커뮤니케이션(매체광고의 경우 수백만 소비자를 대상으로 함)과는 달리 개인과 개인 사이의 상호작용(interpersonal interactions)이 포함된다. 인적 판매의 근본적인 목적은 도·소매상에게는 마케팅 지원을, 소비자에게는 제품의 사용, (판매 후) A/S를 제공하는 것이다.

    인적 판매는 대인 접촉에 의해 이루어지므로 고객이 높은 수준의 주의를 기울인다. 판매원이 고객 개개인에 따라 메시지를 차별화하는, 즉 고객맞춤(customization)이 가능하다. 쌍방향의 커뮤니케이션이므로 고객으로부터 즉각적인 피드백을 얻을 수 있기 때문에 유능한 판매원이라면 지금 자기가 하고 있는 판매활동이 효과가 있는가를 즉석에서 파악할 수 있다. 인적 판매는 다른 마케팅 커뮤니케이션보다 훨씬 많고 복잡한 제품 정보를 전달할 수 있다. 고객과 빈번하게 접촉하여 장기적인 관계를 형성하고 상호 이익을 높일 수 있는 방향으로 나아갈 수 있다.

    인적 판매의 주요한 단점은 한 번에 한 사람의 고객과 접촉하므로 다른 촉진에 비하여 비용이 많이 든다는 점이다. 인적 판매의 성과만을 고려하여 평가한다면 가장 효과적인 촉진 방법이지만, 그러나 비용을 대비한 성과로 평가한다면 효율성이 떨어진다. 따라서 인적 판매와 다른 촉진활동(광고나 판매촉진)에 예산을 배분함으로써 촉진의 유효성과 효율성에 균형을 이루어야 한다.

    → 주어진 글의 구조는 _____ 이다.

04   오늘날 악성 이동 코드가 중요한 보안 문제가 되고 있다. 웹사이트 개설자가 고의 또는 실수로 악의적이거나 취약한 이동 코드*를 접속자에게 전송함으로써 접속자의 컴퓨터를 파괴하거나 접속자의 컴퓨터 내의 정보를 외부로 유출할 수 있는 것이다. 악성 이동 코드로부터 접속자의 컴퓨터를 보호하기 위하여 다음의 두 가지 방법이 제시되고 있다.

  첫 번째는 '인증에 의한 방법'이다. 이동 코드가 전송되어 오면 브라우저는 접속자에게 이동 코드 작성자에 대한 정보를 제공하여 접속자가 해당 코드를 실행할 것인지 결정하도록 한다. 이때 접속자는 해당 코드의 제작자가 신뢰할 만한지 판단하여 실행 여부를 결정하게 된다. 이 방법을 위하여 원 제작자가 작성한 이동 코드가 그대로 전송되었음을 보장할 수 있는 기술이 사용된다.

  두 번째 방법은 프로그램의 '분석에 의한 방법'이다. 프로그램 분석이란 프로그램을 실행하기 전에 프로그램의 안전성을 자동으로 미리 검사하는 기술을 말한다. 즉, 이동 코드가 접속자의 컴퓨터로 전송되면 접속자의 브라우저 프로그램이 전송된 이동 코드가 안전한지를 자동으로 검사한 후에 실행하도록 하는 방법이다.

* 이동 코드: 웹사이트로부터 일반 접속자의 컴퓨터로 전송되어 수행되는 프로그램

  → 주어진 글의 구조는 _____ 이다.

05   19세기 후반부터 진공펌프와 높은 전압을 내는 장치가 발명되면서 물리학자들은 여러 가지 진공방전(vacuum discharge) 실험에 매달리기 시작했다. 그중 하나가 유리로 만든 관 내부에서 공기를 빼내어 높은 진공상태를 만든 후 다른 기체를 약간 넣고 금속판을 연결하여 양극과 음극 사이에서 높은 전압을 방전시키는 실험이었다.

  이 실험에서는 유리관 내부에서 특이한 빛이 관찰되었을 뿐 아니라 음극에서 양극으로 어떤 이상한 빛을 내는 선이 흐르는 현상도 관찰되었다. 독일의 물리학자 골드슈타인은 이 선을 음극선이라고 불렀다. 골드슈타인은 또한 어떤 금속을 전극으로 사용하든지 간에 음극선의 성질은 똑같다는 것을 발견하였다.

  1897년 영국 케임브리지 대학의 톰슨은 음극선에 전기장이나 자기장을 걸었을 때 음극선이 휘어지는 정도를 측정하였다. 그 결과, 음극의 금속 원자에서 튀어나와 음극선을 이루는 입자의 전하와 질량의 비율(e/m)은 유리관 안에 들어 있는 기체의 종류에 관계없이 수소이온의 경우에 비해 약 1,000배가 된다는 것을 알아냈다. 그런데 음극선 입장의 전하와 수소이온의 전하는 크기가 같기 때문에, 실험 내용은 음극선 입장의 질량이 원자 중에서 가장 작은 수소 원자 질량의 약 1,000분의 1밖에 안 된다는 것을 의미하는 것이었다. 즉 원자보다 훨씬 가벼운, 음전기를 띠는 입자가 원자 내부에 들어 있는 것이 확실해진 것이다.

  그 후 이 입자는 스토니가 '전자'라고 불렀던 입자였던 것으로 밝혀졌다. 톰슨은 전자를 발견한 업적으로 1906년에 노벨 물리학상을 수상했다.

  → 주어진 글의 구조는 _____ 이다.

06　우리나라 학문은 정주학설(程朱學說)을 조종(祖宗)으로 하였고, 불교는 있어도 도교는 없다. 따라서 바른 학문이 성하고 이단(異端)은 거의 없다. 오직 풍수설(風水說)이 불교나 노장학(老莊學)보다 더욱 심하여, 사대부들도 쏠리면서 하나의 풍습으로 되었다. 그래서 장사(葬事)를 고쳐 하는 것을 효도라 하며, 산소 꾸미는 것을 일삼으니 서민도 본받는다.

대저 이미 뼈가 된 어버이를 두고, 자기 운수의 좋고 나쁨을 점치고자 하니 그 심보가 벌써 어질지 못하다. 더구나 남의 산을 빼앗고, 남의 상여(喪輿)를 쳐부수는 것은 옳은 일이 아니다. 또 묘사(墓祀)를 시제(時祭)보다 성대하게 지내는 것도 예(禮)가 아니다.

대저 땅 위에 있는 사람으로서 땅속 일을 다 의심한다면 천하에 어찌 안전한 무덤이 있겠는가? 대체로 수장(水葬)·화장(火葬)·조장(鳥葬)·현장(懸葬)을 하는 나라에도 또한 인류가 있고 임금과 신하도 있다.

그러므로 오래 살고 일찍 죽음과, 팔자가 궁하고 좋음과, 집안이 흥하고 망함과, 살림이 가난하고 부함은 천도(天道)의 자연이고 사람의 행동에 관계되는 것이다. 장사 지낸 터의 좋고 나쁨에 관련 지어 논할 것은 아니다.

→ 주어진 글의 구조는 ＿＿＿＿＿＿＿＿ 이다.

07   사유재산의 절대성과 자유계약의 원칙을 근간으로 하는 근대 시민 법 질서는 형식적 평등과 형식적 자유를 보장하였으나, 실질적으로 평등하고 자유로운 인간 생활을 확보했던 것은 아니었다. 그렇다고 의도적으로 실질적 평등과 자유의 보장을 위한 노력을 포기했던 것도 아니었다. 그보다는 자본주의 체제와 결합되면서 실질적 자유와 평등을 확보할 적절한 법 제도와 법 기술을 보유하지 못했던 것에 문제가 있었다.

근대 민법의 고용 관계에 관한 규정은 사용자와 노동자를 평등한 인격체로 전제하면서 양자 간에 균형 있는 이해관계를 유지·실현하고자 하였다. 하지만 민법전에 마련되어 있는 고용 관계의 규정만으로는 산업사회에서 노동자들의 사회적 권리를 현실적으로 보호할 수 없었다. 노동자들이 자본, 즉 생산수단을 소유한 사용자들에게 종속되어 노동력을 착취당하게 되었던 것이다.

이러한 사회적 맥락에서 형성된 노동법은 노동자의 근로관계를 규율대상으로 하여 그의 생존을 확보하도록 하는 것을 목적으로 하는 법규이다. 따라서 노동법은 그 이념뿐 아니라 대상에 있어서도 종래의 시민법 체계에 속하는 여러 법규들과는 구별되는 특수성을 가지고 있다.

노동은 객관적으로는 상품으로서의 성질을 지니지만 주관적으로 인격을 갖춘 인간의 행위이기 때문에, 이를 상품으로 대하는 경우라도 특별한 배려가 필요하다. 노동은 다른 상품들과는 달리 저장할 수가 없다. 다른 상품들은 가격 변동에 따라 이를 저장한다든가, 판매함으로써 수급 체계를 조절하여 그 교환가치를 적절히 유지할 수 있다. 하지만 인간 노동은 축적과 저장이 불가능하며, 노동의 저장이란 실제로는 '실업', 즉 생존의 위협을 뜻하게 된다. 그렇기 때문에 노동자는 그 대가가 많든 적든 간에 노동을 하지 않을 수 없다는 것이다.

이와 같은 인간 노동의 본질적 성격으로 인하여 최소한의 노동 인격을 확보해야 할 필요가 생겼다. 즉 노동의 재생산을 위하여 일정한 기준에 달하는 노동 대가와 그 외의 노동조건을, 그리고 거래 관계의 실질적 평등을 보장하기 위하여 단결권, 단체교섭권, 그리고 단체행동권 등 노동자의 집단적 행동을 위한 법적 장치들을 승인하고 보호할 필요가 생긴 것이다. 그래서 국가는 노동자에 대한 후견적 배려로서 여러 특별법적 장치를 이용하여 노동자의 생존권을 보호할 책임을 갖게 되는 것이다.

→ 주어진 글의 구조는 _____ 이다.

정답 및 해설 P. 7~12

01 다음 글의 중심내용으로 가장 적절한 것은?

> 화이트(H. White)는 19세기의 역사 관련 저작들에서 역사가 어떤 방식으로 서술되어 있는지를 연구했다. 그는 특히 '이야기식 서술'에 주목했는데, 이것은 역사적 사건의 경과 과정이 의미를 지닐 수 있도록 서술하는 양식이다. 그는 역사적 서술의 타당성이 문학적 장르 내지는 예술적인 문제에 의해 결정된다고 보았다. 이러한 주장에 따르면 역사적 서술의 타당성은 결코 논증에 의해 결정되지 않는다. 왜냐하면 논증은 지나간 사태에 대한 모사로서의 역사적 진술의 '옳고 그름'을 사태 자체에 놓여 있는 기준에 의거해서 따지기 때문이다.
>
> 이야기식 서술을 통해 사건들은 서로 관련되면서 무정형적 역사의 흐름으로부터 벗어난다. 이를 통해 역사의 흐름은 발단·중간·결말로 인위적으로 구분되어 인식 가능한 전개 과정의 형태로 제시된다. 문학 이론적으로 이야기하자면, 사건 경과에 부여되는 질서는 '구성(Plot)'이며 이야기식 서술을 만드는 방식은 '구성화(emplotment)'이다. 이러한 방식을 통해 사건은 원래 가지고 있지 않던 발단·중간·결말이라는 성격을 부여받는다. 또 사건들은 일종의 전형에 따라 정돈되는데, 이러한 전형은 역사가의 문화적인 환경에 의해 미리 규정되어 있거나 경우에 따라서는 로맨스·희극·비극·풍자극과 같은 문학적 양식에 기초하고 있다.
>
> 따라서 이야기식 서술은 역사적 사건의 경과 과정에 특정한 문학적 형식을 부여할 뿐만 아니라 의미도 함께 부여한다. 우리는 이야기식 서술을 통해서야 비로소 이러한 역사적 사건의 경과 과정을 인식할 수 있게 된다는 말이다. 사건들 사이에서 만들어지는 관계는 사건들 자체에 내재하는 것이 아니다. 그것은 사건에 대해 사고하는 역사가의 머릿속에서만 존재한다.

① 역사의 의미는 절대적인 것이 아니라 현재 시점에서 새롭게 규정되는 것이다.

② 역사가가 속한 문화적인 환경은 역사와 문학의 기술 내용과 방식을 규정한다.

③ 역사적 사건에서 객관적으로 드러나는 발단에서 결말까지의 일정한 과정을 서술하는 일이 역사가의 임무이다.

④ 이야기식 역사 서술이란 사건들 사이에 내재하는 인과적 연관을 찾아내는 작업이다.

⑤ 이야기식 역사 서술은 문학적 서술 방식을 원용하여 역사적 사건의 경과 과정에 의미를 부여한다.

02 다음 글의 핵심논지로 가장 적절한 것은?

폴란은 동물의 가축화를 '노예화 또는 착취'로 바라보는 시각은 잘못이라고 주장한다. 그에 따르면, 가축화는 '종들 사이의 상호주의'의 일환이며 정치적이 아니라 진화론적 현상이다. 그는 "소수의, 특히 운이 좋았던 종들이 다윈식의 시행착오와 적응과정을 거쳐, 인간과의 동맹을 통해 생존과 번성의 길을 발견한 것이 축산의 기원"이라고 말한다. 예컨대 이러한 동맹에 참여한 소, 돼지, 닭은 번성했지만 그 조상뻘 되는 동물들 중에서 계속 야생의 길을 걸었던 것들은 쇠퇴했다는 것이다. 지금 북미 지역에 살아남은 늑대는 1만 마리 남짓인데 개들은 5천만 마리나 된다는 것을 통해 이 점을 다시 확인할 수 있다. 이로부터 폴란은 '그 동물들의 관점에서 인간과의 거래는 엄청난 성공'이었다고 주장한다. 그래서 스티븐 울프는 "인도주의에 근거한 채식주의 옹호론만큼 설득력 없는 논변도 없다. 베이컨을 원하는 인간이 많아지는 것은 돼지에게 좋은 일이다."라고 주장하기도 한다.

그런데 어떤 생명체가 태어나도록 하는 것이 항상 좋은 일인가? 어떤 돼지가 깨끗한 농장에서 태어나 쾌적하게 살다가 이른 죽음을 맞게 된다면, 그 돼지가 태어나도록 하는 것이 좋은 일인가? 좋은 일이라고 한다면 돼지를 잘 기르는 농장에서 나온 돼지고기를 먹는 것은 그 돼지에게 나쁜 일이 아니라는 말이 된다. 아무도 고기를 먹지 않는다면 그 돼지는 태어날 수 없기 때문이다. 하지만 그 돼지를 먹기 위해서는 먼저 그 돼지를 죽여야 한다. 그렇다면 그 살해는 정당해야 한다. 폴란은 자신의 주장이 갖는 이런 함축에 불편함을 느껴야 한다. 이러한 불편함을 폴란은 해결하지 못할 것이다.

① 종 다양성을 보존하기 위한 목적으로 생명체를 죽이는 일은 지양해야 한다.
② 생명체를 죽이기 위해서 그 생명체를 태어나게 하는 일은 정당화되기 어렵다.
③ 어떤 생명체가 태어나서 쾌적하게 산다면 그 생명체를 태어나게 하는 것은 좋은 일이다.
④ 가축화에 대한 폴란의 진화론적 설명이 기초하는 '종들 사이의 상호주의'는 틀린 정보에 근거한다.
⑤ 어떤 생명체를 태어나게 해서 그 생명체가 속한 종의 생존과 번성에 도움을 준다면 이는 좋은 일이다.

03 다음 글의 핵심내용으로 가장 적절한 것은?

> 1989년 프랑스 파리 근교의 한 공립 중학교에서 전통적인 이슬람의 여성 복장 중 하나인 히잡(Hijab)을 수업 시간에도 벗지 않으려고 했던 여중생 세 명이 퇴학당했다. 이 사건은 20세기 초부터 프랑스에서 확고하게 정착되어온 '교회와 국가의 분리' 원칙을 도마 위에 올려놓았다. 무슬림 여중생들은 가장 무거운 징계인 퇴학을 감수하면서까지 왜 히잡 착용을 고집했을까? 히잡은 이슬람 교리에 근거한 무슬림 여성들의 전통 의상으로 이슬람 경전인 쿠란에 따르면 남녀 모두 머리카락을 천으로 덮어야 한다. 특히 여성은 가족 이외의 사람들 앞에서 자신의 몸에 걸친 일체의 장신구도 보여 줘서는 안 된다.
>
> 히잡 착용에 대한 의미는 시대적 상황과 지역적 특색에 따라 변화해 왔다. 예컨대 제2차 세계대전 후 알제리의 독립 투쟁이 진행되는 동안 프랑스인들은 알제리 여성의 해방을 주장하면서 여성들이 히잡을 착용하지 않도록 온갖 노력을 기울였다. 알제리의 반식민주의자들은 이러한 행위야말로 알제리 민족의 정체성을 말살하고, 알제리 문화를 왜곡하며, 더 나아가 알제리인들의 잠재적 저항력까지 약화시킨다고 보았다. 서구 식민주의자들의 침공 이전까지 알제리인들은 히잡을 그저 이슬람의 전통 복장으로 인식하였으나, 반서구 투쟁 과정에서 알제리인들은 히잡에 새로운 상징적 의미를 부여하기 시작했다. 그 결과 알제리 여성이 히잡을 착용하지 않는 것은 프랑스 식민주의의 수용을 의미하는 반면, 히잡을 착용하는 것은 식민주의의 거부를 의미하게 되었다.
>
> 그런데 이 히잡 착용이 1989년 프랑스 사회에서 논란을 불러일으켰다. 무슬림 여성들이 프랑스 사회에 정착한 지는 꽤 오랜 시간이 흘렀다. 그럼에도 이들이 여전히 히잡을 착용하는 것은 프랑스 사회로의 통합에 소극적이며, 나아가 프랑스 공화국의 원칙에 적대적인 것으로 프랑스인들에게 여겨지고 있다. 다른 사회 문제와 달리, 프랑스의 좌우파는 이 히잡 문제에 대해서만은 별다른 입장 차이를 보이지 않는다. 정치인 개인에 따라, 시기에 따라 입장이 나누어지긴 하지만, 대체로 이들은 공화국의 원칙을 위협하는 '히잡 쓴 소수의 소녀들'에게 공화국의 단호함을 보여 주려고 노력한다. 이러한 결실이 바로 2004년 3월 15일에 제정된 '종교 상징물 착용 금지법'이다. 이 법은 공화국의 원칙을 천명하려는 의지의 한 소산이라고 할 수 있다.

① 무슬림 여성들은 히잡을 저항과 정체성의 상징으로 본다.
② 히잡 착용의 의미는 역사적인 상황에 따라 다양하게 변모해 왔다.
③ 히잡 착용 행위는 프랑스 공화국의 원리와 충돌하는 의미로 인식된다.
④ 히잡 착용은 서구와 이슬람의 문화 충돌을 보여주는 대표적인 사례이다.
⑤ 프랑스 좌우파는 히잡 착용에 대한 논란을 계기로 무슬림을 배척하고 있다.

대의제도의 핵심기관인 의회가 거버넌스(Governance)를 저해할 수도, 반대로 촉진할 수도 있다. 이는 의회가 어떤 원리를 표방하느냐에 달려있다. 의회가 계속 자유주의적 대의모델에 입각해 운영된다면 탈산업화와 세계화로 인한 새로운 시대 환경 속에서 잘 작동되기 어렵다. 국가의 경계가 애매해지고 다양한 사회이익이 파편처럼 분출되는 새로운 상황에서 자유주의 원리인 사회이익의 중간적 집성이 근본적으로 힘들기 때문이다. 의회가 자유주의 모델을 이상(理想)으로 고수할 경우, 의회는 거버넌스의 저해 기제로 전락할 수 있는 것이다. 반면에 이익집성보다는 이익통합을 목표로 하는 토의민주주의 모델이 의회운영의 이상으로 자리 잡는다면 의회는 거버넌스의 촉진 기제가 될 수 있다. 대의과정상 의원들 간에 상호설득과 이익통합을 위한 충분한 토의가 진행될 경우, 사회 성원들이 그 대의과정을 비록 피상적으로 관찰한다 해도 사회 성원 사이에는 일반적이고 추상적 차원에서 체제에 대한 신뢰감이 조성된다. 토의가 중요한 이유는 특정의 구체적 결과를 가져오기 때문이 아니라 사회적 신뢰감을 확산시킬 수 있기 때문이다. 이 신뢰야말로 사회이익을 중간적으로 집성하여 광범한 대중 지지를 얻기가 현실상 힘들어진 오늘의 시대 상황에서 원활한 거버넌스를 위해 꼭 필요한 요소이다.

혹자는 의원 간에 진정한 토의가 이루어져 이익의 단순한 집성이 아닌 창조적 통합이 과연 이루어질 수 있을지 그 실현가능성에 의문을 표할지 모른다. 또한 앞서 지적했듯이, 어설프게 토의를 흉내만 낼 때 역효과가 날 수도 있다. 토의민주주의 모델이 너무 과정만 중시하고 현실상 결과의 중요성을 간과한다는 비판, 토의가 기존의 사회적 강자에 불균형하게 유리할 수 있다는 지적 등도 부분적으로 일리가 있다. 그러나 기존에 지배적 영향력을 행사해 온 이익집성적 자유주의 대의모델이 새 전환기 시대에 잘 작동되지 않으며 거버넌스 위기를 낳고 있다는 사실을 명심할 필요가 있다. 이제는 자유주의 모델과는 근본적으로 다른 원리에 입각한 대안모델을 이상(理想)으로 지향해 볼 때이다. 그 대안모델이 바로 사회적 신뢰를 배양시켜 줄 수 있는 이익통합적 토의민주주의임을 이 글에서 주장했다. 비록 앞으로 극복해야 할 여러 한계를 내포하고 있지만 거버넌스의 제고를 위해 이상적 목표로 상정해 볼 만하다. 본문에서 강조했듯이, 신뢰 형성은 자유주의 모델의 전제조건인 컨센서스 형성에 비해서는 오늘날 전환기 사회 환경에서 더 성취가능하기 때문이다.

① 거버넌스의 향상을 위해서는 의원들이 사익에 따른 이해관계에 집착하지 말고 '최대다수의 최대행복'이라는 공리론적 명제에 충실해야 한다.

② 세계화와 탈산업화의 시대를 맞아 사회이익의 분화가 심해지고 있으므로 대표자들은 다양한 이익이 정책에 고루 반영될 수 있도록 충실한 대변자 역할을 해야 한다.

③ 이익통합을 통해 사회에 광범한 공감대를 형성시키고 그에 따라 거버넌스의 제고를 기하는 정치모델이야말로 인류역사상 가장 바람직한 성과를 거두어왔다.

④ 대의민주주의 과정상 대표자들 간에 충실한 대화가 이루어질 수 있도록 하여 국민이 정치적 효능감과 사회적 신뢰감을 느낄 수 있도록 해야 한다.

⑤ 전환기 사회 환경으로 인해 많은 국민이 사회적 소외감과 정치적 불신감에 빠지기 쉬우므로 각종 복지혜택을 늘려 사회연대감을 높여야 한다.

05 다음 글의 주제로 가장 적절한 것은?

정보화가 급속히 진전됨에 따라 현대 사회에서 정보가 차지하는 비중은 비약적으로 증대하고 있다. 정보 사회는 이미 돌이킬 수 없는 대세(大勢)로서 우리의 생활에 다양한 영향을 미치고 있다. 세계적으로 생산 체계, 일을 조직하는 방법, 소비의 유형 등이 달라지고 있으며, 이에 따라 주요 산업의 위상도 바뀌고 있다. 또한 여가 및 취미 생활, 사회적 인간관계 등 사람들의 생활양식뿐 아니라 사고방식, 가치관마저도 변화하고 있다. 이러한 변화들은 우리 생활의 모든 영역에 걸쳐 장기적이고 포괄적인 영향을 끼치고 있기 때문에, 18세기 산업혁명과 어깨를 나란히 할 수 있을 정도의 변화로 받아들여지고 있다. 이러한 변화에 따라 우리 사회의 모습이 바뀌리라는 생각에는 의문의 여지가 없지만, 그 변화의 결과가 어떠할 것이냐에 대해서는 논란이 있다. 기술(技術)과 사회의 관계를 바라보는 관점에 따라 그 변화의 방향이나 성격이 각각 다르게 예측될 수 있기 때문이다.

정보 사회를 바라보는 관점은 기술 결정론과 사회 구조론으로 구별된다. 기술 결정론적 관점에서는 정보 기술이 발전되면 정보 경제라는 새로운 경제 부문이 급격하게 떠오르게 되고, 그에 따라 고용 구조라든가 정부나 기업이 조직되고 작동하는 방식에까지도 커다란 변화가 일어남으로써, 사회 구조의 모든 영역에서 근본적인 변화가 일어날 것이라고 본다. 즉, 정보 통신 기술은 변동의 기본 동인(動因)으로서 사회 변동에 자율적으로 작용할 것이라는 점을 강조하는 관점이다. 이러한 기술 결정론을 탈산업 사회론이라 부르기도 한다. 이 관점에 선 학자들은 정보 사회라는 탈산업 사회는 '재화를 생산하는 경제'보다는 '서비스를 중심으로 하는 경제'라는 특징을 지니게 된다고 보면서, 정보 지식을 탈산업 사회의 핵심 자원으로 간주한다. 또한 이들은 '의회 민주주의보다는 참여 민주주의, 시민 운동에 의한 사회 변동, 물질주의적 가치의 퇴조' 등이 미래 정보 사회의 주요 특성이 될 것이라고 강조한다.

한편, 사회 구조론적 관점에서는 정보 기술을 독립 변수라고 생각하지 않는다. 이들은 정보 기술의 발전에 따라 정보화가 진전되는 일도 결국은 자본주의 체제 내부에서 일어나는 변화일 따름이라고 본다. 정보 기술의 비약적 발전을 인정하기는 하면서도, 그 발전이 독립 변수가 아니라 일종의 매개 변수라고 보는 것이다. 요컨대 기술 그 자체는 중립적일 수도 있지만 기술을 이용하는 방식은 결코 중립적일 수 없다는 것이다. 즉, 누가, 무엇을 위해, 그리고 어떠한 방향으로 기술을 이용하느냐 하는 점이 중요하다는 것이다. 사회 구조론자들은, 정보 사회란 부가 가치가 높은 정보 기술을 생산과 관리에 도입함으로써 자본을 더욱 효율적이고 안정적으로 축적하고, 정보와 관련된 하드웨어와 소프트웨어를 상품화함으로써 이윤의 원천을 다양화할 수 있는 사회라고 본다. 정보 기술을 활용함으로써 한편에서는 제조업을 포함한 기존 산업을 정보화하고, 다른 한편에서는 정보 자체를 산업화하는 양면 전략, 즉 '산업의 정보화'와 '정보의 상품화'를 동시에 추구하게 된다는 것이다. 그러나 이들이 바라보는 정보 사회의 미래는 탈산업 사회론자들의 예측과는 달리 장밋빛 신세계가 아니다. 즉, 향후의 정보 사회에서는 경제적 불평등과 정보 불평등이 확대되고, 실업이 늘어나게 되며, 직무의 탈숙련화로 말미암아 노동자의 힘이 약화되고, 대규모의 다국적 조직을 통하여 정부가 지배력을 강화하게 되는 등의 부정적 특징들이 나타나게 될 것이라고 본다.

이처럼 정보 사회에 대한 예측이 학자들 간에 일치하는 것은 아니며, 그 전망이 꼭 밝은 것만도 아니다. 어떤 사람들은 정보 사회를 전혀 새로운 사회로 규정하기도 하지만, 또 어떤 사람들은 현재 사회의 연장으로 받아들이기도 한다. 우리는 정보 사회와 관련된 갖가지 전망을 통하여 실제로 변화하게 될 것은 어떤 것이고 변화하지 않을 것은 어떤 것인지를 잘 분간하는 한편, 긴 역사적 과정 속에서 정보 사회가 어떠한 자리를 차지할 것인지를 주체적 관점에서 정리하는 일이 필요하다. 아울러 정보화 및 정보 사회에 관련된 다양한 논의들을 비판적으로 검토하여, 한국 사회의 구체적인 조건들에 맞는 바람직한 정보 사회의 모형을 설계하는 일이 중요하다.

① 정보 사회와 산업 사회의 관계
② 정보 사회와 통신 기술의 역할
③ 정보 사회에 대한 정책적 대안
④ 정보 기술의 도입에 따른 문제점
⑤ 정보 기술의 발전과 사회 변동의 방향

06 다음 글의 빈칸에 들어갈 진술로 가장 적절한 것은?

조선 후기에는 이앙법이 전국적으로 확산되었다. 이앙법을 수용하면 잡초 제거에 드는 시간과 노동력이 줄어든다. 상당수 역사학자들은 조선 후기 이앙법의 확대 수용 결과 광작(廣作)이 확산되고 상업적 농업 경영이 가능하게 되었다고 생각한다. 즉 한 사람이 경작할 수 있는 면적이 늘어남은 물론 많은 양의 다양한 농작물 수확이 가능하게 되어 판매까지 활성화되었다는 것이다. 그 결과 양반과 농민 가운데 다수의 부농이 나타나게 되었다고 주장한다.

그런데 A는 조선 후기에 다수의 양반이 광작을 통해 부농이 되었다는 주장을 근거가 없다고 비판한다. 그에 의하면 조선 전기에는 자녀 균분 상속이 일반적이었다. 그런데 균분 상속을 하게 되면 자식들이 소유하게 될 땅의 면적이 선대에 비해 줄어들게 된다. 이에 조선 후기 양반들은 가문의 경제력을 보전해야 한다고 생각해 대를 이을 장자에게만 전답을 상속해 주기 시작했고, 그 결과 장자를 제외한 사람들은 영세한 소작인으로 전락했다는 것이 그의 주장이다.

또한 A는 조선 후기의 대다수 농민은 소작인이었으며, 그나마 이들이 소작할 수 있는 땅도 적었다고 주장한다. 그는 반복된 자연재해로 전답의 상당수가 황폐해져 전체적으로 경작지가 줄어들었기 때문에 이앙법 확산의 효과를 기대하기 어려운 여건이었다고 하였다. 이런 여건에서 정부의 재정 지출 증가로 농민의 부세 부담 또한 늘어났고, 늘어난 부세를 부담하기 위해 한정된 경작지에 되도록 많은 작물을 경작하려 한 결과 집약적 농업이 성행하게 되었다고 보았다. 그런데 집약적으로 농사를 짓게 되면 농업 생산력이 높아질 리 없다는 것이 그의 주장이다. 가령 면화를 재배하면서도 동시에 다른 작물을 면화 사이에 심어 기르는 경우가 많았는데, 이렇듯 제한된 면적에 한꺼번에 많은 양의 작물을 재배하면 지력이 떨어지고 수확량은 줄어들어 자연히 시장에 농산물을 내다 팔 여력이 거의 없게 된다는 것이다.

요컨대 A의 주장은 [＿＿＿＿＿＿＿＿＿＿]는 것이다.

① 이앙법의 확산 효과는 시기별, 신분별로 다르게 나타났다
② 자녀 균분 상속제가 사라져 농작물 수확량이 급속히 감소하였다
③ 집약적 농업이 성행하였기 때문에 이앙법의 확산을 기대하기 어려웠다
④ 조선 후기에는 양반이든 농민이든 부농으로 성장할 수 있는 가능성이 높지 않았다
⑤ 대다수 농민이 광작과 상업적 농업에 주력했음에도 불구하고 자연재해로 인해 생산력은 오히려 낮아졌다

07 다음 글의 결론을 지지하지 <u>않는</u> 것은?

> 지구와 태양 사이의 거리와 지구가 태양 주위를 도는 방식은 인간의 생존에 유리한 여러 특징을 지니고 있다. 인간을 비롯한 생명이 생존하려면 행성은 액체 상태의 물을 포함하면서 너무 뜨겁거나 차갑지 않아야 한다. 이를 위해 행성은 태양과 같은 별에서 적당히 떨어져 있어야 한다. 이 적당한 영역을 '골디락스 영역'이라고 한다. 또한 지구가 태양의 중력장 주위를 도는 타원 궤도는 충분히 원에 가깝다. 따라서 연중 태양에서 오는 열에너지가 비교적 일정하게 유지될 수 있다. 만약 태양과의 거리가 일정하지 않았다면 지구는 여름에는 바다가 모두 끓어 넘치고 겨울에는 거대한 얼음덩어리가 되는 불모의 행성이었을 것이다.
>
> 우리 우주에 작용하는 근본적인 힘의 세기나 물리법칙도 인간을 비롯한 생명의 탄생에 유리하도록 미세하게 조정되어 있다. 예를 들어 근본적인 힘인 강한 핵력이나 전기력의 크기가 현재 값에서 조금만 달랐다면, 별의 내부에서 탄소처럼 무거운 원소는 만들어질 수 없었고 행성도 만들어질 수 없었을 것이다. 최근 들어 물리학자들은 이들 힘을 지배하는 법칙이 현재와 다르다면 우주는 구체적으로 어떤 모습이 될지 컴퓨터 모형으로 계산했다. 그 결과를 보면 강한 핵력의 강도가 겨우 0.5% 다르거나 전기력의 강도가 겨우 4% 다를 경우에도 탄소나 산소는 우주에서 합성되지 않는다. 따라서 생명 탄생의 가능성도 사라진다. 결국 강한 핵력이나 전기력을 지배하는 법칙들을 조금이라도 건드리면 우리가 존재할 가능성은 사라지는 것이다.
>
> 결론적으로 지구 주위 환경뿐만 아니라 보편적 자연법칙까지도 인류와 같은 생명이 진화해 살아가기에 알맞은 범위 안에 제한되어 있다고 할 수 있다. 만일 그러한 제한이 없었다면 태양계나 지구가 탄생할 수 없었을 뿐만 아니라 생명 또한 진화할 수 없었을 것이다. 우리가 아는 행성이나 생명이 탄생할 가능성을 열어두면서 물리법칙을 변경할 수 있는 폭은 매우 좁다.

① 탄소가 없는 상황에서도 생명은 자연적으로 진화할 수 있다.

② 중력법칙이 현재와 조금만 달라도 지구는 태양으로 빨려 들어간다.

③ 원자핵의 질량이 현재보다 조금 더 크다면 우리 몸을 이루는 원소는 합성되지 않는다.

④ 별 주위의 '골디락스 영역'에 행성이 위치할 확률은 매우 낮지만 지구는 그 영역에 위치한다.

⑤ 핵력의 강도가 현재와 약간만 달라도 별의 내부에서 무거운 원소가 거의 전부 사라진다.

08 다음 글에 나타난 글쓴이의 견해를 가장 효과적으로 약화시키는 주장은?

오존(O_3)은 대기권 중에서 성층권의 20~25km 고도에 집중 분포되어 있는데, 이것을 흔히 오존층이라고 부른다. 오존은 태양의 자외선을 흡수하는 성질을 가지고 있다. 공기 중에 풍부한 산소 분자(O_2)가 태양의 자외선을 만나면 두 개의 산소원자(O + O)로 분리되고, 다시 이 산소원자(O)가 다른 산소분자(O_2)와 결합하여 오존이 생성된다($O + O_2 \rightarrow O_3$). 또한, 오존은 자외선에 의해 분해되기도 한다. 이러한 방법으로 태양 자외선은 성층권 내에서 오존층의 균형을 자연적으로 유지해 주고, 태양의 해로운 자외선으로부터 지구상의 생명체들을 보호하게 되는 것이다. 최근 우려가 되고 있는 오존층 파괴에 따른 유해 자외선 증가는 일반적으로 수온 증가를 수반하는 것으로 믿어진다.

반면에 지난 10년간의 실측 자료에 의하면 바다의 평균 수온이 지난 10년간 그다지 크게 변하지 않은 것으로 나타나는데 이는 오존층 파괴의 결과로서 예상되는 지구 기온 상승이 아직 시작되지 않았음을 의미하는 증거이다.

① 바다 표면의 수온은 매년 격렬하게 등락을 거듭하고 있다.
② 대기에서 바다로의 열복사가 수온 증가 정도보다 훨씬 크다.
③ 바다 수온은 주로 극지방 빙하에 의해 규정된다.
④ 대기 온도는 지난 10년간 그다지 크게 변하지 않았다.
⑤ 오존층 파괴율은 최초 학계에 보고된 것보다 덜 중요해 보인다.

자유무역이 그렇게 국가경제에 도움이 되는데 왜 자유무역에 대한 반대가 많은가? 자유무역의 이득에 대해 이해가 부족하기 때문인가? 그것은 정답이 아니다. 반대가 많은 이유는 자유무역이 매우 극심한 소득분배 효과를 가져오기 때문이다. 국가 전체 경제에 자유무역이 이득이 되는 것은 확실하나 대부분의 무역은 이득을 보는 자와 손해를 보는 자를 반드시 동시에 발생시킨다. 단지 손해를 보는 자의 손해보다 이득을 보는 자의 이득이 더 크기 때문에 국가 경제 전체는 자유무역으로부터 이득을 보게 되는 것이다. 예를 들어 미국의 소고기를 우리가 수입하면 소비자는 저렴하고 다양한 질의 소고기를 소비할 수 있으므로 이득을 본다. 반면에 목축을 하는 우리나라 농민은 생산하는 소고기의 가격이 저렴해지기 때문에 손해를 본다. 우리나라가 자동차를 수출한다면 노동자가 소고기 수입의 시작 후 목축업에서 자동차생산으로 이전해 오기 때문에 자동차산업에서는 전에 비해 임금을 낮게 지불해도 되므로 이득을 보게 된다. 목축업은 위축되고 자동차산업은 확장되기 때문에 목축에 주로 사용되는 농지의 소유자인 농부는 농지가격이 하락하여 손해를 보나, 자동차산업에 사용되는 기계의 소유자는 전에 비해 기계에 대한 보상이 높아지므로 이득을 본다. 이와 같이 소고기의 수입에 의해 우리의 목축업은 위축되고 수출품인 자동차산업은 확장되며, 목축업에 주로 사용되는 생산요소(농지)를 소유하는 자는 손해를 보고 자동차산업에 주로 사용되는 생산요소(기계: 자본)를 소유하는 자는 이득을 본다. 노동자는 장기적으로 목축업에서 자동차산업으로 이동할 수 있으므로 노동자는 반드시 손해를 보는 것은 아니나 단기에 있어 목축업에 종사하던 농부가 자동차생산에 종사할 수 있는 공장노동자로 전업을 하는 것이 쉽지 않다.

① 따라서 자유무역에 대한 반대는 수입대체산업에 주로 사용되는 생산요소의 소유자와 이 산업에 현재 종사하고 있는 노동자로부터 나온다.

② 따라서 자유무역에 대한 반대는 실제적으로 1인당 손해를 크게 보는 소수의 사람들만이 이익집단을 형성하기 때문에 조직화되기 어렵다.

③ 따라서 자유무역에 대한 반대는 농부와 같이 무역 확대 시 경쟁력이 약한 사람들과 그러한 사람들의 수요 감소로 더불어 피해를 보는 농기계 생산업자까지 확대된다.

④ 따라서 자유무역에 대한 반대는 상품경쟁력을 갖추지 못한 업자들과 국내 생산과 공급의 부족으로 물품 구매가 힘들어진 일반 소비자들의 입장이라 할 수 있다.

⑤ 따라서 자유무역에 대한 반대는 경쟁력이 떨어지는 물품들을 생산하는 공급업자들의 개인적 파산과 그로 인한 경제적 연쇄 파장으로 사회 전체 구성원들의 지지를 받게 된다.

10 다음 실험을 보고 'A 가설'이 무엇인지 추론하면?

> 'A 가설'을 시험해 보는 방법은 대중매체와의 접속 차단이 가져오는 효과를 살펴보는 것이다. 이런 실험을 시행하는 것은 어렵지만 신문사 파업 상황이 이와 상당히 유사하다고 할 수 있을 것이다. 1959년에 새뮤얼슨은 신문사들이 파업을 하고 있는 지역과 일간지가 예전같이 계속 발간되고 있는 인근지역에서, 현재 일어나고 있는 공공사건들에 관한 주민들의 지식습득 정도를 연구했다. 이 연구는 파업을 하고 있는 지역의 시민들이 미디어를 대체하는 행위를 본격적으로 하기 전인 파업 첫 주말에 시행되었다. 이 가설대로 하면 신문이 없다는 것은 교육을 더 받은 사람들이 당시의 뉴스를 덜 접한다는 것을 의미하기 때문에 그들은 신문사 파업으로 인해 비례적으로 더 많은 '손해'를 보게 될 것이다.
>
> 파업을 하지 않는 지역에 고등학교 미만의 학력을 가진 사람이 9명밖에 없었기 때문에 여기서 하는 분석은 각 지역의 고졸 집단과 대졸 집단만을 대상으로 했다.

① 매스미디어가 제공하는 정보가 증가할 경우 사회경제적 지위에 따라 집단 간의 지식격차가 심화된다는 가설
② 매스미디어가 사라지면 사람들은 지식적인 갈급함을 느낀다는 가설
③ 선호하는 매스미디어의 종류에 따라 사람들은 자신들의 진보나 보수 성향을 드러내게 된다는 가설
④ 매스미디어가 제공하는 정보에 따라 사람들의 일상생활이 영향을 받는다는 가설
⑤ 매스미디어가 지역의 지식지도 형성에 크게 기여한다는 가설

정답 및 해설 P. 12~13

CHAPTER

미시적 이해:
내용일치와 추론 문제

STEP 01 유형 분석

Main Type 내용일치 문제	Sub Type 1 추론 문제

★ Main Type   내용일치 문제

　'내용이 일치하는 것', '부합하는 것', '알 수 있는 것'을 찾으라는 문제는 모두 내용일치 유형의 문제로서 사실상 가장 많은 비중으로 출제되는 문제들이 바로 이 유형의 문제들이다. 어렵다기보다는 시간이 많이 걸리는 문제로, 선택지에 있는 이야기들을 끌어낼 수 있는 구절들이 어디에 있는가를 본문에서 찾아내야 하는 문제들이다. 사실상 의사소통 문제의 대부분은 내용일치 문제이기 때문에 이 부분에 대한 연습이 철저히 되어야 할 것이다.

다음 글에서 알 수 있는 것만을 [보기]에서 모두 고르면?

사람은 사진이나 영상만 보고도 어떤 사물의 이미지인지 아주 쉽게 분별하지만 컴퓨터는 매우 복잡한 과정을 거쳐야만 분별할 수 있다. 이를 해결하기 위해 컴퓨터가 스스로 학습하면서 패턴을 찾아내 분류하는 기술적 방식인 '기계학습'이 고안됐다. 기계학습을 통해 컴퓨터가 입력되는 수많은 데이터 중에서 비슷한 것들끼리 분류할 수 있도록 학습시킨다. 데이터 분류 방식을 컴퓨터에 학습시키기 위해 많은 기계학습 알고리듬이 개발되었다.

기계학습 알고리듬은 컴퓨터에서 사용되는 사물 분별 방식에 기반하고 있는데, 이러한 사물 분별 방식은 크게 '지도 학습'과 '자율 학습' 두 가지로 나뉜다. 초기의 기계학습 알고리듬들은 대부분 지도 학습에 기초하고 있다. 지도 학습 방식에서는 컴퓨터에 먼저 '이런 이미지가 고양이야'라고 학습시키면, 컴퓨터는 학습된 결과를 바탕으로 고양이 사진을 분별하게 된다. 따라서 사전 학습 데이터가 반드시 제공되어야 한다. 사전 학습 데이터가 적으면 오류가 커지므로 데이터의 양도 충분해야만 한다. 반면 지도 학습 방식보다 진일보한 방식인 자율 학습에서는 이 과정이 생략된다. '이런 이미지가 고양이야'라고 학습시키지 않아도 컴퓨터는 자율적으로 '이런 이미지가 고양이군'이라고 학습하게 된다. 이러한 자율 학습 방식을 응용하여 '심화신경망' 알고리듬을 활용한 기계학습 분야를 '딥러닝'이라고 일컫는다.

그러나 딥러닝 작업은 고도의 연산 능력이 요구되기 때문에, 웬만한 컴퓨팅 능력으로는 이를 시도하기 쉽지 않았다. A 교수가 1989년에 필기체 인식을 위해 심화신경망 알고리듬을 도입했을 때 연산에만 3일이 걸렸다는 사실은 잘 알려져 있다. 하지만 고성능 CPU가 등장하면서 연산을 위한 시간의 문제는 자연스럽게 해소되었다. 딥러닝 기술의 활용 범위는 RBM과 드롭아웃이라는 새로운 알고리듬이 개발된 후에야 비로소 넓어졌다.

──────────────| 보기 |──────────────

ㄱ. 지도 학습 방식을 사용하여 컴퓨터가 사물을 분별하기 위해서는 사전 학습 데이터가 주어져야 한다.
ㄴ. 자율 학습은 지도 학습보다 학습의 단계가 단축되었기에 낮은 연산 능력으로도 수행 가능하다.
ㄷ. 딥러닝 기술의 활용 범위는 새로운 알고리듬 개발보다는 고성능 CPU 등장 때문에 넓어졌다.

① ㄱ   ② ㄷ   ③ ㄱ, ㄴ   ④ ㄴ, ㄷ   ⑤ ㄱ, ㄴ, ㄷ

추론 문제는 중요한 문제지만, NCS 의사소통능력에서는 사실 내용일치 문제보다는 출제빈도가 떨어진다. 그리고 추론 문제와 내용일치 문제는 다르지만, 사실상 내용일치 문제처럼 출제되기도 해서 그다지 크게 구별되지 않기도 하다. 추론은 이미 주어진 정보와 정보를 활용해서 새로운 정보를 만드는 것인데, 반드시 나오는 추론은 연역적 추론이고, 개연성은 있지만 반드시는 아닌 추론이 귀납적 추론이다. 하지만 실제 문제에서는 이렇게 세밀한 구분을 요하지는 않는다. 그러다 보니 해당 구절을 찾아 체크하는 내용일치 문제와 큰 구별 없이 나오는 경우가 많다.

정답 및 해설 P. 14

다음 글에서 추론할 수 <u>없는</u> 것은?

미국과 영국은 1921년 워싱턴 강화회의를 기점으로 태평양 및 중국에 대한 일본의 침략을 견제하기 시작하였다. 가중되는 외교적 고립으로 인해 일본은 광물과 곡물을 수입하는 태평양 경로를 상실할 위험에 처하였다. 이에 대처하기 위해 일본은 식민지 조선의 북부 지역에서 광물과 목재 등 군수산업 원료를 약탈하는 데 주력하게 되었다. 콩 또한 확보해야 할 주요 물자 중 하나였는데, 콩은 당시 일본에서 선호하던 식량일 뿐만 아니라 군수산업을 위한 원료이기도 하였다.

일본은 확보된 공업 원료와 식량 자원을 자국으로 수송하는 물류 거점으로 함경도를 주목하였다. 특히 청진·나진·웅기 등 대륙 종단의 시발점이 되는 항구와 조선의 최북단 지역이던 무산·회령·종성·온성을 중시하였다. 또한 조선의 남부 지방에서는 면화, 북부 지방에서는 양모 생산을 장려하였던 조선총독부의 정책에 따라 두만강을 통해 바로 만주로 진출할 수 있는 회령·종성·온성은 양을 목축하는 축산 거점으로 부상하였다. 일본은 만주와 함경도에서 생산된 광물 자원과 콩, 두만강변 원시림의 목재를 일본으로 수송하기 위해 남부의 원산~문천 간, 북부의 청진~회령 간을 잇는 함경선과 함경북도 무산~백암을 잇는 백무선 등의 철도를 잇따라 부설하였다. 더불어 무산과 회령, 경흥에서는 석탄 및 철광 광산을 본격적으로 개발하였다. 이에 따라 오지의 작은 읍이었던 무산·회령·종성·온성의 개발이 촉진되어 근대적 도시로 발전하였다. 일본의 정책들은 함경도를 만주와 같은 경제권으로 묶음으로써 조선의 다른 지역과 경제적으로 분리시켰다.

철도 부설 및 광산 개발을 위해 일본은 조선 노동자들을 강제 동원하였고, 수많은 조선 노동자들이 강제 노동 끝에 산록과 땅속 깊은 곳에서 비참한 삶을 마쳤다. 1935년 회령의 유선탄광에서 폭약이 터져 800여 명의 광부가 매몰돼 사망했던 사건은 그 단적인 예이다. 영화 〈아리랑〉의 감독 겸 주연이었던 나운규는 그의 고향 회령에서 청진까지 부설되었던 철도 공사에 조선인 노동자들이 강제 동원되어 잔혹한 노동에 혹사되는 참상을 목도하였다. 그때 그는 노동자들이 부르던 아리랑의 애달픈 노랫가락을 듣고 영화 〈아리랑〉의 기본 줄거리를 착상하였다.

① 영화 〈아리랑〉 감독의 고향에서 탄광 폭발사고가 발생하였다.
② 조선 최북단 지역의 몇몇 작은 읍들은 근대적 도시로 발전하였다.
③ 축산 거점에서 대륙 종단의 시발점이 되는 항구까지 부설된 철도가 있었다.
④ 군수산업 원료를 일본으로 수송하는 것이 함경선 부설의 목적 중 하나였다.
⑤ 일본은 함경도를 포함하여 한반도와 만주를 같은 경제권으로 묶는 정책을 폈다.

STEP 02 문제 해결방법

1단계	2단계	3단계
단락별 내용을 이해하기	문제 읽기	선택지 번호별 해당 단락 찾기

4단계	5단계
해당 단락에서 해당 구절 찾기	미세한 부분까지 비교·대조하기

1단계 | 흔히들 생략하기 쉬운 부분이다. 하지만 어떤 내용의 글인지 알고 문제를 푸는 것과 글이 어떤 내용인지도 모른 채, 단순히 어휘만 비교해서 문제를 푸는 것은 정답률에서 차이가 날 수밖에 없다.

앞서 배운 각 단락의 주제문장을 연결하여 글의 대강적인 흐름과 주제를 파악한 상태에서 내용일치 문제를 대하자. 단락별로 주제문장을 파악했다면, 글의 설계도를 알고 있는 셈이다. 그러니까 나중에 선택지에 제시된 내용이 어디에 있는지 어슴푸레하게라도 대충 위치를 알고 있는 상태가 되는 것이다.

2단계 | 문제는 주로 '위 글로 미루어 알 수 있는 것?', '위 글의 내용과 일치하지 않는 것?'이나 '위 글의 내용을 정리한 것?', '위 글에 나온 ~에 대한 설명으로 적절하지 않은 것?' 등이다. 이런 일반적인 유형의 문제 외에 다른 유형의 문제가 제시된다면, 함정이나 특기할 만한 점이 없는지 주의 깊게 보아야 한다.

선택지를 미리 읽는 것은 선택지의 난이도에 따라 도움이 되기도 하고 안 되기도 한다. 내용일치 문제의 선택지는 본문 글의 파편적인 모습이기 때문에, 본문 글이 어려우면 조각 낸 내용을 단편적으로 읽어서는 무슨 내용인지 알아내기 힘들 것이다. 반면에 본문 글이 쉬우면 글이 조금 조각 나 있어도 대충 무슨 내용인지 알게된다. 어쨌거나 선택지를 통해서 글의 전개 과정을 알 수 있기 때문에 한 자 한 자 정독해서 보는 것이 아니라 대강 한번 보는 정도라면 선택지를 미리 읽어 두는 것이 좋다.

3단계 | 첫 번째 단계에서 행했던 각 단락의 대강의 주제를 파악한 상태라면, 선택지에 나온 내용을 보고 그 선택지에 해당되는 구절이 어느 단락에 있는지 대충 짐작할 수 있다. 그러니까 선택지 하나 읽고 해당 구절을 찾기 위해 지문 전체를 전부 읽어 내는 것이 아니라 필요한 부분을 집중적으로 골라 읽을 수 있다는 것이다.

단락 파악 후 필요한 부분만 읽어 내는 것이 어렵다고 실망할 필요는 없다. 그것보다 현장에서 더욱 많이 쓰이는 방법은 바로 차례대로 읽기이다. 반드시 그런 것은 아니지만 대개의 선택지는 글의 순서와 유사하게 배열되어 있기 때문에, 위에서 말한 것처럼 선택지 하나를 가지고 한두 단락을 집중해서 읽는 효과와 비슷하게 되는 것이다.

4단계 | 정답을 찾기 위해 글을 정독할 때는 먼저 선택지를 읽어 이를 염두에 둔 상태에서 차근차근 읽어나가는 것이 좋다. 첫 번째 단락에서 선택지 ①에 해당하는 구절을 찾았다면, 그 다음엔 ②, ③을 염두에 두고 그다음 단락부터 읽어 나가며 해당 구절을 찾는다. 이런 식으로 끝까지 꼼꼼하게 일별하면 큰 실수 없이 정답을 찾아낼 수 있을 것이다. 보통의 사람은 염두에 두는 선택지의 개수가 2개 이상이 넘어가면 헷갈려 하지만, 그것보다 더 많이 기억할 수 있는 사람은 자신의 능력치대로 읽고 정답을 찾아내면 된다.

5단계 | 선택지에 해당하는 구절을 찾아냈으면 모두 끝나는 것 같지만 실상은 그렇지 않다. 본문에 주어진 말을 그대로 똑같이 써 놓는 선택지는 거의 없기 때문에, 선택지의 말과 본문의 말이 같은 뜻인가를 판단해야 하는 대조의 과정을 거쳐야 하기 때문이다.

어휘를 조금만 다르게 써도, 주어와 목적어를 바꿔서 기술해도 다른 뜻이라고 생각하기 십상인데, 어휘나 주어에 집착하기보다는 전체적인 뜻을 이해해서 뜻이 같은가 아닌가를 비교하도록 하자.

SKILL ❶　리딩스킬을 어떻게 내용일치 문제에 적용하여 마법의 도구화할 것인가?

리딩스킬을 배울 때 이 Skill이야말로 의사소통에서 나오는 비문학형의 문제들을 해결하는 마법의 도구처럼 묘사했는데, 막상 그것을 가지고 직접적인 해결을 할 수 있는 주제문제의 비중은 적고, 어차피 시간을 들여야 하는 내용일치 유형의 문제들의 비중이 대부분이라 조금 당황한 수험생들도 있을 것이다. 하지만 그건 외형적인 분석이고 실제적으로 리딩스킬은 마법의 도구가 맞다. 지금부터 그 리딩스킬을 어떻게 활용할 것인가를 알아 보자.

크게는 다음과 같이 두 가지 측면에서 접근할 수 있다.

---

❶ 주제를 파악하기
❷ 구조를 파악하기
❸ 두 과정을 합해서 프로세스 만들기

---

1 주제를 파악하기

리딩스킬을 활용해서 우리가 아주 빠르게 도달하는 지점은 바로 그 글의 주제다. 물론 글의 주제를 알면 내용을 읽기 편해지기 때문에 내용일치 때문에 다시 읽을 때 큰 도움이 될 것이라는 면도 있지만, 사실 주제는 조금 더 직접적으로 내용일치 문제에 영향을 미친다.

내용일치에서 답이 되는 것은 내용이 일치하는 것인 반면, 답이 아닌 것은 내용이 다른 것이다. 말하자면 내가 이해한 것과 반대되는 내용은 구절을 찾아 볼 것도 없이 그 내용이 아니라는 것이다. 가끔 비문학 문제들을 보면 제시문에서는 '~~이다'라고 제시되었는데, 선택지에는 '~~가 아니다'라고 주어지는 경우가 있다. 그렇다면 이것은 완전히 틀린 것이다.

하지만 이렇게 명백하게 반대인데도 이 구절을 헷갈려 하며 제시문과 선택지를 대조하는 사람들도 있다. 그런 사람들은 이 글에 대한 이해를 전혀 하지 않고 그야말로 어휘에 대한 매칭으로만 문제에 접근하는 사람들이다. 그렇게 보면 이 구절은 어휘적으로는 상당히 일치하다가 끝에 가서만 '이다'와 '아니다'로 갈리는 문제이기 때문에 싱크로율이 좋아 헷갈리는 것이다.

다시 말하면 주제를 정확하게 파악하는 것만으로 문제가 해결될 때가 있다. 문제가 해결되지 않더라도 적어도 선택지 몇 개가 지워질 수 있을 때가 있다.

다음 글에서 알 수 있는 것은?

체험사업을 운영하는 이들은 아이들에게 다양한 직업의 현장과 삶의 실상, 즉 현실을 체험하게 해준다고 홍보한다. 직접 겪지 못하는 현실을 잠시나마 체험함으로써 미래에 더 좋은 선택을 할 수 있게 한다는 것이다. 체험은 생산자에게는 홍보와 돈벌이 수단이 되고, 소비자에게는 교육의 연장이자 주말 나들이 거리가 된다. 이런 필요와 전략이 맞물려 체험사업이 번성한다. 그러나 이때의 현실은 체험하는 사람의 필요와 여건에 맞추어 미리 짜놓은 현실, 치밀하게 계산된 현실이다. 다른 말로 하면 가상현실이다. 아이들의 상황을 고려해서 눈앞에 보일 만한 것, 손에 닿을 만한 것, 짧은 시간에 마칠 수 있는 것을 잘 계산해서 마련해 놓은 맞춤형 가상현실인 것이다. 눈에 보이지 않는 구조, 손에 닿지 않는 제도, 장기간 반복되는 일상은 체험행사에서는 제공될 수 없다.

여기서 주목해야 할 것은 경험과 체험의 차이이다. 경험은 타자와의 만남이다. 반면 체험 속에서 인간은 언제나 자기 자신만을 볼 뿐이다. 타자들로 가득한 현실을 경험함으로써 인간은 스스로 변화하는 동시에 현실을 변화시킬 동력을 얻는다. 이와 달리 가상현실에서는 그것을 체험하고 있는 자신을 재확인하는 것으로 귀결되기 마련이다. 경험 대신 체험을 제공하는 가상현실은 실제와 가상의 경계를 모호하게 할 뿐만 아니라 우리를 현실에 순응하도록 이끈다. 요즘 미래 기술로 각광받는 디지털 가상현실 기술은 경험을 체험으로 대체하려는 오랜 시도의 결정판이다. 버튼 하나만 누르면 3차원으로 재현된 세계가 바로 앞에 펼쳐진다. 한층 빠르고 정교한 계산으로 구현한 가상현실은 우리에게 필요한 모든 것을 눈앞에서 체험할 수 있는 본격 체험사회를 예고하는 것만 같다.

① 체험사업은 장기간의 반복적 일상을 가상현실을 통해 경험하도록 해준다.
② 현실을 변화시킬 수 있는 동력은 체험이 아닌 현실을 경험함으로써 얻게 된다.
③ 가상현실은 실제와 가상 세계의 경계를 구분하여 자기 자신을 체험할 수 없도록 한다.
④ 체험사업은 아이들에게 타자와의 만남을 경험하게 해 줌으로써 경제적 이윤을 얻고 있다.
⑤ 디지털 가상현실 기술은 아이들에게 현실을 경험하게 함으로써 미래에 더 좋은 선택을 하도록 돕는다.

이렇게 호쾌하게 문제를 풀지 못한다 하더라도 선택지 몇 개를 지워 나가는 식으로 내용일치 문제에 접근할 수 있다.

다음의 예를 보자. 내용일치 문제지만 글의 주제를 파악하면 내용일치 문제의 선택지에서 한번에 답을 골라낼 수 있는 문제다.

정답 및 해설 P. 14

다음 글에서 알 수 있는 것은?

불교가 삼국에 전래될 때 대개 불경과 불상, 그리고 사리가 들어왔다. 이에 예불을 올리고 불상과 사리를 모실 공간으로 사찰이 건립되었다. 불교가 전래된 초기에는 불상보다는 석가모니의 진신사리를 모시는 탑이 예배의 중심이 되었다.

불교에서 전하기를, 석가모니가 보리수 아래에서 열반에 든 후 화장(火葬)을 하자 여덟 말의 사리가 나왔다고 한다. 이것이 진신사리이며 이를 모시는 공간이 탑이다. 탑은 석가모니의 분신을 모신 곳으로 간주되어 사찰의 중심에 놓였다. 그러나 진신사리는 그 수가 한정되어 있었기 때문에 삼국시대 말기에는 사리를 대신하여 작은 불상이나 불경을 모셨다. 이제 탑은 석가모니의 분신을 모신 곳이 아니라 사찰의 상징적 건축물로 그 의미가 변했고, 예배의 중심은 탑에서 불상을 모신 금당으로 자연스럽게 옮겨 갔다.

삼국시대 사찰은 탑을 중심으로 하고 그 주위를 회랑*으로 두른 다음 부속 건물들을 정연한 비례에 의해 좌우대칭으로 배치하는 구성을 보였다. 그리하여 이 시기 사찰에서는 기본적으로 남문·중문·탑·금당·강당·승방 등이 남북으로 일직선상에 놓였다. 그리고 반드시 중문과 강당 사이를 회랑으로 연결하여 탑을 감쌌다. 동서양을 막론하고 모든 고대국가의 신전에는 이러한 회랑이 공통적으로 보이는데, 이는 신전이 성역임을 나타내기 위한 건축적 장치가 회랑이기 때문이다. 특히 삼국시대 사찰은 후대의 산사와 달리 도심 속 평지 사찰이었기 때문에 회랑이 필수적이었다.

*회랑: 종교 건축이나 궁궐 등에서 중요 부분을 둘러싸고 있는 지붕 달린 복도

① 삼국시대 이후에는 평지 사찰과 산사를 막론하고 회랑을 세우지 않았다.
② 진신사리를 모시는 곳은 탑에서 금당의 불상으로 바뀌었다.
③ 탑을 사찰의 중심에 세웠던 것은 사찰이 성역임을 나타내기 위해서였다.
④ 삼국시대 말기에는 진신사리가 부족하여 탑 안을 비워 두었다.
⑤ 삼국시대의 사찰에서 탑은 중문과 강당 사이에 위치한다.

이 글의 주제는 다음과 같이 정리할 수 있다.

불교가 삼국에 전래될 때 대개 불경과 불상, 그리고 사리가 들어왔다. 이에 예불을 올리고 불상과 사리를 모실 공간으로 사찰이 건립되었다. 불교가 전래된 초기에는 불상보다는 석가모니의 진신사리를 모시는 탑이 예배의 중심이 되었다.

불교에서 전하기를, 석가모니가 보리수 아래에서 열반에 든 후 화장(火葬)을 하자 여덟 말의 사리가 나왔다고 한다. 이것이 진신사리이며 이를 모시는 공간이 탑이다. 탑은 석가모니의 분신을 모신 곳으로 간주되어 사찰의 중심에 놓였다. 그러나 진신사리는 그 수가 한정되어 있었기 때문에 삼국시대 말기에는 사리를 대신하여 작은 불상이나 불경을 모셨다. 이제 탑은 석가모니의 분신을 모신 곳이 아니라 사찰의 상징적 건축물로 그 의미가 변했고, 예배의 중심은 탑에서 불상을 모신 금당으로 자연스럽게 옮겨 갔다.

삼국시대 사찰은 탑을 중심으로 하고 그 주위를 회랑*으로 두른 다음 부속 건물들을 정연한 비례에 의해 좌우대칭으로 배치하는 구성을 보였다. 그리하여 이 시기 사찰에서는 기본적으로 남문·중문·탑·금당·강당·승방 등이 남북으로 일직선상에 놓였다. 그리고 반드시 중문과 강당 사이를 회랑으로 연결하여 탑을 감쌌다. 동서양을 막론하고 모든 고대국가의 신전에는 이러한 회랑이 공통적으로 보이는데, 이는 신전이 성역임을 나타내기 위한 건축적 장치가 회랑이기 때문이다. 특히 삼국시대 사찰은 후대의 산사와 달리 도심 속 평지 사찰이었기 때문에 회랑이 필수적이었다.

밑줄 친 주제문장들을 연결해서 주제를 정리하면 "삼국시대 불교가 전파된 초기에는 석가모니의 진신을 모시는 탑이 사찰의 중심이었다가, 금당으로 그 중심이 바뀌었다. 그리고 회랑이 필수적이었다." 정도로 정리할 수 있다.

이 주제를 가지고 선택지를 지워 보자.

① 삼국시대 이후에는 평지 사찰과 산사를 막론하고 회랑을 세우지 않았다.	→ 회랑을 세웠다고 했다.
② 진신사리를 모시는 곳은 탑에서 금당의 불상으로 바뀌었다.	→ 예배의 중심이 바뀐 것이다.
③ 탑을 사찰의 중심에 세웠던 것은 사찰이 성역임을 나타내기 위해서였다.	→ 석가모니의 진신사리가 들어 있었기 때문이다.
④ 삼국시대 말기에는 진신사리가 부족하여 탑 안을 비워두었다.	제시문에서 찾아 봐야 한다.
⑤ 삼국시대의 사찰에서 탑은 중문과 강당 사이에 위치한다.	제시문에서 찾아 봐야 한다.

①, ②, ③은 주제를 파악하는 것만으로도 지워진다. 이제 남은 ④와 ⑤의 이야기를 가지고 제시문을 찾아서 그것이 맞는지 아닌지를 체크하면 된다. 이렇게 주제를 파악하는 것만으로도 내용일치에 대해서 판단할 여지가 많기 때문에 내용일치를 풀 때도 리딩스킬을 통해 먼저 주제를 파악하고 선택지를 지워서 답을 찾거나 답에 대한 경우의 수를 줄여 나가는 방법이 유용하다.

2 구조를 파악하기

내용일치 문제를 풀 때 보통은 선택지를 하나 놓고, 그 해당 구절을 찾기 위해 제시문을 한번 뒤적인다. 그리고 또 다른 선택지의 구절을 찾아 또 한번 제시문을 살펴본다. 다음과 같은 식으로 제시문을 읽게 되는데, 잘못하면 선택지 다섯 개를 체크하는 데 제시문을 다섯 번 읽게 되기도 한다.

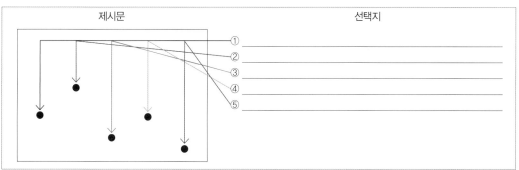

이런 읽기의 방법은 다음과 같은 리딩스킬을 활용하여 효율적으로 바꿀 수 있다. 리딩스킬을 적용할 때 한 번에 주제를 파악한 것이 아니라, 단락별 주제를 정리하여 주제를 찾아간다는 것을 상기할 필요가 있다. 그렇다는 것은 단락별 주제를 안다는 것이다. 그건 마치 글의 개요를 파악하고 있는 것이나 마찬가지다. 해당 단락에 어떤 이야기들이 있는지 알고 있다는 얘기다. 예를 들어 다음과 같은 글이 있다고 하자. 리딩스킬을 통해 단락별 주제로 정리했기 때문에 비교적 간단하게 정리된 상태다.

1단락	발해 이름의 유래
2단락	발해 유적지의 위치
3단락	발해의 인물들
4단락	발해에 대한 현재의 연구결과

단락별로 주제를 판단했기 때문에 이 정도로 글을 단순화해서 구조를 이해한 상태가 되는 것이다. 그렇다면 선택지에 있는 얘기들을 보면 어느 단락에서 이에 해당하는 구절이 나올지 어느 정도 특정할 수 있다.

1단락	발해 이름의 유래	① 발해의 수도는 중국의 헤이룽장 성 지역에 위치한 상경이었다.
2단락	발해 유적지의 위치	② 발해는 발해만 위쪽에 있는 나라라는 뜻이다.
3단락	발해의 인물들	③ 발해를 건국한 것은 대조영으로 4대 왕대까지 강력한 국가를 형성했다.
4단락	발해가 계승한 나라	④ 발해는 연호나 무덤의 형식들을 보면 고구려 문화를 계승하고 있다는 것을 알 수 있다.

리딩스킬을 통해 단락별 주제를 파악하는 과정을 거쳤기 때문에 선택지의 구절을 찾아 볼 수 있는 단락의 위치가 어딘지 그 주소를 가진 셈이다. 그러니까 제시문을 다 읽어 볼 필요 없이 주소를 가지고 해당 단락을 찾아가 그 부분만 찾아보면 찾아야 할 범위를 확 줄일 수 있다.

3 두 과정을 합친 것이 바로 내용일치 문제의 해결방법

이 두 과정을 합쳐서 정답을 찾는 것이 내용일치 문제의 해결방법이다.

리딩스킬을 활용하여 단락별 주제와 전체 주제 파악하기	⇨	선택지에서 내용과 어긋난 것 지우기	⇨	남아 있는 선택지를 단락별 주제에 맞춰 해당 구절 찾아 가기

다음과 같은 문제에 적용해 보자.

정답 및 해설 P. 14~15

다음 글의 내용과 부합하지 <u>않는</u> 것은?

1970년대 이후 미국의 사회 규범과 제도는 소득 불균형을 심화시켰고 그런 불균형을 묵과했다고 볼 수 있다. 그 예로 노동조합의 역사를 보자. 한때 노동조합은 소득 불균형을 제한하는 역할을 하였고, 노동조합이 몰락하자 불균형을 억제하던 힘이 사라졌다.

제조업이 미국경제를 주도할 때 노동조합도 제조업 분야에서 가장 활발했다. 그러나 지금 미국경제를 주도하는 것은 서비스업이다. 이와 같은 산업구조의 변화는 기술의 발전이 주된 요인이지만 많은 제조업 제품을 주로 수입에 의존하게 된 것이 또 다른 요인이다. 이러한 사실에 기초하여 노동조합의 몰락은 산업구조의 변화가 그 원인이라는 견해가 지배적이었다. 그러나 노동조합이 전반적으로 몰락한 주요 원인을 제조업 분야의 쇠퇴에서 찾는 이러한 견해는 틀린 것으로 판명되었다.

1973년 전체 제조업 종사자 중 39%였던 노동조합원의 비율이 2005년에는 13%로 줄어들었을 뿐더러, 새롭게 부상한 서비스업 분야에서도 조합원들을 확보하지 못했다. 예를 들어 대표적인 서비스 기업인 월마트는 제조업에 비해 노동조합이 생기기에 더 좋은 조건을 갖추고 있었다. 월마트 직원들이 더 높은 임금과 더 나은 복리후생 제도를 요구할 수 있는 노동조합에 가입되어 있었더라면, 미국의 중산층은 수십만 명 더 늘었을 것이다. 그런데도 월마트에는 왜 노동조합이 없는가?

1960년대에는 노동조합을 인정하던 기업과 이에 관련된 이해집단들이 1970년대부터는 노동조합을 공격하기 시작했다. 1970년대 말과 1980년대 초에는, 노동조합을 지지하는 노동자 20명 중 적어도 한 명이 불법적으로 해고되었다. 1970년대 중반 이후 기업들은 보수적 성향의 정치적 영향력에 힘입어서 노동조합을 압도할 수 있게 되었다. 소득의 불균형에 강력하게 맞섰던 노동조합이 축소된 것이다. 이처럼 노동조합의 몰락은 정치와 기업이 결속한 결과이다.

① 1973년부터 2005년 사이에 미국 제조업에서는 노동조합원의 비율이 감소하였다.
② 1970년대 중반 이후 노동조합의 몰락에는 기업뿐 아니라 보수주의적 정치도 일조하였다.
③ 미국에서 제조업 상품의 수입의존도 상승은 서비스업이 경제를 주도하는 산업 분야가 되는 요인 중 하나였다.
④ 미국 제조업 분야 내에서의 노동조합 가입률 하락은 산업구조의 변화로 인한 서비스업의 성장 때문이다.
⑤ 1970년대 말 이후 미국 기업이 노동조합을 지지하는 노동자들에게 행한 조치 중에는 합법적이지 못한 경우도 있었다.

이 문제를 앞서 익힌 해결방법을 적용하여 생각해 보자. 우선 리딩 스킬로 각 주제문장을 찾고 전체 주제를 정리하면 다음과 같다.

1970년대 이후 미국의 사회 규범과 제도는 소득 불균형을 심화시켰고 그런 불균형을 묵과했다고 볼 수 있다. 그 예로 노동조합의 역사를 보자. 한때 노동조합은 소득 불균형을 제한하는 역할을 하였고, 노동조합이 몰락하자 불균형을 억제하던 힘이 사라졌다.

제조업이 미국경제를 주도할 때 노동조합도 제조업 분야에서 가장 활발했다. 그러나 지금 미국경제를 주도하는 것은 서비스업이다. 이와 같은 산업구조의 변화는 기술의 발전이 주된 요인이지만 많은 제조업 제품을 주로 수입에 의존하게 된 것이 또 다른 요인이다. 이러한 사실에 기초하여 노동조합의 몰락은 산업구조의 변화가 그 원인이라는 견해가 지배적이었다. 그러나 노동조합이 전반적으로 몰락한 주요 원인을 제조업 분야의 쇠퇴에서 찾는 이러한 견해는 틀린 것으로 판명되었다.

1973년 전체 제조업 종사자 중 39%였던 노동조합원의 비율이 2005년에는 13%로 줄어들었을 뿐더러, 새롭게 부상한 서비스업 분야에서도 조합원들을 확보하지 못했다. 예를 들어 대표적인 서비스 기업인 월마트는 제조업에 비해 노동조합이 생기기에 더 좋은 조건을 갖추고 있었다. 월마트 직원들이 더 높은 임금과 더 나은 복리후생 제도를 요구할 수 있는 노동조합에 가입되어 있었더라면, 미국의 중산층은 수십만 명 더 늘었을 것이다. 그런데도 월마트에는 왜 노동조합이 없는가?

1960년대에는 노동조합을 인정하던 기업과 이에 관련된 이해집단들이 1970년대부터는 노동조합을 공격하기 시작했다. 1970년대 말과 1980년대 초에는, 노동조합을 지지하는 노동자 20명 중 적어도 한 명이 불법적으로 해고되었다. 1970년대 중반 이후 기업들은 보수적 성향의 정치적 영향력에 힘입어서 노동조합을 압도할 수 있게 되었다. 소득의 불균형에 강력하게 맞섰던 노동조합이 축소된 것이다. 이처럼 노동조합의 몰락은 정치와 기업이 결속한 결과이다.

주제: 노동조합은 산업구조의 변화 때문이 아니라 정치와 기업의 이익이 결속한 결과로 몰락하게 된 것이다.

그리고서 선택지에 접근한다. 그런데 사실 ④는 이 글의 주제를 알면 바로 틀렸다는 것을 알 수 있다. 완전히 반대로 써 있기 때문이다. 그래서 정답은 ④임을 쉽게 알 수 있다.

문제의 답은 이미 찾았지만, 검증 차원에서 다른 선택지들은 어떤 단락에서 찾아야 할지 알고 싶다면 다음과 같이 연결하면 된다. 이때 ② 역시 전체 주제와 관계되므로 맞는 진술이라는 것을 알 수 있기 때문에, ② 역시 제외할 수 있다.

한때 노동조합은 소득 불균형을 제한하는 역할을 하였고, 노동조합이 몰락하자 불균형을 억제하던 힘이 사라졌다.
그러나 노동조합이 전반적으로 몰락한 주요원인을 제조업 분야의 쇠퇴에서 찾는 이러한 견해는 틀린 것으로 판명되었다.
1973년 전체 제조업 종사자 중 39%였던 노동조합원의 비율이 2005년에는 13%로 줄어들었을 뿐더러, 새롭게 부상한 서비스업 분야에서도 조합원들을 확보하지 못했다.
이처럼 노동조합의 몰락은 정치와 기업이 결속한 결과이다.

① 1973년부터 2005년 사이에 미국 제조업에서는 노동조합원의 비율이 감소하였다.

③ 미국에서 제조업 상품의 수입의존도 상승은 서비스업이 경제를 주도하는 산업 분야가 되는 요인 중 하나였다.

⑤ 1970년대 말 이후 미국 기업이 노동조합을 지지하는 노동자들에게 행한 조치 중에는 합법적이지 못한 경우도 있었다.

이런 식으로 해당 단락을 찾아 체크해 보는 식으로 문제를 해결할 수 있다.

해당 구절을 찾은 뒤 그것이 선택지의 내용과 일치하는지 아닌지 체크하는 것은 개인들의 기본적인 이해 능력에 따를 수밖에 없다. 하지만 상식적으로 내용일치 여부를 확인할 수 있어야 하기 때문에 이 부분이 어렵지는 않다. 다만 어떤 선택지들은 수험생들에게 헷갈리는 지점을 줄 수 있다. 사실 이것은 문제 출제자의 Skill 같은 것들인데, 몇 가지 유형의 선택지는 수험생들이 상당히 헷갈려 한다는 것이다. 그래서 그런 부분들을 정리해 보았다. 다음은 유난히 헷갈리거나 함정을 감추어서 오답을 유발하는 선택지에 적용된 Skill이다.

> ❶ 주어 바꿔치기
> ❷ 조사 바꿔치기
> ❸ 오버해서 기술한 경우
> ❹ 가치판단이 들어간 경우(비교급과 최상급)
> ❺ 인과관계를 바꿔 써 놓은 경우

1 주어 바꿔치기

주어를 바꿔치는 것이 설마 헷갈릴까 생각하는 사람들도 있겠지만 사실 내용일치 문제에서는 아주 고전적이고도 효과적인 출제 기술이다. 특히 어려운 제시문일수록 주어를 다르게 쓰는 것만으로도 얼마든지 수험생들을 헷갈리게 하기 쉽다. 주어만 바꿔칠 경우 제시문의 내용과 선택지의 내용에서 주어를 제외한 나머지 부분의 어휘가 거의 일치하기 때문에 매칭해서 문제를 푸는 수험생들은 많이 헷갈릴 수밖에 없다.

> 개인의 사생활 비밀 보장은 기본적인 인권이다. 자신이 원하는 사람에게만 자신과 관련된 정보에 대해 언급할 수 있어야 한다. "모든 국민은 사생활의 비밀과 자유를 침해받지 아니한다."라고 규정하고 있는 〈헌법〉 제17조는 국민 개개인의 사생활의 비밀을 보호하도록 하고 있다. 자신과 관련된 사실과 정보를 통제할 수 있는 것은 한 인간이 안전, 자유, 존엄성을 유지하는 데에 기본적인 전제가 된다. 또한 이것은 자신을 부당한 차별과 편견으로부터 보호하게 해 준다. 한 개인으로서 환자는 자신의 사생활과 의료정보에 관한 정보를 통제할 권리가 있으므로, 제3자가 직업상 타인의 사생활의 비밀 정보를 취득한 경우 이를 보호해야 할 책임이 발생한다. 의료정보의 경우, 의사, 한의사, 치과의사, 약제사, 약종상, 조산사 등 의료인은 업무처리 중 알게 된 타인의 비밀을 누설하는 것이 법적으로 금지되어 있으며, 이를 위반한 경우 형사처벌의 대상이 된다.
>
> ────────────────────────
>
> **(예) 의사는 환자의 사생활과 의료정보에 관한 정보를 통제할 권리를 가지게 되므로, 이를 보호해야 할 책임까지 부여받게 된다.**

2 조사 바꿔치기

조사 바꿔치기는 주어 바꿔치기와는 또 다르다. 조사 바꿔치기는 내용이 한정적이냐 아니냐의 문제가 크다. '말하자면 ~만', '~인 경우에만' 같은 한정조건에서 '만'이 '도', '가' 같은 조사로 바뀌면 한정이 풀리게 된다. 예를 들어 "왕만 들어갈 수 있는 동굴" 같은 진술을 "왕도 들어갈 수 있는 동굴"같이 바꿔 버리면 동굴의 성격이 신성한 동굴에서 아무나 들어갈 수 있는 흔한 동굴로 바뀌어 버리는 것이다. 절대적인 의미의 조사는 상대적인 의미로, 제시문의 상대적인 의미의 조사가 선택지에서 절대적인 의미의 조사로 바뀌면 이는 틀린 진술이 된다는 것을 명심해야 한다.

관세동맹이란 동맹국 사이에 모든 관세를 폐지하고 비동맹국의 상품에 대해서만 관세를 부과하기로 하는 협정이다. 자유무역을 주장하는 이들은 모든 국가에서 관세가 제거된 자유무역을 최적의 상황으로 보았고, 일부 국가들끼리 관세동맹을 맺을 경우는 관세동맹을 맺기 이전에 비해 자유무역의 상황에 근접하는 것이므로, 관세동맹은 항상 세계 경제의 효율성을 증대시킬 것이라고 주장해 왔다.

(예) 자유무역을 주장하는 이들은 일부 국가들끼리 관세동맹을 맺을 경우에만, 관세동맹이 세계 경제의 효율성을 증대시킬 것이라고 주장해 왔다.

3 오버해서 기술한 경우

제시문에 나와 있지 않은 내용까지 언급된 경우이다. 상식적으로 알고 있는 내용이 제시문에 언급될 경우 빠지기 쉬운 함정이다. 워낙에 시간에 쫓겨 글을 읽다 보니 알고 있는 내용들은 대충 읽게 되는 경향이 있는데, 그러다가 제시문 외적인 정보를 입력했다고 가볍게 생각하게 된다. 어디까지나 제시문 안에서만 추론이 가능하다.

옛날 중국의 정전법(井田法)은 대단히 훌륭한 제도였다. 경계(境界)가 한결같이 바로잡히고 모든 일이 잘 처리되어서 온 백성이 일정한 직업을 갖게 되고, 병사를 찾아서 긁어모으는 폐단이 없었다. 지위의 귀천과 상하를 논할 것 없이 저마다 그 생업을 얻지 못하는 사람이 없으므로 이로써 인심이 안정되고 풍속이 순후해졌다. 장구한 세월을 지내오면서 국운이 잘 유지되고 문화가 발전되어 간 것은 이러한 토지제도의 기반이 확립되어 있었기 때문이다. 후세에 전제(田制)가 허물어져서 토지 사유의 제한이 없게 되니, 만사가 어지럽게 되고 모든 것이 이에 상반되었던 것이다.

(예) 정전제가 무너진 것은 대토지소유 현상이 확산되었기 때문이다.

4 가치판단이 들어간 경우

글쓴이의 판단을 덧붙이는 형태다. 글의 분량이나 내용 등을 기분으로 판단해 보면 마땅히 그럴 만하지만, 글쓴이의 판단이 직접 드러나지는 않은 경우다. 판단이나 생각들이 워낙에 중요한 요소이다 보니 단 하나의 가치판단이 들어가더라도 과연 제시문에서 찾을 수 있는 것인가를 신중하게 고민해야 할 것이다. "~보다 더 ~한" 같은 비교급이나 "가장 ~~한" 같은 최상급의 형태로 써 있는 선택지의 경우 각별히 주의해야 한다.

물론 권위에 기반을 둔 전통적 가족 구조가 남녀의 자유와 자아실현이라는 새로운 요구와 어떻게 결합될 수 있을지는 아무도 모를 것이다. 하지만 이혼율과 한 부모 세대의 증가는 어쨌거나 이러한 추세가 강화되고 있음을 보여 준다. 그리고 개인주의와 종교적 신앙이 어떻게 다시 조화될 수 있을지 또한 아무도 모를 것이다. 하지만 사회학자들은 개인화의 가속화와 함께 기꺼이 타인과 공존하고 믿고 기대려는 의지가 사라지는 것이 아니라 거꾸로 점증하고 있음을 보여 준다. 또 개인을 전체에 복속시키려는 정당이나 노동조합 같은 대중 조직의 요구가 어떻게 자발적 참여나 자율 운영에 대한 요구와 양립할 수 있는지도 아무도 모를 것이다.

(예) '자유의 아이들'의 자아실현 요구는 사회적 공존 요구와 양립하지 못한다.

5 인과관계를 바꿔 써 놓은 경우

내용은 완전히 반대의 얘기지만 어휘들이 워낙 유사하다 보니 얼핏 속기 쉽다. 대충 보면 틀리기 쉬운 만큼 주의를 요하는데, 특히 진술이 인과적으로 서술되는 선택지에 유의해야 한다. '～ 때문에', '～이므로' 등의 진술이 나오면 인과관계가 정확한지 체크하자.

> 하늘이 금수(禽獸)에게는 발톱과 뿔을 주고, 단단한 발굽과 날카로운 이빨을 주어서, 그들로 하여금 각기 원하는 것을 얻게 하고, 사람으로부터 받게 되는 환난을 방어하도록 하였다. 그런데 사람은 벌거숭이로 태어나서 연약하여 마치 그 생활을 영위해 나갈 수 없을 것처럼 만들었으니, 어찌하여 하늘은 천하게 여길 데는 후하게 하고 귀하게 여길 데는 박하게 하였을까? 그것은 바로, 사람에게는 생각하는 능력을 주어 그것으로 기예(技藝)를 습득하여 스스로 생활을 영위하도록 한 것이다.
>
> (예) 게으른 자가 발전된 기예를 익히지 못하는 것은 하늘이 박하게 대했기 때문이다.

다음 글에서 [ ]에 주어진 문장을 끌어낼 수 있는 부분이 어디인지 찾아 밑줄을 그으시오.

01 [경제성장이 일정 정도 이상의 수준에 오르면 환경문제가 개선될 수 있다.]

> 노벨 경제학상 수상자인 쿠즈네츠 교수는 경제성장의 초기 단계에서는 소득분배의 불평등이 심해지지만 국민소득이 일정수준을 넘어서면 소득분배가 개선된다는 내용의 가설을 제시하였다. 환경문제를 설명하는 가설 A는 쿠즈네츠 가설에 등장하는 역U자 곡선을 경제성장과 환경문제의 관계에 적용하였다. 가설A는 경제성장과 환경오염 간의 관계에도 경제성장과 소득분배 간의 관계에서 보이는 경향이 존재한다고 본다. 경제성장을 어느 정도 달성한 후에는 해결해야 할 문제의 우선순위 중에서 환경오염 문제가 앞부분을 차지하게 되고, 환경정책 집행을 위한 기술이나 인력 및 예산도 풍부해진다. 또한 소득증가와 높은 교육수준이 지역사회로 하여금 환경기준을 더욱 강화할 수 있게 만든다.

02 [세계화는 세계 경제가 발전할 수 있는 기회를 주기도 했지만 경제 불안과 환경 파괴 같은 문제를 낳기도 했다.]

> 세계화는 인적 유동성의 증가, 커뮤니케이션의 향상, 무역과 자본 이동의 폭증 및 기술 개발의 결과이다. 세계화는 세계 경제의 지속적인 성장 특히 개발도상국의 경제발전에 새로운 기회를 열어주었다. 동시에 그것은 급격한 변화의 과정에서 개발도상국의 빈곤, 실업 및 사회적 분열, 환경 파괴 등의 문제를 야기하였다.

03 [아인슈타인은 특정 경험이 우리가 지니고 있는 기존 개념과 충돌할 때 놀라움이 일어난다고 보았다.]

아인슈타인은 우리의 창조적 사고가 본질적으로 비언어적이라고 생각한 듯하다. 그는 이렇게 말했다. "어떻게 우리는 경험에 대해 자발적으로 '놀라워할' 수 있는가?" 아인슈타인은 '놀라워한다'라는 말의 뜻을 최대한 정교하게 했다. 놀라움은 어떤 경험이 이미 우리 속에 충분히 정착된 세계 개념과 충돌할 때 일어난다. 예를 들어 아인슈타인은 자기가 대여섯 살 때 나침반을 보고, 바늘이 마치 보이지 않는 손에 잡힌 듯이 한 방향을 유지하는 것을 '놀라워한' 기억을 회상했다. 이 이미지는 그에게 큰 영향을 주어서, 그는 물리학을 패러데이와 맥스웰이 기초한 것과 같은 장이론으로 정식화하는 것을 좋아하게 되었다. 장이론은 접촉에 의한 작용을 추상화한 것이다.

04 [익숙한 스타일의 새로운 음악을 듣고 음악으로 인식하는 우리의 능력은 이 스타일의 음악에 대한 이해를 체계화하는 무의식적인 음악적 형식이 우리에게 있음을 시사한다.]

어떤 스타일의 음악을 이해하는 능력, 즉 음악을 음의 연속 이상의 그 어떤 것으로 듣는 능력은 여러 가지 음악적 형식들이 우리 머릿속에 들어 있어서 음악을 들을 때 우리가 그 형식을 사용하여 음악을 체계화할 수 있기 때문에 가능한 것이다. 우리 머릿속에 있는 이러한 음악적 형식은 일반적인 것으로, 어떤 특정한 곡조를 아는 것하고는 상관이 없으며, 같은 스타일을 가진 무한히 많은 수의 새 곡조에 적용할 수 있다.

05 [동채싸움이나 놋다리밟기는 전통 민속놀이로서 현대적 계승이 이루어지지 못한 상태에서 최소한의 전수만이 이루어지고 있다.]

전국적으로 주목되는 민속놀이로는 남정네들의 동채싸움과 아낙들의 놋다리밟기가 있다. 현재는 제각기 고등학교 학생들이 전수하면서 민속축제 때 선을 뵈는 정도이다. 이들 놀이는 놀이 주체의 남녀, 놀이 방식의 음양, 놀이 시기의 낮과 밤 등으로 서로 대조적이긴 해도 한결같이 정월 대보름 때 하는 풍년기원의 놀이라는 점에서 일치한다. 농경사회에서 패를 갈라서 하던 놀이를 현대화하는 것은 쉽지 않다. 현재 기능보유자도 지정되어 있고 이를 전수하고 있는 학교도 있으나 현대적 계승보다는 최소한의 전수 구실을 감당하고 있다. 이것의 현대적 계승에 관해서는 한층 구체적이고 본격적인 연구가 별도로 필요하다.

06 [한 공동체의 소비 성향이 일정할 때 균형고용수준은 경상 투자량에 의존한다.]

고용이 증가하면 총실질소득이 증가한다. 공동체의 심리는 총실질소득이 증가하면 총소비도 증가하지만, 이가 소득만큼 증가하지는 않는 방식으로 작용한다. 따라서 만약 고용 증가의 전체가 당장의 소비에 대한 수요 증가를 만족시키기 위하여 사용된다면, 고용주는 손실을 보게 될 것이다. 그리하여 어떤 주어진 양의 고용을 지탱하기 위해서는 그 수준의 고용에 공동체가 소비하기로 한 양을 초과하는 총산출량을 흡수할 만큼 충분한 양의 경상 투자가 있어야 한다. 왜냐하면 이만큼의 투자량이 없다면, 기업가들의 수입은 그만큼의 일자리를 주도록 기업가들을 유도하는 데 필요한 액수보다 적을 것이기 때문이다. 그러므로 그 공동체의 소비 성향이 일정할 때, 균형고용수준, 즉 고용주 전체가 고용을 늘리거나 줄이려는 아무런 유인이 없는 수준은 경상 투자량에 의존한다. 그리고 경상 투자량은 우리가 '투자 유인'이라고 부르려는 것에 의존하며, 투자 유인은 '자본의 한계 효율스케줄(schedule of marginal efficiency of capital)'과 다양한 만기와 위험을 가진 대출에 대한 이자율 체계의 관계에 의존한다는 것을 알게 될 것이다.

07 [이 대리는 최근 A라는 업무에 대한 지시 불이행으로 경징계를 받았는데, 이로 미루어 보아 이 회사에는 이 대리 외에도 A 업무를 처리할 수 있는 직원이 있다는 것을 알 수 있다.]

우리 회사의 규정상, 회사로부터 지시받은 업무를 처리하지 않은 직원은 징계를 받습니다. 그러나 그 징계의 정도는 업무 성격에 따라 달라집니다. 단 한 명의 직원만 처리할 수 있는 회사 업무를 생각해 봅시다. 그 업무를 처리할 수 있는 직원에게 해당 업무 처리를 지시했을 때 이를 수행하지 않으면 그 직원은 중징계를 받습니다. 단 한 명의 직원만 처리할 수 있는 회사 업무가 아닐 경우, 그 업무 처리 지시를 수행하지 않은 직원은 경징계를 받습니다.

08 [현재의 인간복제기술이 인간의 유일성과 일회성을 파괴하는 것은 아니다.]

지금 우리가 하고 있는 복제는 유전자 복제이지 생명체 복제가 아니다. 칭기즈칸을 복제한다 하더라도 그가 제2의 칭기즈칸이 될 확률은 거의 0에 가깝다. 테레사 수녀를 여럿 복제한다고 해서 그들이 모두 남을 위해 한 평생을 바치지 않을 것이다. 복제인간은 출산 시간이 좀 많이 벌어진 쌍둥이에 불과하다. 나는 쌍둥이로 태어나진 않았지만 내가 만일 지금 나를 복제한다면 무슨 이유에서인지 어머니 뱃속에서 몇 십년을 더 있다가 나온 쌍둥이 동생이 뒤늦게 태어난 것뿐이다. 몇 초 간격으로 태어난 쌍둥이 형제들도 결코 똑같은 인간으로 자라지 않는 것과 마찬가지로 그 늦둥이 쌍둥이 동생이 나와 완벽하게 똑같은 인간이 될 리 없다. 유전자는 나와 완벽하게 같을지라도 그 유전자들이 발현하는 환경이 나와 다르기 때문에 전혀 다른 인간으로 성장하게 될 것이다.

09 [인간이 인간의 범주화 방식을 완전히 통제하는 것은 불가능하다.]

범주들 중 소수만이 의식적인 범주화 행위에 의해 형성되었다. 그러나 대부분의 범주는 세계 안에서 기능화의 결과로서 자동적·무의식적으로 형성된다. 비록 우리가 일상적으로 새로운 범주들을 배우기는 하지만, 이러한 의식적인 재범주화 행위를 통해 우리의 범주 체계에 대규모의 변화를 일으킬 수는 없다. 우리는 우리의 범주화 방식을 의식적으로 완전히 통제하지도 않고 또한 통제할 수도 없다. 따라서 인간이 아무리 심사숙고하여 새로운 범주들을 만들고 있다고 생각할 때에도, 무의식적 범주들은 모든 의식적 범주들의 선택에 개입한다는 것이다.

10 [토론으로 도전받지 않은 진리는 그것이 옳더라도 죽은 진리이다.]

사회에서 일반적으로 옳다고 생각되는 견해도 사실은 오류일 수 있다는 가정을 무시하고 그것의 진위 여부에 대하여 자유롭고 공개적인 토론이 이루어지지 않는 경우를 생각해 보자. 사회에서 강력한 영향력을 행사하는 의견의 소유자가 그러한 자신의 의견이 어쩌면 오류일 수 있다는 사실을 자인하는 것까지는 힘들더라도 최소한 다음의 사실은 명심해야 한다. 만일 그 자신의 의견이 개방된 분위기 속에서 충분한 토론의 도마 위에 올려진 적이 없다면 설령 그것이 진리라고 할지라도 그것을 살아있는 진리라고 할 수 없으며 죽은 독단으로서 지지되는 진리일 뿐이라는 것이다.

다음은 내용일치 문제를 풀기 위해 연습하는 과정을 용이하게 하기 위해 만든 표다. 왼쪽에는 제시문이, 오른쪽에는 선택지가 제시되어 있다. 선택지에 기술된 내용들을 찾을 수 있는 단락을 연결하고, 그 부분에서 선택지가 맞는 내용인지 아니면 틀린 내용인지 확인해서 ○, ×로 표시해 보자. 실제 문제풀이와 유사하게 선택지를 확인하고 그 구절을 제시문에서 확인한 뒤 판단하는 과정을 연습하는 과정이다.

01

(가) 1950년 네덜란드 천문학자 얀 헨드릭 오르트(Jan Hendrik Oort, 1900~1992)는 태양계가 탄생하는 과정, 즉 엄청난 양의 가스와 먼지 구름이 엉기며 태양계를 만드는 과정에서 중심으로부터 너무 멀리 떨어져 있어 중력이 충분히 미치지 못하는 구름의 맨 바깥 부분이 별도로 엉기게 되었다고 주장했다. 즉 구름의 중심부가 안쪽에서 엉기는 동안에 바깥쪽은 그곳에 그대로 남아 적어도 1천억 개의 작은 얼음덩이로 엉겼다는 것이다.

(나) 천문학자 오르트의 이름을 기려 「오르트의 구름」이라고 하는 이 구름은 행성들이 있는 곳에서도 굉장히 멀리 떨어져 있지만 여전히 태양의 중력권 안에 있다. 물론 아직까지는 아무도 오르트의 구름을 관측하거나 확인하지는 못했다. 그럼에도 그것이 지금까지 혜성의 존재를 설명할 수 있는 유일한 방법으로 알려져 있다.

(다) 거대한 오르트 구름 속의 혜성들은 아주 천천히 태양 둘레를 도는데, 그 주기는 수백만 년이나 되는 것으로 보인다. 이 혜성들은 때때로 서로 부딪치거나 가까운 별의 인력으로 인하여 운동 방향이 바뀐다. 이때 속도가 빨라지면 혜성은 태양에서 더욱 먼 곳으로 확대된 궤도를 돌거나 아니면 영원히 태양계 밖으로 빠져 나가게 된다.

(라) 반대로 속도가 느려지면 태양계의 행성들이 있는 쪽으로 들어와 태양 둘레를 공전하게 된다. 이것이 지구의 하늘에서 멋진 모습을 보이며 나타나는 혜성이다. 이 혜성들은 행성들의 인력에 끌려 궤도가 다시 변하지 않는 한, 새로이 형성된 자신의 궤도를 돌면서 내부의 물질을 천천히 증발시키고 마침내 최후를 맞게 된다.

(마) 오르트는 태양계의 탄생 이후 전체 혜성의 1/5 정도가 태양계 밖으로 사라졌거나 태양계 내부에서 증발하여 없어졌다고 추정했다. 그게 사실이라면 아직까지도 전체 혜성의 4/5가 창고 속에 고스란히 남아 있는 셈이다.

ㄱ. 오르트의 구름은 얼음 덩어리의 집합이다. ( )

ㄴ. 오르트의 구름은 태양의 중력이 미치지 못하는 범위에 있다. ( )

ㄷ. 오르트의 구름은 공인된 방법 중에서는 유일하게 혜성의 존재를 설명할 수 있는 방법이다. ( )

ㄹ. 오르트의 구름은 공전한다. ( )

ㅁ. 오르트 구름 속의 혜성들 중, 속도가 빨라진 것이 있다면 그 혜성은 결국 태양계에서 이탈하게 된다. ( )

ㅂ. 많은 양의 혜성이 아직 오르트의 구름 속에 갇혀 있다. ( )

02

(가) 인간에 가까이 진화할수록 뇌의 크기는 증가하고 있지만 뇌의 전반적인 구성은 동일하다. 뇌는 감각계와 운동계를 매개하여 생물학적으로 의미 있는 정보, 즉 개체의 생존에 중요한 신호를 처리한다.

(나) 인간의 신경계는 크게 중추 신경계와 말초 신경계의 두 부분으로 나뉜다. 중추 신경계는 뇌와 척수로 이루어져 있다. 중추 신경계는 감각 기관을 통해 입력되는, 환경과 신체의 상태에 대한 정보를 처리하고 근육을 움직이게 하는 운동 명령을 내린다. 정서, 기억, 사고의 고등 정신 작용에서부터 심장의 박동 속도, 호흡 등 생명 기능에 관한 것에 이르기까지 신체 내에서 일어나는 거의 모든 것을 통제하거나 조절하고 있다.

(다) 말초 신경계는 신경들로 이루어져 있다. 신경은 신체 말단에서 수용되는 감각 정보가 중추 신경계에 전달되고 중추 신경계가 생성하는 운동의 명령이 신체 근육에 전달되는 통로이다.

(라) 신체의 다른 기관과 마찬가지로 신경계는 세포들로 이루어지는데, 뉴런과 교세포가 신경계를 이루는 두 형태의 세포들이다. 이 글을 읽는 순간에 동원되는 집중, 그에 따른 문장의 이해, 이해가 되지 않을 때의 짜증 등 모든 정신 과정은 선별적 뉴런 집단의 총체적인 활동의 결과이다.

(마) 뉴런은 신경계를 이루는 단위세포이며, 비(非)신경 세포인 교세포는 뉴런이 원활하게 기능할 수 있도록 보조하는 역할을 수행한다. 인간의 신경계는 약 1천억 개의 뉴런이 있으며 이보다 더 많은 수의 교세포가 있다.

(바) 뉴런의 형태와 크기는 다양하지만 공통점을 지닌다. 뉴런은 다른 세포와 마찬가지로 DNA의 유전정보를 번역해 뉴런이 필요로 하는 단백질을 합성하는데, 합성은 대개 세포체에서 이루어져 뉴런의 각 부분으로 이동된다. 세포체의 크기는 대개 5 내지 1백 um(1um은 1천분의 1mm이다) 사이다.

(사) 세포체로부터 나뭇가지모양으로 여러 돌기가 뻗어 있는데, 이 가지들은 다른 뉴런과의 통신을 위해 사용된다. 신호를 전달해 세포 간의 통신을 담당하는 신경세포의 기능에 알맞게 그 형태가 발달된 셈이다. 다른 뉴런으로부터 신호를 전달받은 이 짧은 가지들을 수상돌기라 부른다.

ㄱ. 중추 신경계는 뇌와 척수로 구성되어 있는데 감각 기관을 통해 들어오는 환경과 신체의 상태에 대한 정보를 처리하고 근육을 움직이게 하는 운동 명령을 내린다. ( )

ㄴ. 세포체로부터 나뭇가지모양으로 뻗어 있는 돌기는 다른 뉴런과의 통신을 위해 사용된다. ( )

ㄷ. 신경은 신체 각 부분에서 들어오는 감각 정보가 중추 신경계에 전달되고 중추 신경계가 내리는 운동의 명령이 신체 근육에 전달되는 통로이다. ( )

ㄹ. 교세포는 다른 세포와 마찬가지로 DNA의 유전정보를 번역해 뉴런이 필요로 하는 단백질을 합성하는 기능을 한다. ( )

ㅁ. 인간의 신경계에는 약 1천억 개 이상의 교세포가 있다. ( )

03

(가) 이제 사회운동은 기존의 사회 제도 밖에서 갈등을 야기하는 병리적 현상이라는 인식에서 벗어나 제도의 개선을 추구하고 실현하는 정상적인 현상으로 받아들여지고 있다. 역사적으로 노동 운동은 인간다운 삶의 실현에 기여하였으며, 여성 운동은 여성의 사회적 지위 향상과 이를 위한 제도적 장치를 이끌어 낸 것으로 평가된다. 하지만 한국 사회에서는 사회운동의 공간과 입지가 그다지 크지 않았다. '압축 성장'으로 불릴 만큼 급속하게 전개된 국가 주도의 대외 의존적 산업화는 민족 모순과 계급 모순을 급격히 증대시켰으나, 이 과정에서 분출된 여러 형태의 사회 운동은 권위주의 체제의 막대한 물리적·이데올로기적 통제에 의해 억압되었다. 그러기에 한국에서는 노동자를 중심으로 하는 '구(舊) 사회운동'의 전개와 여성·환경 등을 쟁점으로 하는 '신(新) 사회운동'의 출현이 시기를 거의 같이하고 있다.

(나) 서구에서 경제적 관계를 중심적인 대립 축으로 하는 구 사회운동은 분배적 정의, 균형적 계급 관계, 물질적 풍요와 인간다운 삶의 실현 등의 목표를 추구하였으며, 자본과 노동과 국가가 참여하는 계급 타협과 갈등의 제도화에 기초한 복지 국가의 출현에 의해 그 목표를 상당 정도 실현하였다. 그리고 구 사회운동의 목표가 충족된 바로 그 지점에서 신 사회운동이 발생하였다. 즉 인간다운 삶이 확보되면서 여성 차별, 소수자 차별, 경제 발전에 의한 환경 파괴, 냉전과 군사주의 등 새로운 갈등 요인이 부각되었고, 이것의 해결을 겨냥한 신 사회운동이 성장한 것이다. 그러므로 신 사회운동은 경제적 관계 대신 다원적이고 분산적인 대립 축들을 중심으로 다양한 집단들 사이의 연대, 탈물질주의적 가치 지향의 특징을 보인다. 이 점에서 신 사회운동은 구 사회운동에서 배제된 사회 성원들과 가치들을 동원하여 구 사회운동의 한계를 극복하려는 성찰적 함의도 내포하고 있다.

(다) 한국 사회에서는 구 사회운동이 그 목표를 완수하기 전에, 즉 구 사회운동이 정당 정치의 틀 안에서 제도화되어 계급 타협을 이끌어 내고 인간다운 삶을 확보하기 전에 신 사회운동이 함께 발전하였다. 이 때문에 한편에서는 다양한 부문들에서 사회 성원들을 탈계급적으로 동원하는 신 사회운동에 대해 전체적인 사회 변혁에 필요한 힘을 분산하고 약화하는 민주화의 훼방꾼이라는 비판이 제기되기도 하였다. 하지만 신 사회운동이 경제적 관계와는 다른 대립 축들을 둘러싸고 전개되면서 사회 성원들의 이익 표현과 참여를 확대할 뿐 아니라, 구 사회운동의 한계를 극복하고 그 목표를 완결시키고자 한다는 점에서 두 운동을 배타적인 것으로 볼 수는 없다. 이 점은 사회 성원의 다양한 정체성에 따른 자율성 추구라는 개인적 가치에 초점을 맞추는 서구의 신 사회운동과 달리, 한국의 신 사회운동이 사회 성원의 기본권 확보 및 확대라는 목표를 추구하며 민주주의의 심화 발전을 적극적으로 요구하는 사실에서도 확인할 수 있다.

(라) 그러므로 서구의 신 사회운동이 '근대의 기획'을 넘어서려는 탈근대적 지향을 가지고 있다면, 한국의 신 사회운동은 근대의 한계뿐 아니라 전근대(前近代)의 질곡도 동시에 해결하고자 한다고 하겠다. 근대조차 완성되지 못한 한국 사회에서 신·구 사회운동은 산업화의 모순과 민주화의 장애를 극복하고자 한다는 점에서 만날 수밖에 없는 것이다.

ㄱ. 한국의 신 사회운동은 구 사회운동과 배타적 관계에 있다. ( )

ㄴ. 한국의 신 사회운동은 근대의 완성과 극복을 함께 지향한다. ( )

ㄷ. 한국의 신 사회운동은 물질주의적 가치와 목표를 추구한다. ( )

ㄹ. 한국의 사회운동은 산업화 과정에서 지속적으로 성장하였다. ( )

ㅁ. 한국의 신 사회운동은 구 사회운동이 제도화되면서 발생하였다. ( )

04

(가) 서울의 중심부, 즉 종로구와 중구 사이를 서쪽에서 동쪽으로 흐르는 내를 청계천 또는 개천이라고 한다. 이 내는 북악산·인왕산·남산의 세 골짜기의 물이 흘러서 삼수구로 나와 중량포로 들어간다. 이 내는 이미 언급한 바와 같이 남대문구릉 때문에 직접 남쪽 한강 방면으로 흐르지 못하는 것이다. 이 내의 발원지가 되는 전술한 여러 산들은 그 산가을 이 내 연안으로 뻗고 있었는데 청계천의 침식으로, 또는 양안의 퇴적작용으로 그 유역은 비교적 평평하게 되었다. 이런 곳이 종로통과 같이 서울의 가장 중심부를 이루게 된 것이다.

(나) 이 내는 원래 여름철이 되면 유량이 늘어나 부근 민가가 침수되기 쉬웠으나, 하등의 치수시설이 없었고, 또 양안 민가에서 배출되는 하수로 지극히 불결하였다. 조선 초기 이런 점을 살피신 이가 바로 태종이다. 그는 즉위 11년(1411)에 개거도감(開渠都監)을 두어, 그 이듬해부터 개거공사를 시작하여 약 1년 만에 준공하였다.

(다) 그 후 영조 때에도 준설공사(浚渫工事)가 있었고, 양안 석축공사도 있었다.[註8] 순조, 고종 때까지도 준설공사(浚渫工事)는 계속되었다. 특히 영조 49년의 양안 석축공사에서의 상석(床石)의 사용과 유로변경공사(流路變更工事)는 지금의 도시계획적 견지에서 보아도 훌륭한 공사였다. 이 공사로 청계천은 동서로 비교적 직선코스로 흐르게 되었다. 이 내를 건너는데 수표교·오간수교·광교·영미교·관수교 등이 있었다.

ㄱ. 청계천은 종로구와 중구 사이를 서쪽에서 동쪽으로 흐르는 내를 일컫는 말로, 직접 남쪽 한강으로 합류해 들어간다. ( )

ㄴ. 청계천은 서울의 중심부를 흐르기 때문에 한국의 내 중에서 가장 중요한 내라고 할 수 있다. ( )

ㄷ. 근대 이전까지 청계천은 상습 침수구역이었고, 더러운 하천이었다. ( )

ㄹ. 태종 때 준설공사 한 이후로 청계천은 동서로 비교적 직선코스로 흐르게 되었다. ( )

ㅁ. 수표교·오간수교·광교·영미교·관수교 등은 한강 다리를 일컫는 말이다. ( )

정답 및 해설 P. 15~17

01 다음 글로부터 알 수 있는 내용이 <u>아닌</u> 것을 모두 고르면?

> 지금도 소행성들은 계속 발견되고 있다. 현재까지 발견된 소행성 숫자는 그 궤도가 확정된 것만 8만 개가 넘는다. 소행성들 중 가장 밝은 것은 밝기가 6등급 정도나 되지만 대다수는 18등급가량으로 상당히 어둡다. 8만 개나 되다 보니 그 숫자로 미뤄 짐작해 보면, 우리가 바라보는 천구상의 황도 주변 어느 하늘에서나 소행성이 무리를 지어 떠돌아다니고 있을 것이라고 생각하더라도 그리 무리가 없다.
>
> 지금부터 10년쯤 전, 소행성의 발견은 아마추어 관측가들에게 하나의 도전거리를 제공해 주었다. 우주 공간에 소행성이 워낙 많았던 데다 천문학적으로도 그리 중요하지 않았으므로 소행성은 대형 천문대에서 그다지 중요한 요소로 취급되지 않았다. 오히려 천문학 연구를 방해하는 골치 아픈 존재이기까지 했다.
>
> 반면 소행성은 아마추어들 사이에서 실력을 겨뤄 볼 수 있는 도전의 장으로 인식돼, 미국이나 일본의 많은 아마추어들이 소행성 발견에 도전했고 그 성과 또한 컸다. 당시에는 한 해에 발견된 소행성의 거의 절반가량을 아마추어들이 발견했을 정도였으니 말이다. 이 무렵 발견된 소행성은 대부분 당시 아마추어 장비의 한계등급인 15~16등급 정도의 밝기인 것들이었다.
>
> 1990년대 중반 들어서 '딥 임팩트'와 '아마겟돈' 같은 영화가 나오면서 상황이 달라졌다. 이 영화는 우주를 떠도는 작은 소행성이나 혜성의 지구 충돌을 다룬 것으로 사람들의 관심을 지구 근접 천체로 옮겨 가게 만들었다. 그리고 우주를 감시하는 여러 시스템들이 기획됐는데 이 시스템들에서 지구 근접 천체 탐색의 일환으로 수많은 소행성들을 찾아내게 된 것이다. 즉 소행성 탐색 분야로만 따져본다면 이제는 아마추어 관측가들이 서 있을 자리가 거의 사라진 상태이며, 대형 천문대에서 대형 망원경으로 하늘을 한번 주욱 훑으며 엄청난 수의 새로운 소행성을 발견해 내는 시대로 접어들었다.
>
> 발견된 소행성의 궤도가 확정되면 이름과 번호가 붙는다. 번호가 앞자리일수록 일찍 발견돼 궤도가 확정된 것이다. 그래서 앞 번호일수록 더 밝고 크기도 클 확률이 높다. 현재까지 발견된 소행성 중 우리에게 친숙한 이름이 붙어 있는 소행성으로는 관륵, 세종, 나, 보현산, 통일, 최무선, 장영실, 이천, 허준, 이순지 등이 있다.
>
> 수많은 소행성 중에서 앞자리를 차지하고 있는 4개의 소행성들은 매우 유명하다. 소행성 1번이 세레스이며, 2번이 팔라스, 3번이 쥬노, 4번이 베스타다. 이 중 가장 크기가 큰 것은 세레스로, 지름이 1,003km에 달한다.

──────┤ 보기 ├──────

ㄱ. 10년 전만 해도 소행성은 대형 천문대에서는 성가신 존재였다.
ㄴ. 한때 소행성을 발견하는 것은 아마추어 관측가들의 흥미진진한 도전거리였다.
ㄷ. 소행성의 밝기는 천차만별이지만, 많은 수가 18등급 정도로 매우 어둡다.
ㄹ. 소행성들은 발견되자마자 이름이 정해지고, 일찍 발견된 순서에 따라 번호가 정해진다.
ㅁ. 소행성은 주로 화성과 목성 사이에 대규모로 분포해 있다.

① ㄱ, ㄴ   ② ㄱ, ㅁ   ③ ㄴ, ㄹ   ④ ㄷ, ㅁ   ⑤ ㄹ, ㅁ

02 다음 글을 읽고 이해한 것으로 가장 적절하지 <u>않은</u> 것은?

> 자유의 적들은 인간의 질서가 누군가에 의해 만들어지고 다른 사람들은 이에 복종해야 한다는 주장을 펼친다. 그러나 경제학자들은 개인 행위의 자발적 상호 조정이 시장을 통해서 효율적으로 이루어질 수 있다고 설명한다. 개인들 사이의 상호 조정 메커니즘에 대한 이해는 그들의 행동을 제한하는 일반 준칙을 수립하기 위해 필요한 가장 중요한 지식이다.
>
> 타인의 일정한 기여에 대한 기대에 기초해서 일관성 있는 행위 계획을 실행할 수 있다는 사실은 사회질서가 있음을 확인해 준다. 사회생활에 일종의 질서, 일관성 및 지속성이 존재한다는 점은 분명하다. 만일 그것이 없다면 우리 중 어느 누구도 자기 업무를 수행할 수 없고 가장 기본적인 욕구조차 충족하지 못할 것이다. 본질적으로 사회적 질서가 있기에, 개인은 성공적인 예측에 의해 행동하고, 자신의 지식을 효율적으로 사용하며, 더 나아가 타인으로부터 기대할 수 있는 협력이 무엇인지에 대해 보다 더 정확하게 예측할 수 있다.
>
> 상황에 따라 조정이 이루어지는 분산적 질서는 중앙의 지침에 의해 확립될 수 없다. 그것은 개인들의 상호작용과 개인들에게 영향을 미치는 상황에 대한 대응을 통해서만 나올 수 있다. 이것이 바로 폴라니가 '다중심적 질서'의 자생적 형성이라고 부른 것이다. 개인들이 자발적으로 상호 작용함으로써 인간들 사이에 질서가 확립될 때, 우리는 이를 자생적 질서 체계라 한다. 개인들의 노력에 의해 사회적 질서의 조정이 이루어지며, 이러한 자기 조정은 공적 토대 위에서 자유를 정당화한다. 이때 개인의 행동은 자유롭다고 할 수 있다. 그것은 우월하거나 공적인 권력의 명령에 의해 결정된 것이 아니기 때문이다.
>
> 물리적 대상을 체계화하는 방법에 친숙한 사람이라면 이러한 자생적 질서 형성을 이해하기 쉽지 않을 것이다. 하지만 물리적 질서의 형성도 많은 경우 개체들 간의 자생적 조정에 의존한다. 만일 우리가 각각의 분자나 원자들을 일일이 제자리에 놓아야 한다면 복잡한 유기 화합물을 만들 수 없었을 것이다. 우리는 일정한 조건 아래에서 개별 요소들이 스스로 배열되어 특정한 속성을 지닌 구조를 이루는 것을 관찰할 수 있다.

① 질서를 만들어 그것을 강요하는 것은 바람직하지 않다.
② 개인의 행동을 제한하는 규칙은 필요하다.
③ 개인이 자율적으로 자신의 권리를 절대권력에 의뢰한다는 홉스의 사회계약설은 자생적 질서와 상통하는 면이 있다.
④ 국가행정에서의 분산적 질서는 중앙의 통제를 받지 않고 지자체가 각자의 예산에서 행정을 꾸려나가는 것에 비유할 수 있다.
⑤ 비버들이 대장 없이 각자의 구역을 맡아 댐을 복구하는 것은 분산적 질서를 잘 보여 주는 사례이다.

03 다음 글의 내용과 부합하는 것은?

유교 전통에서는 이상적 정치가 군주 개인의 윤리적 실천에 의해 실현된다고 보았을 뿐 윤리와 구별되는 정치 그 자체의 독자적 영역을 설정하지는 않았다. 달리 말하면 유교 전통에서는 통치자의 윤리만을 문제 삼았을 뿐, 갈등하는 세력들 간의 공존을 위한 정치나 정치제도에는 관심을 두지 않았다. 유교 전통의 이런 측면은 동아시아에서의 민주주의의 실현 가능성을 제한하였다.

'조화(調和)'를 이상으로 생각하는 유교의 전통 또한 차이와 갈등을 긍정하는 서구의 민주주의 정치 전통과는 거리가 있다. 유교 전통에 따르면, 인간의 행위와 사회 제도는 모두 자연의 운행처럼 조화를 이루어야 한다. 조화를 이루지 못하는 것은 근본적으로 그릇된 것이기 때문에 모든 것은 계절이 자연스럽게 변화하듯 조화를 실현해야 한다. 그러나 서구의 개인주의적 맥락에서 보자면 정치란 서로 다른 개인들 간의 갈등을 조정하는 제도적 장치를 마련하는 과정이었다. 그 결과 서구의 민주주의 사회에서는 다양한 정치적 입장들이 독자적인 형태를 취하면서 경쟁하며 공존할 수 있었다.

물론 유교 전통하에서도 다양한 정치적 입장들이 존재했다고 주장할 수 있다. 군주 절대권이 인정되었다고 해도, 실질적 국가운영을 맡았던 것은 문사(文士) 계층이었고 이들은 다양한 정치적 견해를 군주에게 전달할 수 있었다. 문사 계층은 윤리적 덕목을 군주가 실천하도록 함으로써 갈등 자체가 발생하지 않도록 힘썼다. 또한 이들은 유교 윤리에서 벗어난 군주의 그릇된 행위를 비판하기도 하였다. 그렇다고 하더라도 이들이 서구의 계몽사상가들처럼 기존의 유교적 질서와 다른 정치적 대안을 제시할 수는 없었다. 이들에게 정치는 윤리와 구별되는 독자적 영역으로 인식되지 못하였다.

① 유교 전통에서 사회적 갈등을 원활히 관리하지 못하는 군주는 교체될 수 있었다.
② 유교 전통에서 문사 계층은 기존 유교적 질서와 다른 정치적 대안을 제시하지는 못했다.
③ 조화를 강조하는 유교 전통에서는 서구의 민주주의와 다른 새로운 유형의 민주주의가 등장하였다.
④ 유교 전통에서는 조화의 이상에 따라 군주의 주도로 갈등하는 세력이 공존하는 정치가 유지될 수 있었다.
⑤ 군주의 통치 행위에 대해 다양하게 비판할 수 있었던 유교 전통으로 인해 동아시아에서 민주주의가 발전하였다.

04 다음 글에서 추론할 수 있는 것은?

미국에서 1970년에 입법된 청정 대기 법안(The Clean Air Act)은 촉매 변환 장치 설치와 하수(下水) 처리의 의무화와 같은, 기업과 개인들이 공해를 줄이기 위해 해야 할 노력들에 대한 상세한 지침을 담고 있다. 이 법안의 시행 이후 미국의 인구는 30% 정도 증가하고 경제 규모 역시 두 배 이상으로 커졌지만 미국 전체의 대기 오염은 같은 기간 동안 1/3 이상 감소하였다. 미국 정부는 1990년 이 법안을 수정하면서 시장 원리에 근거한 해결 방법들을 도입하였다. 이 중에서 가장 눈에 띄는 내용은 석탄을 원료로 사용하는 발전소가 배출하는, 산성비의 주요 원인이기도 한 이산화황의 배출을 감소하는 프로그램이다.

수정 전의 제도하에서는 모든 발전소들이 이산화황의 배출을 줄이는 집진기(集塵機) 등의 설치를 의무화하였다. 집진기의 설치비용은 상당 부분 전력 소비자들에게 전가되어 전력 소비량 자체를 줄이는 효과가 있었다. 이에 반해 새로운 프로그램은 각 발전소가 이전에 사용한 석탄의 양을 기준으로 각 발전소가 배출할 수 있는 이산화황의 배출량을 결정한 후, 특정 기간 동안 각 발전소에 주어진 허용량만큼의 이산화황을 배출할 수 있는 권리를 부여하는 것이다. 모든 발전소는 주어진 허용량을 초과하는 이산화황을 배출할 수 없지만 각 발전소는 자신의 허용량을 자유롭게 사고팔 수 있다. 즉, 허용량보다 적은 이산화황을 배출하는 발전소는 사용하지 않는 허용량을 팔 수 있고, 더 많은 양을 배출하기 위해서는 여분의 허용량을 구입해야 한다.

이 프로그램이 1994년도에 시행된 이후로 허용량의 가격은 큰 폭으로 변해 왔으며 이산화황 1톤을 배출할 수 있는 권리는 2004년에 260달러에 거래되었다. 이 프로그램을 지지하는 사람들은 이 프로그램이 이전 규제에 의한 방법에 비해 효과적이라고 평가하고 있다. 하지만 이 프로그램에 반대하는 사람들은 자신의 허용량을 파는 발전소들이 환경을 오염시킬 권리를 이용하여 돈을 벌고 있다고 주장하며 이 프로그램의 폐지를 요구하고 있다.

① 1970년대에 입법된 '청정 대기 법안'은 '환경을 오염할 권리'도 일종의 매매가 가능한 상품이라는 전제를 가지고 있다.
② 1980년대 이후 세워진 모든 발전소는 반드시 이산화황의 배출이 줄어들 만한 장치를 갖추어야 했을 것이다.
③ 집진기 등을 설치하게 되면 그 비용은 소비자가 물게 되면서 환경에 대한 비용을 소비자가 분담하는 형태가 되어 버린다.
④ '청정 대기 법안'이 1990년대 들어 수정되면서 이전보다 이산화황의 배출이 큰 폭으로 감소하게 되었다.
⑤ 1994년에 시행된 '청정 대기 법안'에는 이산화황 1톤을 배출할 수 있는 권리를 260달러로 명기하고 있다.

05 다음 글에서 추론할 수 있는 것은?

> 조선이 임진왜란 중 필사적으로 보존하고자 한 서적은 바로 조선왕조실록이다. 실록은 원래 서울의 춘추관과 성주·충주·전주 4곳의 사고(史庫)에 보관되었으나, 임진왜란 이후 전주 사고의 실록만 온전한 상태였다. 전란이 끝난 후 단 1벌 남은 실록을 다시 여러 벌 등서하자는 주장이 제기되었다. 우여곡절 끝에 실록 인쇄가 끝난 것은 1606년이었다. 재인쇄 작업의 결과 원본을 포함해 모두 5벌의 실록을 갖추게 되었다. 원본은 강화도 마니산에 봉안하고 나머지 4벌은 서울의 춘추관과 평안도 묘향산, 강원도의 태백산과 오대산에 봉안했다.
>
> 이 5벌 중에서 서울 춘추관의 것은 1624년 이괄의 난 때 불에 타 없어졌고, 묘향산의 것은 1633년 후금과의 관계가 악화되자 전라도 무주의 적상산에 사고를 새로 지어 옮겼다. 강화도 마니산의 것은 1636년 병자호란 때 청군에 의해 일부 훼손되었던 것을 현종 때 보수하여 숙종 때 강화도 정족산에 다시 봉안했다. 결국 내란과 외적 침입으로 인해 5곳 가운데 1곳의 실록은 소실되었고, 1곳의 실록은 장소를 옮겼으며, 1곳의 실록은 손상을 입었던 것이다.
>
> 정족산, 태백산, 적상산, 오대산 4곳의 실록은 그 후 안전하게 지켜졌다. 그러나 일본이 다시 여기에 손을 대었다. 1910년 조선 강점 이후 일제는 정족산과 태백산에 있던 실록을 조선총독부로 이관하고 적상산의 실록은 구황궁 장서각으로 옮겼으며 오대산의 실록은 일본 동경제국대학으로 반출했다. 일본으로 반출한 것은 1923년 관동대지진 때 거의 소실되었다. 정족산과 태백산의 실록은 1930년에 경성제국대학으로 옮겨져 지금까지 서울대학교에 보존되어 있다. 한편 장서각의 실록은 6·25전쟁 때 북으로 옮겨져 현재 김일성종합대학에 소장되어 있다.

① 재인쇄하였던 실록은 모두 5벌이다.

② 태백산에 보관하였던 실록은 현재 일본에 있다.

③ 현재 한반도에 남아 있는 실록은 모두 4벌이다.

④ 적상산에 보관하였던 실록은 일부가 훼손되었다.

⑤ 현존하는 가장 오래된 실록은 서울대학교에 있다.

06 다음 글의 내용과 부합하지 <u>않는</u> 것은?

> 고대 철학자인 피타고라스는 현이 하나 달린 음향 측정 기구인 일현금을 사용하여 음정 간격과 수치 비율이 대응하는 원리를 발견하였다. 이를 바탕으로 피타고라스는 모든 것이 숫자 또는 비율에 의해 표현될 수 있다고 주장하였다. 그를 신봉한 피타고라스주의자들은 수와 기하학의 규칙이 무질서하게 보이는 자연과 불가해한 가변성의 세계에 질서를 부여한다고 믿었다. 즉 피타고라스주의자들은 자연의 온갖 변화는 조화로운 규칙으로 환원될 수 있다고 믿었다. 이는 피타고라스주의자들이 물리적 세계가 수학적 용어로 분석될 수 있다는 현대 수학자들의 사고에 단초를 제공한 것이라고 할 수 있다.
>
> 그러나 피타고라스주의자들은 현대 수학자들과는 달리 수에 상징적이고 심지어 신비적인 의미를 부여했다. 피타고라스주의자들은 '기회', '정의', '결혼'과 같은 추상적인 개념을 특정한 수의 가상적 특징, 즉 특정한 수에 깃들어 있으리라고 추정되는 특징과 연계시켰다. 또한 이들은 여러 물질적 대상에 수를 대응시켰다. 예를 들면 고양이를 그릴 때 다른 동물과 구별되는 고양이의 뚜렷한 특징을 드러내려면 특정한 개수의 점이 필요했다. 이때 점의 개수는 곧 고양이를 가리키는 수가 된다. 이것은 세계에 대한 일종의 원자적 관점과도 관련된다. 이 관점에서는 단위(unity), 즉 숫자 1은 공간상의 한 물리적 점으로 간주되기 때문에 물리적 대상들은 수 형태인 단위 점들로 나타낼 수 있다. 이처럼 피타고라스주의자들은 수를 실재라고 여겼는데, 여기서 수는 실재와 무관한 수가 아니라 실재를 구성하는 수를 가리킨다.
>
> 피타고라스의 사상이 수의 실재성이라는 신비주의적이고 형이상학적인 관념에 기반하고 있다는 점은 틀림 없다. 그럼에도 불구하고 피타고라스주의자들은 자연을 이해하는 데 있어 수학이 중요하다는 점을 알아차린 최초의 사상가들임이 분명하다.

① 피타고라스는 음정 간격을 수치 비율로 나타낼 수 있다는 것을 발견하였다.
② 피타고라스주의자들은 자연을 이해하는 데 있어 수학의 중요성을 인식하였다.
③ 피타고라스주의자들은 물질적 대상뿐만 아니라 추상적 개념 또한 수와 연관시켰다.
④ 피타고라스주의자들은 물리적 대상을 원자적 관점에서 실재와 무관한 단위 점으로 나타낼 수 있다고 믿었다.
⑤ 피타고라스주의자들은 수와 기하학적 규칙을 통해 자연의 변화를 조화로운 규칙으로 환원할 수 있다고 믿었다.

07 다음 글을 읽고 추론한 것으로 적절하지 <u>않은</u> 것끼리 짝지은 것은?

초기우주에 대한 연구는 "우리가 살고 있는 우주가 어떻게 시작되어 어떻게 현재와 같은 상태로 진화되어 왔는가?"라는 근원적인 질문에 대한 답을 얻기 위한 시도일 뿐만 아니라 입자물리학이나 상대론 등 분야의 최첨단 이론을 현상론적으로 검증할 수 있는 창구가 되기도 한다.

초기우주에서와 같이 높은 온도와 에너지밀도하의 물질의 상태를 기술하기 위해서 현재 입자물리학에서 사용하는 도구는 양자장론이다. 유한온도 양자장론을 따르면 고온의 초기우주에는 현재의 우주에 비하여 자연에 훨씬 높은 정도의 대칭성이 구현되어 있음을 볼 수 있다. 대칭성이 깨어진 상태에서 아주 별개로 보이는 입자들이 대칭성이 실현되어 있는 상태에서는 한 가지 입자의 서로 다른 상태로 나타나고 또 전혀 별개로 보이던 상호작용들이 한 가지 상호작용의 서로 다른 측면으로 나타난다. 공간의 팽창과 함께 우주의 온도가 내려가면서 순차적인 대칭 깨짐과 그에 해당하는 상전이(phase transition)가 일어난다. 이러한 상전이는 우주의 진화과정에서 중간매듭의 역할을 하면서 이어지는 우주진화 과정에 영향을 미친다. 우주론적 상전이는 우주공간의 급팽창(inflation), 우주론적 결함(cosmological defects)의 생성, 밀도요동, 강입자 수 비대칭의 유발 등의 원인으로 작용하였을 것으로 믿어진다. 따라서 현재 실제로 관측되는 천체현상과 초기우주를 연결 짓기 위해서는 이러한 상전이의 과정과 결과에 대한 연구가 필요하다.

┤보기├

ㄱ. 우주의 대칭이 깨지면서 균형이 무너진 결과로 온도 하락이 시작되고 곧 상전이가 일어난다.
ㄴ. 우주공간의 급팽창, 결함의 생성이나 밀도요동 등의 상황이 겹쳐서 우주의 상전이가 일어나게 된다.
ㄷ. 컴퓨터를 이용한 시뮬레이션을 통해 우리가 가정한 이론의 진위를 알 수 있다.
ㄹ. 우주론적 상전이의 과정과 결과에 대한 연구는 결국 상대론을 검증할 수 있는 도구가 된다.

① ㄱ, ㄷ   ② ㄱ, ㄹ   ③ ㄴ, ㄷ   ④ ㄱ, ㄴ, ㄷ   ⑤ ㄴ, ㄷ, ㄹ

08 다음 글의 내용과 부합하는 것은?

> 조선시대 우리의 전통적인 전술은 흔히 장병(長兵)이라고 불리는 것이었다. 장병은 기병(騎兵)과 보병(步兵)이 모두 궁시(弓矢)나 화기(火器) 같은 장거리 무기를 주무기로 삼아 원격전(遠隔戰)에서 적을 제압하는 것이 특징이었다. 이에 반해 일본의 전술은 창과 검을 주무기로 삼아 근접전(近接戰)에 치중하였기 때문에 단병(短兵)이라 일컬어졌다. 이러한 전술상의 차이로 인해 임진왜란 이전에는 조선의 전력(戰力)이 일본의 전력을 압도하는 형세였다. 조선의 화기 기술은 고려 말 왜구를 효과적으로 격퇴하는 방도로 수용된 이래 발전을 거듭했지만, 단병에 주력하였던 일본은 화기 기술을 습득하지 못하고 있었다.
>
> 그러나 이러한 전력상의 우열관계는 임진왜란 직전 일본이 네덜란드 상인들로부터 조총을 구입함으로써 역전되고 말았다. 일본의 새로운 장병 무기가 된 조총은 조선의 궁시나 화기보다도 사거리나 정확도 등에서 훨씬 우세하였다. 조총은 단지 조선의 장병 무기류를 압도하는 데 그치지 않고 일본이 본래 가지고 있던 단병 전술의 장점을 십분 발휘하게 하였다. 조선이 임진왜란 때 육전(陸戰)에서 참패를 거듭한 것은 정치·사회 전반의 문제가 일차적 원인이겠지만, 이러한 전술상의 문제에도 전혀 까닭이 없지 않았던 것이다. 그러나 일본은 근접전이 불리한 해전(海戰)에서 조총의 화력을 압도하는 대형 화기의 위력에 눌려 끝까지 열세를 만회하지 못했다. 일본은 화약무기 사용의 전통이 길지 않았기 때문에 해전에서도 조총만을 사용하였다. 반면 화기 사용의 전통이 오래된 조선의 경우 비록 육전에서는 소형화기가 조총의 성능을 당해내지 못했지만, 해전에서는 함선에 탑재한 대형 화포의 화력이 조총의 성능을 압도하였다. 해전에서 조선 수군이 거둔 승리의 원인은 이순신의 탁월한 지휘력에도 힘입은 바가 컸지만, 이러한 장병 전술의 우위가 승리의 기본적인 토대가 되었던 것이다.

① 장병 무기인 조총은 일본의 근접 전투기술을 약화시켰다.
② 조선의 장병 전술은 고려 말 화기의 수용으로부터 시작되었다.
③ 임진왜란 당시 조선은 육전에서 전력상 우위를 점하고 있었다.
④ 원격전에 능한 조선 장병 전술의 장점이 해전에서 잘 발휘되었다.
⑤ 임진왜란 때 조선군이 참패한 일차적인 원인은 무기 기술의 열세에 있었다.

09 다음 글을 읽고 글쓴이의 입장에 가장 잘 부합하는 것은?

> 유년기에 내가 얼마나 많이 거짓된 것을 참된 것으로 간주했는지, 또 이것 위에 세워진 것이 모두 얼마나 의심스러운 것인지, 그래서 학문에 있어 확고하고 불변하는 것을 세우려 한다면 일생에 한 번은 이 모든 것을 철저하게 전복시켜 최초의 토대에서부터 다시 새로 시작해야 한다는 것을 이미 몇 해 전에 깨달은 바가 있다. 그런데 이것은 보통 일이 아니라고 생각했기 때문에, 이 일을 적절하게 실행할 수 있는 성숙한 나이가 되기를 기다렸다. 이 일은 오랫동안 연기해 왔으므로 내 여생을 다른 것에 소비한다면 죄를 짓는 꼴이 되고 말 것이다. 그러나 다행히 오늘 내 정신은 모든 근심에서 벗어나 있고, 은은한 적막 속에서 평온한 휴식을 취하고 있으므로, 내가 지금까지 갖고 있던 모든 의견을 진지하고 자유롭게 전복시켜 볼 참이다.
>
> 그러나 이를 위해 모든 의견이 거짓임을 증명해 보일 필요는 없다. 이것은 내가 도저히 해 낼 수 없기 때문이다. 오히려 이성이 설득하고 있는 바는 아주 확실하지 않은 것 그리고 의심할 여지가 있는 것에 대해서도 명백히 거짓인 것과 마찬가지로 엄격하게 동의해서는 안 된다는 것이므로, 의견들 각각에 의심할 만한 이유가 조금이라도 있다면 그 의견 전체를 충분히 거부할 수 있는 것이다. 그렇다고 의견을 일일이 검토해야 하는 것은 아니다. 이것은 끝이 없는 일이기에 말이다. 이보다는 오히려 토대가 무너지면 그 위에 세워진 것도 저절로 무너질 것이기에, 기존의 의견이 의존하고 있는 원리 자체를 바로 검토해 보자.

① 의견들 사이에는 쌍방향적 의존 관계가 있다.

② 거짓된 토대 위에 세워진 것이 무너지면 토대 자체도 무너진다.

③ 거짓임을 증명할 수 없는 의견에 대해서는 정당하게 의심할 수 없다.

④ 그동안 거짓이면서도 참인 것으로 간주해 왔던 것을 하나하나 재검토할 필요가 있다.

⑤ 어떤 사람의 의견의 최초의 토대가 되는 원리는 그 사람의 다른 의견에 의존하지 않는다.

10 다음 글에서 알 수 있는 것을 [보기]에서 모두 고르면?

> 영국의 식민지였던 시기의 미국 남부와 북부 지역에서는 사회 형성과 관련하여 전혀 다른 상황이 전개되었다. 가난한 형편을 면하기 위해 남부로 이주한 영국 이주민들은 행실이 방정하지 못하고 교육도 받지 못한 하층민이었다. 이들 중에는 황금에 눈이 먼 모험가와 투기꾼 기질이 강한 사람들도 있었다. 반면에 뉴잉글랜드 해안에 정착한 북부 이주민들은 모두 영국에서 경제적으로 여유 있던 사람들로서, 새 보금자리인 아메리카에서 빈부귀천의 차이가 없는 특이한 사회 유형을 만들어 냈다. 적은 인구에도 불구하고 그들은 거의 예외 없이 훌륭한 교육을 받았으며, 상당수는 뛰어난 재능과 업적으로 유럽 대륙에도 이미 널리 알려져 있었다.
>
> 북부 이주민들을 아메리카로 이끈 것은 순수한 종교적 신념과 새로운 사회에 대한 열망이었다. 그들은 청교도라는 별칭을 가진 교파에 속한 이들로, 스스로를 '순례자'로 칭했을 만큼 엄격한 규율을 지켰다. 이들의 종교적 교리는 민주공화이론과 일치했다. 뉴잉글랜드의 이주자들이 가족을 데리고 황량한 해안에 상륙하자마자 맨 먼저 한 일은 자치를 위한 사회 규약을 만드는 일이었다. 유럽인들이 전제적인 신분질서에 얽매여 있는 동안, 뉴잉글랜드에서는 평등한 공동사회가 점점 모습을 드러냈다. 반면에 남부 이주민들은 부양가족이 없는 모험가들로서 기존의 사회 체계를 기반으로 자신들의 사회를 건설하였다.

┤ 보기 ├

ㄱ. 북부 이주민은 종교 규율과 사회 규약을 중시했다.
ㄴ. 남·북부 이주민 사이에 이주 목적의 차이가 있었다.
ㄷ. 북부 이주민은 남부 이주민보다 영국의 사회 체계를 유지하려는 성향이 강했다.

① ㄱ   ② ㄷ   ③ ㄱ, ㄴ   ④ ㄴ, ㄷ   ⑤ ㄱ, ㄴ, ㄷ

정답 및 해설 P. 17~19

사람이 먼 곳을 향하는 생각이 없다면
큰일을 이루기 어렵다.

– 안중근

실용형 정보
Text 읽기

PART 4

미디어형 정보 읽기

STEP 01 유형 분석

Main Type	Sub Type 1	Sub Type 2
신문기사/보도자료 읽기	신문 읽고 반응하기	뉴미디어 읽기

★ Main Type 신문기사/보도자료 읽기

앞서 비문학 제시문에 대한 주제 찾기나 내용일치 유형과 문제 형태는 똑같은데 다만 주어진 제시문이 신문기사나 보도자료 형태인 문제들이다. 보통 신문들이 공기업에서 주는 홍보용 보도자료를 거의 그대로 내는 경우도 많으므로 신문기사나 보도자료와 큰 차이가 없다. 다만 기업 입장에서는 자사의 NCS 문제를 낼 때 자사 보도자료를 가지고 내면 자사 맞춤이라는 명분과 저작권에서 자유롭다는 실리 때문에 보도자료를 더 잘 활용하는 편이다. 그렇다고 NCS 문제를 풀기 위해 평소 보도자료를 꾸준히 읽을 필요는 없다. 주어진 제시문에 있는 정보를 보고 문제를 풀어 가는 능력을 확인하는 것이므로 독해 훈련을 해야지, 내용을 미리 알고 있을 생각을 해서는 올바른 준비라고 할 수 없기 때문이다.

다음 기사의 제목으로 가장 적절한 것은?

코레일은 과학적인 유지보수로 최상의 안전서비스를 제공하기 위해 사물인터넷(IoT) 기술을 활용한 실시간 모니터링 시스템 연구개발에 나섰다고 밝혔다.

철(鐵)로 이루어진 철도의 레일은 기온이 급격히 올라가면 휘어진다. 이런 현상은 열차 운행장애나 사고의 원인이 되기 때문에 코레일 직원들은 여름철 폭염 중에도 선로를 따라 걸으며 레일 온도를 수시로 점검한다.

코레일은 IoT 센서를 이용해 레일 온도를 실시간으로 원격 측정할 수 있는 시스템으로 안전과 효율성을 동시에 잡겠다고 밝혔다. IoT를 활용한 차량·시설물 모니터링은 코레일이 추진하는 '스마트 유지보수 시스템'의 첫 번째 시범 사업이다.

앞서 코레일은 지난 5월 말 SK텔레콤과 공동 연구협약을 체결하고 8개 IoT 연구과제를 선정했다. 레일온도 측정, 전차선 장력 조정 여부 점검 등 하절기를 맞이해 시급히 적용할 수 있는 3개 과제를 우선 시행하고, 나머지 5개 과제도 올해 10월까지 완료해 안전성을 제고할 계획이다.(과제 내용: 레일온도, 장력장치 변위, 상수도 검침(우선과제) 및 철도 차량 배터리 전압, 차량감속기 온도, 차량 진동, 피뢰기 누설전류, 변전소 고압 케이블 등 총 8개 과제)

이번 공동 연구개발에서 코레일은 시스템 전체 구축과 대상 선정, 성능검증을 수행하며 SK텔레콤은 IoT전용망인 LoRa(Long Range 대규모 저전력 장거리 무선통신기술) 등 통신망 제공과 망 연동 기술지원을 담당한다. 또 다른 파트너인 ㈜네이블커뮤니케이션즈는 운영프로그램과 8종의 디바이스 개발을 맡는다.

한편, 코레일은 오는 11월 초 개최하는 프랑스 국영철도(SNCF)와의 공동 기술 세미나에서 IoT 모니터링 시스템을 소개해 한국철도의 기술력을 국내외에 널리 알리겠다는 계획이다.

H 코레일 사장은 "4차 산업혁명을 대비하며 IoT를 통해 과학적인 유지보수 시스템을 만들겠다"며 "향후 빅데이터 기술과 연결해 안전하고 효율적인 철도를 만드는 혁신의 계기로 삼겠다."라고 밝혔다.

① 코레일, 4차 산업혁명에 대비한다.
② SK텔레콤과 코레일이 IoT 공동 연구에 본격적으로 돌입한다.
③ 프랑스 국영철도 공동 기술 세미나에 참여, 한국 철도 기술력 전파한다.
④ IoT 기반 시설물 모니터링 시스템 개발로 안전과 효율 두 마리 토끼 잡는다.
⑤ IoT를 활용한 차량·시설물 모니터링의 우수성을 보다.

　신문기사를 읽고 그에 대한 대화를 나누는 유형의 문제들이다. 사실 대화를 나누는 내용에 따라 앞서 제시된 신문 기사에 대한 내용일치 문제 유형과 크게 다르지 않은 문제들도 많다. 그렇지만 사람의 반응이라는 한 단계가 더 있는 만큼, 응용 문제라든가 추론 문제로 갈 수도 있기 때문에 보통은 앞의 내용일치 유형보다는 더 광범위한 유형의 문제 들이라고 할 수 있다.

정답 및 해설 P. 20

다음 [보기]는 사원들이 아래 기사를 읽고 나눈 대화이다. 아래 기사로 알 수 있는 정보와 [보기]의 대화의 내용을 이해한 것으로 가장 적절한 것은?

○○일보

○○일보 제 12333호 | 20××년 ××월 ××일 화요일　　　　　안내전화: 02-000-0000 | http://www.xxxx.com

우주의 신비, 조류의 변화

　바다의 독특하고도 강력한 흐름인 조류는 과연 어떤 것일까? 달의 모양에 따라 밀물과 썰물 현상이 나타나는 데 이것을 조석(Tide) 현상이라 부른다. 조석으로 바닷물이 해안 방향으로 밀려들면 밀물, 바다 방향으로 밀려나 가면 썰물이라고 부른다. 밀물 시기에 바닷물이 가장 높아질 때를 만조(滿潮)라 한다. 가장 낮아졌을 때를 간조 (干潮)라 부르며 만조와 간조의 차이를 조차(潮差)라 한다. 만조와 간조는 달에 의해 가장 크게 변한다. 태양과 지구, 달이 일직선을 이루는 합삭(음력 29일 전후), 만월(음력 15일 전후) 때에 조차가 크게 일어난다. 직각을 이 루는 상현, 하현 때에 조차가 작게 일어난다.

　조차가 크게 일어나는 때를 대조(大潮, 사리)라 부르며, 작게 일어나는 때를 소조(小潮, 조금)라고 한다. 밀물과 썰 물이 바뀌면 바닷물에 흐름이 생기게 되는데, 이것을 조류(潮流)라고 부른다. 조차가 클수록 조류도 강해진다. 조류는 밀물과 썰물에 의해 생기므로, 밀물이 최고(만조)가 되었을 때, 반대로 썰물(간조)이 최저가 되었을 때는 멈추기 마련 이다. 이 시간을 정조시간이라 하며, 밀물과 썰물이 하루에 두 차례 반복되니, 정조시간은 하루에 네 차례 있다.

이하 중략

이▲▲ 기자 2andowm@news.com

|보기|

[동료들 간의 대화]
T씨: 밀물과 썰물의 조차에 의해 바닷물에 흐름이 생기는 현상을 '조류'라고 하는구나.
Y씨: 맞아. 밀물 때를 물이 가득 찬다 해서 만조, 반대로 물이 빠지는 썰물 때를 간조라고 한대.
C씨: 아마 월식이나 일식이 일어날 때는 조류가 엄청 강할거야.

① 조류가 강한 것은 달의 인력이 지구에 미치는 영향력이 커지기 때문이구나.
② 조류가 강한 것은 밀물과 썰물의 변동이 잦아져서 조차가 커지기 때문이구나.
③ 조류가 강한 것은 태양, 지구, 달이 일직선이 되어 조차가 커지기 때문이구나.
④ 조류가 강한 것은 달과 지구 사이의 거리가 가장 멀어져 조석 현상이 심해지기 때문이구나.

　뉴미디어에 해당하는 매체가 여러 가지가 있고 최근 들어서는 신문이나 TV 같은 전통 미디어보다는 뉴미디어를 이용한 기업의 홍보가 이루어지고 있다. 때문에 앞으로는 페이스북이나 트위터에 올릴 단문을 보고 내용을 파악하는 문제가 나올 수도 있지만, 아직까지 그런 형식의 문제들이 객관식 시험으로 나온 적은 없다. 지금 뉴미디어 읽기로 우리가 접할 수 있는 것은 홈페이지에 올라가는 정보나, 아니면 블로그에 올라가는 정보 정도다. 특히 블로그를 통해 공모전이나 대회 안내, 기업 안내 등이 게시되고 있기 때문에 블로그 글이 제시문으로 제시되고 그에 따라 대회의 날짜, 주의사항, 참가자격 같은 세부 정보들을 맞히라는 문제가 나올 수 있다. 실제로 회사에 따라 블로그로 여러 가지 원론적인 정보를 제공하는 공기업들도 다수 있다. 예를 들어 한수원의 경우 원자력 에너지란 무엇이고 그것을 어떻게 이용하는지에 대한 글들을 블로그나 홈페이지 게시글로 알려 주고 있는데, 이것을 가지고 문제를 내게 되면 마치 수능형 제시문처럼 보이게 되는 경우도 있다.

정답 및 해설 P. 20

다음은 IBK기업은행 블로그에 소개된 적금상품의 내용변경 안내이다. 변경된 항목이 <u>아닌</u> 것은?

구분	현행	변경 후
약관 본문	이 적금의 계약기간은 6개월 이상 5년 이하로 합니다.	㉠ 이 적금의 계약기간은 6개월 이상 2년 이하로 합니다.
	이 적금은 월 1만 원 이상 10만 원 이하로 적립할 수 있으며, 계약기간 동안 적립할 수 있는 한도는 총 240만 원 이하로 합니다. 월적립한 금액이 월적립 한도보다 작을 경우 그 차액에 대하여 자유롭게 추가 적립할 수 있습니다.	㉡ 이 적금은 월 1만 원 이상 10만 원 이하로 적립할 수 있습니다.
	(신설)	㉢ 주택청약종합저축을 신규 가입한 경우 연 0.10%p
	다음 각 호의 요건을 충족하는 경우 만기시점에 우대이율을 제공합니다. 단, 우대이율은 최대 연 0.2%p를 초과할 수 없습니다.	㉣ 다음 각 호의 요건을 충족하는 경우 만기시점에 우대이율을 제공합니다. 단, 우대이율은 최대 연 0.5%p를 초과할 수 없습니다.
	1. 당행 입출금식 계좌에 급여이체 실적이 있는 경우: 연 0.2%p 초과할 수 없습니다.	㉤ 당행 입출금식 계좌에 급여이체 실적이 2회 이상 있는 경우: 연 0.2%p

① 문구 삭제　　　　　② 우대 폭 감소　　　　　③ 조항 추가
④ 계약기간 변경　　　⑤ 조건 변경

1단계
미디어나 뉴미디어 소재라는 것을 파악

2단계
미디어나 보도자료의 경우, 주목해서 볼 곳이 정해져 있음

3단계
뉴미디어는 공고문의 형식이 많으니, 내용일치적으로 접근

4단계
선택지와 비교

1단계 | 미디어나 보도자료 형식인지 블로그 같은 뉴미디어 형식인지 파악한다.

2단계 | 미디어나 보조자료 같은 신문기사 형식의 글은 여러 단락 중 첫 번째 단락에서 리드 단락이라고 하는 강조점을 가진다. 보통 기사나 보도자료들은 첫 번째 단락에 전체 기사의 정보를 요약해서 넣어 두고, 앞으로 어떻게 전개할지에 대한 내용도 포함하는 경우가 많다. 따라서 첫 번째 단락만 정확하게 읽어도 전체 기사의 내용은 요약 가능하다. 그리고 앞으로 어떤 내용이 전개될지도 보통 첫 번째 단락에서 제시하기 때문에 첫 번째 단락을 잘 보고 가이드 삼으면 된다.

3단계 | 뉴미디어 소재의 제시문은 대부분 블로그에 올리는 글 정도를 의미하는데, 블로그 글은 대부분 공고나 공모인 경우가 많다. 정확한 인포를 비교하는 것이라, 선택지를 항목별로 보면서 해당 정보를 찾아 비교한다. 제시문을 항목별로 구분해서 인지해야 한다.

4단계 | 선택지를 항목별로 보면서 해당 정보의 위치를 찾아 비교한다.

 **신문기사/보도자료에서 '리드' 문장 찾기**

보도자료 역시 그대로 신문에 보도되는 것을 전제로 쓰이기 때문에 신문기사의 형식과 거의 똑같다고 볼 수 있다. 그러니까 결국 신문기사의 글쓰기 형식에 대한 이야기인데, 기사라는 게 논리적이고 상업적인 글인 만큼 어느 정도 고정된 형식을 가지고 있다. 그중에서도 기자들 사이에서 철저하게 지키고 있는 것 중의 하나가 바로 '리드' 문장 쓰기다. '리드' 문장은 처음 들어가는 문장이나 단락을 의미한다.

> 신문기사나 보도자료는 처음 들어가는 리드 문장이나 단락에서 내용을 전부 요약해서 보여 준다.

따라서 이 '리드' 문장의 내용만 잘 파악하면 전체 기사의 요지를 파악한 상태에서 그 제시문을 읽을 수 있게 된다. 앞서 비문학형 제시문에서 단락별 주제를 정리하고 다다랐던 거시적인 이해가 이미 되어 있다는 얘기다.

신문기사를 보면서 첫 번째 문장이나 첫 번째 단락을 보고 전체적인 기사를 짐작해 본 뒤에 실제로 읽었을 때 자신의 추리와 맞는지 비교해 보는 방식으로 일상생활 가운데에서도 얼마든지 연습하고 적용할 수 있는 부분이다. 실제로도 기사 읽는 데 들어가는 시간을 많이 줄일 수 있을 것이다.

다음 [보기]는 아래의 사회뉴스 기사를 읽고 나눈 대화이다. 대화의 흐름상 빈칸에 들어갈 말로 적절한 것은?

근로복지공단 제주지사는 일자리 안정자금 지원사업의 조기 정착을 위해 25일부터 오는 2월 말까지 '찾아가는 접수서비스'를 시행한다. 일자리 안정자금 지원사업은 노동자 1인당 월 최대 13만 원의 임금을 지원하는 사업으로, 최저임금 인상에 따른 사업주의 부담을 덜어주기 위해 이달부터 시행되고 있다. 지원대상은 30인 미만 고용 기업 중 최저임금을 준수하고 지원신청 당시 고용보험에 가입돼 있는 업소다. 단, 공동주택경비, 청소원의 경우에는 30인 이상 사업주도 지원받을 수 있다. 일자리 안정자금 지급은 사업주 선택에 따라 현금 직접지원 또는 사회보험료 대납방식의 간접지원 모두 가능하다. 찾아가는 접수 서비스를 지원받고자 하는 사업주는 근로복지공단 제주지사 전화(064-754-6751~60)로 신청하면 된다.

한편 근로복지공단은 고용보험 신규가입을 촉진하기 위해 사업주 및 노동자의 보험료 부담 경감 방안을 확대 추진하고 있다. 10인 미만 사업장에 고용보험료를 지원하는 두루누리 사업의 경우 지원 대상을 당초 140만 원 미만에서 190만 원 미만 노동자로 확대하고, 지원수준도 신규가입자 보험료의 60%에서 90%로 인상했다. 더불어 지원의 사각지대를 최소화하기 위해 합법 취업 외국인, 초단시간 노동자, 5인 미만 농림어업 근무자 등 고용보험 적용대상이 아닌 경우에도 일자리 안정자금을 지급하고 있다. 이○○ 지사장은 "고객중심의 찾아가는 접수 서비스를 제공해 사업주와 노동자가 함께 웃을 수 있도록 최선을 다할 것"이라고 전했다.

|보기|

갑: 근로복지공단 제주지사에서는 찾아가는 접수 서비스로 일자리 안정자금 지원사업을 시작하는군.

을: 최저인금 인상으로 부담이 증가한 사업주를 위한 제도구나. 30인 미만 고용 사업장이고 최저임금과 고용보험에 가입된 업소면 가능하대.

병: 응. 뿐만 아니라 두루누리 사업도 지원 폭을 늘리고 앞으로 적용대상을 늘려 사각지대를 최소화한대.

정: 그렇다면, (   )

① 일자리 안정자금 지원사업은 노동자에게 1인당 13만 원을 지원하는 거구나.

② 지원대상 중에 30인 이상의 사업장은 지원이 불가능하겠네.

③ 일자리 안정자금 지급은 현금 직접지원만 가능하구나.

④ 찾아가는 접수 서비스를 지원하기 위해서 근로복지공단 제주지사로 전화 신청하면 되겠다.

 **SKILL ❷** **신문기사를 활용한 '사회'나 '정책'에 대한 문제의 진짜 의미**

신문기사는 비문학형 제시문에 비해 아무래도 학술적인 내용보다는 사회적인 내용이나 시사적인 내용을 담을 수 있다. 물론 공기업에서는 이런 소재를 내는 것을 부담스러워 하기 때문에 신문기사를 활용해도 건강 기사 같은 문제가 많이 나오긴 하는데, 그래도 신문기사라는 매체 특성을 고려하여 사회적인 소재나 정책에 대한 내용이 나올 때를 대비해 놓아야 한다.

만약 사회적인 소재나 정책에 대한 문제가 나온다면 주로 나오는 형식은 "주어진 상황에 대해 올바른 정책은?" 혹은 "주어진 상황에 맞는 적절한 대안은?"처럼 나올 수도 있는데, 여기서 중요한 포인트는 '적절함'이 대안이나 대책에 적용되는 것이 아니라는 것이다. 실제로 만약 시험 문제가 대책이나 대안에 대한 올바름에 대해서 나온다면 이는 사실 정치적인 쟁점이 될 수도 있다. 예를 들어 선택적 복지와 무차별 복지는 행정적으로는 분명히 비교 가능한 두 가지 복지의 형식이 될 수 있는데, 그것을 지지하는 정당이 다르다 보니 섣불리 이런 이야기가 나오면 쓸데없는 정치 문제에 휘말려 들게 된다. 당연히 공기업 입장에서는 피하고 싶은 상황일 것이다. 그래서 만약 이런 문제가 나오면 그 포인트는 '상황'에 있다.

> 대안이 적절한지를 묻는 것이 아니라 주어진 상황을 정확히 파악해서 그에 맞는 대안을 내 놓았는가가 풀이의 포인트다. 그러니까 말하자면 주제파악 문제, 상황파악 문제가 된다.

주어진 상황을 잘못 파악해서 대안을 내놓으면 그 대안은 적절하지 않게 되는데, 이때 대안이 틀린 것이 아니라 상황파악이 잘못된 것이다. 그러므로 이 문제는 어떤 면에서는 주제찾기 문제처럼 생각해도 된다.

다음은 유기동물보호소를 설치하자는 주장의 일부이다. 유기동물보호소 설치와 관련하여 발생할 수 있는 상황으로 가장 적절하지 <u>않은</u> 것은?

인간과 더불어 살도록 길들여진 많은 애완동물들이 도움의 손길에서 외면당하고 있다. 거리로 내몰리고 배회하는 유기동물[*]의 방치는 단순히 개체 수 증가로 인한 생태계 위협만이 아니라 인간 생활의 불편함을 초래하며, 소중한 생명에 대한 외면으로 인간 정서의 황폐함을 불러오기도 한다. 그러나 무엇보다도 안타까운 것은 이제까지 동물들이 인간에 의해서 많은 희생을 강요당해야 했고, 지금 이 시간에도 인간에 의해서 그들의 생명과 삶의 터가 유린당하고 있다는 점이다.

유기동물보호소 설치는 단지 그들만을 위함이 아니라 우리 인간을 위함이기도 한다. 버려진 동물들이 굶주림과 질병으로 인해 우리 인간 생활에 불편함을 초래하는 경우가 있다. 또한 거리로 내몰린 동물들은 교통사고의 원인이 되기도 한다. 동물을 잃고, 찾을 길 없어 애태우는 이들이 있는가 하면, 동물을 구조해도 어디로 보내야 할지 몰라 당황하는 이들도 많다. 이제 이런 동물들로 인한 많은 문제점을 자각해야 한다. 정부 지원에 의한 유기동물보호소 설치는 이제는 더 이상 미룰 수 없는 일이다. 유기동물 문제에 대한 대책이 마련되지 않는 한, 우리나라 동물 보호운 동은 제자리걸음을 벗어날 수 없다. 단순한 환경정리차원의 보호소가 아닌, 소중한 작은 생명을 구원하는 '생명 존 중'의 보호소로 자리매김하기 위해서는 많은 이들의 관심과 성숙한 시민 의식이 필요할 것이다.

* **유기동물**: 애완용으로 가정에서 기르다 주인이 버리는 동물

① 보호소를 통해 동물 의료지식의 향상을 기대할 수 있는 반면, 공중위생상 전염병 유포의 가능성이 있다.
② 지역이기주의와 맞물려 자기지역에 보호소가 설치될 경우 소음이나 악취 등의 문제에 대해 지역주민의 반발이 예 상된다.
③ 보호소를 설치하여 전문적이고 통합적으로 운영·관리함으로써 체계적인 유기동물 보호계획의 수립과 시행이 가 능하게 된다.
④ 보호소를 설치하는 데 따르는 초기비용이 과다할 경우 정부나 지방자치단체의 지원이 없으면 보호소 설치가 어려 워질 수 있다.
⑤ 유기동물의 특성상 수용시설이 필요하다는 점에서 보호소가 이러한 역할을 하게 되고 유기동물이 사망했을 경우 에 철저한 사후관리가 가능해진다.

신문기사에서 리드 찾기

다음 신문기사나 보도자료에서 리드 문장을 찾아 밑줄을 그어보고, 전체 내용과 비교하여 리드 문장으로
전체 내용을 확인할 수 있는지 체크해 보자.

01   한국수력원자력이 ○○일 강원 동해시에서 발생한 4.3 지진에 따른 원전운영에 아무런 이상이 없다고 밝혔다. 한
수원은 이날 언론 보도자료를 통해 "오전 11시 16분 동해시 북동쪽 해역 54km 지점에서 발생한 규모 4.3 지진이
발생했지만 현재 가동 중인 원자력발전소는 정상운영 중에 있다"라며 "지진경보가 발생한 원전은 없다"라고 설명
했다.

　　한편 동해시 북동쪽 54km 해역에서 규모 4.3의 지진이 발생한 가운데 정확한 발생 위치는 북위 37.88, 동경
129.54이다. 기상청은 지진 규모 4의 경우 실내에서 많은 사람이 느끼고, 밤에는 잠에서 깨기도 하며, 그릇과 창문
등이 흔들림으로 표현된다고 설명했다.

– 뉴스투데이 기사 중에서

리드 문장: _____

_____

전체 내용: _____

_____

02   코레일이 올바른 철도 이용문화 정착과 정당한 승차자 보호를 위해 부정승차 단속 및 부가운임 징수 강화에 나선다. 코레일은 최근 동영상 촬영 앱을 이용해 KTX 정기승차권을 위조해 장기간 사용한 부정승차자 4명을 적발했다고 밝혔다. 코레일은 이번 승차권 위조에 대해 철도사업법에 따라 원 운임과 30배의 부가운임을 징수할 계획이다.

큰 폭의 할인(45~60%) 혜택을 제공하는 정기승차권은 이용구간과 유효기간(10일~1개월)을 선택 구매해 열차를 자유롭게 이용하는 승차권이다. 부정승차를 할 경우 부정 사용한 기간의 부가운임을 모두 지불해야 한다. 이번에 적발된 A씨는 스마트폰으로 정기승차권을 구입해 동영상 녹화 앱으로 촬영한 뒤 승차권을 반환하는 수법으로 2017년 6월부터 지난달까지 21회 위조해 22개월간 부정승차했다. 승무원이 검표할 때 미리 녹화해 둔 동영상을 정기승차권인 것처럼 보여 주는 식이다. 수상히 여긴 승무원이 다시 확인하면서 덜미가 잡혔다. 코레일이 승차권 부정사용을 막기 위해 도입한 캡처 방지와 텍스트 롤링(흐름문자) 기능을 속이기 위해 동영상 촬영 방법을 사용한 것이다.

코레일은 부정승차에 대한 예방과 함께 교묘해지는 수법에 대비한 새로운 대책 마련과 단속을 강화할 방침이다. 우선 스마트폰 승차권에 현재 날짜와 시간이 추가로 나타나게 해 동영상 위조를 원천 차단키로 했다. 정기권 구매 고객에게 이미지 또는 동영상 촬영 등 부정사용 금지와 처벌에 대해 팝업으로 알릴 계획이다. 역과 열차에서 정기적으로 부정승차 예방 안내방송과 단속도 강화할 예정이다. 또한 부가운임의 납부를 거부하는 경우, 민사소송도 제기키로 했다.

한편 코레일은 정기승차권을 열차와 좌석을 지정하는 방식으로 서비스 개선을 검토하고 있다. 열차를 지정하지 않아 피크시간대 혼잡이 가중된다는 지적과 좌석을 이용하지 못하는 불편을 고려한 것이다. C 코레일 여객사업본부장은 "양심을 속이는 부정승차는 일시적으로 단속을 피할 수 있을지 모르나 반드시 적발된다"라며 "정상적으로 열차를 이용하는 대다수 고객이 피해를 입지 않도록 부정승차 예방과 단속에 노력하겠다"라고 밝혔다.

– 코레일 보도자료 중에서

리드 문장: _____

_____

전체 내용: _____

_____

03   국내 생활가전 시장에 세대교체 바람이 불고 있다. 최근 새롭게 등장한 이른바 '신가전'들이 선풍적인 인기로 기존 주류 제품 판매량을 앞지르며 필수가전으로 빠르게 자리잡고 있다. 소비자들의 생활방식이 바뀌고, 기술이 발전하면서 한 시대를 주름잡았던 전통가전들이 다음 세대로 빠르게 대체되는 양상이다.

가전업계에 따르면 올해 국내 시장에서 건조기 판매량이 세탁기를 추월할 것으로 예상되고 있다. 올해 건조기는 200만 대 판매가 예상되면서 150만 대로 판매량이 정체된 세탁기를 앞지를 것으로 전망된다. 지난해 두 제품의 시장규모는 150만 대로 동일한 수준이었다. 하지만 일년 새 50만 대가량 격차가 벌어지게 된 셈이다. 건조기는 지난 2016년 연간 약 10만 대 규모의 시장이었지만 3년 새 20배가량 급성장하며 대표 생활가전으로 자리매김했다.

국내 건조기 시장은 지난 2016년 전기식 건조기가 출시되면서 급속도로 성장했다. 가전업계 관계자는 "건조기는 집안 어디에도 간편하게 설치할 수 있고, 별도의 배수관이 없어도 건조할 때 발생하는 응축수를 쉽게 처리할 수 있도록 설계돼 편의성을 대폭 높인 게 주효했다."라고 전했다.

주방가전의 주인공도 바뀌고 있다. 소비자들이 건강과 안전에 관심이 높아지면서 전기레인지 판매가 가스레인지와 견줄 만큼 성장할 것으로 보인다. 미세먼지, 가스누출 등 가스레인지가 가진 단점을 극복하면서도 화력과 에너지효율을 갖춘 전기레인지 제품이 출시됐기 때문이다. 전기레인지가 가스레인지를 추월하는 건 시간 문제라는 게 업계의 관측이다.

지난해 가스레인지는 120만 대 판매되면서 80만 대가량의 판매량을 보인 전기레인지를 앞섰다. 하지만 올해 두 제품은 각각 100만 대가량 판매되며 엇비슷한 시장 규모를 형성할 것으로 관측된다. 최근 성장세를 감안할 때 내년엔 시장 규모의 역전이 유력하다.

국내 청소기 시장에선 이미 무선 제품이 대세가 됐다. 지난해 유선과 무선 청소기 판매량이 100만 대가량으로 엇비슷했다. 올해는 무선 140만 대, 유선 80만 대의 판매 전망이 나오면서 판도가 완전히 바뀔 것으로 예상된다.

– 파이낸셜 뉴스 기사 중에서

리드 문장: _____

_____

전체 내용: _____

_____

04 한국을 찾은 외국인 관광객 수는 늘었지만, 이들이 한국에서 쓴 평균 지출액은 줄어든 것으로 나타났다. 한국 여행에 관한 만족도 역시 감소한 것으로 드러났다. 사드 여파로 줄어들었던 관광객이 늘어난 것은 청신호지만, 적신호도 함께 커진 셈이다.

문화체육관광부와 한국관광공사는 지난해 한국을 방문한 외국인 관광객 1만 6,469명을 대상으로 설문 조사한 '2018 외래관광객 실태조사' 결과를 8일 발표했다. 지난해 외국인 관광객은 1,535만 명으로 사드 여파를 겪은 2017년에 비해 무려 15.1%나 증가했다.

조사 결과 '2회 이상 한국을 방문했다'는 응답 비율이 57.8%였다. 2017년 대비 4.5%포인트 상승한 수치다. 평균 체재 기간도 2017년 7.0일에서 지난해에는 7.2일로 늘었다. 지방 방문 비율 역시 49.3%에서 49.6%로 증가했다.

외국인 관광객은 한국에 주로 '여가, 위락, 휴가'(78.4%)를 즐기러 왔고, '개별여행'(79.9%) 형태로 여행을 즐겼다. 방문지는 서울이 79.4%로 가장 인기가 많았다. 이어 경기 14.9%, 부산 14.7%, 강원 9.7%, 제주 8.5%순이었다.(중복응답)

다만, 1인당 소비액은 전년 대비 139.2달러 감소한 1342.4달러에 그쳤다. 문체부 관계자는 "상대적으로 지출 규모가 큰 중국인(1887.4달러) 비중이 감소하고 지출 경비가 상대적으로 적은 일본인(791.1달러) 관광객 비중이 늘었기 때문"이라 설명했다.

외국인 관광객은 방한 기간 '쇼핑'(92.5%)과 '식도락 관광'(71.3%)을 가장 즐겼다.(중복응답) 가장 만족한 활동으로 쇼핑을 꼽은 비율은 28.2%에서 22.2로 줄어든 반면, 식도락 관광은 19.6%에서 29.3%로 대폭 증가했다.

한국 관광에 관한 전반적 만족도는 94.8%에서 93.1%로 지난해 대비 감소했다. 분야별로는 '언어소통'(66.2% → 60.5%)이 두드러졌다. 방한 전 외국인 관광객이 가장 많이 찾아본 정보는 '이동거리 및 교통편'(52.4%), '방문지 정보'(47.3%), '음식 및 맛집 정보'(46.8%)순이었다.

– 서울신문 기사 중에서

리드 문장: ＿＿＿＿＿＿＿＿＿＿＿＿＿＿＿＿＿＿＿＿＿＿＿＿＿＿＿＿＿＿＿＿＿＿＿＿＿＿＿
＿＿＿＿＿＿＿＿＿＿＿＿＿＿＿＿＿＿＿＿＿＿＿＿＿＿＿＿＿＿＿＿＿＿＿＿＿＿＿

전체 내용: ＿＿＿＿＿＿＿＿＿＿＿＿＿＿＿＿＿＿＿＿＿＿＿＿＿＿＿＿＿＿＿＿＿＿＿＿＿
＿＿＿＿＿＿＿＿＿＿＿＿＿＿＿＿＿＿＿＿＿＿＿＿＿＿＿＿＿＿＿＿＿＿＿＿＿＿＿

주어진 상황에서 방향성 찾기

다음 주어진 조건이나 규약, 조항들을 한 문장 정도로 정리해 보고 그에 따라 문제를 풀어보는 연습을 해보자.

01 다음은 사업자 등록을 하여야 하는 경우에 대해 블로그에 안내된 글이다. 이를 근거로 판단할 때, [사례]의 甲~丁 중에서 사업자 등록을 하여야 하는 사람을 모두 고르면?

> 다음 요건을 모두 갖춘 경우 사업자 등록을 하여야 한다.
> ○ **사업자이어야 한다.**
> 사업자란 사업목적이 영리이든 비영리이든 관계없이 사업상 독립적으로 재화 또는 용역을 공급하는 사람(법인 포함)을 말한다.
> ○ **계속성·반복성을 가져야 한다.**
> 재화나 용역을 계속적이고 반복적으로 공급하여야 한다. 계속적이고 반복적인 공급이란 시간을 두고 여러 차례에 걸쳐 이루어지는 것을 말한다.
> ○ **독립성을 가져야 한다.**
> 사업의 독립성이란 사업과 관련하여 재화 또는 용역을 공급하는 주체가 다른 사업자에게 고용되거나 종속되지 않은 경우를 말한다.

───┤ 사례 ├───

> ○ 용돈이 필요하여 자신이 사용하던 200만 원 가치의 카메라 1대를 인터넷 중고매매 카페에 매물로 1회 등록한 甲
> ○ 자사의 제품을 판매하기 위해 열심히 일하는 영업사원 乙
> ○ 결식 어린이 돕기 성금 모금을 위하여 자원봉사자들이 직접 만든 공예품을 8년째 판매하고 있는 비영리법인 丙
> ○ 자신이 개발한 발명품을 10년 동안 직접 판매하면서 생활비 정도를 벌고 있는 丁

① 甲, 乙   ② 甲, 丙   ③ 乙, 丙   ④ 乙, 丁   ⑤ 丙, 丁

정리 ┃ 사업자 등록은 재화나 용역을 공급할 때 _____ 경우에 해야 한다.

02 다음은 신문에 실린 국민연금재정에 대한 기사이다. 이 기사와 관련한 정책대안 및 실행계획으로 가장 적절하지 <u>않은</u> 것은?

> 현재 시행되고 있는 국민연금제도는 노후보장을 위한 사회적 장치의 하나이다. 하지만 현재의 보험료율 9%를 고정하고 급여수준을 은퇴 전 소득의 60%로 유지할 경우 2030년에 적립기금이 6백 44조 원으로 최고조에 달하며, 2036년에 수지차(보험료 수입과 보험금 지출의 차이) 적자가 시작되어 2047년에 기금 고갈이 발생할 것으로 예상된다. 현재 빠른 속도로 진행되는 고령화와 저출산으로 연금을 받을 노인인구는 증가하고 보험료를 낼 근로세대는 감소하며, 연금관리의 효율성은 낮은 수준에 머물고 있어 연금제도의 개혁이 절실하다. 현재의 연금급여 수준을 그대로 유지하기 위해서는 2050년에는 소득의 30%를 연금보험료로 내게 되며 그 결과 경제성장 동력이 소진되는 결과를 초래할 것으로 예상된다.

① 보험료율은 점진적으로 높이고 연금급여 수준은 점진적으로 낮추는 정책을 실시한다.

② 관련법규의 개정을 통하여 연기금의 수익률을 제고할 수 있는 투자처의 확대 방안을 모색한다.

③ 유족연금의 중복급여 제한 규정의 완화, 신용불량자 급여압류 제한 등 국민연금 급여제도의 개선책을 마련한다.

④ 연기금운용조직의 혁신을 통하여 연기금관리의 전문성을 높이고 연금가입자의 대표성을 강화하여 연기금 운용위원회를 활성화한다.

⑤ 고령화와 저출산으로 연금을 받을 노인인구는 급증하고 보험료를 낼 근로세대는 급감하는 것에 대비하여 많은 자녀를 낳으면 보험료를 낮추어 주는 방안을 마련한다.

정리 ┊ 자료는 국민연금이 ＿＿＿＿＿＿＿는 이야기를 하고 있다. 따라서 정책대안으로는 ＿＿＿＿＿＿＿ 방향으로 가야 할 것이다.

03 다음은 테일러의 과학적 관리법에 관한 내용이다. 이 관리법의 영향이라고 할 수 <u>없는</u> 것은?

> * 테일러의 과학적 관리법
>
> i) 직무의 조직에 관한 모든 책임은 작업자로부터 관리자에게로 이전시킨다.
>
> ii) 직무수행을 위한 가장 효율적인 방법을 결정하기 위해 과학적인 방법을 수행한다.
>
> iii) 이렇게 설계된 직무를 수행하기 위한 가장 적절한 사람을 선발한다.
>
> iv) 직무를 효율적으로 수행할 수 있도록 작업자를 훈련시킨다.
>
> v) 적절한 작업과정이 준수되고 또 적절한 과업량이 성취될 수 있도록 하기 위해 작업자의 성과를 통제한다.

① 숙련된 장인들을 미숙련노동자들로 대체할 수 있게 되면서 생산성이 배가되었다.

② 생산되는 제품이 항상 적합하도록 환경이 안정적이 되었다.

③ 냉정하고 비판의 여지가 없는 관료제를 초래하였다.

④ 인간과 직무의 조직을 가능하게 하였다.

⑤ 관리자의 역할이 증대하면서, 일방적인 통제보다는 인간적인 리더십의 확보가 중요해졌다.

정리 ┃ 이 관리법은 노동자들의 노동이 _____될 수 있다는 것을 전제하고 있다.

04 다음 기사를 읽고 변경된 제도로 인해 나타날 수 있는 현상으로 가장 적절한 것을 고르면?

○○국은 의회에서 과반수 의석을 가진 정당 또는 정당 연합에 의해 정부가 구성되어 왔다. 의회 구성을 위해 이 나라에서는 전국을 하나의 선거구로 하여 유권자들이 자신이 지지하는 정당에 투표했다. 그리고 각 당의 당선자는 전국단위의 정당별 득표율에 따라 각 당에서 정한 순서에 의해 결정되었다. 지난 50여 년간 두 개의 정당이 번갈아 과반수 의석을 확보하며 정권을 장악해 왔다.

이 나라는 최근 선거제도를 변경했다. 새 선거제도에서는 총 800명의 의원을 8개의 권역으로 나누어 선출하며 각 권역에서 인구비례에 따라 50명에서 150명의 의원이 선출된다. 선거에 참여한 정당은 각 권역별로 할당된 의원 수만큼 후보자를 추천한다. 유권자들은 자신이 원하는 정당을 선택하여 그 정당에서 추천한 후보 중 자신이 지지하는 후보에게 투표한다. 권역별로 각 정당이 얻은 득표율을 바탕으로 정당별 당선자 수를 결정한다. 다음으로 동일정당에서 추천한 후보별 득표순에 따라 정당별로 배정된 의원 수만큼 당선자를 결정하게 된다. 예를 들면, 갑(甲) 권역에 50명의 의원이 배정되었다면 A당은 50명의 후보를 추천한다. A당이 50%의 득표율을 올린다면 A당에는 25명의 의원이 해당 권역에서 배정되며 A당의 당선자는 50명의 후보자 중 득표순에 따라 25위까지 의원으로 당선된다.

최근 치러진 총선결과를 보면 전국에서 모두 30개의 정당이 선거에 참여했고 15개의 정당이 의회에 5석 이상의 의석을 확보하였다. 이 중에서 제1당을 차지한 정당조차 전체의석의 25%밖에 얻지 못했고, 50석 미만의 의석을 가진 정당이 10개에 이르는 결과가 나타났다.

① 유권자와 후보자의 유대관계가 약화된다.
② 정치적 소수집단의 의견이 제대로 반영되지 못한다.
③ 개인 선거 운동의 필요성이 증가하여 후보자의 선거자금 수요가 높아진다.
④ 특정 정당의 강세 지역에서 유권자의 선거 관심이 낮아져 투표율이 하락한다.
⑤ 정당의 득표율과 의석율의 괴리가 발생하여 지역주민의 의사가 제대로 전달되지 못한다.

정리 ┃ 바뀌기 전 제도는 _____하는 것이었다. 바뀐 다음에는 _____하는 방식이다.

정답 및 해설 P. 20~21

01 다음 신문기사를 읽고 나눈 대화로 적절하지 <u>않은</u> 것은?

> 근로복지공단은 12월 4일부터 8일까지 미얀마, 베트남 및 캄보디아의 산재보험 관련 노사정 대표 9명을 대상으로 한-ILO 산재보험 초청연수를 서울 티마크호텔(명동)에서 개최한다. 한-ILO 초청연수는 우리나라와 국제노동기구(ILO)가 2005년부터 매년 실시해 온 사회보장분야 국제협력 핵심 프로그램이다.
>
> 이번 초청연수는 사회보장제도의 국제적 변화 추세를 파악하고 아시아 개도국의 산재보험제도 운영 경험 및 성과 사례 등을 공유함으로써 지속 가능한 사회안전망 설계와 운영에 도움을 주고자 마련된 것이다.
>
> 연수 참가자들은 ILO 본부와 아태지역사무소의 사회보장 전문가들로부터 산재보험제도의 글로벌 동향과 당면과제 그리고 적용 확대 모범사례 등을 배우게 되며, 한국 산재보험의 역사, 업무상 질병 인정기준, 적용 확대 추세 및 직업복귀 프로그램 관련 전문가의 강의에 참여하고, 근로복지공단 안산병원도 견학하는 등 우리나라 산재보험 발전모델에 대한 학습 기회를 가질 예정이다.
>
> 그동안 공단은 초청연수 프로그램을 통해 캄보디아 산재보험 도입 및 정착을 지원하고, 베트남 산재보험 업무 프로세스 개선 및 정보시스템 구축을 지원하는 등 아시아 개도국의 사회보장제도 발전에 기여해 왔다.
>
> S 이사장은 "올해 12주년을 맞는 초청연수가 아태지역의 산재보험 정책수요를 효과적으로 충족하도록 유관기관 협업을 통한 개발협력 프로그램을 추진할 계획"이라고 밝히면서, "앞으로도 각국의 발전단계에 적합한 맞춤형 사업이 되도록 노력할 것이며 특히 근로복지공단의 우수한 재활사업 경험을 전수할 수 있도록 협력사업 범위를 확대해 나가겠다."라고 밝혔다.
>
> [출처: 근로복지공단 홈페이지]

① 철민: 올해 초청연수에는 미얀마, 베트남, 캄보디아의 노사정 대표가 참석하네요.

② 영현: 네. 연수 참가자들은 근로복지공단 안산병원도 견학한다고 합니다.

③ 민아: 초청연수가 잠시 중단됐었는데, 다시 재개되어서 다행이네요.

④ 상우: 근로복지공단이 아시아 개도국 사회보장제도 발전에 기여하고 있었군요.

02 다음은 한국전력공사의 보도자료이다. 보도자료를 요약한 내용으로 가장 적절한 것은?

한국전력공사는 6월 15일 오후 3시(현지시간) 일본 홋카이도(北海道) 치토세시(千歲市)에서 28MW급 태양광 발전소의 초기 가압 및 시운전에 착수하였다. 이 사업은 한전이 최초로 해외에 건설한 ESS 융복합형 태양광 발전소로서, 28MW의 태양광 발전과 13.7MWh의 ESS 설비가 결합된 사업이다. 사업부지는 홋카이도 신치토세 국제공항 인근으로 약 33만 평 부지에 123,480장의 태양광모듈 및 13.7MWh의 ESS 설비를 설치 완료하였으며, 2017년 6월 15일 일본 홋카이도 전력의 히노데변전소에 계통연계 후 발전소 초기가압 및 시운전에 착수, 20일간의 시험운전을 거쳐 2017년 7월 5일에 상업운전을 개시할 예정이다.

한전 C 사장은 6월 14일 발전소를 방문하여 발전소 시운전을 위한 최종 준비상황을 현장 점검하였고, "치토세 사업은 한전 최초의 해외 태양광 발전사업으로 일본 등 선진시장에서 경쟁력을 확인하는 시금석이 될 프로젝트"라고 강조하였으며, "한전은 본 사업에서의 노하우를 바탕으로 향후에도 국내 기업들과 함께 해외 신에너지 시장 개척에 앞장서는 등 끊임없이 새로운 것을 추구하는 기업이 되어야 한다."라고 말했다.

이 사업은 총사업비 약 113억 엔(한화 1,130억 원)으로 한전이 80%의 지분을 보유하고 있으며, 일본의 신재생 전문기업인 Energy Product와 2015년 공동사업 개발협약을 맺은 이후 약 1년간에 걸쳐, 사업 타당성 조사와 금융 협상, EPC·O&M 계약 협상을 마무리하고 2016년 4월 20일에 공사를 착공, 올해 6월 15일에 발전소 시운전을 하였다. 발전소 최종 준공은 상업운전 개시 후 3개월간의 발전소 시스템 종합효율 시험 및 정부기관의 발전소 종합준공 승인서 취득 후에 완료될 예정이며, 한전은 준공 이후 25년간 발전소를 운영하면서 홋카이도 전력회사에 약 엔화 317억 엔(한화 3,174억 원)의 전력 판매가 예상된다.

또한 LS산전이 EPC 건설, 시공뿐만 아니라 25년의 사업기간 동안 O&M을 담당하여 한전과 국내 기업이 해외 에너지시장에 동반 진출한 사례가 되었으며, 한국의 우수한 신재생 융복합 기술을 세계에 알리는 기회가 되었다.

발전소 건설에 LS산전을 비롯한 총 13개 국내기업의 기자재를 활용함으로써 경제적으로도 약 505억 원의 수출효과를 창출했다는 평가다.

① 한국전력공사가 6월 15일 일본 홋카이도에서 최초의 융복합형 태양광 발전소의 시운전에 착수했다. 이 사업은 태양광 발전과 ESS설비가 결합된 사업으로 선진시장에서 경쟁력을 확인할 기회가 될 것이며, 한전과 국내 기업이 해외 에너지시장에 동반 진출하고 약 500억 원 이상의 수출효과를 창출했다는 점에서 의미가 있다.

② 한국전력공사가 7월 5일부터 일본 홋카이도에서 한전 최초의 해외 태양광 발전 사업을 개시할 예정이다. 총사업비가 1,000억 원이 넘는 이 사업에서 한전은 80%의 지분을 보유하고 있으며 25년간 발전소를 운영하여 수익을 창출할 것이다.

③ 6월 15일 한국전력공사가 일본 홋카이도에서 한전 최초의 해외 태양광 발전소의 시운전에 착수했다. 2015년 Energy Product와 공동사업 개발협약을 맺은 이후 약 1년 만에 공사에 착공했고, 이후 1년간의 공사 끝에 발전소를 완성하였다.

④ 한국전력공사는 LS산전과 함께 해외 에너지시장에 동반 진출했으며, 선진시장에서의 경쟁력을 확인하고 한국의 우수한 기술을 세계에 알릴 기회를 얻게 되었다. 또한, 13개 국내기업의 기자재를 활용하여 발전소를 건설함으로써 높은 경제적 수출효과를 창출했다.

⑤ 한국전력공사는 홋카이도 신치토세 국제공항 인근 약 33만 평 부지에 최초의 해외 태양광 발전소를 건설하였다. 123,480장의 태양광모듈 및 13.7MWh의 ESS 설비를 설치 완료하여 6월 15일 시운전에 착수했다. 이를 통해 약 3,000억 원 이상의 전력 판매와 약 500억 원 이상의 수출효과가 기대된다.

03 다음 기사의 제목으로 가장 적절한 것은?

근로복지공단은 최저임금 인상에 따른 일자리 안정자금 지원사업 및 통상의 출퇴근 사고에 대한 산재보상 범위 확대에 따른 전담조직 신설 등을 주요내용으로 하는 조직개편을 대대적으로 단행했다.

먼저 '일자리 안정자금 지원사업'의 차질 없는 수행을 위해 본부에 이사장 직속의 '일자리안정지원단'을 신설하였고 One-Stop 민원응대를 위해 전국 56개 소속기관에 일자리 전담지원팀(일자리지원팀)을 신설하였다.

또한, 출퇴근 중의 사고에 대한 신속, 공정한 산재보상 서비스 제공 및 사후관리를 위해 본부 관련부서의 기능을 조정하고, 소속기관 사업수행부서를 68개소에서 87개소로 확대하였으며 행정대상의 74.7%가 자동차사고로서 과실률 산정과 관련되는 구상권 대상이 급증할 것으로 예상되어 과실률 등을 협의, 조정하는 기구인 '구상금협의조정위원회'를 신설하였다.

이 밖에도 공단은 새로운 직업병 등 직업성 질병에 대한 전문성 강화를 위해 '업무상질병부'를 신설하였으며 보험급여 부정수급 조사의 현장 접근성을 높이기 위해 6개 지역본부에 '부정수급예방부'를 신설하여 사전 예방 및 사후 적발기능을 강화하였다.

S 이사장은 "이번 조직개편은 정부 역점 추진사업인 일자리 안정자금 지원사업을 성공적으로 수행하고, 산재보상범위 확대로 인한 노동자의 재해보상을 신속하게 지원하기 위해 이뤄진 것"이라며, 앞으로도 "공단의 업무가 노동자에게 실질적인 도움이 되고 더욱 미래지향적으로 발전하도록 최선을 다하겠다."라고 말했다.

① 근로복지공단, 일자리안정지원단 출범
② 신규사업 본격 추진을 위한 근로복지공단의 대규모 조직개편
③ 근로복지공단의 조직개편으로 인한 득과 실
④ 출퇴근 자동차 사고율 74.7%, 근로복지공단의 대응방안은?
⑤ 일자리 안정자금 지원사업의 성공적 수행 방안

04 다음 기사를 읽고 내용과 일치하는 것을 고르면?

출퇴근길의 그 고단함을 겪는 샐러리맨들이라면 '자율출퇴근제'와 나아가 '재택근무'를 하는 이들이 부러움의 대상일 수밖에 없다. 과거의 회사원이라면 당연히 '출퇴근의 꽃'이라고 불렸지만 이른바 모든 게 스마트하게 연결된 '스마트 워크(Smart Work) 시대'에 출퇴근은 '비효율'의 상징처럼 얘기된다. 불필요한 시간과 에너지의 낭비 요소가 너무 많다는 것이다.

하지만 일찍이 프리랜스 생활을 하고 있는 이들은 이렇게 출퇴근 없는 업무가 단지 '자유의 확장'만은 아니라는 걸 알고 있을 것이다. 이들에게 자유로운 시간이란 주말도 없이 누군가 '자유롭게' 일을 시켜도 해야 하는 처지를 말하는 것과 다르지 않다. 그런데 최근에는 이런 상황이 출퇴근하는 직장인들에게도 똑같이 벌어지고 있다. 카카오톡 같은 SNS를 통해 주말이나 퇴근 후에도 시도 때도 없이 날아오는 업무 지시가 점점 일상화되어 샐러리맨들의 스트레스가 되어가고 있기 때문이다. 실제로 한국노동연구원이 남녀 임금노동자 2,402명을 대상으로 조사한 결과 응답자 열 명 중 일곱 명꼴로 업무 시간 이외 또는 휴일에 스마트기기를 이용해 업무를 수행한 경험이 있다고 밝혔다.

이런 여론을 수렴해 A당 B의원은 '근로기준법 일부 개정안'을 발의해 그 안에 '퇴근 후 회사 업무와 관련해 모바일로 연결되지 않을 권리'를 명시했다. 현재 국회 환경노동위원회 법안심사소 위에 회부된 이 안건은 발의되자마자 사회적으로 뜨거운 사안이 되었다. 달라진 노동환경에 따라 법이 통과되어야 한다는 데는 대체로 공감하는 분위기지만, 이걸 굳이 법으로 제정해야 하는가 하는 점과 국내의 업무 환경이 해외와는 다르다는 점을 들어 우리에게는 현실성이 없다는 비판도 나오고 있다.

스마트 워크란 본래 지금의 샐러리맨들이 겪는 노동환경을 개선하기 위해 디지털 네트워크를 활용, 그 효율성을 높이는 방식이다. 하지만 우리에게는 스마트 환경이 그간의 노동환경의 부담을 덜어주기는커녕 오히려 더 가중시키는 방식으로 적용되었다. 출퇴근은 그대로 유지되면서 퇴근 후까지 일할 수 있는 방식이 된 것이다. 이것은 노동자 입장이 아니라 사용자 입장에서 스마트 워크를 활용한 탓이다. 물론 기술적 환경은 이미 제시되어 있지만, 아직까지 이를 실질적으로 활용할 만한 문화가 정착되지 않았기 때문이기도 하다. 그래서 어쨌든 이렇게 기술적 환경이 '스마트'하게 변화해 가고 있는 상황은 향후 머지않은 미래에 '자율출퇴근제'나 '재택근무' 같은 새로운 노동환경으로 변화하리라는 걸 쉽게 예상하게 한다. 하지만 이 경우에도 역시 그 '자유'는 이중적인 의미를 띨 수밖에 없다는 지적이 나오고 있다.

① 스마트 워크(Smart Work) 시대에 출퇴근은 아직도 효율적이다.
② 샐러리맨들은 출퇴근 없는 업무가 자유의 확장이라고 생각한다.
③ 스마트 워크(Smart Work)란 디지털 네트워크를 활용하여 재택근무를 요하는 것을 말한다.
④ 우리 사회의 스마트 환경은 노동의 부담을 더욱 가중시키는 환경을 만들었다.
⑤ '퇴근 후 회사 업무와 관련해 모바일로 연결되지 않을 권리'가 법으로 제정되었다.

[05~06] 다음은 ○○국립병원 블로그에 올라온, 지난 주 연수에서 있었던 강연의 녹취록이다. 이 강연 녹취록을 보고 물음에 답하시오.

여러분! 주변에서 의사들이 불친절하다고 불평하는 소리, 한 번쯤 들어 보셨죠? 그런 소리 들으면 우선 사정을 모르고 하는 소리라고 항변하고 싶은 생각이 들 겁니다. 저도 잘 알고 있습니다. 사실 날마다 수많은 환자들을 상대하다 보면 친절한 말씨에 신경 쓸 여력이 없죠? 예, 맞습니다. 당연히 의사는 환자의 병을 치료하는 것이 가장 중요합니다. 그렇지만 치료 과정에서 여러 사람들과의 관계도 고려하지 않을 수 없습니다. 환자만이 아니지요. 환자의 보호자들, 간호사나 동료 의사들, 기기를 다루는 기사들……. 환자의 병을 다루는 의사라면, 어디서든 이들과 이야기하고 협력해야 하는데, 이것은 결코 저절로 이뤄지는 것이 아닙니다. 환자와 그 가족들에게는 환자의 병만 정확히 설명하면 될까요? 간호사에게는 지시만 하면 될까요? 그건 아닐 겁니다. 사람을 상대로 말을 하다 보면, 자신이 말한 내용이 다른 뜻으로 전해지거나 의도하지 않았던 반감을 불러일으킨 경험, 여러분도 가지고 있을 겁니다. 그러한 오해나 반감 때문에 순조로울 수 있었던 환자의 치료가 어려워지거나, 진료에 필요한 최선의 준비가 마련되지 않을 수 있습니다. 의사소통 교육의 중요성이 여기에 있습니다. 따라서 의사라면 누구나 의사소통에 대한 훈련과 연수가 필요합니다. 이제부터라도 의사로서의 지식과 전문적 조언이 무신경한 말투에 가려지지 않도록 함께 노력할 일입니다.

05 위 강연에 대한 평가로 적절하지 **않은** 것은?

① 질문을 던져 주의를 환기하고 있다.

② 공감을 유도하며 분위기를 조성하고 있다.

③ 주장을 앞에 두어 논점을 분명히 하고 있다.

④ 문제 상황을 부각하여 호소력을 높이고 있다.

⑤ 실천 방안을 제시하며 행동을 촉구하고 있다.

06 위 강연자에게 질문을 하고자 할 때, [보기]의 조건을 가장 잘 만족하는 것은?

┤보기├

- 강연의 요점을 정리하고 질문한다.
- 질문의 초점을 분명히 한다.
- 공격적이거나 논점에서 벗어나는 질문을 삼간다.

① 의사소통 교육이 중요하다는 데 저도 전적으로 동의합니다. 사실 의료 행위도 서비스업의 일종이죠. 그렇다면 선생님께서는 질 높은 서비스를 제공하는 데 의사소통보다 더 중요한 점은 무엇이라고 생각하십니까?

② 선생님 말씀은 잘 알겠습니다. 그런데 최근 상황이 많이 달라져서 선생님께서 생각하시는 것과 조금 다른 것 같습니다. 이미 많은 의사들이 환자와 간호사에게 정중하게 대하고 있다고 생각하는데, 어떻게 생각하시는지요?

③ 선생님께서는 결국 의사소통에 대한 훈련과 연수를 강조하셨는데, 이에 대한 구체적인 프로그램이 마련되지 않으면 공허한 주장일 수 있다고 생각합니다. 구체적인 교육 내용이 마련되어 있다면 좀 더 자세히 안내해 주실 수 있습니까?

④ 오늘 강연을 듣고 반성이 되는 점도 있지만, 사실 평소의 마음가짐이 중요하지 한두 번의 연수를 받는다고 해결될 일도 아니지 않습니까? 의사에게 화려하고 친절한 말솜씨만이 전부는 아니라고 생각하는데, 도대체 의사에게 중요한 덕목은 뭡니까?

⑤ 말씀 잘 들었습니다. 의사소통은 그야말로 두 사람 이상의 상호 작용을 말하는 것입니다. 그래서 의사들의 일방적인 노력으로 해결될 수 없는 부분이 있습니다. 왜 의사만 일방적으로 의사소통의 책임을 져야 합니까? 그에 대한 선생님의 견해를 듣고 싶습니다.

정답 및 해설 P. 22~23

법률/계약서형 정보 읽기

유형 분석

Main Type	Sub Type 1	Sub Type 2
법률 조항 읽기	계약서 읽기	법률 조항 적용하기

Sub Type 3
회사 내규 읽기

★ Main Type **법률 조항 읽기**

　법률 조항을 활용한 문제들은 규칙제시형 Text 중에서는 가장 많이 볼 수 있는 유형의 문제들이다. 기업의 활동은 아무래도 법의 테두리 안에서 최대한의 효율을 노리는 방향으로 이루어져야 하기 때문에 법 조항을 잘 이해하고 활용하는 능력이 필요하다. 특히 공기업의 경우에는 더더욱 그렇다. 그래서 법률 조항을 주고 그것을 이해했는지 체크하는 문제가 자주 나오게 된다. 아무래도 평소에 접하는 형식의 정보들은 아니기 때문에 여러 가지 문제들을 풀어보며 정보 형식을 익숙하게 할 필요가 있다.

다음 글을 근거로 판단할 때, [보기]에서 옳은 것을 모두 고르면?

제00조 ① 개발부담금을 징수할 수 있는 권리(개발부담금 징수권)와 개발부담금의 과오납금을 환급받을 권리(환급청구권)는 행사할 수 있는 시점부터 5년간 행사하지 아니하면 소멸시효가 완성된다.

② 제1항에 따른 개발부담금 징수권의 소멸시효는 다음 각 호의 어느 하나의 사유로 중단된다.

   1. 납부고지

   2. 납부독촉

   3. 교부청구

   4. 압류

③ 제2항에 따라 중단된 소멸시효는 다음 각 호의 어느 하나에 해당하는 기간이 지난 시점부터 새로이 진행한다.

   1. 고지한 납부기간

   2. 독촉으로 재설정된 납부기간

   3. 교부청구 중의 기간

   4. 압류해제까지의 기간

④ 제1항에 따른 환급청구권의 소멸시효는 환급청구권 행사로 중단된다.

   ※ 개발부담금이란 개발이익 중 국가가 부과·징수하는 금액을 말한다.

   ※ 소멸시효는 일정한 기간 권리자가 권리를 행사하지 않으면 권리가 소멸하는 것을 말한다.

─────────────────────| 보기 |─────────────────────

ㄱ. 개발부담금 징수권의 소멸시효는 고지한 납부기간이 지난 시점부터 중단된다.

ㄴ. 국가가 개발부담금을 징수할 수 있는 때로부터 3년간 징수하지 않으면 개발부담금 징수권의 소멸시효가 완성된다.

ㄷ. 국가가 개발부담금을 징수할 수 있는 날로부터 2년이 경과한 후 납부의무자에게 납부고지하면, 개발부담금 징수권의 소멸시효가 중단된다.

ㄹ. 납부의무자가 개발부담금을 기준보다 많이 납부한 경우, 그 환급을 받을 수 있는 때로부터 환급청구권을 3년간 행사하지 않으면 소멸시효가 완성된다.

① ㄱ   ② ㄷ   ③ ㄱ, ㄹ   ④ ㄴ, ㄷ   ⑤ ㄴ, ㄹ

법률 조항 형식보다 조금 더 직접적으로 관계되어 있는 것이 계약서 형식이다. 계약서는 개인으로서도, 조직인으로서도 법률 조항보다도 더 많이 접하는 형식의 정보들이다. 개인들은 보험계약, 이사계약, 핸드폰 계약 등 의외로 계약서를 읽을 일이 많다. 대부분 읽지 않아서 그렇지 인터넷 사이트의 회원 가입할 때도 사실 약관들이 나열되곤 한다. 조직인, 그러니까 회사원으로서도 외부 업체와의 계약, 구매 계약 등 계약서를 작성해야 할 일이 많다. 따라서 계약서 읽기 문제는 보다 직접적으로 사회생활에서 흔하게 만날 수 있는 정보를 제시한 문제 형태라고 할 수 있다.

정답 및 해설 P. 23

다음 [약관]의 규정에 근거할 때, 카드사용이 일시정지 또는 해지될 수 <u>없는</u> 경우는?

[약관]

제00조(회원의 종류) ① 회원은 본인회원과 가족회원으로 구분합니다.

② 본인회원이란 이 약관을 승인하고 당해 신용카드 회사(이하 '카드사'로 약칭함)에 신용카드(이하 '카드'로 약칭함)의 발급을 신청하여 카드사로부터 카드를 발급받은 분을 말합니다.

③ 가족회원이란 본인회원이 지정하고 대금의 지급 및 기타 카드사용에 관한 책임을 본인회원이 부담할 것을 승낙한 분으로서, 이 약관을 승인하고 카드사로부터 카드를 발급받은 분을 말합니다.

제00조(카드사용의 일시정지 또는 해지) ① 카드사는 다음 각 호의 1에 해당되는 회원에게 그 사유와 그로 인한 카드사용의 일시정지 또는 카드사와 회원 사이의 카드이용계약(이하 '계약'으로 약칭함)의 해지를 통보할 수 있습니다.

1. 입회신청서의 기재사항을 허위로 작성한 경우

2. 카드사용 대금을 3회 연속하여 연체한 경우

3. 이민, 구속, 사망 등으로 회원의 채무변제가 불가능하거나 현저히 곤란하다고 판단되는 경우

② 회원은 카드사에 언제든지 카드사용의 일시정지 또는 해지를 통보할 수 있습니다.

③ 본인회원은 가족회원의 동의 없이 가족회원의 카드사용의 일시정지 또는 해지를 통보할 수 있습니다.

④ 제1항부터 제3항의 일시정지 또는 해지는 상대방에게 통보한 때 그 효력이 발생합니다.

제00조(카드사의 의무 등) ① 회원이 최종 사용일로부터 1년 이상 카드를 사용하지 않은 경우 카드사는 전화, 서면, 전자우편(e-mail), 단문메시지서비스(SMS), 자동응답시스템(ARS) 등으로 회원의 계약 해지의사를 확인하여야 합니다.

② 제1항에 의해 회원이 전화, 서면, 전자우편, 단문메시지 서비스, 자동응답시스템 등으로 해지의사를 밝히면 그 시점에 계약이 해지됩니다.

① 본인회원인 A가 가족회원인 딸 B의 동의 없이 B의 카드사용 해지를 카드사에 통보한 경우

② 가족회원인 C가 자신의 카드사용의 일시정지를 카드사에 통보한 경우

③ 카드사가 최근 1년간 카드사용 실적이 없는 회원 D에게 전화로 계약 해지의사를 묻자, D가 해지의사를 밝힌 경우

④ 카드사가 회원 E에게 2회의 카드사용 대금 연체 사실을 통보한 경우

⑤ 입회신청서를 허위로 기재한 회원 F에게 카드사가 그 사실과 카드사용의 일시정지를 통보한 경우

법률 조항 제시문을 보고 이해하는 것을 넘어서 상황에 적용하는 형태의 문제들이다. 적용되는 상황이 보통 따로 제시된다. 적용 문제인만큼 법률 조항의 거시적인 맥락에서 풀어갈 때도 있고, 미시적으로 조항별로 따져서 풀어갈 때도 있다. 먼저 거시적으로 법률 조항의 의미와 핵심에 맞는지 체크하고, 방향성이 맞는다면 세부적인 정보를 체크하는 식으로 단계를 따지면서 풀면 된다.

정답 및 해설 P. 23

다음 글과 [상황]을 근거로 판단할 때 옳은 것은?

헌법재판소가 위헌으로 결정한 법률 또는 법률조항은 그 위헌결정이 있는 날부터 효력을 상실한다. 그러나 위헌으로 결정된 형벌에 관한 법률 또는 법률조항(이하 '형벌조항'이라고 함)은 소급하여 그 효력을 상실한다. 이는 죄형법정주의 원칙에 의할 때, 효력이 상실된 형벌조항에 따라 유죄의 책임을 지는 것은 타당하지 않다는 점을 고려한 것이다.

그러나 위헌인 형벌조항에 대해서 일률적으로 해당 조항의 제정 시점까지 소급효*를 인정하는 것은 문제가 있다. 왜냐하면 헌법재판소가 기존에 어느 형벌조항에 대해서 합헌결정을 하였지만 그 후 시대 상황이나 국민의 법감정 등 사정변경으로 위헌결정을 한 경우, 해당 조항의 제정 시점까지 소급하여 그 효력을 상실하게 하여 과거에 형사처벌을 받은 사람들까지도 재심을 청구할 수 있게 하는 것은 부당하기 때문이다. 따라서 위헌으로 결정된 형벌조항에 대해서 종전에 합헌결정이 있었던 경우에는 그 결정이 선고된 날의 다음 날로 소급하여 효력을 상실하는 것으로 규정함으로써 그 소급효를 제한한다. 이러한 소급효 제한의 취지로 인해 동일한 형벌조항에 대해서 헌법재판소가 여러 차례 합헌결정을 한 때에는 최후에 합헌결정을 선고한 날의 다음 날로 소급하여 그 형벌조항의 효력이 상실되는 것으로 본다.

한편, 헌법재판소의 위헌결정이 내려진 형벌조항에 근거하여 유죄의 확정판결을 받은 사람은 '무죄임을 확인해 달라'는 취지의 재심청구가 인정된다. 또한 그 유죄판결로 인해 실형을 선고받고 교도소에서 복역하였던 사람은 구금일수에 따른 형사보상금 청구가 인정되며, 벌금형을 선고받아 이를 납부한 사람도 형사보상금 청구가 인정된다.

* **소급효**: 법률이나 판결 등의 효력이 과거 일정 시점으로 거슬러 올라가서 미치는 것

------------------------| 상황 |------------------------

1953. 9. 18.에 제정된 형법 제241조의 간통죄에 대해서, 헌법재판소는 1990. 9. 10., 1993. 3. 31., 2001. 10. 25., 2008. 10. 30.에 합헌결정을 하였지만, 2015. 2. 26.에 위헌결정을 하였다. 다음과 같이 형사처벌을 받았던 甲, 乙, 丙은 재심청구와 형사보상금 청구를 하였다.

甲: 2007. 10. 1. 간통죄로 1년의 징역형이 확정되어 1년간 교도소에서 복역하였다.
乙: 2010. 6. 1.   간통죄로 징역 1년과 집행유예* 2년을 선고받고, 교도소에서 복역한 바 없이 집행유예기간이 경과되었다.
丙: 2013. 8. 1.   간통죄로 1년의 징역형이 확정되어 1년간 교도소에서 복역하였다.

* **집행유예**: 유죄판결을 받은 사람에 대하여 일정 기간 형의 집행을 유예하고, 그 기간을 무사히 지내면 형의 선고는 효력을 상실하는 것으로 하여 실형을 과하지 않는 제도

---

① 甲의 재심청구는 인정되나 형사보상금 청구는 인정되지 않는다.
② 乙의 재심청구와 형사보상금 청구는 모두 인정된다.
③ 乙의 재심청구는 인정되나 형사보상금 청구는 인정되지 않는다.
④ 丙의 재심청구와 형사보상금 청구는 모두 인정되지 않는다.
⑤ 丙의 재심청구는 인정되나 형사보상금 청구는 인정되지 않는다.

　회사 내규는 법률 조항이 적용되는 범위가 회사로 줄어든 형태라고 생각할 수 있는데, 범위가 작은 만큼 규칙의 내용이 회사 안으로 국한되는 것만 다를 뿐 문제 접근 방식은 법률조항의 일반적 읽기와 크게 다르지는 않다. 이러한 유형에서 필요한 능력은 회사 내부에 있는 규칙들을 읽고 적용하는 능력이다. 예를 들어 휴가 쓰는 규칙이라든가 월급이나 상여금을 계산하는 것 등을 정확하게 숙지하고 자신의 상황에 적용하는 능력이 필요하다. 사실상 법규 적용과 유사하지만 소재가 회사 내규일 뿐이고 풀어 가는 방법은 크게 다르지 않다. 큰 맥락 파악과 예외 조항 파악 등이 필요하다.

정답 및 해설 P. 23

다음은 甲 회사의 해고 관련 규정이다. 이를 근거로 판단할 때 [보기]에서 옳지 <u>않은</u> 것을 모두 고르면?(단, 甲회사는 상시 5명 이상의 근로자를 사용하고 있음을 전제로 한다.)

제OO조(해고 등의 제한) 사용자는 근로자에게 정당한 이유 없이 해고, 휴직, 정직, 전직, 감봉, 그 밖의 징벌(懲罰)을 하지 못한다.

제OO조(경영상 이유에 의한 해고의 제한) ① 사용자가 경영상 이유에 의하여 근로자를 해고하려면 긴박한 경영상의 필요가 있어야 한다. 이 경우 경영 악화를 방지하기 위한 사업의 양도·인수·합병은 긴박한 경영상의 필요가 있는 것으로 본다.

② 제1항의 경우에 사용자는 해고를 피하기 위한 노력을 다하여야 하며, 합리적이고 공정한 해고의 기준을 정하고 이에 따라 그 대상자를 선정하여야 한다. 이 경우 남녀의 성을 이유로 차별하여서는 아니 된다.

③ 사용자는 제2항에 따른 해고를 피하기 위한 방법과 해고의 기준 등에 관하여 그 사업 또는 사업장에 근로자의 과반수로 조직된 노동조합이 있는 경우에는 그 노동조합(근로자의 과반수로 조직된 노동조합이 없는 경우에는 근로자의 과반수를 대표하는 자를 말한다)에 해고를 하려는 날의 50일 전까지 통보하고 성실하게 협의하여야 한다.

④ 사용자가 제1항부터 제3항까지의 규정에 따른 요건을 갖추어 근로자를 해고한 경우에는 정당한 이유가 있는 해고를 한 것으로 본다.

제OO조(해고의 예고) 사용자는 근로자를 해고(경영상 이유에 의한 해고를 포함한다)하려면 적어도 30일 전에 예고를 하여야 하고, 30일 전에 예고를 하지 아니하였을 때에는 30일분 이상의 통상임금을 지급하여야 한다. 다만, 천재·사변, 그 밖의 부득이한 사유로 사업을 계속하는 것이 불가능한 경우 또는 근로자가 고의로 사업에 막대한 지장을 초래하거나 재산상 손해를 끼친 경우에는 그러하지 아니한다.

제OO조(해고사유 등의 서면 통지) ① 사용자는 근로자를 해고하려면 해고사유와 해고시기를 서면으로 통지하여야 한다.
② 근로자에 대한 해고는 제1항에 따라 서면으로 통지하여야 효력이 있다.

--------------------| 보기 |--------------------

ㄱ. 만약 부도위기에 직면했을 때, 근로자의 과반수로 조직된 노동조합이 있음에도 불구하고, 그 노동조합과 협의하지 않고 전체 근로자의 절반을 정리해고한 경우, 그 해고는 정당한 이유가 있는 해고이다.

ㄴ. 무단결근을 이유로 근로자를 해고하면서 그 사실을 구두로 통지한 경우, 그 해고는 효력이 있는 해고이다.

ㄷ. 고의는 없었으나 부주의로 사업에 막대한 지장을 초래한 근로자를 예고 없이 즉시 해고한 경우에는, 그 근로자에게 30일분 이상의 통상임금을 지불하지 않아도 된다.

ㄹ. 고의로 사업에 막대한 지장을 초래한 근로자를 해고하면서 그 사실을 서면으로 통지하지 않은 경우, 그 해고는 효력이 없다.

---

① ㄱ, ㄴ　　　　② ㄱ, ㄹ　　　　③ ㄷ, ㄹ　　　　④ ㄱ, ㄴ, ㄷ　　　　⑤ ㄴ, ㄷ, ㄹ

STEP 02 문제 해결방법

1단계	2단계	3단계
법 조항이나 계약서, 회사 내규 소재의 문제라는 것을 파악	먼저 제목별로 구분되어 있는지 확인	제목이 없으면 직접 조항별로 제목 설정

4단계
선택지를 체크해서 해당 구절이 나오는 부분을 찾아 매칭

1단계 | 계약서인지 법률 조항을 소재로 낸 문제인지 파악한다. 계약서는 법률 조항에 비해서 조금 더 사적인 영역에 대한 규제고, 법률 조항은 계약서보다는 조금 더 딱딱하게 서술되어 있다. 말하자면 계약서보다는 법률 조항 읽기 유형에 사용된 용어가 조금 더 어려울 수 있다.

2단계 | 대부분의 법률 조항 문서는 제목으로 구분되어 있다. 제목을 확인하고 해당 내용이 그 제목 아래 조항으로 묶여 있음을 확인한다.

3단계 | 만약 제목이 없다면 자신이 조항들을 묶어서 제목을 설정한다. 유사한 키워드들에 대해서 묶으면 자세하게 읽지 않아도 어느 정도 구조적으로 정리할 수 있을 것이다.

4단계 | 선택지에서 이끌어낼 수 있는 키워드를 제목이나 아니면 자신이 묶은 단위의 키워드와 매칭해서, 어떤 구절에서 선택지를 체크할지 찾아낸다.

SKILL ❶ 법률 조항이나 계약서를 거시적으로 파악하기

법률 조항이나 계약서 문제는 대부분 적용문제이기 때문에 해당 구절을 찾아서 선택지를 매칭하는 식으로 풀어야 한다. 그러다 보니 핵심은 이 매칭 과정에서 시간을 얼마나 줄일 수 있는가가 된다. 하지만 이렇게 미시적으로 문제를 풀어야 할수록 거시적인 시각에서 한 번만 더 체크하고 들어가면 의외로 간단하게 풀 수 있을 때가 있다.

이 법률 조항의 방향성이 무엇인가? 계약서가 전체적인 전제로 가지고 있는 것은 무엇인가? 이런 부분을 파악하면 어떤 것은 그 반대 방향으로 가고 있는 선택지가 눈에 들어올 수 있다. 그렇게 되면 굉장히 빠른 시간 안에 문제를 해결할 수 있다.

❶ 법률 조항이나 계약서의 전체 내용을 한 문장으로 정리해 본다.
❷ 조항의 방향성을 살피고 그 법률 조항의 의의를 파악한다.

❶ 법률 조항이나 계약서의 전체 내용을 한 문장으로 정리해 본다.

해당 법률 조항을 간단하게 정리해 보면 거시적인 주제라고 할 만한 것이 나온다. 미시적으로 매칭하는 문제라 하더라도 기본적으로는 이 주제와 맞아야 한다. 주제와 다른 방향으로 가지고 있다면 세세하게 매칭하지 않더라도 그것이 틀렸다는 것을 한 번에 알 수 있다.

2 조항의 방향성을 살피고 그 법률 조항의 의의를 파악한다.

그 법률 조항이 왜 만들어졌는가를 파악한다. 어떤 문제점을 해결하려고 한 것인가, 아니면 개선하려고 하는 것인가 같은 방향성이 있다. 예를 들어 정보보호법에도 방향성에 따라 모든 정보를 보호하는 게 있고, 어떤 정보들은 공유하지만 금융에 관계된 정보만큼은 엄격하게 금지하는 정보보호법도 있다. 미국의 경우는 정보수집 자체는 어렵지 않은데, 그 정보를 활용하는 순간 아주 무거운 죄를 부여해서 정보를 보호한다고 한다. 이 경우 정보보호라기보다는 정보를 활용하지 못하게 하는 것에 더 초점을 맞춘 법안이다. 이렇게 같은 법률 조항이라도 방향성이 다르므로 그 방향성을 이해해야 한다. 다음의 문제를 보자.

정답 및 해설 P. 23~24

공정거래위원회는 '독점규제 및 공정거래에 관한 법률'상의 '시장지배적 사업자' 추정 조항과 관련하여 다음에서 제시되고 있는 HHI지수(허핀달-허쉬만 지수)를 추가하는 방안을 모색 중이다. [보기] 중 올바른 설명을 모두 고른 것은?

독점규제 및 공정거래에 관한 법률(이하 '법률'이라 한다.)에서 규정하는 시장지배적 사업자를 판단함에 있어서는 시장점유율, 진입장벽의 존재 및 정도, 경쟁사업자의 상대적 규모 등을 종합적으로 고려한다. 이러한 취지로 법률은 시장지배적 사업자의 추정조항을 규정하고 있는데, 일정한 거래분야에서 1개 사업자의 시장점유율이 100분의 50 이상이거나 상위 3개 이하의 사업자의 시장점유율의 합계가 100분의 75 이상(단, 이 경우에 시장점유율이 100분의 10 미만인 자를 제외한다.)인 경우에 해당하는 사업자는 시장지배적 사업자로 추정한다. 한편, 학계에서는 시장의 집중도를 표현하는 지수로서 HHI지수를 이론적 분석에 널리 사용하고 있으며, 미국의 합병가이드라인에서도 20년 전부터 산업 집중도의 척도로서 HHI지수를 사용하였다. HHI지수는 산업 내 모든 기업의 점유율을 제곱하여 합계한 값으로 정의된다. 예컨대, 시장을 두 개 기업이 같은 비율로 양분하고 있는 경우 HHI지수는 '0.5×0.5+0.5×0.5=0.5'가 된다.

|보기|

ㄱ. 1, 2, 3, 4위 사업자의 시장점유율이 각각 40%, 30%, 8%, 5%인 상황인 경우 3위 사업자는 현행 법률의 규정상 시장지배적 사업자로 추정되지 않는다.

ㄴ. 'ㄱ'의 경우에서 3위 사업자가 4위 사업자와 합병하게 되면 3위 사업자는 시장지배적 사업자로 추정된다.

ㄷ. 'ㄴ'에서 합병 전보다 합병 후에 HHI지수가 크다.

ㄹ. 1, 2, 3, 4위 사업자의 시장점유율이 각각 40%, 40%, 10%, 10%인 상황(상황 1)과 30%, 30%, 30%, 10%인 상황(상황 2)이 있을 때, HHI지수에 따르면 상황 1의 시장 경쟁의 정도가 큰 것으로 나타난다.

ㅁ. 1개 기업의 시장점유율이 100%인 경우 HHI지수가 가장 큰 값을 갖는다.

---

① ㄱ, ㄴ, ㄷ   ② ㄴ, ㄷ, ㅁ   ③ ㄷ, ㄹ, ㅁ
④ ㄱ, ㄴ, ㄹ   ⑤ ㄱ, ㄴ, ㄷ, ㅁ

이 문제를 거시적인 풀이로 풀어 보자. 위의 매칭에서 시간이 많이 걸리는 것은 구체적인 계산이 있는 ㄷ과 ㄹ이다. 그런데 문제에서 HHI지수가 뜻하는 바가 기업의 집중 정도라는 것을 이해한다면 이 두 선택지가 의외로 간단하다는 것을 발견하게 된다.

사실 HHI지수가 크다는 것은 그만큼 시장이 집중되었다는 말이므로 ㄷ에서는 굳이 계산해 보지 않아도, 합병 후에 HHI지수가 더 클 것을 예상할 수 있다. 마찬가지로 상황 1과 상황 2를 비교하는 ㄹ에서도 직관적으로 상황 1이 조금 더 시장이 집중되어 있고, 바꿔 말하면 상황 2가 조금 더 경쟁의 정도가 심하다는 것을 알 수 있다. HHI지수를 굳이 계산해서 비교해 보지 않아도, HHI지수의 크기는 상황 1이 더 크리라는 것을 쉽게 짐작할 수 있다.

전체적인 정보를 이해한다면 ㄷ과 ㄹ은 계산하지 않아도 풀린다. 그러므로 미시적인 풀이와 거시적인 풀이의 균형 있는 조화가 이루어지면, 늘 고민인 만성적인 시간부족 현상도 해결할 수 있다.

 **SKILL ②** **제목으로 나뉘지 않은 법 조항에 제목 붙이기**

법 조항이나 계약서 조항에 제목이 붙어 있으면 그것이 하나의 의미 단위가 되기 때문에 선택지와 매칭하기가 쉬워진다. 하지만 만약 제목이 붙어 있지 않다면 문제를 풀 때 제일 먼저 할 일은 바로 그 제목을 붙이는 일이 된다.

> 조 단위로 내용이 나뉜다. 한 조에 해당하는 내용 중에서 눈에 띄는 단어나 반복되는 단어에 표시하고 그것을 그 조의 키워드로 이해하면 된다.

자신이 조항별로 제목을 붙이고, 그 조항을 하나의 단위로 생각한다. 그리고 선택지에서 키워드가 나오면 그 키워드에 해당되는 조항에 가서 근거가 되는 구절을 찾는다.

정답 및 해설 P. 24

다음 자료를 근거로 판단한 내용으로 옳은 것은?

제00조(성년후견) ① 가정법원은 질병, 장애, 노령, 그 밖의 사유로 인한 정신적 제약으로 사무를 처리할 능력이 지속적으로 결여된 사람에 대하여 본인, 배우자, 4촌 이내의 친족, 검사 또는 지방자치단체의 장의 청구에 의하여 성년후견 개시의 심판을 한다.

② 성년후견인은 피성년후견인의 법률행위를 취소할 수 있다.

③ 제2항에도 불구하고 일용품의 구입 등 일상생활에 필요하고 그 대가가 과도하지 아니한 법률행위는 성년후견인이 취소할 수 없다.

제00조(피성년후견인의 신상결정) ① 피성년후견인은 자신의 신상에 관하여 그의 상태가 허락하는 범위에서 단독으로 결정한다.

② 성년후견인이 피성년후견인을 치료 등의 목적으로 정신병원이나 그 밖의 다른 장소에 격리하려는 경우에는 가정법원의 허가를 받아야 한다.

제00조(성년후견인의 선임) ① 성년후견인은 가정법원이 직권으로 선임한다.

② 가정법원은 성년후견인이 선임된 경우에도 필요하다고 인정하면 직권으로 또는 청구권자의 청구에 의하여 추가로 성년후견인을 선임할 수 있다.

---

① 성년후견인의 수는 1인으로 제한된다.

② 지방자치단체의 장은 가정법원에 성년후견 개시의 심판을 청구할 수 있다.

③ 성년후견인은 피성년후견인이 행한 일용품 구입행위를 그 대가의 정도와 관계없이 취소할 수 없다.

④ 가정법원은 성년후견 개시의 심판절차에서 직권으로 성년후견인을 선임할 수 없다.

⑤ 성년후견인은 가정법원의 허가 없이 단독으로 결정하여 피성년후견인을 치료하기 위해 정신병원에 격리할 수 있다.

다음 주어진 법률 조항이나 제도를 한마디로 정리하고 문제를 풀어 보자.

01 다음 규정에 대한 비판으로 타당하지 <u>않은</u> 것은?

[A광역시 개인택시 면허 발급 우선순위 규정]

면허 대상	우선순위	내용
택시 운전자	1	• 10년 이상 무사고자로서 A광역시 소재 동일회사에서 8년 이상 근속하여 운전 중인 자 • 17년 이상 무사고자로서 A광역시 소재 운수회사에서 10년 이상 운전 중인 자
	2	• 8년 이상 무사고자로서 A광역시 소재 동일회사에서 5년 이상 근속하여 운전 중인 자
	3	• 10년 이상 무사고자로서 A광역시 소재 동일회사에서 3년 이상 근속하여 운전 중인 자

① 개인택시 면허 발급의 우선순위를 정함에 있어서, 위 규정은 개인택시 운전에 필요한 법규 준수성, 숙련성, 무사고 운전경력 등을 평가하는 절대적 기준은 아니다.

② 개인택시 면허를 발급받으려는 운전자는 근무하던 택시회사가 폐업할 경우 위의 규정으로 인해 피해를 입을 수 있다.

③ 직무에 필요한 전문지식을 습득하기 위한 전문 직업교육장을 임의로 선택하는 자유를 제한하는 규정이다.

④ 개인택시 면허를 발급받으려는 운전자의 직장 이동을 어렵게 하여 직업의 자유를 지나치게 제한하는 것이다.

⑤ 위 규정에 의하면 9년 무사고자로서 A광역시 소재 동일회사에서 4년 근속한 자가 우선순위 부여대상에서 제외되는 문제가 있다.

정리 ┃ 주어진 규정은 _____와(과) _____을(를) 기준으로 개인택시 면허 발급 우선순위
를 정하고 있다.

02 A국은 총액 벌금형 제도(總額罰金刑制度)에 대한 문제점이 지적되자 일수 벌금형 제도(日數罰金刑制度)를 도입하려고 한다. 이 제도에 대한 설명과 도입 후에 예상되는 결과로 옳지 <u>않은</u> 것은?

[총액 벌금형 제도]

　벌금형이란 범죄자의 재산에 대한 국가형벌권의 행사로서 그 침해의 방법 및 양이 금전으로 표시되는 형벌이다. 벌금은 피고인(범죄자) 자신이 부담해야 하므로 제3자가 대신 부담할 수는 없고 상속도 인정되지 않는다. 현재 벌금액은 5만 원 이상이다. 상한액은 일률적으로 제한하지 않고 범죄에 따라 상한액을 제한하여 규정하는 방식을 취하고 있다. 벌금을 납입하지 않는 사람은 1일 이상 3년 이하의 기간 동안 노역장에 유치하여 작업에 복무하도록 한다. 이는 벌금을 납입하지 않는 경우에 노역장에 수용하여 작업에 복무하게 함으로써 벌금의 납입을 대체하는 처분(노역장 유치)이다. 따라서 총액 벌금형 제도는 실질적으로 재산(벌금)형을 자유(징역)형으로 전환시키는 작용을 한다고 볼 수 있다.

[일수 벌금형 제도]

　일수 벌금형 제도는 우선 범행의 경중에 따라 일수(日數)를 정하고, 다음으로 피고인의 경제사정을 고려하여 일수당 정액(定額)을 결정한 다음, 일수에 일수당 정액을 곱하여 벌금액을 산정하는 것을 말한다. 예를 들어 폭행죄를 범한 자는 500만 원 이하의 벌금에 처할 수 있다는 규정이 있다. 현행 제도에서는 부자인 갑과 가난한 을이 동일한 범죄행위를 하였다면, 동일한 벌금액을 부과함과 동시에 이를 납부하지 않는 경우 일정 기간 노역장에 유치한다고 선고한다. 그러나 일수 벌금형 제도에 의하면 갑과 을은 범행의 경중이 동일하므로 일수는 동일하게 되지만, 갑이 을보다 일수 정액(日數定額)이 커져서 결국 벌금액은 많아진다고 볼 수 있다.

---

① 일수 벌금형 제도는 금융실명제의 시행하에서 채택되는 경우에 더 효과가 있을 것이다.
② 범죄행위 후 가난한 제3자를 범인으로 허위 자수하도록 하여 고액의 벌금액 산정으로부터 도피하는 현상이 발생할 수 있다.
③ 일수 벌금형 제도는 피고인의 경제사정을 고려하여 벌금액을 산정한다는 점에서 배분적 정의 실현에 기여할 것이다.
④ 총액 벌금형 제도하에서 부자인 갑과 달리 가난한 을은 징역형을 살게 될 가능성이 크나, 일수 벌금형 제도하에서는 이러한 문제가 줄어들 수 있다.
⑤ 피고인의 수입상황을 고려해야 하므로 일수 정액을 산정한다는 것이 실제로 매우 어려울 수 있으나, 기존의 제도에 비하여 국가가 거두어들이는 벌금 총액은 증가한다.

정리 ｜ 총액 벌금형 제도에서는 _____ 벌금을 내지만, 일수 벌금형 제도에서는 부자에게 _____ 벌금을 요구하게 된다.

03 다음 글을 근거로 판단할 때, [보기]에서 옳은 것을 모두 고르면?

제00조(술에 취한 상태에서의 운전 금지) ① 누구든지 술에 취한 상태에서 자동차를 운전하여서는 아니 된다.

② 경찰공무원은 제1항을 위반하여 술에 취한 상태에서 자동차를 운전하였다고 인정할 만한 상당한 이유가 있는 경우에는 운전자가 술에 취하였는지를 호흡조사로 측정(이하 '음주측정'이라 한다)할 수 있다. 이 경우 운전자는 경찰공무원의 음주측정에 응하여야 한다.

③ 제1항을 위반하여 술에 취한 상태에서 자동차를 운전한 사람은 다음 각 호의 구분에 따라 처벌한다.

    1. 혈중알콜농도가 0.2퍼센트 이상인 사람은 1년 이상 3년 이하의 징역이나 500만 원 이상 1천만 원 이하의 벌금

    2. 혈중알콜농도가 0.1퍼센트 이상 0.2퍼센트 미만인 사람은 6개월 이상 1년 이하의 징역이나 300만 원 이상 500만 원 이하의 벌금

    3. 혈중알콜농도가 0.05퍼센트 이상 0.1퍼센트 미만인 사람은 6개월 이하의 징역이나 300만 원 이하의 벌금

④ 다음 각 호의 어느 하나에 해당하는 사람은 1년 이상 3년 이하의 징역이나 500만 원 이상 1천만 원 이하의 벌금에 처한다.

    1. 제3항에도 불구하고 제1항을 2회 이상 위반한 사람으로서 다시 술에 취한 상태에서 자동차를 운전한 사람

    2. 술에 취한 상태에 있다고 인정할 만한 상당한 이유가 있는 사람으로서 제2항에 따른 경찰공무원의 음주측정에 응하지 아니한 사람

┤ 보기 ├

ㄱ. 혈중알콜농도 0.05퍼센트의 상태에서 운전하여 1회 적발된 행위는, 술에 취한 상태에서 운전을 하고 있다고 인정할 만한 상당한 이유가 있는 사람이 경찰공무원의 음주측정을 거부하는 행위보다 처벌 강도가 세다.

ㄴ. 술에 취한 상태에서 자동차를 운전하는 행위는 혈중알콜농도 또는 적발된 횟수에 따라 처벌의 정도가 달라질 수 있다.

ㄷ. 술에 취한 상태에서의 자동차 운전으로 2회 적발된 자가 다시 혈중알콜농도 0.15퍼센트 상태의 운전으로 적발된 경우, 6개월 이상 1년 이하의 징역이나 300만 원 이상 500만 원 이하의 벌금에 처해진다.

---

① ㄱ   ② ㄴ   ③ ㄱ, ㄷ   ④ ㄴ, ㄷ   ⑤ ㄱ, ㄴ, ㄷ

정리 ┃ 전반적으로 음주를 ＿＿＿＿＿＿＿ 그리고 ＿＿＿＿＿＿＿ 처벌을 강화하는 기조의 법이다.

04 다음은 A국이 도입을 검토 중인 교육정책에 관한 설명이다. 이러한 교육정책이 도입될 경우 나타날 수 있는 상황과 가장 거리가 <u>먼</u> 것은?

> 원하는 대학에 한하여 기존의 주간 ○○학위과정(이하 주간과정)과는 별도로 동일한 ○○학위를 취득할 수 있는 야간 ○○학위과정(이하 야간과정)을 신설할 수 있게 허가함으로써 원하는 대학은 동일 대학 내에서 두 종류의 ○○학위 과정을 운영할 수 있게 한다. 기존의 주간과정에서는 2년(4학기) 동안 3학점에 해당하는 학위논문작성을 포함하여 총 36학점을 취득해야 하고 과목당 일주일에 3시간에 해당하는 수업을 진행하는 데 비해 야간과정에서는 2년(4학기) 동안 과목당 학점은 2학점으로 하고 과목당 일주일에 1시간 50분에 해당하는 수업을 진행하여 총 24학점을 이수하게 한다. 야간과정의 등록금 수준은 기존의 주간과정의 등록금 수준을 초과하지 않는 범위 내에서 각 대학이 자율적으로 정할 수 있게 한다.

① 야간과정 신설을 허가하는 정책은 다른 모든 조건이 정책 도입 이전과 동일하다고 가정할 때 교육에 대한 접근성을 높이는 결과를 가져올 수 있다.

② 야간과정 신설을 허가하는 정책이 도입될 경우 다른 모든 조건이 정책 도입 이전과 동일하다고 가정할 때 ○○학위 소지자들의 학문적 역량이 장기적으로는 저하될 것으로 예상된다.

③ 야간과정을 대학 재정안정에 기여하는 또 하나의 재원으로 개발하고자 하는 대학의 입장과 상대적으로 적은 노력을 들이고도 ○○학위를 취득할 수 있다는 학생들의 기대가 결합될 경우 야간과정은 자칫 학력 인플레이션을 부추기는 요인으로 작용할 수 있다.

④ 야간과정을 위한 전용 강의실이나 전임교원과 같은 장기비용요소의 확충이 야간과정 신설 허가를 위한 전제조건으로 요구되지 않더라도 야간과정 신설은 다른 모든 조건이 정책 도입 이전과 동일하다고 가정할 때, 대학의 재정을 단기적으로 악화시키는 요인으로 작용할 것이다.

⑤ 야간과정에 대한 수요가 공급을 초과하는 한 동일 대학 내에서 야간과정의 등록금 수준은 주간과정의 등록금 수준보다 낮아지지는 않을 것으로 예상된다.

정리 ┃ 야간과정의 _____ 취지의 제도다.

다음 주어진 법률 조항들을 조항 단위로 구분 지어서, 그 조항에 맞는 제목을 붙여 보자.

01

제00조 이 법에서 말하는 폐기물이란 쓰레기, 연소재, 폐유, 폐알칼리 및 동물의 사체 등으로 사람의 생활이나 사업활동에 필요하지 않게 된 물질을 말한다.	( )
제00조 ① 도지사는 관할 구역의 폐기물을 적정하게 처리하기 위하여 환경부장관이 정하는 지침에 따라 10년마다 '폐기물 처리에 관한 기본계획'(이하 '기본계획'이라 한다)을 세워 환경부장관의 승인을 받아야 한다. 승인사항을 변경하려 할 때에도 또한 같다. 이 경우 환경부장관은 기본계획을 승인하거나 변경 승인하려면 관계 중앙행정기관의 장과 협의하여야 한다. ② 시장·군수·구청장은 10년마다 관할 구역의 기본계획을 세워 도지사에게 제출하여야 한다. ③ 제1항과 제2항에 따른 기본계획에는 다음 각 호의 사항이 포함되어야 한다. 　1. 관할 구역의 지리적 환경 등에 관한 개황 　2. 폐기물의 종류별 발생량과 장래의 발생 예상량 　3. 폐기물의 처리 현황과 향후 처리 계획 　4. 폐기물의 감량화와 재활용 등 자원화에 관한 사항 　5. 폐기물처리시설의 설치 현황과 향후 설치 계획 　6. 폐기물 처리의 개선에 관한 사항 　7. 재원의 확보계획	( )
제00조 ① 환경부장관은 국가 폐기물을 적정하게 관리하기 위하여 전조 제1항에 따른 기본계획을 기초로 '국가 폐기물 관리 종합계획'(이하 '종합계획'이라 한다)을 10년마다 세워야 한다. ② 환경부장관은 종합계획을 세운 날부터 5년이 지나면 그 타당성을 재검토하여 변경할 수 있다.	( )

02

제00조 ① 증인신문은 증인을 신청한 당사자가 먼저 하고, 다음에 다른 당사자가 한다. ② 재판장은 제1항의 신문이 끝난 뒤에 신문할 수 있다. ③ 재판장은 제1항과 제2항의 규정에 불구하고 언제든지 신문할 수 있다. ④ 재판장은 당사자의 의견을 들어 제1항과 제2항의 규정에 따른 신문의 순서를 바꿀 수 있다. ⑤ 당사자의 신문이 중복되거나 쟁점과 관계가 없는 때, 그 밖에 필요한 사정이 있는 때에 재판장은 당사자의 신문을 제한할 수 있다. ⑥ 합의부원은 재판장에게 알리고 신문할 수 있다.	(　　　　　　　)
제00조 ① 증인은 따로따로 신문하여야 한다. ② 신문하지 않은 증인이 법정 안에 있을 때에는 법정에서 나가도록 명하여야 한다. 다만 필요하다고 인정한 때에는 신문할 증인을 법정 안에 머무르게 할 수 있다.	(　　　　　　　)
제00조 재판장은 필요하다고 인정한 때에는 증인 서로의 대질을 명할 수 있다.	(　　　　　　　)
제00조 증인은 서류에 의하여 진술하지 못한다. 다만 재판장이 허가하면 그러하지 아니하다.	(　　　　　　　)

03

제1조 이 규정은 졸업을 위한 재적기간 및 수료연한을 정하는 것을 목적으로 한다.	( )
제2조 ① 재적기간은 입학 시부터 졸업 시까지의 기간으로 휴학기간을 포함한다. ② 졸업을 위한 수료연한은 4년으로 한다. 다만 다음 각 호의 경우에는 수료연한을 달리할 수 있다. 　1. 외국인 유학생은 어학습득을 위하여 수료연한을 1년 연장하여 5년으로 할 수 있다. 　2. 특별입학으로 입학한 학생은 2년 차에 편입되며 수료연한은 3년으로 한다. 다만 특별입학은 내국인에 한한다. ③ 수료와 동시에 졸업한다.	( )
제3조 ① 휴학은 일반휴학과 해외 어학연수를 위한 휴학으로 구분한다. ② 일반휴학은 해당 학생의 수료연한의 2분의 1을 초과할 수 없으며, 6개월 단위로만 신청할 수 있다. ③ 해외 어학연수를 위한 휴학은 해당 학생의 수료연한의 2분의 1을 초과할 수 없으며, 1년 단위로만 신청할 수 있다.	( )

04

제00조 ① 종전부지 지방자치단체의 장은 군 공항을 이전하고자 하는 경우 국방부장관에게 이전을 건의할 수 있다. ② 제1항의 건의를 받은 국방부장관은 군 공항을 이전하고자 하는 경우 군사작전 및 군 공항 입지의 적합성 등을 고려하여 군 공항 예비이전후보지(이하 '예비이전후보지'라 한다)를 선정할 수 있다.	( )
제00조 국방부장관은 한 곳 이상의 예비이전후보지 중에서 군 공항 이전후보지를 선정함에 있어서 군 공항 이전부지 선정위원회의 심의를 거쳐야 한다.	( )
제00조 ① 군 공항 이전후보지 및 이전부지의 선정 등을 심의하기 위해 국방부에 군 공항 이전부지 선정위원회(이하 '선정위원회'라 한다)를 둔다. ② 위원장은 국방부장관으로 하고, 당연직위원은 다음 각 호의 사람으로 한다. 1. 기획재정부차관, 국토교통부차관 2. 종전부지 지방자치단체의 장 3. 예비이전후보지를 포함한 이전주변지역 지방자치단체의 장 4. 종전부지 및 이전주변지역을 관할하는 특별시장·광역시장 또는 도지사 ③ 선정위원회는 다음 각 호의 사항을 심의한다. 1. 이전후보지 및 이전부지 선정 2. 종전부지 활용방안 및 종전부지 매각을 통한 이전주변지역 지원방안	( )
제00조 ① 국방부장관은 이전후보지 지방자치단체의 장에게 「주민투표법」에 따라 주민투표를 요구할 수 있다. ② 제1항의 지방자치단체의 장은 주민투표 결과를 충실히 반영하여 국방부장관에게 군 공항 이전 유치를 신청한다. ③ 국방부장관은 제2항에 따라 유치를 신청한 지방자치단체 중에서 선정위원회의 심의를 거쳐 이전부지를 선정한다.	( )

정답 및 해설 P. 24~26

01 다음은 B국이 건강보험 재정안정을 위해 도입을 검토하고 있는 총액 예산제에 관한 설명이다. 다음의 설명
을 바탕으로 추론할 수 있는 내용과 가장 거리가 먼 것은?

> 총액 예산제란 건강보험제도 내에서 보험자가 의료서비스 공급자와 계약을 통해서 공급자에게 일정 규모의
> 예산을 지급하는 대신 공급자로 하여금 일정 기간 동안 일정 수의 건강보험 가입자들의 건강을 책임지게 하는
> 제도이다. 의료서비스 공급자는 지급된 예산 내에서 건강을 책임지기로 한 모든 가입자의 의료서비스에 대한
> 수요를 충족해야 한다. 만일 정해진 기간 동안 의료서비스를 제공하는 데 소요된 비용이 지급된 예산보다 적어
> 양(+)의 차액이 발생하는 경우 발생한 차액은 공급자의 수익이 되는 반면, 발생한 비용이 예산을 초과하여 부
> (−)의 차액이 발생하는 경우에 차액은 공급자의 손실이 된다.

① 총액 예산제하에서 의료서비스 공급자는 가능한 한 비용을 낮추고자 하는 동기를 갖게 될 것이므로 불필요
한 의료서비스의 제공을 줄이기 위해 노력할 것이라 예상된다.

② 총액 예산제가 도입될 경우, 의료서비스 공급자 간에 양질의 서비스를 보다 낮은 비용에서 공급하기 위한
경쟁이 발생할 것으로 예상된다.

③ 총액 예산제하에서 비용 절감을 위한 의료서비스 공급자의 노력은 자칫 의료서비스의 질을 저하하는 결과
를 초래할 수도 있다.

④ 의료서비스 공급자들이 담합을 통해 공급자 간의 비용 경쟁의 수준에 영향을 미칠 경우 총액 예산제의 건
강보험 재정안정 효과는 기대했던 것보다 제한적이 될 수 있다.

⑤ 총액 예산제를 도입할 경우, 의료서비스를 소비하기 위한 수요자 간의 경쟁이 예상된다.

02 다음 규정을 근거로 판단할 때, [보기]에서 옳은 것을 모두 고르면?

제00조(감사) ① 감사는 총회에서 선임한다.

② 감사는 감사업무를 총괄하며, 감사결과를 총회에 서면으로 보고하여야 한다.

제00조(감사의 보조기구) ① 감사는 직무수행을 위하여 감사인과 직원으로 구성된 보조기구를 둔다.

② 단체장은 다음 각 호의 어느 하나에 해당하는 자를 감사인으로 임명할 수 있다.

　　1. 4급 이상으로 그 근무기간이 1년 이상이 경과된 자로서, 계약심사·IT·회계·인사분야 업무에서 3년 이상 근무한 경력이 있는 자

　　2. 공인회계사(CPA), 공인내부감사사(CIA) 또는 정보시스템 감사사(CISA) 자격증을 가지고 있는 직원

③ 제2항에도 불구하고 다음 각 호의 결격사유 중 어느 하나에 해당하는 자는 감사인이 될 수 없다.

　　1. 형사처벌을 받은 자

　　2. 징계 이상의 처분을 받은 날로부터 3년이 경과되지 않은 자

④ 감사가 당해 감사업무에 필요하다고 인정할 때에는 소관부서장과 협의하여 그 소속 직원으로 하여금 감사업무를 수행하게 할 수 있다.

──┤ 보기 ├──

ㄱ. 계약심사 업무를 4년간 담당한 5급 직원 甲은 원칙적으로 감사인으로 임명될 수 있다.

ㄴ. 정보시스템 감사사 자격증을 가지고 있고 규정에 정한 결격사유가 없는 경력 2년의 5급 직원 乙은 감사인으로 임명될 수 있다.

ㄷ. 2년 전 징계를 받은 적이 있고 공인내부감사사 자격증을 가지고 있는 직원 丙은 감사인으로 임명될 수 있다.

ㄹ. 감사는 인사부서장과 협의하여, 계약심사 업무를 2년간 담당하고 현재 인사부서에서 일하고 있는 5급 직원 丁으로 하여금 감사업무를 수행하게 할 수 있다.

① ㄱ, ㄴ　　　② ㄱ, ㄷ　　　③ ㄴ, ㄷ　　　④ ㄴ, ㄹ　　　⑤ ㄷ, ㄹ

03 다음 글과 [상황]을 근거로 판단할 때, [보기]에서 옳은 것을 모두 고르면?

제00조(우수 현상 광고*) ① 광고에 정한 행위를 완료한 자가 수인(數人)인 경우에 그 우수한 자에 한하여 보수(報酬)를 지급할 것을 정하는 때에는 그 광고에 응모기간을 정한 때에 한하여 그 효력이 생긴다.

② 전항의 경우에 우수의 판정은 광고에서 정한 자가 한다. 광고에서 판정자를 정하지 아니한 때에는 광고자가 판정한다.

③ 우수한 자가 없다는 판정은 할 수 없다. 그러나 광고에서 다른 의사표시가 있거나 광고의 성질상 판정의 표준이 정하여져 있는 때에는 그러하지 아니한다.

④ 응모자는 제2항 및 제3항의 판정에 대하여 이의를 제기하지 못한다.

⑤ 수인의 행위가 동등으로 판정된 때에는 각각 균등한 비율로 보수를 받을 권리가 있다. 그러나 보수가 그 성질상 분할할 수 없거나 광고에 1인만이 보수를 받을 것으로 정한 때에는 추첨에 의하여 결정한다.

* **현상 광고**: 어떤 목적으로 조건을 붙여 보수(상금, 상품 등)를 지급할 것을 약속한 광고

┤상황├

A청은 아래와 같은 내용으로 우수 논문 공모를 위한 우수 현상 광고를 하였고, 대학생 甲, 乙, 丙 등이 응모하였다.

[우수 논문 공모]
○ 논문 주제: 청렴한 공직사회 구현을 위한 정책 방안
○ 참여 대상: 대학생
○ 응모 기간: 2021년 6월 3일~6월 28일
○ 제출처: A청
○ 수상자: 1명(아래 상금 전액 지급)
○ 상금: 금 1,000만 원정
○ 특이 사항
  - 논문의 작성 및 응모는 단독으로 하여야 한다.
  - 기준을 충족한 논문이 없다고 판정된 경우, 우수 논문을 선정하지 않을 수 있다.

┤보기├

ㄱ. 우수 논문의 판정은 A청이 한다.
ㄴ. 우수 논문이 없다는 판정이 이루어질 수 있다.
ㄷ. 甲, 乙, 丙 등은 우수의 판정에 대해 이의를 제기할 수 있다.
ㄹ. 심사결과 甲과 乙의 논문이 동등한 최고점수로 판정되었다면, 甲과 乙은 500만 원씩 상금을 나누어 받는다.

① ㄱ, ㄴ　　　　② ㄱ, ㄷ　　　　③ ㄷ, ㄹ　　　　④ ㄱ, ㄴ, ㄹ　　　　⑤ ㄴ, ㄷ, ㄹ

04 다음 글과 [상황]을 근거로 판단할 때, 甲에게 가장 적절한 유연근무제는?

유연근무제는 획일화된 공무원의 근무형태를 개인·업무·기관별 특성에 맞게 다양화하여 일과 삶의 균형을 꾀하고 공직생산성을 향상시키는 것을 목적으로 하며, 시간제근무, 탄력근무제, 원격근무제로 나눌 수 있다.

시간제근무는 다른 유연근무제와 달리 주 40시간보다 짧은 시간을 근무하는 것이다. 수시로 신청할 수 있으며 보수 및 연가는 근무시간에 비례하여 적용한다.

탄력근무제에는 네 가지 유형이 있다. '시차출퇴근형'은 1일 8시간 근무체제를 유지하면서 출퇴근시간을 자율적으로 조정할 수 있다. 07:00~10:00에 30분 단위로 출근시간을 스스로 조정하여 8시간 근무 후 퇴근한다. '근무시간 선택형'은 주 5일 근무를 준수해야 하지만 1일 8시간을 반드시 근무해야 하는 것은 아니다. 근무가능 시간대는 06:00~24:00이며 1일 최대 근무시간은 12시간이다. '집약근무형'은 1일 8시간 근무체제에 구애받지 않으며, 주 3.5~4일만을 근무한다. 근무가능 시간대는 06:00~24:00이며 1일 최대 근무시간은 12시간이다. 이 경우 정액급식비 등 출퇴근을 전제로 지급되는 수당은 출근하는 일수만큼만 지급한다. '재량근무형'은 출퇴근 의무 없이 프로젝트 수행으로 주 40시간의 근무를 인정하는 형태이며 기관과 개인이 협의하여 수시로 신청한다.

원격근무제에는 '재택근무형'과 '스마트워크근무형'이 있는데, 실시 1주일 전까지 신청하면 된다. 재택근무형은 사무실이 아닌 자택에서 근무하는 것이며, 초과근무는 불인정된다. 스마트워크근무형은 자택 인근의 스마트워크 센터 등 별도 사무실에서 근무하며, 초과근무를 위해서는 사전에 부서장의 승인이 필요하다.

―― 상황 ――

A부서의 공무원 甲은 유연근무제를 신청하고자 한다. 甲은 원격근무보다는 A부서 사무실에 출근하여 일하는 것을 원하며, 주 40시간의 근무시간은 지킬 예정이다. 이틀은 아침 7시에 출근하여 12시간씩 근무하고, 나머지 사흘은 5~6시간의 근무를 하고 일찍 퇴근하려는 계획을 세웠다.

① 근무시간 선택형   ② 시차출퇴근형   ③ 시간제근무
④ 집약근무형   ⑤ 재택근무형

[05~07] 글로벌 패션브랜드 H의 온라인 판매담당 사원 A씨는 규정약관을 바탕으로 한 고객응대와 해당 사항에 대한 내용을 본사에 전달하는 업무를 담당하게 되었다. 아래의 약관을 읽고 질문에 답하시오.

[온라인 구매 주요 약관]

제13조(배송)

– 배송 소요기간은 주문일 익일을 기산일로 하여 각 다음과 같습니다.

1. 일반택배(주문일, 공휴일 제외): 전국 2~5일 소요, 도서지역일 경우 2~3일 추가됩니다.

2. 공휴일, 기타 휴무일에는 배송되지 않습니다.

3. 대금 지급을 무통장 입금 방식에 의하는 경우, 입금 확인일로부터 배송 소요기간을 정합니다.

4. 불가항력적인 사유 발생 시 그 해당 기간 동안은 배송 소요기간에서 제외됩니다.

– 국내 배송만 가능합니다. 단, 해외배송은 미국 쇼핑몰에서 가능합니다.

– 무료배송은 총구매 금액이 2만 원 이상일 경우에 가능합니다.

제14조(반품/환불/취소)

– 배송이 완료된 상품에 한해서도 아래의 사항에 해당될 경우 환불조치를 하도록 합니다.

1. 배송상품 등이 주문내용과 상이할 경우

2. 상품이 구매자가 아닌 기타사유에 의해 파손, 손상되었거나 오염되었을 경우

– 상품의 하자를 포함한 사이즈, 색상 등에 대한 교환은 하지 않습니다. 이를 대신하여 모든 상품은 확인 후 환불처리 합니다.

– 배송 후, 다음의 경우에는 반품할 수 없습니다.

1. 고객의 실수로 상품 등이 멸실 또는 훼손된 경우

2. 제품착용으로 인해 상품이 손상된 경우

3. 시즌오버로 인해 재판매하기에 상품 등의 가치가 감소한 경우

– 동일 브랜드라도 한국이 아닌 국외에서 구매한 경우 교환/환불 및 제품의 A/S는 불가합니다.

– 카드결제 후 반품의 경우, 반품일로부터 즉시 카드결제가 취소되나 카드사 사정에 따라 취소처리 기간이 7~10일 정도가 소요됩니다. 청구작업기간은 카드결제일에 따라 상이하며, 자세한 내용은 해당 카드사를 참조하시기 바랍니다. 무통장 및 실시간 계좌이체 입금의 경우 반품상품의 확인 후 2~3일 내에 해당 입금계좌로 환불 처리합니다.(단, 주말, 공휴일은 제외)

– 이용자의 변심에 의한 환불인 경우는 이용자가 반품배송비를 부담합니다. 해당 사유에 따른 반품 배송비 구분은 다음과 같습니다.

1. 당사부담의 경우(제품의 하자, 오배송)

2. 고객부담의 경우(상품에 대한 고객변심의 경우)

고객은 반품 신청 시 선불/착불 반송 신청이 가능하며, 고객의 변심으로 인한 착불 반품내역은 환불 처리 시 택배비용을 차감합니다.

05 A씨는 규정 약관을 바탕으로 온라인 질문응답 게시판에 올라온 고객의 질의에 응답하려고 한다. 답변 내용 중 옳지 <u>않은</u> 것은?

① Q: 얼마 전 유럽여행 중에 A사 바지를 구매했는데 사이즈가 작아서 교환하고 싶어요. 동일 제품이 홈페이지에 나와 있던데 교환되나요?

    A: 동일 브랜드라도 국외에서 구매한 경우에는 제품의 교환이 불가합니다.

② Q: 2일 전에 인터넷으로 구매한 코트제품을 받았는데 색이 맘에 안들어서 어제 다시 택배로 보냈어요. 계좌이체했는데 언제 환불받을 수 있나요?

    A: 아직 고객님의 반품내역 접수가 확인되지 않았습니다. 실시간 계좌이체를 하신 경우 도착한 반품 상품 확인이 되면 영업일 2~3일 내 입금된 계좌로 환불 처리될 예정입니다.

③ Q: 얼마 전에 시즌오프 세일에서 원피스를 구매했는데 환불하고 싶어요. 가능한가요?

    A: 구매하신 원피스의 경우 시즌이 지난 상품으로 환불이 불가합니다.

④ Q: 제주도에서 주문하려고 하는데요. 배송기간이 얼마나 걸릴까요?

    A: 제품에 대한 배송기간은 전국 2~5일 소요될 예정입니다.

06 A는 한 고객으로부터 온라인 게시판을 통해 카드 환불과 관련한 문의를 받았는데, 고객의 내용을 토대로 B 카드사 직원에게 이메일을 전달하려고 한다. 다음의 이메일 내용 중 수정이 필요한 사항은?

받는 사람: bcard@bcard.co.kr
보내는 사람: ①abcd@gmail.com
날짜: 2021년 6월 22일 오후 3시
제목: ②[H brand] 고객 환불요청 카드결제 처리 건
내용: B카드사 담당자 ○○○님,

안녕하세요. H브랜드 온라인 쇼핑몰 담당자 A입니다.
③당사 제품 구매고객의 결제 취소요청과 관련하여 아래 내용 확인 후 처리 부탁드립니다.
결제일시: 2021년 6월 12일 오후 1시 20분
결제코드: BAS0000
결제카드 정보: 1234-5678-9012-3456
카드소유자명: ○○○
④여러 업무로 인해 바쁘시겠지만 고객약관 내용에 명시된 카드 환불 처리기한이 오늘까지이므로 오늘(2021. 6. 22.) 중으로 처리 부탁드립니다.
지난 번 환불처리 건에 대해 신속히 처리해 주셔서 감사합니다.

A배상
온라인 고객관리팀 사원
H브랜드
연락처: 010-123-4567
주소: 서울특별시 종로구 새문안로

07 A씨는 온라인 구매고객과 전화를 통해 응대하게 되는 상황이 발생하였다. 다음의 통화내용 중 옳지 않은 내용은?

A직원: ①네 안녕하십니까? H브랜드 고객지원센터 담당자 A입니다. 무엇을 도와드릴까요?

고객: 아 네 제가 거기서 바지를 샀는데 아직도 배송이 안됐어요. 어떻게 된 거예요?

A직원: 네 고객님, 그러십니까? ②먼저 불편을 드려서 죄송합니다. 빠른 처리를 위해서 몇 가지 질문을 여쭙겠습니다. 실례지만 저희 제품구매는 온라인과 오프라인 매장 중 어디에서 구매하셨습니까?

고객: 음… 온라인에서 했을 거예요.

A직원: 네. 확인 감사합니다.

고객: 근데 저 지금 근무 중에 전화하는 거라 시간이 별로 없으니까 빨리 처리 좀 해주세요.

A직원: ③네 최대한 빠르게 처리될 수 있도록 도와드리겠습니다. 구매하신 고객님의 성함과 구매하신 온라인 아이디를 확인할 수 있을까요?

고객: ○○○구요, 아이디는 ○○○○이에요.

A직원: ④네? 고객님 죄송하지만 목소리가 작아서 잘 안 들리는데 좀 더 크게 말씀해 주시겠습니까?

고객: 아 진짜… 이름은 ○○○구요 아이디 ○○○○이라고요.

A직원: 네 확인 감사합니다. ○○○ 고객님의 주문내역 확인 결과, 빠르면 오늘 오후 중으로 늦어도 내일 정오 전까지는 도착할 예정입니다.

고객: 아 네 그래요? 알겠습니다.

A직원: 네. 더 궁금하신 점은 없으신가요?

고객: 네.

A직원: 네 귀한 시간 내주셔서 감사합니다. 저는 상담원 A였습니다. 좋은 하루 보내시기 바랍니다.

정답 및 해설 P. 26~28

회사문서 정보 읽기

유형 분석

Main Type 회사 안내문이나 공고문 읽기	Sub Type 1 회사 내 공문 읽기	Sub Type 2 공문 규칙 적용하기

Sub Type 3 매뉴얼 읽기

★ Main Type **회사 안내문이나 공고문 읽기**

홈페이지나 회사 내 게시판 등을 통해 올라오는 안내문이나 공고문을 소재로 한 문제들이 나올 수 있다. 이런 공고문이나 안내문은 수사적인 표현을 생략한 채 딱딱하게 정보들을 나열하는 형태의 문건이 많다 보니, 정확한 매칭을 통해 필요정보를 체크하는 것이 핵심이다. 단서 조항이나 예외 조항들이 나오지 않나 체크하고 자격이나 시간 한정 등 한정 조항에도 표시를 해 놓자.

[01~02] 다음은 한 기업의 인재육성 프로그램에 관한 글이다. 이어지는 물음에 답하시오.

글로벌 역량을 갖춘 핵심인재 육성

- 국내외 MBA과정 연수
  - 국외: 코넬대, 미시건대, 워싱턴대, 아이오와대, 일리노이대, 썬드버드대, 인디애나대, 런던비즈니스스쿨, 버밍엄대, 퀼른대, 와세다대, 정법대, 헬싱키대
  - 국내: KAIST(테크노경영전공, 금융공학, 경영정보전공 등), KDI(파이낸스, 전략경영 등)
- 해외벤치마킹 및 테마별 국외연수, 어학능력향상 연수 등

다양한 분야의 전문인력 육성

- 국제금융, 자산운용, 리스크관리, 여신·외환심사, PB 등 다양한 분야의 경력개발 지원

- 본인 학자금 지원(대학원 포함) / 각종 자격증 취득 지원 / 자기개발비 지원

국내 최고의 연수시설 및 인프라 구축

- 기흥연수원 등 최고 수준의 연수시설 / Cyber 연수원 운영

---

01 ㉠에 들어갈 소제목으로 가장 적절한 것은?

① 개인의 업무능력 지원
② 금융 관련 학업 지원
③ 금융 분야의 전문인력 육성
④ 자기주도의 경력개발 지원
⑤ 개인 취미활동 지원

02 다음 중 인재육성 프로그램 지원을 받을 수 없는 사람은?

① 지원: 난 한국사에 관심이 많아서 한국사 자격증을 딸 예정이야.
② 상규: 난 아랍어 능력을 키우고 싶어서 연수를 다녀 올 거야!
③ 민철: 난 뉴욕대에서 MBA과정을 더 공부해 보고 싶어.
④ 규진: 난 자산운용 분야의 전문가가 되고 싶어!
⑤ 기현: 난 온라인 강의를 통해 업무 능력을 향상시킬 거야.

초창기 NCS 직업기초능력 평가에서 자주 나오던 형태인데, 출장보고서, 시말서, 회의록 등 회사 내에서 쓰일 만한 문서를 주고 ( ) 안을 채우거나 문서의 제목을 찾거나 내용일치 여부를 확인하는 유형의 문제들이다. 처음에는 회사를 다녀야 접할 만한 문제라고 생각해서 많은 수험생들이 당황스러워했는데, 막상 문제를 풀어 보면 상식적인 선에서 해결할 수 있는 맥락 파악 문제이다. 그러니 보기보다 어렵지 않고, 회사 경험이 있어야 푸는 문제도 아니다. 최근 들어서는 조금 덜 나오는 추세인데 문제가 어렵지 않다보니 변별성이 크지 않기 때문이다.

정답 및 해설 P. 28

다음 [프로모션 기획서]를 보고 H가 이해한 내용으로 틀린 것은?

제목: △△자동차 12월 프로모션 안내
당 부서에서는 아래와 같이 12월 프로모션을 기획하였으니 업무에 참고하시기 바랍니다.

– 아 래 –

1. 기간: 20××년 12월 1일 ~ 12월 31일
2. 대상: 전 구매 고객(구매 예약 포함)
3. 내용: 구매 차종별 혜택 상이

차종	혜택	비고
S−53	최대 40만 원 가격 인하	내년 시행되는 차량 개별소비세 인하
Q−12	최대 70만 원 가격 인하	선(先) 적용해 가격 혜택 제공
A−8(신차)	100만 원 상당 주유 상품권 또는 5년·10km 소모품 무상 교체	20××년 12월 1일 출시
B−01	친환경 프리미엄 타이어 제공	◇◇타이어와 업무 협업
P−0	36개월 무이자 할부 혜택	선수금 30% 납부 시

4. 기타
   – 전국 매장 방문 상담 시 구매 여부와 관계 없이 내년도 탁상 캘린더 증정(5,000부 선착순 증정)
별첨1. 차종별 판매 가격표 1부.
별첨2. 금년도 월별 프로모션 진행사항 1부.
별첨3. 신차(A-8) 공식 이미지 파일 1부 –끝-

---

① 이번 행사는 프로모션 기간 내 구매 예약자를 포함한 전 구매 고객을 대상으로 마련되었구나.
② A-8 구매 고객에게는 100만 원 상당의 주유 상품권과 5년·10km 소모품 무상 교체 이용권을 증정하네.
③ 전국 매장에서는 방문 고객을 대상으로 선착순 5,000명에 한해 탁상 캘린더를 증정하는 이벤트도 진행하는구나.
④ P-0의 구매 고객이 혜택을 명확하게 인지할 수 있게 잔금에 대한 36개월 무이자 할부를 제공해 준다는 것을 강조해야 할 것 같아.

원리를 준 다음에 적용하는 형태를 체크하는 적용형 문제다. 문서 작성 규칙을 준 다음에 그것을 실제 문서작성에 적용하는 문제다. 결재규칙을 알려 준 다음에 결재서류를 작성한 폼이 올바른지 체크한다든가, 출장비 청구서 작성 규칙을 보여 준 후 실제 출장비 청구서 문서를 잘 작성했는지 체크하는 문서다. 보통 문서 작성 규칙은 매뉴얼로 주어지니까 매뉴얼을 정확히 파악하고 읽어낸 후 적용하는 문제라고 할 수 있다. 이 형태는 사실 조직이해능력의 문제로도 물어볼 수 있는 문제이기도 하다.

정답 및 해설 P. 28

> 영업팀 사원 S는 거래업체 Z사의 구매팀과 점심 식사를 위해 25만 원을 지불하였다. 다음 결재 규정을 보고, S가 작성한 결재 양식으로 옳은 것은?

[결재 규정]
✓ 결재를 받으려는 업무에 대하여 최고 결재권자(대표이사) 포함 이하 직책자의 결재를 받아야 한다.
✓ '전결'이라 함은 회사의 경영활동이나 관리활동을 수행함에 있어 의사결정이나 판단을 요하는 일에 대하여 최고 결재권자의 결재를 생략하고, 자신의 책임하에 최종적으로 의사결정이나 판단을 하는 행위를 말한다.
✓ 전결사항에 대해서도 위임받은 자를 포함한 이하 직책자의 결재를 받아야 한다.
✓ 표시내용: 결재를 올리는 자는 최고 결재권자로부터 전결사항을 위임받은 자가 있는 경우 결재란에 전결이라고 표시하고 최종결재권자란에 위임받은 자를 표시한다.
✓ 최고 결재권자의 결재사항 및 최고 결재권자로부터 위임된 전결사항은 아래의 표에 따른다.

※ ● : 기안서, 출장계획서, 접대비 지출품의서

※ ▲ : 지출결의서, 발행요청서, 각종 신청서 및 청구서

구분	내용	금액 기준	결재서류	팀장	본부장	대표이사
영업비	영업처 식대비, 판촉물 구입비 등	30만 원 이하	접대비 지출품의서 지출결의서	●	▲	
		40만 원 이하			●	▲
		40만 원 초과				●▲
출장비	출장 유류비 출장 식대비	10만 원 이하	출장계획서 청구서	●▲		
		40만 원 이하			●▲	
		40만 원 초과		●		▲
서류결재비	법인카드 사용		대행 서비스 신청서 법인카드 청구서	▲		
교육비	내부교육비	50만 원 이하	기안서 법인카드 신청서	●▲		
	외부교육비	100만 원 이하			●▲	
		100만 원 초과				●▲

① 접대비 지출품의서

결재	담당	팀장	본부장	최종결재
	S		전결	본부장

② 접대비 지출품의서

결재	담당	팀장	본부장	최종결재
	S	전결		대표이사

③ 지출결의서

결재	담당	팀장	본부장	최종결재
	S	전결		팀장

④ 지출결의서

결재	담당	팀장	본부장	최종결재
	S		전결	본부장

매뉴얼은 어떤 일에 대한 프로세스와 세부사항을 정리해 놓은 지침서다. 회사가 크고 체계가 잡혀 있을수록 하나에서 열까지 누군가 가르쳐 주는 것이 어렵다. 업무적인 일뿐만 아니라 업무 외적인 일이지만 회사 생활에 필요한 일들도 많다. 예를 들어 엘리베이터 타는 요령이나 차에 탈 때 어떤 식으로 앉아야 매너에 맞는 것인지와 같은 것들이다. 그러니 이런 여러 가지 상황에 대해서 보통은 매뉴얼화할 수밖에 없으며, 이 매뉴얼을 보고 핵심을 파악해서 그것을 현실에 적용하는 능력이 필요할 수밖에 없다. 매뉴얼로 알려 주는 능력이 기술적인 내용일 경우 이 유형의 문제를 기술능력 문제로 낼 수 있기도 하다.

정답 및 해설 P. 28

○○사 기계기술팀에서 근무하고 있는 K는 새로 도입된 기계설비 점검에 대한 감독 업무를 담당하게 되었다. 아래의 수칙을 토대로 기계 설비를 담당하고 있는 작업자에게 K가 경고할 내용으로 옳지 <u>않은</u> 것은?

[개인안전수칙]

1. 공통사항
- 드릴기 등 회전하는 기계에 접근하여 작업하는 자는 장갑을 착용하지 말 것
- 옥외 및 유해·위험작업을 수행하는 옥내에서는 안전화 및 안전모를 착용할 것
- 출입이 금지된 작업장에는 해당 장소를 관리하는 자의 허가를 받은 후 출입할 것
- 물건을 적재할 때는 큰 것부터 작은 것, 무거운 것부터 가벼운 것순으로 할 것

2. 작업감독자의 의무
- 기구 및 공구를 점검하고 불량품을 제거할 것
- 작업순서 및 그 순서마다 작업방법을 정하고 작업을 지휘할 것
- 작업자로 하여금 안전모 등 필요한 안전보호구를 사용하도록 할 것
- 작업자의 의무 위반사항 적발 시 경고 조치하며, 경고 조치 3회 시 벌점 1점 부과

3. 작업자의 의무
- 작업지휘자의 지시에 따라 작업할 것
- 중량물을 적재할 때에는 편하중이 생기지 않도록 적재할 것
- 공정구역 내에서는 긴급할 때를 제외하고는 뛰어다니지 말 것
- 중량물 운반용으로 사용하는 로프는 밧줄가닥이 절단되거나 손상된 것을 사용하지 말 것
- 로프를 풀거나 덮개를 벗기는 작업을 행하는 때에는 적재함의 화물이 낙하할 위험이 없음을 확인한 후 해당 작업을 하도록 할 것

① 중량물을 적재할 때 한쪽으로 치우치지 않도록 해 주세요.
② 화물이 낙하할 위험이 없음을 확인한 후 로프를 풀어 주세요.
③ 공정구역 내에서는 절대 뛰지 말고 주위를 살피면서 보행하세요.
④ 중량물을 운반 시 사용하는 로프의 밧줄가닥에 이상이 있는지 확인해 주세요.

문제 해결방법

1단계	2단계	3단계
회사 공문인지 공고문인지 매뉴얼인지 구분	공고문인 경우 항목별로 주의하면서 체크	공문인 경우 아는 형식과 그렇지 않은 것을 구분

4단계	5단계
매뉴얼인 경우 차례대로 프로세스 적용	선택지와 비교하며 체크

1단계 ▮ 회사문서인데 그것이 공문인지 공고문인지 구분한다. 공문은 결재서류라든가 보고서, 출장비 청구서같이 회사 업무적으로 쓰는 문서들을 말한다. 공고문은 회사 규칙, 안내, 공모 등 여러 가지 내용들이 있을 수 있다.

2단계 ▮ 공고문이라면 항목별로 매칭하는 것이기 때문에 각 항목이 어떤 내용인지 파악하면서 의미 단위로 구분한다.

3단계 ▮ 공문이라면 자신이 아는 형식인지 아닌지 구분한다. 자신이 아는 형식이라면 자신이 아는 공문의 규칙과 일치하는지를 체크하고, 모르는 형식이라면 문제에서 제시하는 공문 작성 규칙을 주의 깊게 읽으면서 적용한다.

4단계 ▮ 매뉴얼들은 대부분 일의 프로세스에 대한 것이다. 따라서 일의 프로세스를 따라서 적용하는 형태의 문제이니 차례대로 프로세스를 적용하면 된다. 프로세스에 대한 이야기가 아니라면 주의사항이 될 테니 단서 조항이나 예외 조항에 유의하면서 읽으면 된다.

5단계 ▮ 각각 제시문에서 구분한 항목과 선택지를 비교하면서 체크한다.

 **SKILL ❶** **자주 나오는 공문 정리**

1 결재하기

결재하기에서 주로 나오는 것은 전결사항에 대한 표시이다.

[결재 규정]
- ✓ 결재를 받으려는 업무에 대하여 최고 결재권자(대표이사) 포함 이하 직책자의 결재를 받아야 한다.
- ✓ '전결'이라 함은 회사의 경영활동이나 관리활동을 수행함에 있어 의사결정이나 판단을 요하는 일에 대하여 최고 결재권자의 결재를 생략하고, 자신의 책임하에 최종적으로 의사결정이나 판단을 하는 행위를 말한다.
- ✓ 전결사항에 대해서도 위임받은 자를 포함한 이하 직책자의 결재를 받아야 한다.
- ✓ 표시내용: 결재를 올리는 자는 최고 결재권자로부터 전결사항을 위임받은 자가 있는 경우 결재란에 전결이라고 표시하고 최종결재권자란에 위임받은 자를 표시한다.

---

2 공문쓰기

공문은 사실 기업이나 기관에 따라 다 조금씩 다르다. 하지만 크게 보면 지키는 형식들이 있다. 다음과 같은 것들이 일반적으로 지켜지는 공문의 형식이다.

> 공문번호: 기관마다 공문번호 쓰는 방법이 있으니 그에 맞게 공문번호를 만든다.
> 기관명: 문서를 발송하는 기관명, 문서 기안자의 소속된 기관명, 로고를 써도 됨
> 수신자: 문서를 수신하게 되는 사람. 기관장.
> 경유: 문서 발송 시 거쳐 가는 부서(없으면 비워 둠)
> 참조: 해당 기관에서 실제로 문서를 처리하는 곳
> 제목: 해당 문서의 내용을 간결하고 명확하게 그려낼 수 있는 제목. 보통 ~안내, ~공지, ~통보, ~요청, ~의뢰, ~문의 등을 쓴다.
> 본문: 간결한 문장으로 쓰되, 내용이 바뀌면 넘버링을 해서 알아보기 쉽게 한다.
> 붙임: 내용이 길어지면 따로 문서를 덧붙여서 설명을 한다. 붙임문서가 있으면 붙임이라 쓰고, 두 개 이상이면 넘버링을 해서 문서 제목을 써 준다.
> 마지막: 공문을 보내는 기관장과 날인으로 마무리한다.

3 출장보고서 쓰기

출장보고서는 출장이 이루어진 기간, 장소 목적 같은 것들이 들어가야 하고, 내용이 체계적으로 정리되어야 한다. 그리고 출장경비 같은 것도 중요하게 드러나야 하는 경우들도 있다. 다음과 같은 것들이 출장보고서에 들어간다.

> 소속, 직급, 이름, 작성일, 동행자
> 출장지, 출장기간, 출장목적
> 출장업무: 구체적으로 출장에서 이루어진 내용(날짜별로 정리하는 경우도 있음)
> 기타, 출장경비

4 시말서 쓰기

시말서는 일종의 직장인 반성문이다. 잘못된 부분이나 징계사항에 대해 다시는 같은 잘못을 되풀이하지 않겠다는 각서를 쓰는 것이나 마찬가지다. 위반사항에 대해서 프리 라이팅을 하는 경우가 많아서 다른 문서보다는 조금 더 자유롭다.

> 소속, 직급, 이름
> 위반일자, 위반사항
> 날짜

NCS 시험에 종종 나오는 공문들을 조금 나열해 보았는데 그 외 문제에서 접하는 공문들이 있으면 문제를 풀면서 그 공문 형식도 같이 봐 놓으면 된다. 문서의 종류가 많지 않아서 문제로 몇 번 접하면 나올 수 있는 문서들을 거의 알게 된다. 그래서 최근 들어서는 공문 작성에 대한 출제가 뜸한 편이기도 하다.

김 대리는 다음과 같이 [기안문]을 작성하였다. 담당인 이 과장이 이 [기안문]에 대해 언급한 내용 중 [공문서 작성 및 처리지침]에 어긋나는 것을 [보기]에서 모두 고르면?

기안문

수신 직업방송 매체 팀장
경유
제목 초청장 발송 협조

　　일학습 확산사업의 일환으로 2021년 5월 1일~2021년 5월 4일, 직업방송 매체를 통해 이와 관련한 프로그램을 송출하여 관련 홍보가 이루어질 수 있도록 협조해 주실 것을 요청합니다.

첨부: 프로그램 기획서 및 일학습 사업 기획서 각 1부.

기안 　　　　　　　　　　　　　　전결
차장 김갑돌

[공문서 작성 및 처리지침]
○ 숫자는 아라비아 숫자로 쓴다.
○ 날짜는 숫자로 표기하되 연·월·일의 글자는 생략하고 그 자리에 온점[*]을 찍어 표시한다.
○ 본문이 끝나면 1자(2타) 띄우고 '끝.' 표시를 한다. 단, 첨부물이 있는 경우 첨부 표시문 끝에 1자(2타) 띄우고 '끝.' 표시를 한다.
○ 기안문 및 시행문에는 기관의 로고·상징·마크 또는 홍보문구 등을 표시하여 기관의 이미지를 높일 수 있도록 하여야 한다.
○ 문서의 기안·검토·협조·결재·등록·시행·분류·편철·보관·이관·접수·배부·공람·검색·활용 등 문서의 모든 처리절차가 전자문서 시스템 또는 업무관리 시스템상에서 전자적으로 처리되도록 하여야 한다.

＊ 온점: 가로쓰기에 쓰는 마침표

──────| 보기 |──────

ㄱ. '끝.' 표시도 중요합니다. 본문 뒤에 '끝.'을 붙이세요.
ㄴ. 공문서에서 날짜 표기는 이렇게 하지 않아요. '2018년 5월 1일~2018년 5월 4일'을 '2018. 5. 1.~2018. 5. 4.'로 고치세요.
ㄷ. 오류를 수정하여 기안문을 출력해 오면 그 문서에 서명하여 결재하겠습니다.
ㄹ. 어! 로고가 빠졌네. 우리 부의 로고를 넣어 주세요.

① ㄱ, ㄷ　　　　② ㄱ, ㄹ　　　　③ ㄴ, ㄹ　　　　④ ㄱ, ㄴ, ㄷ　　　　⑤ ㄴ, ㄷ, ㄹ

SKILL ❷   안내문, 공고문에서 주의 깊게 보아야 할 곳

안내문이나 공고문 형식이 나오면 우선적으로 주의해서 보아야 할 곳, 그러니까 객관식 문제의 출제 포인트가 되는 지점은 다음과 같다.

> ❶ 일시
> ❷ 자격조건
> ❸ 단서 조항
> ❹ 주체
> ❺ 기타

1 일시

한정된 기간 안에 진행되는 일의 경우, 이른바 마감 날짜를 정확히 알고 있는 것이 되기 때문에 일시에 대한 체크가 필요하다.

2 자격조건

혜택이나 응모 같은 것들이 들어가면 자격조건이 나오는데, 조건이 한정될수록 자격조건이 되는지 안 되는지 체크하는 문제도 자주 나온다.

3 단서 조항

원칙, 조항 같은 것들은 대부분 단서 조항이나 예외 조항들이 있고, 이런 것들이 있으면 반드시 문제로 출제된다. 처음 단서 조항이나 예외 조항이 발견되면 아예 밑줄을 그어 놓아도 된다.

4 주체

문서에 나오는 주체가 누구인지를 파악하는 것도 중요하다. 특히 회의록 같은 문서에서는 해당 일을 누가 하기로 했는가를 정확히 아는 것이 체크 포인트가 된다.

5 기타

예외사항이나 주의사항 같은 것들이 기타라는 이름으로 나오기 때문에, 기타에 어떤 내용이 나오는지 체크해 두어야 하는 문제도 자주 출제된다.

다음 공고문의 내용을 통해 알 수 있는 것은?

[안전문화 향상 아이디어 공모전]
◎ **공모내용**   건강한 안전문화를 조성하고 안전의식을 획기적으로 제고하기 위한 여러분의 창의적이고 참신한 아이디어를 기다립니다.
◎ **공모대상**   전 국민 누구나(일반인, 원자력 협력사 / 유관기관 및 대학생 등)
◎ **접수기간**   2021. 6. 28.(월)~2021. 7. 12.(월) / 2주간
◎ **공모방법**   온라인접수(응모절차: 개인정보 수집 및 이용동의 – 본인인증– 공모참여)
            ※ 접수 기간에만 접수 가능

◎ **시상**

구분	인원	상금	기타
최우수	1명	120만 원	※ 제안자 중 추첨을 통하여 20명을 선정, 소정의 상품권(1만 원) 증정
우수	2명	70만 원	
장려	3명	30만 원	

◎ **심사기준**   주제 적합성, 실현 가능성, 구체성, 참신성(창의성), 기대효과
◎ **결과발표**   2021. 7. 27.(화) 예정
            ※ 당첨자 발표란에 당선자 공고 및 개별 통보, 사정에 따라 날짜 변동 가능
◎ **문의**   한국수력원자력(주) 안전처(054-○○○-○○○○)

① 심사기준은 주제 적합성, 실현 가능성, 구체성, 기대효과 4가지이다.
② 개수 제한 없이 공모할 수 있다.
③ 우편으로도 접수 가능하다.
④ 유관기관이나 원자력 협력사에서도 공모할 수 있다.
⑤ 유사 또는 중복 아이디어는 접수할 수 없다.

[01~05] 다음 결재 규정을 보고 주어진 상황에 알맞게 작성된 양식을 고르시오.

[결재 규정]

✓ 결재를 받으려는 업무에 대해서는 최고 결재권자(대표이사)를 포함한 이하 직책자의 결재를 받아야 한다.

✓ '전결'이라 함은 회사의 경영활동이나 관리활동을 수행함에 있어 의사 결정이나 판단을 요하는 일에 대하여 최고 결재권자의 결재를 생략하고, 자신의 책임하에 최종적으로 의사 결정이나 판단을 하는 행위를 말한다.

✓ 전결사항에 대해서도 위임받은 자를 포함한 이하 직책자의 결재를 받아야 한다.

✓ 표시내용: 결재를 올리는 자는 최고 결재권자로부터 전결사항을 위임받은 자가 있는 경우 결재란에 전결이라고 표시하고 최종결재권자란에 위임받은 자를 표시한다. 다만, 결재가 불필요한 직책자의 결재란은 상향대각선으로 표시한다.

✓ 최고 결재권자의 결재사항 및 최고 결재권자로부터 위임된 전결사항은 아래의 표에 따른다.

구분	내용	금액 기준	결재서류	팀장	본부장	대표이사
접대비	거래처 식대, 경조사비 등	20만 원 이하	접대비 지출품의서 지출결의서	●■		
		30만 원 이하			●■	
		30만 원 초과				●■
교통비	국내 출장비	30만 원 이하	출장계획서 출장비 신청서	●■		
		50만 원 이하		●	■	
		50만 원 초과		●		■
	해외 출장비			●		■
소모품비	사무용품		지출결의서	■		
	문서, 전산소모품					■
	기타 소모품	20만 원 이하		■		
		30만 원 이하			■	
		30만 원 초과				■
교육훈련비	사내외 교육		기안서 지출결의서	●		■
법인카드	법인카드 사용	50만 원 이하	법인카드 신청서	■		
		100만 원 이하			■	
		100만 원 초과				■

※ ●: 기안서, 출장계획서, 접대비 지출품의서

※ ■: 지출결의서, 세금계산서, 발행요청서, 각종 신청서

---

01 총무팀 사원 양희는 파일과 스테이플러 등 사무용품비로 20만 원을 지출하려고 한다. 양희가 작성한 결재 양식으로 옳은 것은?

①

지출결의서				
결재	담당	팀장	본부장	최종결재
	고양희	전결	╱	대표이사

②

지출결의서				
결재	담당	팀장	본부장	최종결재
	고양희	╱	╱	대표이사

③

지출결의서				
결재	담당	팀장	본부장	최종결재
	고양희		전결	본부장

④

지출결의서				
결재	담당	팀장	본부장	최종결재
	고양희	전결	╱	팀장

⑤

지출결의서				
결재	담당	팀장	본부장	최종결재
	고양희	전결	╱	

02 인사팀의 경호는 같은 팀 홍 대리의 결혼축의금으로 100만 원을 회사 명의로 지급해야 한다. 경호가 작성한 결재 양식으로 옳은 것은?

①

접대비 지출품의서				
결재	담당	팀장	본부장	최종결재
	강경호	╱	╱	팀장

②

접대비 지출품의서				
결재	담당	팀장	본부장	최종결재
	강경호		전결	본부장

③

지출결의서				
결재	담당	팀장	본부장	최종결재
	강경호			대표이사

④

지출결의서				
결재	담당	팀장	본부장	최종결재
	강경호	전결	╱	

⑤

지출결의서				
결재	담당	팀장	본부장	최종결재
	강경호	╱	╱	대표이사

03 영업2팀 사원 지수는 거래업체 직원들과의 저녁 식사에서 30만 원을 사용할 예정이다. 지수가 작성한 결재 양식으로 옳은 것은?

①

접대비 지출품의서				
결재	담당	팀장	본부장	최종결재
	서지수			대표이사

②

접대비 지출품의서				
결재	담당	팀장	본부장	최종결재
	서지수	전결	╱	팀장

③

접대비 지출품의서				
결재	담당	팀장	본부장	최종결재
	서지수		╱	본부장

④

접대비 지출품의서				
결재	담당	팀장	본부장	최종결재
	서지수		전결	본부장

⑤

접대비 지출품의서				
결재	담당	팀장	본부장	최종결재
	서지수		전결	╱

04 개발팀 사원 기호는 회사에서 전액 지원을 받아, 교육업체 에듀윌에서 직무 동영상 강의를 수강하기로 하였다. 원래 100만 원 강의를 할인을 받아 65만 원에 수강하기로 하였을 때, 기호가 작성한 결재 양식으로 옳은 것은?

①

기안서			
결 재	담당	팀장	본부장	최종결재
	유기호	전결		

②

기안서			
결 재	담당	팀장	본부장	최종결재
	유기호	전결		팀장

③

기안서			
결 재	담당	팀장	본부장	최종결재
	유기호	전결		대표이사

④

지출결의서			
결 재	담당	팀장	본부장	최종결재
	유기호			전결

⑤

지출결의서			
결 재	담당	팀장	본부장	최종결재
	유기호			대표이사

05 영업팀 사원 민아는 싱가포르로 출장을 가면서 교통과 숙박으로 총 150만 원 정도를 지출했다. 민아가 작성한 결재 양식으로 옳은 것은?

①

출장계획서			
결 재	담당	팀장	본부장	최종결재
	박민아		전결	대표이사

②

출장계획서			
결 재	담당	팀장	본부장	최종결재
	박민아			대표이사

③

출장비 신청서			
결 재	담당	팀장	본부장	최종결재
	박민아	전결		팀장

④

출장비 신청서			
결 재	담당	팀장	본부장	최종결재
	박민아			대표이사

⑤

출장비 신청서			
결 재	담당	팀장	본부장	최종결재
	박민아			대표이사

정답 및 해설 P. 29

01 다음은 세종대왕을 리더십이라는 관점에서 평가한 글이다. 이 글을 보고 세종대왕이 인재를 발탁하고 쓰는 방식을 산업인력공단의 인재관리에 접목하기 위한 방안을 제안하는 [보고서]를 쓰고 있다. [보고서]의 대안 중 세종대왕의 리더십과 가장 관계가 <u>없는</u> 것은?

> 세종이 가장 먼저 계획한 것은 재주 있는 자를 발탁해서 나라의 동량지재로 키우는 일이었다. 그러나 세종은 인재를 발탁함에 있어 신분과 출신에 얽매이지 않았다. 왕실의 종친이라 특혜를 주는 일도 없었고 아비가 훌륭하다고 하여 아들에게 특혜를 주는 일도 제한하였다. 오로지 나라와 종사에 이익을 주는 작은 재주라도 가진 자라면 그가 어떤 재주를 가졌든 간에 그에 합당한 대우를 해 주었다. 장영실은 비록 관노의 자식으로 천민 출신이었지만, 재주가 민첩하고 뛰어난 과학적 재능을 보여 세종은 그가 과학기술 발전에 힘쓰도록 지원을 아끼지 않았다. 그러나 세종에게 있어 무엇보다 중요한 것은 훌륭한 인재를 적재적소에 배치하는 일이었다. 세종은 문장과 글에 뛰어난 학자는 집현전에 배속하고, 나라 살림의 운영과 숫자에 밝은 자들은 살림살이와 관계된 부처의 일을 맡겼다. 또한 일을 도모하고 새로운 생각을 잘 내놓는 자는 전략을 짜는 일을 맡기는 등 그들이 지닌 능력을 최대한 고양하기 위한 체계를 만드는 데 혼신의 힘을 다하였다. 세종의 이 같은 인재경영 방법은 무리를 이끄는 리더에게 가장 필요한 자질이라 할 수 있다.

> ┤보고서├
>
> 세종대왕의 리더십을 반영하여 우리 산업인력공단은 인재채용 과정에 다음과 같은 방안을 도입할 것을 제안한다.
> – ㉠ 각 분야의 전문가를 초빙해 요직을 맡긴다.
> – ㉡ 인재 충원 경로를 다양화하고 언어별, 지역별 전문가를 수시로 채용한다.
> – ㉢ 공단의 장애인 의무고용률 2%를 넘어 거의 3% 선까지 장애인을 채용한다.
> – ㉣ 승진과정에서 직급뿐만 아니라 개인적인 능력까지 고려한 다양한 기준을 도입한다.
> – ㉤ 환경평가라든가 감사 등의 중요업무를 수행할 때 각 분야의 전문가로 구성된 자문집단의 의견을 중시한다.

① ㉠   ② ㉡   ③ ㉢   ④ ㉣   ⑤ ㉤

02 다음은 방사선비상의 종류와 행동요령이다. 한수원에 근무하는 직원의 입장에서 시민에게 안내할 말로 적절하지 <u>않은</u> 것은?

◎ 방사선비상 및 방사능재난

　　원자력시설에서 방사성 물질 또는 방사선이 누출되거나 누출될 우려가 있어 긴급한 대응조치가 필요한 방사선 비상 상황을 방사선비상이라 하며, 방사선비상이 국민의 생명과 재산 및 환경에 피해를 줄 수 있는 상황으로 확대되어 긴급한 대응조치가 필요한 상황을 방사능재난이라 한다.

◎ 사고의 심각성에 따른 방사선비상의 종류

- 백색비상: 방사성 물질의 밀봉상태의 손상 또는 원자력시설의 안전상태 유지를 위한 전원공급 기능에 손상이 발생하거나 발생할 우려가 있는 등의 사고로서, 방사성 물질의 누출로 인한 방사성 영향이 원자력 시설의 건물 내에 국한될 것으로 예상되는 비상사태. 이 경우 지자체는 언론 등을 통해 현 상황을 국민들에게 공개한다.
- 청색비상: 백색비상에서 안전상태로의 복구기능의 저하로 원자력시설의 주요 안전 기능에 손상이 발생하거나 발생할 우려가 있는 등의 사고로서, 방사성 물질의 누출로 인한 방사선 영향이 원자력 시설 부지 내에 국한 될 것으로 예상되는 비상사태. 이 경우 지자체는 주민보호조치를 준비한다.
- 적색비상: 노심의 손상 또는 용융 등으로 원자력시설의 최후방벽에 손상이 발생하거나 발생할 우려가 있는 사고로서, 방사성 물질의 누출로 인한 방사선 영향이 원자력 시설 부지 밖으로 미칠 것으로 예상되는 비상사태. 이 경우 지자체는 주민보호조치를 실행한다.

◎ 방사선비상 시 행동방법

- 옥내 대피를 통보받으면 아래와 같이 행동해야 한다.
  1. 집으로 돌아간다.
  2. 창문 및 장독대 등을 꼭 닫는다.
  3. 음식은 랩을 씌운다.
  4. 에어컨이나 환풍기 등을 끈다.
  5. 밖에 있었다면 손과 얼굴을 씻거나 샤워를 한다.
- 구호소 대피통보를 받으면 아래와 같이 행동해야 한다.
  1. 복용 중인 약과 간단한 생필품만을 준비한다.
  2. 가축 및 애완동물은 우리에 가둔 후 충분한 먹이를 준다.
  3. 화재 등의 위험이 있는 전기, 환풍기, 수도꼭지, 보일러, 가스 등은 모두 끄거나 잠근다.
  4. 모든 출입문과 창문을 잠근 후 대피완료 표시로 흰 수건을 걸어 놓는다.
  5. 집결지 또는 구호소로 가서 인적사항을 기록한다.

◎ 방사능 구름 통과 시 행동요령

- 가급적 가옥이나 건물 내에서 생활한다.
- 외출 시는 우산, 비옷 등을 휴대하여 비를 맞지 않도록 주의한다.
- 밀폐된 건물 밖에 있던 물은 폐기 또는 오염검사 후 사용한다.
- 음식물은 실내로 옮겨 놓고, 옥외에서는 음식물 섭취를 금지한다.
- 대용으로 공급된 음식물 또는 오염검사 후 허용된 음식물 외 섭취를 금지한다.
- 가축은 축사로 이동하고, 사료는 비닐 등으로 덮는다.
- 채소, 과일 등은 충분히 씻어서 먹는다.
- 집이나 사무실의 창문, 환기구 등을 닫아 외부공기 유입을 최소화한다.

◎ 복귀 시 행동요령

- 경찰, 민방위대 또는 유도 요원의 지시에 따라 질서 있게 이동한다.
- 상황이 종료되었다 하더라도 오염확대 가능성이 있으므로 지정지역의 접근을 금지한다.
- 환경감시 등 조사 활동이 끝날 때까지 방재요원 또는 정부지시에 따라 행동한다.
- 대용으로 공급된 음식물 또는 오염검사 후 허용된 음식물 외에는 섭취를 금지한다.
- 밀폐된 건물 밖에 있던 물은 폐기하거나 오염검사 후 사용한다.

① 백색비상 시에 주민보호조치는 따로 실행되지 않습니다.

② 구호소 대피통보를 받았다면, 장기간 대피를 할지 모르므로 최대한의 물품을 챙겨서 이동합니다.

③ 가축 및 애완동물은 함부로 돌아다니지 못하게 축사나 우리에 가두어 둡니다.

④ 방사능 구름이 통과할 수 있으므로 에어컨이나 환풍기 작동을 정지하고 창문을 닫아 외부공기의 유입을 최소화합니다.

⑤ 복귀 시, 밀폐된 건물 밖에 있던 음식물은 검사 후 허용된 것에 한해 섭취해도 됩니다.

03 다음은 A회사의 [월차 및 월차수당에 관한 안내문]이다. 이 안내문에 근거할 때 옳지 <u>않은</u> 것은?

> [월차 및 월차수당에 관한 안내문]
>
> ○ 어느 월(月)에 12일 이상 근무한 근로자에게 1일의 유급휴일을 부여하며, 이를 '월차'라 한다. 월차는 발생
> 다음 월부터 같은 해 말일까지 사용할 수 있으며, 합산하여 사용할 수도 있다. 다만 해당 연도의 월차는 그
> 다음 해로 이월되지 않는다.
>
> ○ 해당 연도 마지막 달까지 사용하지 않은 월차는 그해 마지막 달의 급여 지급일에 월차 1일당 1일분의 급여
> 로 지급하는데, 이를 '월차수당'이라 한다. 근로자가 퇴직하는 경우, 퇴직일까지 사용하지 않은 월차는 퇴직
> 일에 월급여와 함께 월차수당으로 지급한다. 다만 매년 12월 또는 퇴직한 월의 근무로 인해 발생한 월차는
> 유급휴일로 사용할 수 없고, 월차수당으로만 지급한다.
>
> ※ '월'은 매월 1일부터 말일까지이며, '월급여'는 매월 말일에 지급한다.

① 甲이 7월 20일에 퇴직한다면 7월 말일에 월급여와 월차수당을 함께 지급받는다.

② 乙이 6월 9일에 퇴직한다면 6월의 근무로 발생한 6월분의 월차수당을 받을 수 없을 것이다.

③ 丙이 3월 12일 입사하여 같은 해 7월 20일에 퇴직할 때까지 결근 없이 근무하였다면 최대 4일의 월차를 사
 용할 수 있다.

④ 1월 초부터 같은 해 12월 말까지 결근 없이 근무한 근로자 丁은 최대 11일의 월차를 사용할 수 있다.

⑤ 9월 20일에 입사하여 같은 해 12월 31일까지 매월 발생된 월차를 한 번도 사용하지 않고 결근 없이 근무한
 戊는 최대 3일분의 월차수당을 받을 수 있다.

04 다음은 ○○은행 홈페이지에 게시된 공지사항이다. 이를 읽고 올바르게 이해한 것은?

[신정 당일(휴일) ○○은행 거래 일시 중지 업무 공지]

　고객님, 늘 고객님께 더 많은 혜택을 드리고자 노력하는 ○○은행입니다. 보다 편리하고 안전한 금융 서비스 제공을 위한 당행 전산시설 확장 작업으로 인하여 부득이하게도 신정 당일 은행 업무를 아래와 같이 일시 중지할 예정이오니 고객님의 너른 양해 부탁드립니다.

- 거래 중지 일시 및 시간: 1월 1일(화) 00:00 ～ 24:00
- 일시 중지 업무
  - 현금 입출금기(ATM, CD) 이용 거래
  - 인터넷뱅킹, 폰뱅킹, 모바일/스마트폰 뱅킹, 펌뱅킹 등 모든 전자 금융거래
  - 체크카드, 직불카드를 이용한 물품 구입, 인출 등 모든 거래(외국에서의 거래 포함)
  - 타 은행 ATM, 제휴CD기(지하철, 편의점 등)에서 ○○은행 계좌 거래

※ 인터넷뱅킹을 통한 대출 신청/실행/연기 및 지방세 처리 ARS 업무는 1월 4일(금) 12:00시(정오)까지 계속해서 중지됩니다. 단, 신용카드를 이용한 물품 구입, 고객센터 전화를 통한 카드/통장 분실 신고(외국에서의 신고 포함) 및 자기앞 수표 조회 같은 사고 신고는 정상 이용 가능하다는 점 참고하시기 바랍니다.

　항상 저희 ○○은행을 이용해 주시는 고객님께 늘 감사드리며, 이와 관련하여 더 궁금하신 점이 있다면 아래 고객센터 번호로 문의 부탁드리겠습니다.

○○은행 1234-0000/2345-0000

○○은행 카드사업부 9876-0000

---

① 1월 4일 내내 ○○은행의 지방세 처리 ARS 업무를 이용할 수 없다.

② ○○은행에 대출 신청이 필요하더라도, 1월 4일 12시까지는 이용이 불가능하다.

③ 1월 1일 해외 체류 중이라면 ○○은행 체크카드 분실 신고는 1월 2일부터 가능하다.

④ 1월 1일 친구의 ○○은행 계좌로 돈을 입금하기 위해서는 다른 은행의 ATM기를 이용해야 한다.

⑤ 1월 1일 물건을 사기 위해 ○○은행 계좌에서 현금을 출금할 수는 없지만 신용카드 결제는 할 수 있다.

[매뉴얼]

　　○○프로그램에서 하나의 명령문은 cards, input 등의 '중심어'로 시작하고 반드시 세미콜론(;)으로 끝난다. 중심어에는 명령문의 지시 내용이 담겨 있는데, cards는 그다음 줄부터 input 명령문에서 이용할 일종의 자료집합인 레코드(record)가 한 줄씩 나타남을 의미한다. [프로그램 1]에서 레코드는 '701102'와 '720508'이다.

　　input은 레코드를 이용하여 변수에 수를 저장하는 것을 의미한다. 첫 번째 input은 첫 번째 레코드를 이용하여 명령을 수행하고, 그다음부터의 input은 차례대로 그다음 레코드를 이용한다. 예를 들어 [프로그램 1]에서 첫 번째 input 명령문의 변수 a에는 첫 번째 레코드 '701102'의 1~3번째 위치에 있는 수인 '701'을 저장하고, 변수 b에는 같은 레코드의 5~6번째 위치에 있는 수인 '02'에서 앞의 '0'을 빼고 '2'를 저장한다. 두 번째 input 명령문의 변수 c에는 두 번째 레코드 '720508'의 1~2번째 위치에 있는 수인 '72'를 저장한다. [프로그램 2]와 같이 만약 input 명령문이 하나이고 여러 개의 레코드가 있을 경우 모든 레코드를 차례대로 이용한다. 한편 input 명령문이 다수인 경우, 어느 한 input 명령문에 @가 있으면 바로 다음 input 명령문은 @가 있는 input 명령문과 같은 레코드를 이용한다. 이후 input 명령문부터는 차례대로 그 다음 레코드를 이용한다.

　　print는 input 명령문에서 변수에 저장한 수를 결과로 출력하라는 의미이다. 다음 [결과]는 각 프로그램에서 변수 a, b, c에 저장한 수를 출력한 결과이다.

───── [프로그램 1] ─────

```
cards
701102
720508
;
input a 1-3 b 5-6;
input c 1-2;
print;
```

[결과]

a	b	c
701	2	72

───── [프로그램 2] ─────

```
cards
701102
720508
;
input a 1-6 b 1-2 c 2-4;
print;
```

[결과]

a	b	c
701102	70	11
720508	72	205

05 위의 매뉴얼을 근거로 판단할 때, 옳은 것을 [보기]에서 모두 고르면?

┤보기├

ㄱ. input 명령문은 레코드에서 위치를 지정하여 변수에 수를 저장할 수 있다.

ㄴ. 두 개의 input 명령문은 같은 레코드를 이용하여 변수에 수를 저장할 수 없다.

ㄷ. 하나의 input 명령문이 다수의 레코드를 이용하여 변수에 수를 저장할 수 있다.

① ㄴ   ② ㄷ   ③ ㄱ, ㄴ   ④ ㄱ, ㄷ   ⑤ ㄱ, ㄴ, ㄷ

06 위의 메뉴얼을 근거로 판단할 때, 다음 [프로그램]의 [결과]에 출력된 수를 모두 더하면?

────── [프로그램] ──────

cards

020824

701102

720508

;

input a 1−6 b 3−4;

input c 5−6@;

input d 3−4;

input e 3−5;

print;

[결과]

a	b	c	d	e

① 20895   ② 20911   ③ 20917   ④ 20965   ⑤ 20977

정답 및 해설 P. 29~30

에듀윌이
너를
지지할게

ENERGY

절대 어제를 후회하지 마라.
인생은 오늘의 나 안에 있고
내일은 스스로 만드는 것이다.

– L. 론 허바드(L. Ron Hubbard)

맞춤법과 어법,
그리고 기타 유형

PART

맞춤법과 어법

STEP 01 유형 분석

Main Type 맞춤법 찾기	Sub Type 1 어법에 맞게 고치기	Sub Type 2 오타 찾기

★ Main Type **맞춤법 찾기**

기본적인 맞춤법을 체크하는 문제로 틀린 맞춤법을 찾거나 옳은 것을 찾는 두 가지의 형태가 있고, 조금 더 발달한 형태로의 문제는 보고서라든가 문서 형태로 주어진 Text에서 틀린 맞춤법을 찾는 문제가 있다. NCS의 다른 문제들은 주어진 정보를 바탕으로 푸는 문제들인데 비해서, 맞춤법 문제만큼은 상식을 가지고 푸는 문제라 다른 문제들과는 결이 다르다. 그래서 출제되는 기업들도 있지만, 출제가 안 되는 기업이 더 많다. 가능한 많은 공기업에 지원하는 사람이라면 자신이 기원하는 기업 중에 나올 수 있기 때문에 맞춤법 공부는 하면 좋지만, 제한된 공기업만 지원하는 사람이라면 자신이 지원하는 공기업에서 맞춤법이나 어법이 나오는지 확인하고 공부할 필요가 있다.

다음 중 어문 규범에 맞는 문장은?

---

① 왠만하면 손톱은 낮에 깍는 것이 좋겠구나.

② 그 집 셋째 아들은 무슨 일을 하든지 다 실패했다.

③ 나의 바램은 내 적성에 걸맞는 직업을 갖는 것이다.

④ 그동안의 고생만으로도 죄값은 충분히 치루었다고 본다.

⑤ 계곡물에 한동안 발을 담궜더니 몸 전체가 으스스해졌다.

★ Sub Type 1 │ 어법에 맞게 고치기

어법에 틀린 문장을 찾는 형태가 공무원 시험에 자주 나오는 문제라면, NCS는 보고서나 일반문서에 사용된 문장을 어법에 맞게 고치는 식의 조금 더 응용된 문제들이 더 자주 출제된다.

다음 중 의미의 중복이 없고 문법적으로 자연스러운 문장은?

---

① 수질 오염을 방지하기 위해서는, 자정(自淨) 작용의 원리를 이용하여 폐하수를 인위적으로 정화하고 하천에 방류함으로써 오염을 방지하는 방법이 있다.

② 수질 오염이란 물속의 부패성 물질, 유독 물질 등이 유입되어 각종 용수로 쓸 수 없거나 생물의 서식에 피해를 줄 정도로 나빠지는 것을 말한다.

③ 비는 바다나 육지에 내리는데, 이것은 땅 위를 흘러 연못이나 냇물이 되었다가 일정한 조건에 이르면 땅속으로 가서 지하수를 이룬다.

④ 바다에서는 뜨거운 태양열로 인한 수분의 증발이 일어나고 증발된 수분은 높은 하늘에서 구름이 되었다가 다시 비가 되어 지표면에 떨어져 바다로 흘러들게 된다.

⑤ 수질 오염을 막기 위한 당국의 이러한 행위는 수질 오염의 예방에 커다란 도움이 되지 못하고 수질 오염 예방을 위해 노력하고 있다는 선전 효과에 치중하고 있다.

　실제로 출제되면 쉽게 풀 수 있는 문제 유형 중 하나가 된다. 맞춤법이나 어법같이 헷갈리는 것이 아니라, 누가 봐도 틀린 오타를 찾는 문제라 상식적인 수준에서 충분히 해결이 가능한 문제들이다. NCS 초창기에 산인공에서 공개한 샘플 문제로 제시된 바 있기 때문에 아직까지 소수의 기업에서 출제하는 경우가 있긴 하지만, 사실 난이도 문제라든가 문제의 적절성 때문에 점점 사라져 가는 문제이긴 하다. 갑자기 맞닥뜨리게 되면 당황할 수도 있기 때문에 이 책에서는 간단하게만 소개하려고 한다.

정답 및 해설 P. 31

다음은 코레일의 비전, 핵심가치와 경영방침이다. 잘못 쓰인 부분은 모두 몇 개인가?

◆ 비전: 국민행복 KORAIL 창조적 고객가치 구현과 혁신적 조직채질 개선으로 지속가능한 경영체계 확립을 통한 국민행복 증진

◆ 핵심가치: 안전우선 / 고객만족 / 변화도전
　① 안전우선: 안전은 최고의 서비스이자 가치로서, 최고의 기술력을 기반으로 완벽한 만전관리체계를 구축하여 Global No.1 수준을 넘어 무결점 안전관리 실현
　② 고객만족: 모든 서비스는 고객만족을 최우선으로, 고객이 만족하는 그 이상의 가치를 제공하여 국민을 행복하게 하는 철도서비스를 창조
　③ 변화도전: 철도가족과 국민이 함께 꿈꾸는 대한민국의 내일을 위해 끊임없이 변화와 도전을 추구하고, 열정을 바탕으로 꿈을 현실로 실현

◆ 경영방침: 절대안전 / 흑자경영 / 창조경영 / 조직혁신
　① 절대안전: 첨단 기술력을 기반으로 선진 안전시스템 구축과 안전제일 경영 정착
　② 흑자경영: 전방위적인 경영개선 노력으로 영업흑자 기조를 유지하여 부채감축 및 경쟁력 있는 공기업 실현
　③ 창조경영: 역세권 중심의 생활문화 창달과 코레일형 창조경제로 국민행복을 증진하고 국가 경쟁력 재고에 기여
　④ 조직혁신: 근본적인 조직혁신을 통한 협력과 열정의 기업문화로 대한민국을 선도

---

① 1개　　　　② 2개　　　　③ 3개　　　　④ 4개　　　　⑤ 5개

STEP 02 문제 해결방법

1단계	2단계	3단계
맞춤법 및 어법 문제의 구체적 유형 구분	맞춤법 문제는 관련 규정을 알고 있는지 체크	어법 문제는 주어와 서술어의 위치를 체크

4단계
올바른 맞춤법이나 어법으로 적용하기

1단계 | 맞춤법이나 어법 문제인지, 아니면 단순히 오타 찾기 문제인지 구분한다.

2단계 | 맞춤법은 암기이기 때문에 아는 것이 아니라면, 아무리 들여다 봐도 헷갈리기만 할 뿐이다. 그러니 아는 문제면 과감히 쓰고, 모르면 문제면 더 과감히 찍고 다음 문제로 넘어가는 것이 좋다.

3단계 | 어법에서 가장 중요한 것은 주어와 서술어이다. 일단 주어와 서술어의 개수를 세고, 주술 호응을 본다. 그 후 주어나 서술어에 잘 맞는 목적어나 보어가 붙어 있는지 체크하는 식으로 어법을 체크한다. 내용상 호응은 마지막에 체크한다.

4단계 | 맞춤법이나 어법 문제가 헷갈리면 원래 맞는 것은 어떤 것인지 스스로 생각해 보고, 적용해 보는 방식으로 검증해 본다.

PART 5

CHAPTER 01

맞춤법에 대한 기본기를 제대로 닦아야겠다고 생각하는 사람은 국립국어원에서 맞춤법을 다운받도록 한다. 국립국어원 홈페이지에서 어문 규범의 어문 규정 보기를 찾아 들어가 보면 표준어 규정과 한글 맞춤법을 볼 수 있고, 다운받을 수도 있다.

다음은 국립국어원 홈페이지의 메인 화면이다.

만약 이것이 조금 과하다고 느껴진다면 규정 중에서 시험에 자주 나오는 맞춤법 Skill을 몇 가지만 익혀놓자. 다음에 제시하는 표준어 규정 및 한글 맞춤법은 많은 수험생들이 시험에서 헷갈려 하는 규칙들이다.

1 시험에서 헷갈리는 맞춤법 규칙들

1) 수컷을 이르는 접두사는 '수-'로 통일한다.(ㄱ을 표준어로 삼고, ㄴ을 버림)

ㄱ	ㄴ	ㄷ
수-꿩	수-퀑/숫-꿩	'장끼'도 표준어임.
수-나사	숫-나사	
수-놈	숫-놈	
수-사돈	숫-사돈	
수-소	숫-소	'황소'도 표준어임.
수-은행나무	숫-은행나무	

다만 1. 다음 단어에서는 접두사 다음에서 나는 거센소리를 인정한다. 접두사 '암-'이 결합되는 경우에도 이에 준한다.(ㄱ을 표준어로 삼고, ㄴ을 버림)

ㄱ	ㄴ	비고
수-캉아지	숫-강아지	
수-캐	숫-개	
수-컷	숫-것	
수-키와	숫-기와	
수-탉	숫-닭	
수-탕나귀	숫-당나귀	
수-톨쩌귀	숫-돌쩌귀	
수-퇘지	숫-돼지	
수-평아리	숫-병아리	

다만 2. 다음 단어의 접두사는 '숫-'으로 한다.(ㄱ을 표준어로 삼고, ㄴ을 버림)

ㄱ	ㄴ	비고
숫-양	수-양	
숫-염소	수-염소	
숫-쥐	수-쥐	

2) 'ㅣ' 역행 동화 현상에 의한 발음은 원칙적으로 표준 발음으로 인정하지 아니하되, 다만 다음 단어들은 그러한 동화가 적용된 형태를 표준어로 삼는다.(ㄱ을 표준어로 삼고, ㄴ을 버림)

ㄱ	ㄴ	비고
-내기	-나기	서울-, 시골-, 신출-, 풋-.
냄비	남비	
동댕이-치다	동당이-치다	

[붙임 1] 다음 단어는 'ㅣ' 역행 동화가 일어나지 아니한 형태를 표준어로 삼는다.(ㄱ을 표준어로 삼고, ㄴ을 버림.)

ㄱ	ㄴ	비고
아지랑이	아지랭이	

[붙임 2] 기술자에게는 '-장이', 그 외에는 '-쟁이'가 붙는 형태를 표준어로 삼는다.(ㄱ을 표준어로 삼고, ㄴ을 버림.)

ㄱ	ㄴ	비고
미장이	미쟁이	
유기장이	유기쟁이	
멋쟁이	멋장이	
소금쟁이	소금장이	
담쟁이-덩굴	담장이-덩굴	
골목쟁이	골목장이	
발목쟁이	발목장이	

3) 한자음 '랴, 려, 례, 료, 류, 리'가 단어의 첫머리에 올 적에는, 두음 법칙에 따라 '야, 여, 예, 요, 유, 이'로 적는다.(ㄱ을 취하고, ㄴ을 버림)

ㄱ	ㄴ	비고
양심(良心)	량심	
역사(歷史)	력사	
예의(禮儀)	례의	
용궁(龍宮)	룡궁	
유행(流行)	류행	
이발(理髮)	리발	

다만, 다음과 같은 의존 명사는 본음대로 적는다.

리(里): 몇 리냐?

리(理): 그럴 리가 없다.

[붙임 1] 단어의 첫머리 이외의 경우에는 본음대로 적는다.

개량(改良)	선량(善良)	수력(水力)	협력(協力)
사례(謝禮)	혼례(婚禮)	와룡(臥龍)	쌍룡(雙龍)
하류(下流)	급류(急流)	도리(道理)	진리(眞理)

다만, 모음이나 'ㄴ' 받침 뒤에 이어지는 '렬, 률'은 '열, 율'로 적는다.(ㄱ을 취하고, ㄴ을 버림.)

ㄱ	ㄴ	비고
나열(羅列)	나렬	
치열(齒列)	치렬	
비열(卑劣)	비렬	
규율(規律)	규률	
비율(比率)	비률	
실패율(失敗率)	실패률	
분열(分裂)	분렬	
선열(先烈)	선렬	
진열(陳列)	진렬	
선율(旋律)	선률	
전율(戰慄)	전률	
백분율(百分率)	백분률	

[붙임 2] 접두사처럼 쓰이는 한자가 붙어서 된 말이나 합성어에서, 뒷말의 첫소리가 'ㄴ' 또는 'ㄹ' 소리로 나더라도 두음 법칙에 따라 적는다.

역이용(逆利用)　　　　　연이율(年利率)　　　　　열역학(熱力學)　　　　　해외여행(海外旅行)

4) '웃-' 및 '윗-'은 명사 '위'에 맞추어 '윗-'으로 통일한다.(ㄱ을 표준어로 삼고, ㄴ을 버림)

ㄱ	ㄴ	비고
윗-넓이	웃-넓이	
윗-눈썹	웃-눈썹	
윗-니	웃-니	
윗-당줄	웃-당줄	
윗-덧줄	웃-덧줄	
윗-도리	웃-도리	
윗-동아리	웃-동아리	준말은 '윗동'임.
윗-막이	웃-막이	
윗-머리	웃-머리	
윗-목	웃-목	
윗-몸	웃-몸	~ 운동.
윗-바람	웃-바람	
윗-배	웃-배	
윗-벌	웃-벌	
윗-변	웃-변	수학 용어.
윗-사랑	웃-사랑	
윗-세장	웃-세장	
윗-수염	웃-수염	
윗-입술	웃-입술	
윗-잇몸	웃-잇몸	
윗-자리	웃-자리	
윗-중방	웃-중방	

다만 1. 된소리나 거센소리 앞에서는 '위-'로 한다.(ㄱ을 표준어로 삼고, ㄴ을 버림)

ㄱ	ㄴ	비고
위-짝	웃-짝	
위-쪽	웃-쪽	
위-채	웃-채	
위-층	웃-층	
위-치마	웃-치마	
위-턱	웃-턱	~ 구름[上層雲].
위-팔	웃-팔	

다만 2. '아래, 위'의 대립이 없는 단어는 '웃-'으로 발음되는 형태를 표준어로 삼는다.(ㄱ을 표준어로 삼고, ㄴ을 버림)

ㄱ	ㄴ	비고
웃-국	윗-국	
웃-기	윗-기	
웃-돈	윗-돈	
웃-비	윗-비	~ 걷다.
웃-어른	윗-어른	
웃-옷	윗-옷	

5) 사이시옷은 다음과 같은 경우에 받치어 적는다.

1. 순우리말로 된 합성어로서 앞말이 모음으로 끝난 경우

   (1) 뒷말의 첫소리가 된소리로 나는 것

고랫재	귓밥	나룻배	나뭇가지	냇가
댓가지	뒷갈망	맷돌	머릿기름	모깃불
못자리	바닷가	뱃길	볏가리	부싯돌
선짓국	쇳조각	아랫집	우렁잇속	잇자국
잿더미	조갯살	찻집	쳇바퀴	킷값
핏대	햇볕	혓바늘		

   (2) 뒷말의 첫소리 'ㄴ, ㅁ' 앞에서 'ㄴ' 소리가 덧나는 것

멧나물	아랫니	텃마당	아랫마을	뒷머리
잇몸	깻묵	냇물	빗물	

   (3) 뒷말의 첫소리 모음 앞에서 'ㄴㄴ' 소리가 덧나는 것

도리깻열	뒷윷	두렛일	뒷일	뒷입맛
베갯잇	욧잇	깻잎	나뭇잎	댓잎

2. 순우리말과 한자어로 된 합성어로서 앞말이 모음으로 끝난 경우

   (1) 뒷말의 첫소리가 된소리로 나는 것

귓병	머릿방	뱃병	봇둑	사잣밥
샛강	아랫방	자릿세	전셋집	찻잔
찻종	촛국	콧병	탯줄	텃세
핏기	햇수	횟가루	횟배	

   (2) 뒷말의 첫소리 'ㄴ, ㅁ' 앞에서 'ㄴ' 소리가 덧나는 것

곗날	제삿날	훗날	툇마루	양칫물

(3) 뒷말의 첫소리 모음 앞에서 'ㄴㄴ' 소리가 덧나는 것

가욋일　　　　　사삿일　　　　　예삿일　　　　　훗일

3. 두 음절로 된 다음 한자어

곳간(庫間)　　　　　셋방(貰房)　　　　　숫자(數字)

찻간(車間)　　　　　툇간(退間)　　　　　횟수(回數)

6) 어간의 끝음절 '하'의 'ㅏ'가 줄고 'ㅎ'이 다음 음절의 첫소리와 어울려 거센소리로 될 적에는 거센소리로 적는다.

본말	준말		본말	준말
간편하게	간편케		다정하다	다정타
연구하도록	연구토록		정결하다	정결타
가하다	가타		흔하다	흔타

[붙임 1] 'ㅎ'이 어간의 끝소리로 굳어진 것은 받침으로 적는다.

않다	않고	않지	않든지
그렇다	그렇고	그렇지	그렇든지
아무렇다	아무렇고	아무렇지	아무렇든지
어떻다	어떻고	어떻지	어떻든지
이렇다	이렇고	이렇지	이렇든지
저렇다	저렇고	저렇지	저렇든지

[붙임 2] 어간의 끝음절 '하'가 아주 줄 적에는 준 대로 적는다.

본말	준말		본말	준말
거북하지	거북지		넉넉하지 않다	넉넉지 않다
생각하건대	생각건대		못하지 않다	못지않다
생각하다 못해	생각다 못해		섭섭하지 않다	섭섭지 않다
깨끗하지 않다	깨끗지 않다		익숙하지 않다	익숙지 않다

[붙임 3] 다음과 같은 부사는 소리대로 적는다.

결단코	결코	기필코	무심코	아무튼	요컨대
정녕코	필연코	하마터면	하여튼	한사코	

2 맞춤법과 띄어쓰기의 실제

다음은 국립국어원에서 정리한 한글맞춤법 100제를 발췌해서 정리한 것이다. 말하자면 시험에서 자주 나오는 포인트를 정리한 것으로, 실전적으로 맞춤법을 익힐 수 있다.

1. '되어'와 '돼'의 구분: '돼'는 '되어'의 준말

(가) 되어, 되어서, 되었다 → 돼, 돼서, 됐다

(가)′ 그러면 안 돼요(←되어요). 일이 잘 됐다(←되었다) ※ 됬다
　　　새 상품을 선보이다(→선뵈다), 새 상품을 선뵈어(→선봬).

(나) 할머니께서는 장차 훌륭한 사람이 되라고 말씀하셨다.

(나)′ "장차 훌륭한 사람이 돼라."

2. '안'과 '않'의 구분: '안'은 부사이고 '않-'은 용언의 어간임

(가) 안 가다, 안 보이다, 안 먹는다, 안 어울린다, 담배를 안 피움

(나) 집에 가지 않다(아니하다), 철수가 먹지 않았다(아니하였다).

※ '않다'는 '아니하다'의 준말로서 주로 '–지 않다' 구성으로 쓰임.

3. –할게/–할걸(○), –할께/–할껄(×): 소리와 달리 '–할게', '–할걸'로 적음

(가) 내가 도와 {줄게, 줄께}. ☞ '–(으)ㄹ수록', '–(으)ㄹ지' 등 참조. 그러나 '–(으)ㄹ까', '–(으)ㅂ니까', '–(으)ㄹ쏘냐' 등처럼 의문을 나타내는 어미는 된소리를 표기에 반영함.

(가)′ 제가 {할게요, 할께요}.

(나) 지금쯤은 집에 {도착했을걸, 도착했을껄}!

(나)′ 벌써 집에 도착한걸!

4. '있다가'와 '이따가'의 구분: 의미에 따른 구분

(가) 이따가 보자. / 이따가 주겠다. ※ 뜻: "조금 뒤에"

(나) 하루종일 집에 있다가 이제서야 어딜 가는 거니?

5. '잇달다'와 '잇따르다'의 구분: 일종의 복수 표준어

(가) 기관차에 객차들을 잇달았다. ※ "이어 달다"의 뜻일 때는 '잇달다'만 가능함

　　　장군은 훈장에 훈장을 잇단 복장으로 등장하였다.

(나) 청문회가 끝난 뒤에 증인들에 대한 비난이 잇따랐다/잇달았다/?연달았다.

　　　잇따른/잇단(←잇달–+–ㄴ)/?연단(←연달–+–ㄴ) 범죄 사건들 때문에 밤길을 다니기 두렵다.

　　　석교를 지나자마자 초가 지붕의 꼴을 벗지 못한 주점과 점포들이 잇따라/잇달아/연달아 나타났다.

　　　※ "어떤 사건이나 행동 따위가 이어 발생하다"의 뜻일 때는 '잇달다, 잇따르다, 연달다'를 함께 쓸 수 있음. 단, '연달다'는 주로 '연달아'꼴로 쓰임.

(나) 대통령의 가두행진에 보도 차량이 잇따랐다/?잇달았다/?연달았다.

　　　유세장에 유권자들이 잇따라/?잇달아/?연달아 몰려들었다.

　　　※ "움직이는 물체가 다른 물체의 뒤를 이어 따르다"라는 뜻일 때에는 '잇따르다'가 자연스러움.

※ 같은 동사이지만 '잇따르다'에 비해 '잇달다, 연달다'는 다소 형용사에 가까운 특성이 있음('잇따르는/?잇다는/??연다는', '잇따른다/?잇단다/??연단다', '잇따르고 있다/?잇달고 있다/??연달고 있다' 참조). 다만 '잇달다'가 "이어 달다"의 뜻일 때에는 '잇다는, 잇달고 있다'가 가능함.

6. '–던'과 '–든'의 구분: '–던'은 과거의 뜻, '–든'은 선택의 뜻

(가) 어제 집에 왔던 사람이 민주 신랑감이래.

　　　그 날 저녁 누가 왔던지 생각이 납니까?

　　　얼마나 울었던지 눈이 퉁퉁 부었다.

(나) 배든(지) 사과든(지) 마음대로 먹어라.

　　　가든(지) 오든(지) 알아서 하시오.

7. '–데'와 '–대'의 구분: '–데'는 과거에 직접 경험한 내용임을 표시, '–대'는 남의 말을 전달함을 표시

(가) 어제 보니까 혜정이가 참 예쁘데. / 사진을 보니 옛날에는 참 예뻤겠데. 〈형용사〉

　　　그 아이가 밥을 잘 먹데. / 철수가 벌써 제대했데. 〈동사〉

　　　곁에서 보니 참 훌륭한 신랑감이데. 〈서술격조사 '이다'〉 ※ 뜻: "–더라"

　　　신부가 그렇게 예쁘데? / 그 사람 키가 크데?

　　　밖에 누가 왔데? / 얼마나 되데? ※ 뜻: "–던가?"

(나) 사람들이 그러는데 진옥이가 예쁘대(예뻤대/예쁘겠대). 〈형용사〉 ※ '대'는 "–다(고) 해"가 줄어 된 말임.

　　　진옥이가 결혼한대(결혼했대/결혼하겠대). / 진옥이는 추리소설만 읽는대(읽었대/읽겠대). 〈동사〉

　　　진옥이가 학생회장이래(학생회장이었대). 〈서술격조사 '이다'〉 ※ '이다' 뒤에서는 '–대'가 '–래'로 바뀜.

(다) 오늘 날씨 참 시원한데. / 오늘은 기분이 참 좋은데.〈형용사〉

　　　※ '-ㄴ데'는 스스로 감탄하는 투로 넌지시 상대방의 반응을 묻기도 함.

　　　두 사람이 아주 잘 어울리는데.〈동사〉　※ "두 사람이 아주 잘 어울리데."

　　　철수가 아니라 진옥이가 학생회장인데.〈서술격조사 '이다'〉

(다)′ 결혼식장에는 혜정이 신랑도 왔던데(←'-았더-'+'-ㄴ데').

　　　혜정이 부모는 벌써 왔는데(←'-았느-'+'-ㄴ데').

　　　결혼식장에는 혜정이 신랑도 왔겠는데(←'-겠느-'+'-ㄴ데').

※ '-ㄴ데'와 '-ㄴ대'의 구별 방법: 앞말이 형용사이면 '-ㄴ데'이고(동사 어간 뒤에는 'ㄴ'없이 바로 '-데'가 붙음), 앞말이 동사이면 '-ㄴ대'이다('-ㄴ다'가 동사 어간 뒤에 붙는 경우 참조). 예 참신한데(형용사 '참신하-'+'-ㄴ데'), 결혼한대(동사 '결혼하-'+'-ㄴ대')

※ '-던-' 뒤에는 '데'만 올 수 있고 '대'는 올 수 없다('-던다'가 불가능하기 때문임). 따라서 '-던데'란 말은 가능해도 '-던대'란 말은 불가능하다.

8. -ㄹ는지(○), -ㄹ런지(×)

(가) 우리의 제안을 어떻게 {생각할는지, 생각할런지} 모르겠어.

　　　※ "우리의 제안을 어떻게 생각할지 모르겠어." 형식이 더 자연스러운 국어 문장이다.

(나) 우리의 제안을 받기로 결정했는지 모르겠어.

9. 하지 마라(○), 하지 말아라(×)

(가) 떠들지 마라(←말-+-아라).

(가)′ 선생님께서 떠들지 말라(←말-+-라)고 말씀하셨다.

(나) 떠들지 말아라.(×)

(나)′ 떠들지 마. / 떠들지 말아.(×)

　　　※ '-지 말아라'와 '-지 마라', '-지 말아'와 '-지 마'는 본말과 준말 관계이지만 더 널리 쓰이는 준말만을 표준어로 인정하고 있음.

　　※ '-어라'와 '-(으)라'의 차이

　　① 직접 명령(특정된 청자에게 직접적으로 명령하는 형식): '-아라/-어라/-여라' 형식. 예 이것 좀 보아라. 천천히 먹어라. 빨리 하여라.

　　② 간접 명령(특정되지 않은 다수의 청자나 발화 현장에 없는 청자에게 간접적으로 명령하는 형식): '-(으)라' 형식. 예 알맞은 답을 고르라. 기대하시라, 개봉박두!

10. '부치다'와 '붙이다'의 구분: '붙다'와의 의미적 연관성이 기준

(가) 힘이 부치다 / 편지를 부치다 / 논밭을 부치다 / 빈대떡을 부치다

(가)′ 식목일에 부치는 글 / 안건을 회의에 부치다

(나) 봉투에 우표를 붙이다 / 흥정을 붙이다 / 불을 붙이다 / 꽃꽂이에 취미를 붙이다 / 조건을 붙이다 / 별명을 붙이다

11. '받치다, 받히다, 바치다'의 구분: '-치-'는 강세접사, '-히-'는 피동접사

(가) 우산을 받치다 / 그릇을 받쳐 들다 / 두 손으로 머리를 받치고 누워 있다　[참고] '날개가 돋친 듯 팔리다'에서 '돋치다'역시 동사 '돋-'에 강세접사 '-치-'가 붙은 말임.

(나) 기둥에 머리를 받히다 / 소에게 받히다

(다) 임금님께 예물을 바치다 / 나라를 위해 목숨을 바치다

12. '부딪치다'와 '부딪히다'의 구분: '-치-'는 강세접사, '-히-'는 피동접사

(가) 뱃전에 부딪는 잔물결 소리 / 뛰어오르다 마침 아래층으로 내려가는 종혁과 부딪고는

(나) 파도가 바위에 부딪치다 // 무심코 고개를 돌리다 그와 눈길이 부딪쳤다 // 바른손에 거머쥐고 있던 사이다병을 담벽에 부딪쳐 깼다 / 취객 한 명이 철수에게 몸을 부딪치며 시비를 걸어 왔다

(다) 철수는 골목에서 나오는 자전거에 부딪혀 팔이 부러졌다 / 그는 자동차에 머리를 부딪혀 병원에 실려갔다 // 냉혹한 현실에 부딪히다 / 그들의 결혼은 부모의 반대에 부딪혀 성사되지 못했다

(라) 자전거가 마주 오는 자동차에 부딪혔다 ⇔ 자전거가 빗길에 자동차와 부딪쳤다

파도가 바위에 부딪치다 ⇔ 배가 암초에 부딪혔다

13. '벌이다/벌리다', '늘이다/늘리다'의 구분: 반의 관계를 이용

(가) 싸움을 벌이다 / 사업을 {벌이다, 벌리다} / 화투짝을 벌여 놓다

(가)' 입을 벌리다 / 밤송이를 벌리고 알밤을 꺼내다 / 자루를 벌리다

☞ '벌리다'의 반대말은 '오므리다, 닫다, (입을) 다물다'임

(나) 엿가락을 늘이다 / 고무줄을 당겨 늘이다 / 머리를 길게 땋아 늘이다(늘어뜨리다)

☞ "길이가 있는 물체를 당겨 더 길게 하거나 아래로 길게 처지게 하는 행위"

(나)' 인원을 늘리다 / 재산을 늘리다 / 실력을 늘리다 / 바지나 옷소매를 늘리다

☞ '늘리다'는 '늘다'의 사동사로서 그 반대말은 '줄이다'임

14. '썩이다'와 '썩히다'의 구분: '속을 썩이다'만 '썩이다', 그 밖에는 '썩히다'

(가) 왜 이렇게 속을 썩이니?

(나) 쌀을 썩히다 / 재주를 썩히다

15. '맞추다'와 '맞히다'의 구분

(가) 프로야구 우승팀을 맞히다 / 정답을 맞히다 / 화살을 과녁에 맞히다 // 비를 맞히다 / 도둑을 맞히다 / 예방 주사를 맞히다 ※ 영희는 자신이 쓴 답과 텔레비전에서 제시한 답안을 맞추어 보더니 아주 침통해했다.

(가)' 답을 알아맞혀 보세요

(나) 계산을 맞추어 보다 / 발을 맞추어 걷다 / 음식의 간을 맞추다

(나)' 입을 맞추다 / 기계를 뜯었다 맞추다 / 양복을 맞추다 / 짝을 맞추다

16. '맞는'과 '알맞은'의 구분: '맞다'는 동사, '알맞다, 걸맞다'는 형용사

(가) 맞는(○), 맞은(×) 〈동사〉

(나) 알맞는(×), 알맞은(○) 〈형용사〉

※ '걸맞다'도 형용사임. '분위기에 걸맞은 옷차림' 참고.

※ 맞지 않는 일 / 알맞지 않은 일

17. '띠다', '띄다', '떼다'의 구분

(가) 미소를 띠다 / 하늘이 붉은색을 띠다 / 그는 역사적인 사명을 띠고 파견되었다

(나) 눈에 띄는 행동을 하지 마라 / 알맞게 띄어 써야 글이 읽기가 쉽다

(다) 젖을 떼다 / 벽보를 떼다 / 영수증을 떼다 / 기초 영어를 다 떼다

18. '어떡해'와 '어떻게'의 구분

(가) 지금 나 어떡해. / *이 일을 어떡해 처리하지? ※ '어떡해'는 "어떻게 해"가 줄어든 말.

(나) 너 어떻게 된 거냐. / 이 일을 어떻게 처리하지? ※ '어떠하다'가 역사적으로 줄어 '어떻다'가 됨.

19. '체'와 '채'의 구분: '체'는 '체하다'로만 쓰임.

(가) 그는 날 보고도 못 본 체했다. / 쥐꼬리만 한 지식을 가지고 되게 아는 체하네. ※ '체하다'는 '척하다, 듯하다'등과 같은 보조 용언임.

(나) 불을 켠 채(로) 잠을 잤다. / 그 외국인은 신을 신은 채(로) 방으로 들어왔다.

(나)′ 통째, 껍질째 ※ 관형사형 어미 뒤에서는 의존명사 '채', 명사 뒤에서는 접미사 '−째'

20. 세 살배기(○), 세 살바기(×)

(가) 세 살배기 아이

(나) 나이배기: 보기보다 나이가 많아 보이는 사람을 얕잡아 이르는 말.

※ 국어의 각 단어는 다른 단어들과 여러가지 관계를 맺고 있는데, 서로 연관된 단어들은 표기상으로도 그 관련성이 드러나도록 하는 것이 좋다. 즉 "의미상으로 관련된 단어는 표기상으로도 관련되게"라는 원리가 존재한다고 생각해도 좋을 것이다. 그런데 이 단어와 관련된 단어로 "겉보기보다 나이가 많이 든 사람"을 가리키는 '나이배기'가 있다. 따라서 이 단어의 표기는 기존의 '나이배기'를 고려하여 '−배기' 형태를 표준으로 정하였다.

21. 제상(○), 젯상(×): 한자어끼리 결합한 말은 대부분 그 사이에 사이시옷을 적지 않음

(가) 제상(祭床): 제사 때 제물을 차려 벌여 놓는 상.

(나) 초점(焦點), 대가(代價), 개수(個數), 내과(內科), 화병(火病), 소수(素數)

(나)′ 예외: 곳간(庫間), 셋방(貰房), 숫자(數字), 찻간(車間), 툇간(退間), 횟수(回數)

※ 뒷말의 첫소리가 된소리로 나거나 뒷말의 첫소리 'ㄴ, ㅁ'이나 모음 앞에 'ㄴ' 소리가 덧나는 합성어 중에서 '고유어+고유어(아랫집, 나뭇잎), 고유어+한자어(귓병, 깃발), 한자어+고유어(전셋집, 예삿일)' 방식에는 사이시옷을 적고, '한자어+한자어' 방식에는 사이시옷을 적지 않는다. [참고] '전세방(傳貰房)'과 '전셋집(傳貰−)'

22. 횟집/장밋빛(○), 회집/장미빛(×)

횟집(膾−), 장밋빛(薔薇−) 청사진, 수돗물(水道−)

❶ 혼란을 보이는 말

말: 존대말/존댓말(한), 인사말(민,한,금,교)/인삿말, 예사말(금)/예삿말(민,한), 혼자말(교)/혼잣말(민,한,금), 노래말(교)/노랫말(한)

값: 기대값/기댓값, 대표값/대푯값, 초기값/초깃값, 극소값/극솟값, 최대값/최댓값

국: 두부국/두붓국, 만두국/만둣국, 시래기국/시래깃국

길: 등교길/등굣길, 성묘길/성묫길, 휴가길/휴갓길

빛: 무지개빛/무지갯빛, 보라빛/보랏빛, 연두빛/연둣빛, 우유빛

집: 소주집/소줏집, 맥주집/맥줏집

23. 나는(○), '날으는(×)

(가) 하늘을 {나는, *날으는} 원더우먼

(나) 길가에서 {노는, *놀으는} 아이들

24. 공사 중이니 돌아가 {주십시오(○), 주십시요(×)}

(가) 공사 중이니 돌아가 {주십시오, 주십시요}.

(가)′ *공사 중이니 돌아가 주십시.

(가)″ 공사 중이니 돌아가 주{십시}오/주오.

※ '−오'는 어미로서 생략될 수 없으며 그 앞에 '−십시−'등과 같은 다른 어미체가 올 수 있음.

(나) 밥을 잘 먹어(요). ※ '요'는 조사로서 생략될 수 있음.

25. '아니요'와 '아니오'의 구분: '아니오'는 서술어, '아니요'는 감탄사

(가) "숙제 다 했니?" "아니요, 조금 남았어요." [참] 예 ↔ 아니요(아뇨).

(가)′ "아니, 조금 남았어." [참] 응 ↔ 아니

(나) 그것은 내 잘못이 아니오. ※ 어떤 문제를 내고 그것의 맞고 틀림을 물을 때에는 "다음 문제에 대하여 '예, 아니오'로 대답하시오"처럼 쓴다. 이때 '예'는 맞는다는 말이고 '아니다'는 틀린다는 말이다. 따라서 이 경우의 '아니오'는 감탄사가 아니라 서술어 용법이 화석화된 것이다.

(나)′ 어서 오시오. ※ '이다, 아니다'의 어간 뒤에 붙어 나열의 뜻을 나타내는 연결어미는 '요'로 적음. '이것은 책이요(←이고), 저것은 공책이다' 참조.

26. '-함으로(써)'와 '-하므로'의 구분: '으로(써)'는 조사, '-(으)므로'는 어미

(가) 그는 열심히 공부함으로(써) 부모님의 은혜에 보답하고자 한다. / 동호인 회장에게 일괄 배부하여 관리케 {함으로써, 하므로써} 사용과 보존에 철저를 기하고자 합니다.
※ "수단"을 나타내는 조사 '(으)로'는 그 뜻을 강조할 경우에 그 뒤에 '써'가 붙는다.

(나) 그는 부지런하므로 잘 산다. / 그는 매일같이 열심히 공부하므로(*하므로써) 시험에 꼭 합격할 것이다. / 훌륭한 학자이므로 많은 사람들에게 존경을 받는다.
※ '-(으)므로'는 "이유, 까닭"을 나타내는 어미로서 그 뒤에 '써'가 붙을 수 없다.

27. '-로서'와 '-로써'의 구분: '-로서'는 자격, '-로써'는 수단이나 도구

(가) -로서: 교육자로서 일생을 보내다 / 나로서는 할 말이 없다 / 부모로서 할 일 / 교사로서 그런 말을 하다니 / 친구로서 충고한다 / 모든 싸움은 너로서 시작되었다

(나) -로써: 도끼로(써) 나무를 찍다 / 칼로(써) 과일을 깎다 / 눈물로(써) 호소하다 ※ '로써'에서 '써'는 생략이 가능하다.

28. 출석률(○), 출석율(×)

(가) 법률, 능률, 출석률; 행렬, 결렬

(나) 운율, 비율, 백분율; 분열, 우열 ※ 모음이나 'ㄴ'받침 뒤에서는 '열, 율'로 적음

29. 가정란(○), 가정난(×)

(가) 가정란, 독자란, 투고란, 학습란, 답란 ※ 작업량, 인용례

(나) 어린이난, 어머니난, 가십난(gossip欄) ☞ 고유어, 외래어 뒤에서는 두음법칙이 적용됨
【두음법칙】 두음법칙이 적용되는 단어는 그 앞에 다른 말이 와서 새로운 단어의 일부가 될 적에도 두음법칙에 따라 적는다.
여성(女性)　신여성(新女性)　직업여성(職業女性)
다만, 한자어 뒤에 오는 1음절 한자어는 두음법칙을 적용하지 않는다.
작업량(作業量)　인용례(引用例)　가정란(家庭欄)　장롱(欌籠)
[붙임] 앞뒤가 짝을 이루는 한자성어도 그 뒷말을 두음법칙에 따라 적는다.
장삼이사(張三李四)　남존여비(男尊女卑)　부화뇌동(附和雷同)

30. '머지않아'와 '멀지 않아'의 구분

(가) 머지않아 뷔 곧. 불원간(不遠間).

(나) 멀지 않은 장래 / 여기선 학교가 멀지 않아 다행이다.

31. 있음/있사오니(○), 있슴/있아오니(×)

(가) 있습니다, 없습니다, 먹습니다 〈-습니다〉

(가)′ 갑니다, 예쁩니다, 드립니다 〈-ㅂ니다〉

(나) 있음, 없음, 먹음 〈-음〉

(나)′ 감, 예쁨, 드림 〈-ㅁ〉

(다) 있사오니, 없사오니, 먹사오니 〈-사오-〉

(다)′ 가오니, 예쁘오니, 드리오니 〈-오-〉

※ 국어의 어미는 앞말에 받침이 있느냐 없느냐에 따라 분간되는 경우가 많다. 앞말의 받침 유무에 따라 '-는다'와 '-ㄴ다'로 나뉘고('먹는다: 간다' 참조), '-으니'와 '-니'로 나뉘는('먹으니: 가니' 참조) 현상 등이 바로 그 예이다. 따라서 위 단어는 용언 어간에 명사형어미가 결합된 어형으로서 '있음, 없음'이 맞는다. 명사형어미 역시 앞말에 받침이 있느냐 없느냐에 따라 '-음'과 '-ㅁ'으로 분간되는 어미이기 때문이다. 그런데 일부 사람들은 '있음, 없음'을 '있습니다, 없습니다'의 준말로 보아 '있슴, 없슴'으로 써야 한다고 생각하는 경향이 있다. 그러나 이 생각은 잘못된 것이다. 일부 문맥에서 명사형어미가 종결어미처럼 기능할 때도 있으나 그때에도 여전히 명사형어미로서 종결어미의 기능을 하는 것일 뿐이지 그것이 종결어미 '-습니다'에서 줄어든 형태라서 종결어미로 기능하는 것은 아니다. '-습니다' 형태는 그 준말이 존재하지 않기 때문이다. 마치 '먹습니다'가 줄어 '먹슴'이 될 수 없듯이 '있습니다, 없습니다'도 줄어 '있슴, 없슴'이 될 수 없다. '있음, 없음'은 '있다, 없다'의 명사형일 뿐이다.

32. 더욱이/일찍이/오뚝이(○), 더우기/일찌기/오뚜기(×): '더욱, 일찍, 오뚝'과의 연관성을 형태상으로 드러내 주는 표기가 맞음

(가) 더욱이, 일찍이, 오뚝이

(가)′ 더욱, 일찍, 오뚝

(나) 더우기, 일찌기, 오뚜기

33. '설겆이, 반듯이, 아뭏든, 어떻든'인지 '설거지, 반드시, 아무튼, 어떠튼'인지?

(가) 설거지, 아무튼, 반드시[必]("이번 일은 반드시 성사시키겠다")

(가)′ *설겆다, *아뭏다, *반듯하다

　　※ '설겆다, 아뭏다'는 존재하지 않는 말이고 '반드시'는 '반듯하다'와 의미상의 관련성이 없음.

(나) 반듯이("의자에 반듯이 앉아 있다"), 어떻든

　　※ '반듯이'는 '반듯하다'와 의미상의 연관성이 뚜렷하고 '어떻다'는 현재 살아 있는 말임.

(나)′ 반듯하다, 어떻다

(다) 얽히고설킨 사건 ※ '얽-'이란 말은 있어도 '섥-'이란 말은 없음.

34. 만듦/이끎(○), 만듬/이끔(×)

(가) 만들다/만듦, 이끌다/이끎 ※ 'ㄹ'로 끝나는 말의 명사형은 '-ㄻ'꼴임. 다만 '삶, 앎'은 파생명사 용법도 지님.

(나) 울음, 얼음 〈파생명사〉 ※ 'ㄹ'로 끝나는 말의 파생명사는 대체로 '-ㄹ음'꼴임.

(나)′ 욺, 얾 〈명사형〉 예 강이 꽁꽁 얾에 따라 ….

35. 며칠(○), 몇 일(×): '몇 일'로 적으면 [면닐]이라는 비표준 발음을 인정하게 됨. '한글 맞춤법의 원리'참조.

오늘이 몇 월 [며칠, 몇 일]이냐?

36. 뱉었다/가까워(○), 뱉았다/가까와(×)

(가) 뱉었다, 김치를 담가('담그-'+'-아') 먹다 / 문을 잠갔다('잠그-'+'-았다') ☞ 'ㅏ, ㅗ' 이외의 'ㅐ, ㅚ' 등은 음성모음

(나) 하늘빛이 고와 / {가까워, 가까와}, {아름다워지다, 아름다와지다} ☞ 어간이 2음절 이상인 'ㅂ' 변칙용언('가깝다', '아름답다' 등)은 양성모음, 음성모음 구별 없이 '워' 형으로 적는다.

37. 생각건대(○), 생각컨대(×): 무성음 뒤에서는 '하'가 통째로 탈락되나 유성음 뒤에서는 '하'에서 'ㅏ'만 탈락되고 'ㅎ'은 살아 있음

(가) 거북하지/거북지, 생각하건대/생각건대, 넉넉하지/넉넉지, 섭섭하지/섭섭지, 깨끗하지/깨끗지, 못하지/못지

(나) 간편하지/간편치, 다정하지/다정치, 청하건대/청컨대, 무심하지/무심치, 실천하도록/실천토록, 사임하고자/사임코자

※ 유성음: 모음과 'ㄴ, ㅁ, ㄹ, ㅇ'. 무성음: 'ㄴ, ㅁ, ㄹ, ㅇ'을 제외한 자음, 예컨대 'ㅂ, ㅅ, ㄱ' 등.

38. 깨끗이(○), 깨끗히(×)

(가) 깨끗이, 느긋이, 따뜻이, 번듯이, 빠듯이, 산뜻이 〈'ㅅ' 받침 뒤에서〉

(나) 간간이, 겹겹이, 곳곳이, 알알이, 일일이, 줄줄이 〈첩어 뒤에서〉

(다) 곰곰이, 더욱이, 히죽이, 생긋이 〈부사 뒤에서〉

39. '바람'과 '바램'의 구분

(가) 우리의 바람은 남과 북의 주민들에게 모두 이익이 되는 통일을 이루는 것이죠.

(나) 저고리의 색이 바램

※ 다음 예에서 보듯이 '바라요'는 아주 어색한 어형이나 어법상 옳은 표현임.

　　例 저는 우리 경제가 빨리 회복되길 바라요/바래요.

40. '흡연을 {삼가(○), 삼가해(×)} 주십시오.

(가) 흡연을 {삼가, 삼가해} 주시기 바랍니다. ※ '삼가하다'는 없는 말임.

(나) 서슴지 말고 네 생각을 말해 보아라.

41. '다르다'와 '틀리다'의 구분: "같지 않다"라는 뜻으로 '틀리다'를 쓰면 틀림.

(가) 이론과 현실은 {틀려요 / 달라요}. ※ 뜻: "같지 않다". '다르다'는 형용사

(가)′ 선생님, 제 생각은 선생님과 {틀립니다 / 다릅니다}.

(나) 계산이 틀리다. ☞ 동사, "셈이나 사실 따위가 맞지 않다."

(나)′ 어, 약속이 틀리는데. ☞ 동사, "어떤 일이나 사물이 예정된 상태에서 벗어나다."

42. '빌다'와 '빌리다'의 구분

(가) 밥을 빌어먹다 / 잘못했다고 빌다 / 당신의 행복을 빕니다

　　※ "乞, 祝"의 뜻일 때만 '빌다'로 쓰고 "借, 貸"의 뜻일 때는 '빌리다'로 씀.

(나) 돈을 빌려 주다 / 술의 힘을 빌려 사랑을 고백하다 / 이 자리를 빌려 한 말씀 드리겠습니다 / 사르트르의 말을 빌리자면 자유는 곧 책임을 수반한다고 한다

43. '자문(諮問)'과 '주책(〈主着〉)'의 구분: 의미가 변화 중인 단어들

(가) 전문가에게 자문하다(→ 반대말은 '자문에 응하다')

　　※ 뜻(사전적 정의): "물음이란 뜻으로, 특히 윗사람이나 상급 기관이 일정한 기관이나 전문가에게 어떤 문제에 관하여 의견을 물음". 따라서 '자문'은 하는 것이지 구하거나 받는 것이 아니라고 해석됨.

(가)′ 이번 일은 전문가에게 자문을 구해서(→조언을 구해서, 도움말을 청해서, 문의해서) 처리했다.

(가)″ 전문가에게 자문을 {구하다, 받다}

　　※ "자문하여 얻게 되는 판단이나 의견"이라는 뜻으로 쓰임. 의미 변화 중.

(나) 주책없다: 말을 주책없이 하다 ※ 뜻: "일정하게 자리잡힌 생각"

(나)′ 주책이다, 주책을 {부리다, 떨다}

　　※ "일정한 줏대 없이 되는 대로 하는 짓"이라는 뜻으로 쓰임. 의미 변화 중.

44. '-장이'와 '-쟁이'의 구분

(가) 미장이, 유기장이, 땜장이 ※ 전통적인 수공업에 종사하는 기술자라는 뜻일 때만 '-장이'

(나) 요술쟁이, 욕심쟁이, 중매쟁이, 점쟁이

45. 왠지(○), 웬지(×): '왠지'는 '왜인지'가 줄어든 말. '웬'은 관형사.

(가) {왠지, 웬지} 가슴이 두근거린다.

(나) 웬 험상궂게 생긴 사람이 날 따라오더라.

46. '웃-'과 '윗-'의 구분: 위와 아래의 대립이 있을 때만 '윗-'으로 씀

(가) 윗니, 윗눈썹, 윗도리, 윗목

(가)′ 위쪽, 위채, 위층 ※ 된소리나 거센소리 앞에서는 'ㅅ'을 적지 않음

(나) 웃돈, 웃어른, 웃옷("맨 겉에 입는 옷") ※ '윗옷'과 '웃옷'은 뜻이 다름.

47. -려고(○), -ㄹ려고(×)

집에 {가려고, 갈려고} 한다. ※ 쓸데없이 'ㄹ'을 덧붙이지 말아야 한다.

48. 날씨가 개다(○), 날씨가 개이다(×)

(가) 날씨가 {개이다/개다}

(나) {설레이는/설레는} 마음

49. '결제'와 '결재', '개발'과 '계발'의 구분

(가) 결제(決濟): 증권 또는 대금을 주고받아 매매 당사자 간의 거래 관계를 끝맺는 것.

　　예 어음으로 결제하다

(가)′ 결재(決裁): 부하 직원이 제출한 안건을 허가하거나 승인하는 것.

　　예 결재를 {받다, 맡다} / 결재가 나다 / 결재 서류를 올리다

(나) 개발(開發): ① 토지나 천연자원 따위를 유용하게 만듦 예 유전 개발

　　② 지식이나 재능 따위를 발달하게 함 예 능력 개발

　　③ 산업이나 경제 따위를 발전하게 함 예 산업 개발

　　④ 새로운 물건을 만들거나 새로운 생각을 내어놓음 예 신제품 개발

(나)′ 계발(啓發): 슬기나 재능, 사상 따위를 일깨워 줌. 예 지능 계발 / 소질을 계발하다

50. 돌(○), 돐(×) 및 '홀몸'과 '홑몸'의 구분

(가) 돌떡, 돌잔치, 두 돌을 넘긴 아이, 우리 회사는 창립한 지 열 돌을 맞았다

(나) 홀몸: 배우자나 형제가 없는 사람.

　　홑몸: ① 딸린 사람이 없는 몸. ② 임신하지 않은 몸. 예 홑몸이 아니라 몸이 무겁다.

51. 나무꾼(○), 나뭇꾼(×)

(가) 낚시꾼, 나무꾼, 사기꾼, 소리꾼

(나) 때깔, 빛깔, 성깔, 맛깔

(다) 귀때기, 볼때기, 판자때기

(라) 자장면 곱빼기(○), 자장면 곱배기(×)

※「한글 맞춤법」제54항에서는 '-꾼'과 '-(ㅅ)군', '-깔'과 '-(ㅅ)갈', '-때기'와 '-(ㅅ)대기', '-꿈치'와 '-(ㅅ)굼치', '-빼기'와 '-(ㅅ)배기', '-쩍다'와 '-적다' 중에서 '-꾼, -깔, -때기, -꿈치, -빼기, -쩍다'를 표준으로 정하고 있다(아래 표 참조). 즉 된소리로 나는 위의 접미사는 된소리 글자로 적게 되어 있는 것이다. 따라서 '곱빼기'가 맞는다. 다만 '언덕배기'는 '언덕바지'와 짝을 맞추기 위하여 '언덕빼기'가 아니라 '언덕배기'로 적는다(「표준어 규정」제26항에는 '언덕배기'와 '언덕바지'가 복수 표준어로 처리되어 있다).

○	×	○	×
심부름꾼	심부름군	뒤꿈치	뒷굼치
빛깔	빛갈	코빼기	콧배기
귀때기	귓대기	겸연쩍다	겸연적다

52. 끼어들기(○), 끼여들기(×)

{끼어들기, 끼여들기}를 하지 맙시다.

53. 허예/허옜다(○), 허얘/허얬다(×)

(가) 허옇다/허예/허옜다, 누렇다/누레/누렜다 ※ 음성모음('ㅏ, ㅗ' 이외) 뒤에서는 '에'형

(나) 하얗다/하얘/하얬다, 노랗다/노래/노랬다 ※ 양성모음('ㅏ, ㅗ') 뒤에서는 '애'형

(다) 이렇다/이래/이랬다, 저렇다/저래/저랬다

※ 음성모음, 양성모음의 교체를 보이지 않는 '이렇다, 저렇다, 그렇다'류는 항상 '애'형으로 적음

[참고] 새까맣다, 시꺼멓다; 샛노랗다, 싯누렇다

양성 모음 앞: 새-(된소리, 거센소리 앞), 샛-(예사소리 앞)

음성 모음 앞: 시-(된소리, 거센소리 앞), 싯-(예사소리 앞)

54. 가여운(○), 가엾은(×)

(가) 부모 잃은 {가여운, 가엾은} 아이 〈가엽다/가엾다〉

(나) {서럽게, 섧게} 운다 〈서럽다/섧다〉

(다) 어디서 많이 뵌 분 같은데! / 자세한 내용은 직접 뵙고 말씀드리겠습니다. 〈뵈다/뵙다〉

※ 자음어미 앞에서는 '뵙다'만 쓰이고 모음어미나 매개모음어미 앞에서는 '뵈다'가 쓰임

55. 칸(○), 간(×)

방 한 칸 / 중앙으로 한 칸 뛰어 악수 없다 / 다음 빈칸을 메우시오.

56. 내로라하다(○), 내노라하다(×)

내로라하는 사람들이 모두 모였다.

※ '내로라'는 기원적으로 대명사 '나'에 서술격조사 '이-', 주어가 화자와 일치할 때 쓰이는 선어말어미 '-오-'(흔히 의도법 선어말어미나 1인칭 선어말어미라 불린다), 평서형 종결어미 '-다'가 차례로 결합된 형식이다.

57. 셋째(○), 세째(×)

둘째, 셋째, 넷째

58. 깡충깡충(○), 깡총깡총(×)

깡충깡충(〈깡총깡총), 오뚝이(〈오똑이)

59. 우레(○), 우뢰(×): 고유어를 한자어로 잘못 알고 쓴 예.

   (가) 우레(〈울에), 천둥(〈天動) ※ 담담하다(←듬다/듬ㄱ다[沈]). '잠잠하다, 조촐하다, 쓸쓸하다. 짭짤하다'
     류 참조.

   ※ "마음이 차분히 가라앉아 있다"라는 뜻은 고유어 '담담하다'. 중요한 경기를 앞둔 사람에게 그 심경을 물
     었을 때 "담담합니다"라고 하는 경우. 그러나 "맛이라곤 없이 그저 담담하다"라고 말할 때의 '담담하다'
     는 한자어 '淡淡-'임.

   (나) 우뢰(雨雷) (×)

60. 짜깁기(○), 짜집기(×)

   짜깁기: 찢어지거나 구멍이 뚫린 부분을 실로 짜서 깁는 것.

SKILL ❷   어법정리

   어법에 맞는 문장을 자연스러운 문장이라고 한다. 그러니까 부자연스러운 문장을 찾아내야 하는데, 주술관계라든
가 호응, 접속의 문제, 시제의 문제 등 여러 가지 면에서 어법에 어긋난 문장이 발생할 수 있다. 올바른 어법을 사용
하는 방법을 연습하는데, 잘된 문형을 익히는 것보다, 많이 틀리는 것의 유형을 익히는 것이 문제풀이에 도움이 된
다. 범하기 쉬운 오류 위주로 학습해 보자. 다음이 자주 나오는 어법에 어긋난 경우를 정리한 것들이다.

1 '주어와 서술어' 부분에서 비문이 생기는 경우

a. 주어를 부당하게 빠뜨린 경우

   * 몸이 아파서 어머니와 침을 맞으러 다녔는데 어머니 교회의 집사님이셨다.

   * 하지만 어린 나이에 할머니의 생활들을 이해한다는 것은 거의 불가능한 일이었다. 그럼에도 불구하고 돌아
     보건대 나의 지금의 모습을 형성하는 데 많은 영향을 <u>미쳤다</u>.

   * 그들이 결혼식을 마치고 신혼여행을 떠난 후, 하객들이 음식점으로 떠났을 때 <u>시작되었다</u>.

b. 주어와 서술어의 호응이 제대로 이루어지지 못한 경우

   * 하나의 현상에 대한 올바른 이해에 도달하기 위해서는 그 현상을 포함한 그 언어의 전 체계 속에서 <u>파악될</u>
     때 비로소 가능하다.(주어를 빠뜨렸고, 서술부도 손질 필요함.)

   * <u>확실한 것은</u> 그들이 이제까지의 잘못을 반성하고 앞으로 진실한 국민으로 살아갈 것은 <u>틀림없습니다</u>.(서술
     부를 '살아가야 한다는 것입니다.'로 고치거나 '확실한 것은'을 없애면 자연스러운 문장이 됨.)

   * 이 같은 오염 실태에 따라 강원도 보건 환경 연구소는 지난 3월 27일 실시한 수질 검사에서 이 일대 거의
     전 구간에 하천 부패의 주요 원인인 질소와 인 성분이 처음으로 <u>검출되기도 하였다</u>.(서술부를 '검출되었다
     고 발표하였다.'로 고쳐야 됨.)

   * 무엇보다 중요한 <u>것이</u> 인간이 문명의 이기(利器)를 사용할 때, 그것이 인간 자신을 위하여 슬기롭게 사용되
     어야 <u>한다</u>.(→ 것은, 한다는 점이다.)

   * <u>나는</u> 앞으로의 교육 문제가 대학원 교육에 역점을 두면서도 기본적인 초등교육의 문제를 <u>공존시켜야 한</u>
     <u>다</u>.(→ 공존시켜야 한다고 생각한다.)

c. 문장 도중에 주어가 바뀌는 경우

   * 소련은 당초 7일로 예정된 세바르드나제 외무장관의 방북을 연기해 달라는 평양의 요청을 묵살하고 오히려
     남북 총리 회담의 북측 대표단이 출발하기 하루 앞서 평양을 <u>방문했다</u>.('방문했다'의 주어를 '세바르드나제
     장관이'로 명시해야 함.)

2 '호응 관계'가 적절하지 않은 경우

a. 구조어의 호응이 이루어지지 못한 경우

* 설마 그마저 나를 의심하겠지? (→ 의심하는 것은 아니겠지?)
* 비록 그는 가난하면서 이 세상에 사는 보람을 느꼈다.(→ 가난하지만, 가난할지라도)

b. 높임법의 호응이 이루어지지 못한 경우

* 저 학생의 부모님이 서울에 있으신가? (→ 계신가?)
* 할머니께서는 이빨이 좋으시다.(→ 치아)

c. 시제의 호응이 이루어지지 못한 경우

* 그녀는 요즘 소녀 시절의 순수한 마음을 잃어가는 것 같은 느낌으로 슬퍼지는 때가 있었다.(있었다 → 있다.)

3 문장을 접속할 경우 범하기 쉬운 오류들

a. 조응 규칙을 어긴 경우

(조응 규칙: 접속한 두 문장의 구조가 문법적으로 대등한 관계가 되도록 해야하는 규칙)

* 인간에게는 다른 동물과는 달리 성취 의욕, 즉 남들이 달성하기 어려운 과업을 자신이 이루었을 때 쾌감을 느끼는 특징이 있다.('성취 의욕, 즉 남들이 달성하기 어려운 과업을 자신이 이루어 보려고 하는 마음이 있고, 또 그것을 이루었을 때 쾌감을 느끼는 특징이 있다.'로 고친다.)
* 기재 사항의 정정 또는 금융기관의 수납인 및 취급자인이 없으면 무효입니다.('정정'을 '정정이 있거나'로 고친다.)

b. 공통되지 않는 요소를 생략할 경우

* 인간들은 한편으로는 자연에 순응하면서, 다른 한편으로는 이용하면서 살아왔다.('이용하면서' 앞에 '자연을'을 넣어야 함.)
* 인간은 자연을 지배하기도 하고 복종하기도 한다.('복종하기도' 앞에 '자연에'를 넣어야 함.)
* 시험 발표 후 얼마 동안은 기쁨으로 무얼할지도, 해야 할 일도 없었다. ('무얼할지도' 다음에 '몰랐고'를 넣어야 함.)

c. 두 절의 관계가 논리적 호응을 이루지 못하는 경우

* 누나는 모범생이며, 형은 냉면을 좋아한다.
* 내가 목표하는 과에 가기 위해서라기보다 자칫하면 망각하기 쉬운 학생의 직분, 즉 열심히 학문의 진리를 탐구해야겠다.('위해서라기보다'에 대응하는 말이 없음.)
* 이날 회의는 미성년자에게 술과 담배를 팔거나 풍기문란 영업행위에 대한 벌칙 강화를 내용으로 하는 미성년자 보호법 개정안을 백지화하기로 했다.('술과 담배를 팔거나'와 대등한 표현이 없음.)

4 기타 여러 가지 유형의 비문(非文)들

a. 문장의 모호성: 어순을 바꾸거나, 쉼표(,)를 붙이거나, 말을 첨가함.

* 사람들이 많은 도시를 다녀 보면 재미있는 일이 많을 것이다.(→ 사람들이, 많은~)
* 끝까지 신문사에 남아 언론 자유를 지키겠습니다.(한정하는 말이 '남아'인지 '지키겠습니다'인지 불분명함.)
* 맑은 물과 흰구름이 감도는 산봉우리는 한 폭의 산수화 같았다.(→ 맑은 물과, 흰구름이)
* 사람이 많은 집을 가 보면 어수선하다.(→ 사람들이 많이 사는 집)
* 문학을 연구하는 김선생의 아들이 박사 학위를 받았다.(→ 문학을 연구하는, 김선생의 아들이~)

b. 피동문의 남발

* 그것이 요즈음 학생들에게 많이 읽혀지는 책이다. (→ 읽히는)
* 바위 위에 천마라고 생각되는 그림이 그려져 있는 것이 아닌가? (→ 천마로 보이는 그림을 그려 놓은)
* 열차가 곧 도착됩니다. (→ 도착합니다)
* 내일 아침이면 또 마음이 변해지겠지. (→ 변하겠지)
* 이러한 성격 때문에 당해지는 손해가 여간 크지 않다. (→ 당하는)
* 구름에 가려져서 하늘을 볼 수가 없었다. (→ 가려서)

c. 조사의 오용과 부당한 생략

① 대조 보조사 '은/는'은 주격 조사 '이/가'와 용법이 다르다.
* 옛날 옛적에 마음씨가 착한 총각은 있었습니다. (→ 이)
* 원시시대부터 인간은 끊임없는 발전을 거듭해 온 것은 우리가 인정해야 하는 사실이다. (→ 이)
* 고속버스를 타고 우리는 날씨 걱정을 해야 했다. 장마철의 중반에 우리는 여행을 떠났으니 당연하였다. (→ 가)
② '에게'는 유정물인 사람이나 동물에게만 쓰이고, '에'는 무정물에만 사용되는 조사이다.
* 정부는 이 문제를 일본에게 강력히 항의하였다. (→ 에)
* 한결이는 날마다 화초에게 물을 준다. (→ 에)
* 우리 농민들은 UR대책을 정부 당국에게 묻는다. (→ 에)
[참고] * 그렇다고 해서 나에게서 불만이 아주 없는 것은 아니다. (→ 에게)
③ 남의 말을 인용하는 방법에는 '~라고', '~라는'을 사용하는 직접 인용과 '-고', '~는'을 사용하는 간접 인용이 있는데, 간접 인용을 직접 인용처럼 쓰는 경우가 종종 있다.
* 언론에서는 그를 '신기록 제조기다.'고 말하고 있다. (→ 라고)
* 월드컵 이후 각 매스컴에서 우리 선수들이 골을 너무 쉽게 먹힌다라는 것을 지적했다. (→ 는)
* 모두 자기들 주장만이 옳다라고 우기며 타협하지 않았다. (→ 고)
④ 기타적인 부분으로 조사의 생략을 잘못한 경우 등이 있다.
* 여름은 바다로, 겨울은 산으로 가자. (→ 에는)
* 비루스와 같은 미생물은 보통 현미경으로 볼 수 없다. (→ 보통의)

d. 단어의 오용

* 나는 19살의 여고 삼년생이다. (→ 열아홉살, 19세)
* 시험 준비에 시달린 탓인지 신체가 많이 줄었다. (→ 몸, 체중)
* 노력한 만큼 성적도 많이 상승했다. (→ 향상됐다)
* 지방질이 낮아서 로우, 단백질이 높아서 하이. (→ 적어서, 많아서)
* 우리 아이는 나이가 일곱 살인데도 칠칠하게 침을 흘리고 다닌다. (→ 칠칠하지 못하게)
* 묘령(妙齡)의 30대 여인 변시체 발견. (→묘령 삭제 ; 20세 전후의 여자임)

e. 중복된 단어나 표현

* 신문 기사는 지어내 창작한 글이 아니다.
* 그럴 줄 알고 미리 예비해 두었다.
* 선열들의 나라를 사랑하는 애국 정신을 우리는 본받아야 한다.
* 밤새도록 세찬 격론 끝에 마침내 결론을 내렸다.
* 빠진 말은 넣고 쓸데없는 말은 삭제하여 뺀다.
* 우리 팀의 올시즌 목표는 탈꼴찌에서 벗어나 중위권으로 도약하는 것이다.
* 김 선생님은 동물을 사랑하는 동물 애호가입니다.

Skill 연습 ❶

다음 제시된 두 선택지 중에서 맞춤법에 맞는 것을 고르시오.

1. 꿈의 대륙 호주가 (가까와집니다, 가까워집니다).
2. 서로 조금이라도 빨리 (가려고, 갈려고) 끼어드는 차
3. 지난달보다 도시 (까스, 가스) 값이 많이 올랐다.
4. 6월도 중순이니 이 비는 분명히 (장마비, 장맛비)렷다.
5. 맑게 (갠, 개인) 아침 하늘이다.
6. 빈칸에 (알맞는, 알맞은) 말은?
7. 이번 시험은 (경쟁율, 경쟁률)이 치열한데.
8. 귀에 익은 아름다운 (선율, 선률)이었다.
9. 진주 (귀걸이, 귀거리) 한 쌍을 장만했어.
10. (텔레비전, 텔레비젼) 시청률을 조사하였다.
11. 그 둘은 싸워도 (금새, 금세) 풀어지곤 한다.
12. 국내산 토종한우와 (암돼지, 암퇘지) 고기만을 씁니다.
13. 정성을 (기울여, 기우려) 만든 작품입니다.
14. 피부 (깊숙이, 깊숙히) 파고드는 찜질의 효과.
15. (솔직히, 솔직이), 오늘 패션은 좀 아닌데.
16. 책값을 15% (깎아, 깍아) 드립니다.
17. 배가 커서 웬만한 파도에는 (끄덕없습니다, 끄떡없습니다).
18. 선녀와 (나무꾼, 나뭇꾼)이라는 전설이 있어.
19. 여기저기서 들려오는 (나지막한, 나즈막한) 노래 소리.
20. (님, 임)이 부르는 목소리.
21. 우리 만남은 우연이 아니야, 그것은 우리의 (바람, 바램)이었어.
22. 특유의 맛과 향을 (느껴보십시오, 느껴보십시요).
23. 가시 (덩쿨, 덩굴)을 헤어나오니, 또 다른 위험이 기다리고 있었다.
24. 아기의 (돌, 돓) 잔치에 반지를 선물했다.
25. 다시 한번 깜짝 (놀랬습니다, 놀랐습니다.)
26. 당신의 성적을 50% (높여, 높혀) 드립니다.
27. 소녀시대의 노래로 분위기는 절정에 (다달았다, 다다랐다).
28. 가정에서 손쉽게 (달여, 다려) 드실 수 있는 보약.
29. 할머니가 (담궈주시던, 담가주시던) 바로 그 장맛!
30. 심부름의 (대가, 댓가)로 받은 돈입니다.
31. 카드로 (결재, 결제)하신 금액의 반을 돌려드립니다.
32. (일찌기, 일찍이) 우리의 선조들은 이 땅에 정착하셨다.
33. 눈 (덮힌, 덮인) 묘지의 꿈
34. 그는 언젠가 가수가 (될는지도, 될런지도) 몰라.

PART 5

CHAPTER 01

35. (눈물로써, 눈물로서) 호소한다.

36. 거울 보기 (두려우시다구요, 두려우시다고요)?

37. 아르바이트 학생 환영, (뒤쪽, 뒷쪽) 사무실로 오세요.

38. 이산가족 만남, (뒤처리, 뒷처리)가 더 중요하다.

39. 시원한 빙수 만들어 (드릴께요, 드릴게요).

40. 이젠 마음 잡고 (공부할 꺼야, 공부할 거야).

41. 사나이 가는 길 후회가 (있을쏘냐, 있을소냐)?

42. 이건 (책이오, 책이요), 저것은 공책이오.

43. 세상이 (떠들썩한, 떠들석한) 전대미문의 사건

44. 어머니, (떡볶기, 떡볶이) 좀 해 주세요.

45. (또아리, 똬리) 튼 살모사의 위협에 놀랐다.

46. (웬만하면, 왠만하면) 이런 일은 그냥 넘어갑시다.

47. 너에게는 (안성마춤, 안성맞춤)이지.

48. 백마 탄 왕자라도 (만날런지, 만날는지) 알아?

49. 이거 노트북 (맞어, 맞아)?

50. 요새 퀴즈 (맞추는, 맞히는) 재미에 푹 빠져 있다.

51. (모밀, 메밀) 국수 판매 개시.

52. 나는 이 소설을 읽고 목이 (메었다, 매었다).

53. 그의 처지를 알고 (안쓰러운, 안스러운) 마음이 들었다.

54. 편지가 도착하려면 (몇 일, 며칠) 걸릴 거야.

55. 난 (무우, 무)말랭이가 좋아.

56. (바다속, 바닷속)의 생물을 본다는 것이었다.

57. 정성을 (들여, 드려) 만든 음식들

58. 힘찬 (발돋음, 발돋움)을 하려고 노력한다.

59. 해 질 무렵 날 끌고 간 (발거름, 발걸음)

60. (부페, 뷔페)에서 저녁 식사를 하자.

61. 장애물에 어깨를 (부딪혔다, 부딪쳤다).

62. 인간의 기를 (복돋우는, 북돋우는) 황토방.

63. 살아있는 화석이라고 (불리는, 불리우는) 은행나무.

64. 택시를 (뺏아, 뺏어) 가지고 도망갔대.

65. 윤기 있는 피부를 (뽐내, 뽐내) 보세요.

66. 금연 구역 내 흡연을 (삼가합시다, 삼갑시다).

67. (넉넉지, 넉넉치) 않은 살림살이

68. 아! 누구인가 슬프고도 (애닯은, 애달픈) 마음을 맨 처음 공중에 달 줄을 안 그는.

69. 고향으로 가는 (설레임, 설렘)으로 막차를 타고 떠났다.

70. ①번과 ③번, 두 개 중에 (헛갈린다, 헷갈린다).

71. 내 소원은 (세째, 셋째)도 독립이다.

72. 마치 오늘의 주인공인 (채, 체) 행동했다.

73. 이제 (수돗물, 수도물)을 가려 마실 필요가 없습니다.

74. 구걸하는 어린이의 모습이 (안쓰럽다, 안스럽다).

75. 뭐 그렇게 혼자 (궁시렁거리고, 구시렁거리고) 있어?

76. 시험 (칠, 치를) 때 자리 이동은 8명씩 한다.

77. 촘촘히 수놓은 무늬가 (아름다와라, 아름다워라).

78. 봄 언덕 (아지랭이, 아지랑이) 모락모락 넘실대던 고향.

79. 학교 앞에서 파는 병아리들은 대부분 (수평아리, 숫병아리)들이야.

80. (어제밤, 어젯밤) 꿈속에 나는, 나는 날개 달고 구름보다 더 멀리.

81. 이런 (웅큼한, 엉큼한) 녀석.

82. (옛부터, 예부터) 전해 오는 재미있는 이야기.

83. 그의 인생은 (오뚜기, 오뚝이)와 같다.

84. (오랜만에, 오랫만에) 만난 친구, 변함없는 우정.

85. 나 동혁이 형이야. 나보고 잘하라고? 야 (인마, 임마) 너나 잘해.

86. (윗어른, 웃어른)에게 공손해야지.

87. 커피에 들어가는 (어름, 얼음)은 특별한 제조공정을 거친다.

88. 오늘은 (웬지, 왠지) 서글퍼지네.

89. 김 대리는 (웃사람, 윗사람)에게는 충실하다.

90. 짐차니까 (으례, 으레) 양보했는데 결국은 사고가 날 줄이야.

91. 술과 안주 (일절, 일체)을/를 제공하다.

92. 나는 늘 작심삼일(이였어요, 이었어요).

93. 동화책 속에 내가 주인공(이예요, 이에요).

94. 한국 축구만의 (잇점, 이점)을 살려야 한다.

95. 나는 농담을 (일체, 일절) 하지 않기로 했음.

96. 이제 남북한 간에 편지를 주고받을 수 (있데요, 있대요).

97. 자세한 사항은 참고서에 (있읍니다, 있습니다).

98. (머릿말, 머리말)에는 필자의 진심이 가득 담겨 있었다.

99. (재떨이, 재털이) 좀 가져와. 뭐, 자기는 손발이 없나.

100. (쪽집게, 족집게) 고액 과외, 믿을 수 있을까?

101. 이 옷 (짜집기, 짜깁기) 해야 해.

102. (쭈꾸미, 주꾸미) 전문집.

103. 따라해 보세요. 엄마 앞에서 (짝자꿍, 짝짝쿵, 짝짜꿍).

104. 살이 (쩌도, 쪄도) 먹고, 안 (쩌도, 쪄도) 먹고.

105. 물가가 (천정부지, 천장부지)로 뛰어 오르고 있다.

106. (차돌배기, 차돌박이) 맛있어.

107. (눈곱, 눈꼽) 좀 떼고 다녀.

108. 윗집에서 싸우는 소리에 (천장, 천정)이 무너지는 줄 알았다.

109. (철들은, 철든) 아이.

110. 카메라의 (촛점, 초점)이 안 맞아.

111. 행사를 (치르고, 치루고) 나니 후련하군.

112. 황금 (들녁, 들녘)에 넘실대는 풍년의 메아리.

113. 이번 잔치는 잘 (치뤄야, 치러야) 해.

114. (햇님, 해님)이 방긋 웃는 이른 아침에 나팔꽃 아가씨 인사합니다.

115. 식구들이 늘어 방 한 (간, 칸) 늘려야겠어요.

116. (켸켸묵은, 케케묵은) 생각은 버려야 한다.

117. (무엇이든지, 무엇이던지) 마음대로 먹어라.

118. 불우 이웃 성금이 잘 (거친다, 걷힌다).

119. (겉잡아서, 겉잡아서) 열흘이나 걸릴 일이다.

120. (겉잡을, 걷잡을) 수 없는 상황으로 치달았다.

121. 도시 인구의 팽창으로 학교 수를 더 (늘려야, 늘여야) 한다.

122. 편찮으신 할머니의 한약을 정성스럽게 (다려, 달여) 주시는 어머니.

123. (상치, 상추) 먹으면 정말 졸려?

124. (지루한, 지리한) 수험기간. 이 또한 지나가리라.

125. (주착맞은, 주책없는) 양반이야.

126. 우산을 (바쳐, 받쳐) 들고 거리를 걸었다.

127. 합격자 발표 방송에 너무 마음을 (졸이지, 조이지) 마라.

128. 열심히 (하노라고, 하느라고) 한 것이 이 모양이다.

129. 그는 한때 훌륭한 (선수이였으나, 선수이었으나) 지금은 아니다.

130. 콩쥐는 어려서 (구박깨나, 구박께나) 받으면서 자라났지.

141. 그는 가스를 너무 많이 (들어마셨어, 들이마셨어).

142. (넓다란, 널따란) 물그릇에 담아 두거라.

143. 학교에 (들러, 들려) 원서를 갖고 대학교로 가거라.

144. (손살같이, 쏜살같이) 달려드는 반나절 선수.

145. 텅 빈 그 집은 (으시시한, 으스스한) 분위기가 감돈다.

145. 오늘 네 얼굴은 (부스스해, 부시시해) 보인다.

146. 그 선생님은 수학을 (가리킨다, 가르친다).

147. 과거 보러 떠나는 나그네의 (괴나리봇짐, 개나리봇짐)을 챙겨주던 아낙네.

148. 피곤하면 코를 심하게 (골게, 곯게) 된다.

149. 달걀 (껍질, 껍데기)을/를 화분에 넣어 두어라.

150. 장차 네가 (나갈, 나아갈) 길은 학자의 길이다.

151. 높게 (날으는, 나는) 새가 멀리 본다.

152. 검게 그을린 피부를 (드러낸, 들어낸) 해변의 여인이여.

153. 철없는 어린애의 (등쌀, 등살)을 견뎌 내야 해.

154. 초록빛을 (띤, 띤) 윗도리를 입고 가라.

155. 연분홍 (꽃봉우리, 꽃봉오리)여.

156. 앞서 간 (발자욱, 발자국)을 따라 가 보면 길을 찾겠지.

157. 아파트에 콩나물 (장수, 장사)가 생겼다.

158. 염불에는 관심이 없고 (젯밥, 잿밥)에만 신경을 쓴다.

159. 김장을 담그기 전에 배추를 우선 (저려, 절여) 놓아라.

160. 선생님의 가르침을 (쫓아, 좇아) 열심히 공부하겠습니다.

161. 그 사람은 나이를 (지긋이, 지그시) 먹었다.

162. 이번 일은 (한갓, 한갓) 금전만을 위한 목적이 아니었다.

163. 그는 (홀홀단신, 혈혈단신)으로 내려왔다.

164. 오래된 양말은 (헤어지기, 해어지기) 십상이다.

165. 그 일을 하기에 (서슴치, 서슴지) 않았다.

166. (허우대, 허위대)는 멀쩡한 녀석이 하는 짓은 왜 그래?

에듀월 공기업 NCS, 59초의 기술

의사소통능력

정답과 해설

eduwill

에듀윌 공기업

NCS, 59초의 기술
의사소통능력

에듀윌
공기업
NCS, 59초의 기술
의사소통능력

정답 및 해설

3 핵심어로 글 읽기 연습

연습문제

01

핵심어: SRY유전자
주제: 남성의 정자 속에 들어 있는 SRY유전자는 태어나는 아이의 성을 결정하는 데 중요한 역할을 한다.

02

핵심어: 음원의 위치
주제: 사람은 두 귀에 도달하는 소리의 차이와 음색의 차이로 음원의 위치를 파악할 수 있다.

03

핵심어: 서구, 보편
주제: 서구는 자신들의 문명이 보편주의라 끊임없이 주장하지만 스스로 모순을 드러내기 때문에 비서구인들에게 그것들은 반발을 일으키는 제국주의에 불과하다.

04

핵심어: 상업적 농업
주제: 상업적 농업이 가져온 근대 사회의 변화

4 주제문장 읽기의 단계적 연습

연습문제 ❶

01

② 농사를 짓는 사람에게는 전지를 얻도록 하고 농사를 짓지 않는 사람에게는 전지를 얻지 못하도록 한다면 이는 옳은 일이다.

02

① 많은 사람들이 생각하는 것과는 정반대로, HIV 양성 검사가 반드시 사형선고는 아니다.

03

③ 그러므로 적어도 몇 가지 경우의 안락사 행위는 도덕적으로 용납될 수 있다.

04

① 사막의 산 정상은 천문학자에게 좋은 관찰 지점이 된다.

05

① 소리의 중요한 물리적 양은 주파수와(진동수)와 세기이다.

06

① 라스베이거스가 카지노 도시에서 컨벤션 도시로 변하고 있다.

07

⑤ 연구진은 "이 연구결과는 고유 체취도 지문처럼 개체의 신원을 구분하는 믿을 만한 방법이 될 수 있음을 보여 준다."라며 "이것이 사람의 경우에도 적용될 수 있는 것으로 확인되어 체취로 신원을 확인하는 장치도 개발할 수 있을 것."이라고 말했다.

08

① 실록의 간행 과정은 상당히 길고 복잡했다.

09

③ 이 신호물질과 수용체의 결합은 표적세포의 구조적 상태를 변화시키고, 결국 이 세포가 있는 표적조직의 상태를 변화시켜 생리적 현상을 유도한다.

10

⑤ 미첼은 뉴턴의 중력이론을 이용해서 탈출 속도를 계산할 수 있었으며, 그 속도가 별 질량을 별의 둘레로 나눈 값의 제곱근에 비례한다는 것을 유도하였다.

연습문제 ❷

01

주제문장: 그래서 익명의 그늘에 숨어 있던 범인을 밝혀내는 '추리소설'은 바로 이런 대도회의 성립 이후에나 나올 수 있는 소설인 것이다.
이유: '그래서' 뒤가 주제문장이 된다.

02

주제문장: 그런데 우리의 상황에서는 능력 본위주의라도 제대로 이루어졌으면 좋겠다.
이유: 제일 첫 문장이면서 글쓴이의 생각이 들어 있다.

03

주제문장: 한마디로 대상유전자의 종류(체세포 혹은 생식세포 유전자)나 조작의 목적(치료 혹은 특질강화)에 관계없이 이러한 조작은 모두 개인의 생존과 보호라는 보편적 가치 아래 용인될 수 있다는 입장이다.

이유: 직접적인 의문문은 아니지만 의문문의 형식을 갖추고 묻고 있는 것과 마찬가지다. 이에 대한 답이면서 '한마디로'라고 하면서 정리하는 마지막 문장이 주제문장이 된다.

04

주제문장: 티코는 케플러의 업적의 기초가 되는 중요한 작업을 하였음에도 불구하고 여전히 중세적인 사고를 벗어나지 못했다.

이유: 예화는 주제문장이 될 수 없고 그 예화에 대한 설명 또는 해석이 주제문장이 된다.

05

주제문장: 이러한 점에서 시각적 표상과 청각적 표상 사이에는 전혀 차이가 없다.

이유: 마지막 문장이고, '이러한 점에서'라는 말로 정리하는 데다가 글쓴이의 의견이 분명하다.

06

주제문장: 따라서 비판적 사고를 가르친다고 주장하려면 논증뿐 아니라 주장, 정의, 설명에 대한 비판적 분석도 가르치는 것이 바람직하다.

이유: '따라서'라고 해서 앞의 말을 정리하는 문장인 데다가, 마지막 문장이다. 글의 중간쯤에 자신의 의견이 많이 들어가긴 했지만 그 의견들은 결국 이 마지막 문장을 주장하기 위해 존재하는 것으로 볼 수 있다.

07

주제문장: 연구방법론과 데이터들의 충실함이 극복된다면 결국 인간을 다루는 모든 학문은 진화론적 패러다임을 수용할 수밖에 없다.

이유: 중간에 '그러나'가 나온다. 따라서 '그러나' 뒤쪽의 문장들에 관심을 가져야 한다. 하지만 '그러나' 바로 뒤보다는 그 뒤쪽의 문장들에 관심을 가질 필요가 있는데, '그러나' 뒤의 문장이 "그러나 진화론이 진화생물학이라는 학문에 국한되어 연구되어 온 것은 아니다."라고 해서 구체적이지 않기 때문에 그것을 자세히 말해 주는 문장을 찾아야 한다.

08

주제문장: 좋은 그림책이란 회화의 공간성과 영화의 시간성이 간결한 언어와 입체적으로 만나서 풍부한 이미지를 주는 그림책이다.

이유: 의문문 뒤에 와서 바로 답을 해주는 구절이면서 글쓴이의 주장도 들어가 있는 구절이다. 좋은 그림책이란 이런 것이라고

정의하고, 그 다음에는 그것들을 자세하게 설명하며 이유를 말해 주고 있다.

09

주제문장: 그래서 인간은 이성과 감정의 갈등을 겪게 된다.

이유: 앞에 '그러나'가 있지만, '그래서'도 주제문장으로서 역할이 가능하다. 두 개가 부딪히면 뒤에 것이 조금 더 강력한 주제문장의 기능을 한다.

10

주제문장: 즉 기술의 발전은 경제적 풍요와 격차를 모두 가져온다.

이유: 마지막 문장이면서 '즉'이라고 정리하는 접속사 뒤에 붙어 있다.

연습문제 ❸

01

(가) 현대인은 타인의 고통을 주로 뉴스나 영화 등의 매체를 통해 경험한다. 타인의 고통을 직접 대면하는 경우와 비교할 때 그와 같은 간접 경험으로부터 연민을 갖기는 쉽지 않다. 더구나 현대 사회는 사적 영역을 침범하지 않도록 주문한다. 이런 존중의 문화는 타인의 고통에 대한 지나친 무관심으로 변질될 수 있다. 그래서인지 현대 사회는 소박한 연민조차 느끼지 못하는 불감증 환자들의 안락하지만 황량한 요양소가 되어 가고 있는 듯하다.	(가): '그래서인지' 하면서 앞의 말들을 정리하고 있다.
(나) 연민에 대한 정의는 시대와 문화, 지역에 따라 가지각색이지만, 다수의 학자들에 따르면 연민은 두 가지 조건이 충족될 때 생긴다. 먼저 타인의 고통이 그 자신의 잘못에서 비롯된 것이 아니라 우연히 닥친 비극이어야 한다. 다음으로 그 비극이 언제든 나를 엄습할 수도 있다고 생각해야 한다. 이런 조건에 비추어 볼 때 현대 사회에서 연민의 감정은 무뎌질 가능성이 높다. 현대인은 타인의 고통을 대부분 그 사람의 잘못된 행위에서 비롯된 필연적 결과로 보며, 자신은 그러한 불행을 예방할 수 있다고 생각하기 때문이다.	(나): '이런 조건에 비추어 볼 때'하고 앞의 말들을 정리하면서, 또한 '가능성이 높다.'는 글쓴이의 판단이 나타나 있다.
(다) 그러나 현대 사회에서도 연민은 생길 수 있으며 연민의 가치 또한 커질 수 있다. 그 이유를 세 가지로 제시할 수 있다. 첫째, 현대 사회는 과거보다 안전한 것처럼 보이지만 실은 도처에 위험이 도사리고 있다. 둘째, 행복과 불행이 과거보다 사람들의 관계에 더욱 의존하고 있다. 친밀성은 줄었지만 사회·	(다): '이런 정황에서 볼 때'에서 역시 앞의 말들을 정리하는 지시어가 들어가 있으며, 글쓴이의 판단도 나타난다.

경제적 관계가 훨씬 촘촘해졌기 때문이다. 셋째, 교통과 통신이 발달하면서 현대인은 이전에 몰랐던 사람들의 불행까지도 의식할 수 있게 되었다. 물론 간접 경험에서 연민을 갖기가 어렵다고 치더라도 고통을 대면하는 경우가 많아진 만큼 연민의 필요성이 커져 가고 있다. 이런 정황에서 볼 때 연민은 그 어느 때보다 절실히 요구되며 그만큼 가치도 높다.

(라) 진정한 연민은 대부분 연대로 나아간다. 연대는 고통의 원인을 없애기 위해 함께 행동하는 것이다. 연대는 멀리하면서 감성적 연민만 외치는 사람들은 은연중에 자신과 고통받는 사람들이 뒤섞이지 않도록 두 집단을 분할하는 벽을 쌓는다. 이 벽은 자신의 불행을 막으려는 방화벽이면서, 고통받는 타인들의 진입을 차단하는 성벽이다. '입구 없는 성'에 출구도 없듯, 이들은 성 바깥의 위험 지대로 나가지 않는다. 이처럼 안전 지대인 성 안에서 가진 것의 일부를 성벽 너머로 던져 주며 자족하는 동정도 가치 있는 연민이다. 그러나 진정한 연민은 벽을 무너뜨리며 연대하는 것이다.

| | (라): '그러나'라며 앞의 말을 부정하는 말을 하고 있고, 글쓴이의 주장이 드러나 있다. |

02

(가) 구글의 디지털도서관은 출판된 모든 책을 디지털화하여 온라인을 통해 제공하는 프로젝트이다. 이는 전 세계 모든 정보를 취합하여 정리한다는 목표에 따라 진행되며, 이미 1,500만 권의 도서를 스캔하였다. 덕분에 셰익스피어 저작집 등 저작권 보호 기간이 지난 책들이 무료로 서비스되고 있다.

(나) 이에 대해 미국 출판업계가 소송을 제기하였고, 2008년에 구글이 1억 2,500만 달러를 출판업계에 지급하는 것으로 양자 간 합의안이 도출되었다. 그러나 연방법원은 이 합의안을 거부하였다. 디지털도서관은 많은 사람들에게 혜택을 줄 수 있지만, 이는 구글의 시장독점을 초래할 우려가 있으며, 저작권 침해의 소지도 있기에 저작권자도 소송에 참여하라고 주문하였다.

(다) 구글의 지식 통합 작업은 많은 이점을 가져오겠지만, 모든 지식을 한곳에 집중시키는 것이 옳은 방향인가에 대해서는 숙고가 필요하다. 문명사회를 지탱하고 있는 사회계약이란 시민과 국가 간의 책임과 권리에 관한 암묵적 동의이며, 집단과 구성원 간, 또는 개인 간의 계약을 의미한다. 이러한 계약을

	(가): 첫 번째 문장에다가 사건을 설명하고 제시하는 부분이다.
	(나): '그러나' 뒤의 부분으로 합의가 거절되었다는 정보를 전한다. 이후로는 그 이유가 등장할 것이다.
	(다): 첫 번째 문장이다. 합의를 거절한 이유가 되는 내용이 등장한다.

위해서는 쌍방이 서로에 대해 비슷한 정도의 지식을 가지고 있어야 한다는 전제조건이 충족되어야 한다. 그런데 지식 통합 작업을 통한 지식의 독점은 한쪽 편이 상대방보다 훨씬 많은 지식을 가지는 지식의 비대칭성을 강화한다. 따라서 사회계약의 토대 자체가 무너질 수 있다. 또한 지식 통합 작업은 지식을 수집하여 독자들에게 제공하고자 하는 것이지만, 더 나아가면 지식의 수집뿐만 아니라 선별하고 배치하는 편집 권한까지 포함하게 된다. 이에 따라 사람들이 알아도 될 것과 그렇지 않은 것을 결정하는 막강한 권력을 구글이 갖게 되는 상황이 초래될 수 있다.

03

(가) 정부와 농업계가 벼랑 끝에 몰려 있다. 정부는 한·칠레 양국 대표가 서명한 자유무역협정(FTA)의 발효가 지연되면서 대외신인도 하락의 위기를 맞고 있다. 또 농업계는 도하개발아젠다(DDA) 농업협상과 당장의 한·칠레 FTA체결로 인한 불안감에 가득 차 있다. 하지만 한편으로는 이런 위기 속에서도 그동안 숱한 논의에만 그쳐 온 개방화와 농업문제 해결을 위한 근본적인 틀이 마련될 수 있다는 기대감도 생긴다.

(나) 우리가 전화위복의 계기를 마련하기 위해서는 먼저 냉철한 현실인식이 선행되어야 한다. 현재 우리는 WTO(다자주의)와 FTA(양자주의)가 보완적으로 경쟁하고 있는 세계적인 개방화 시대에 살고 있다. 공산품뿐 아니라 농산품, 서비스 등 모든 산업이 세계적인 경쟁에 직면하고 있다. 그나마 다행이자 기회인 것은 개방화·자유화가 궁극적으로 추구하고자 하는 것이 국가 간의 무역증대라는 사실이다. 무역은 오늘의 우리 경제를 일궈 온 일등 공신이자 우리에게 '소득 2만 불 시대'를 안겨 줄 것으로 기대되는 최대의 무형 자산이다.

(다) 한편, 우리 농업계는 높은 토지 용역비와 인건비라는 구조적인 한계와 함께 농촌에서의 '삶의 질 피폐'라는 어려움에 직면해 있다. 이런 한계로 인해 어느 정도의 구조조정이 이뤄진다 하더라도 과연 선진 농업국과 경쟁이 되겠느냐는 회의론마저 제기되고 있는 것이 사실이다. 물론 우리 농업계의 경쟁력 하락은 결코 농업계만의 잘못은 아니다. 따라서 구조조정 문제를 전적으로 농업계에 떠맡겨서도 안 된다. 요는

	(가): '하지만'이라고 하면서 문제제기를 한다.
	(나): 먼저 냉철한 현실인식을 해야 한다고 말하고 이어지는 글은 실제 현실을 인식한 상황이다.
	(다): '요는'을 통해 말하고 있다. '요약하자면'이라는 말이므로 자신의 말을 스스로 정리하고 있는 것이다.

개방화, 자유화라는 세계적인 시대조류 아래서 우리 농업이 처한 현실적인 여건을 감안하여 선택과 집중을 통한 농업 구조조정이 이뤄져야 한다는 것이다.

(라) 농업 구조조정, 농민복지 증가를 위한 대책을 마련하려면 농업계의 자구노력과 함께 정부와 기업의 측면적인 지원이 곁들여져야 한다. 이런 의미에서 최근 정부가 발표한 119조 원의 지원책 및 기업계와 농업계 간의 간담회는 시의적절하다고 평가할 수 있다. 특히 이번에 마련된 정부 지원책은 과거 우루과이라운드(UR) 당시의 42조 원에 비해 규모나 내용 면에서 크게 진일보한 것으로, 농업문제를 해결하기 위한 정부의 강력한 지원의지를 보여 주고 있다. 또한 기업가적 마인드를 갖춘 농업인 최고경영자(CEO) 양성, 농산품 기술개발을 통한 공동의 수출 활로 모색 등 기업과 농업계 간의 협력을 논의하는 것 자체를 그동안 대립관계로만 보였던 기업과 농업이 상호 협력할 수 있는 가능성을 열어 준다는 점에서 높게 평가할 수 있을 것이다.

(마) 아울러 우리 경제의 활로인 수출을 확대하기 위해서는 한·칠레 FTA를 하루속히 발효시키는 것이 필요하다. FTA 비준이 지연됨에 따라 당장 전 세계 30여 개국과 FTA를 체결한 칠레시장으로의 수출이 막히고 있다는 피해 사례가 속출하고 있다. 더욱이 비준이 지연되면서 세계통상 무대에서의 고립에 따른 피해는 앞으로 더욱 확대될 전망이다. 일본, 싱가포르와 FTA 체결을 위한 공식 협상을 진행하고 멕시코, 아세안 등과 FTA를 추진하기 위해서는 한·칠레 FTA 문제를 매듭짓는 것이 급선무다.

(라): 정부와 기업의 지원을 이야기하고, 뒤에 구절들은 그 사항들을 구체적으로 나열한다.

(마): 글쓴이의 판단이 분명하게 드러나고, 이어지는 글이 이를 뒷받침한다.

04

(가) 1908년에 아레니우스(S. Arrhenius)는 지구 밖에 있는 생명의 씨앗이 날아와 지구 생명의 기원이 되었다는 대담한 가설인 '포자설'을 처음으로 주장했다. 그러나 당시 이 주장은 검증할 방법이 없었으므로 과학적 이론으로 받아들여지지 않았다. 그 후 DNA의 이중 나선 구조를 밝혀 노벨상을 받은 크릭(F. Crick)이 1981년에 출판한 『생명의 출현』에서 '포자설'을 받아들였지만, 그의 아내조차 그가 상을 받은 이후 약간 이상해진 것이 아니냐고 말할 정도였다.

(나) 지구 밖에 생명이 있다고 믿을 만한 분명한 근거는 아직까지 없다. 그럼에도

(가): 처음에 문제 제기를 하는 단락으로, '포자설'을 제시하는 첫 번째 문장이 제일 주제문장으로 어울린다.

(나): 너무 구체적으로 쓰여 있긴 하지만, 마지

불구하고 일부 과학자들은 외계 생명의 존재를 사실로 인정하려 한다. 그들은, 천문학자들이 스펙트럼으로 별 사이에 있는 성운에서 메탄올과 같은 간단한 유기 분자를 발견하자, 이것이 외계 생명의 증거라고 하였다. 그러나 별 사이 공간은 거의 진공 상태이므로 생명이 존재하기 어렵다. 외계 생명의 가능성을 지지하는 또 한 가지 증거는 운석에서 유기 분자가 추출되었다는 것이다. 1969년에 호주의 머치슨에 떨어진 운석 조각에서 모두 74종의 아미노산이 검출된 데에서도 알 수 있듯이, 유기 분자가 운석에 실려 외계에서 지구로 온다는 것은 분명한 사실이다.

(다) 한편, 이와는 달리 운석이 오히려 지구상의 생명을 멸종시켰다는 가설도 있다. 한때 지구의 주인이었던 공룡이 중생대 말에 갑자기 멸종했는데, 이에 대해 1980년에 알바레즈(W. Alvarez)는 운석 충돌을 그 원인으로 추정했다. 이때 그는 중생대와 신생대 사이의 퇴적층인 K.T층이 세계 여러 곳에서 발견된다는 점에 주목했다. 이 K.T층에는 이리듐이 많이 포함되어 있었기 때문이다. 이리듐은 지구의 표면에 거의 없는 희귀 원소로, 운석에는 상대적으로 많이 포함되어 있다. 이를 바탕으로 그는 중생대 말에 지름 약 10km 크기의 운석이 지구에 떨어졌고, 그에 따라 엄청나게 많은 먼지가 발생하면서 수십 년 동안 햇빛을 차단한 나머지 기온이 급강하하였으며, 이로 말미암아 공룡을 비롯한 대부분의 생명이 멸종되었다고 주장하였다.

(라) 화석 연구를 통하여 과학자들은 지구 역사상 여러 번에 걸쳐 대규모의 멸종이 있었음을 알아내었다. 예컨대 고생대 말에 삼엽충과 푸줄리나가 갑자기 사라졌다. 이러한 대규모 멸종의 원인에 관해서는 여러 가설이 있는데, 운석의 충돌도 그중 하나일 가능성을 배제할 수 없다.

(마) 오늘날에는 생명의 원천이 되는 유기물이 운석을 통하여 외계에서 왔을 가능성과, 운석으로 인해 지구상의 생명이 멸종되었을 가능성을 그대로 받아들이려는 학자들이 많다. 하지만 지구상 유기물의 생성 과정에 대해서는 의견이 일치하지 않고 있다. 그렇기에 세이건(C. Sagan)은 외계에서 온 유기물과 지구에서 만들어진 유기물이 모두 생명의 탄생에 기여했을 것이라는 절충적인 견해를 제시하기도 했다. 결정적인 증거가 발견되기까지 생명의 기

막 문장은 마지막에 쓰여서 유기분자가 운석에 실려 지구에 오게 되었다는 사실을 말하고 있다. 이는 "한편 이와는 달리"라고 말하는 다음 단락과 선명한 대비를 이룬다.

(다): 전체적으로 글의 흐름이 바뀌는 부분이다. 운석 때문에 멸종했다는 가설에 대해 구체적으로 설명한다.

(라): '이러한' 하고 정리하므로 마지막 문장이 주제문장으로 어울린다.

(마): 설명문이므로 특별히 자신의 주장을 강력하게 제시하기보다는 전반적인 글의 내용을 절충하며 마무리를 하는 단락이다. 그래서 마지막 문장이 주제문장이다.

원을 설명하는 가설은 앞으로도 계속해서 다양하게 제기될 것이다.

05

(가) 다원주의 사회 내에서는 불가피하게 다양한 가치관들이 충돌하게 되는데, 이러한 충돌과 갈등을 어떻게 해결할 것인가? 자유주의는 상충되는 가치관으로 인해 개인들 사이에서 갈등이 빚어질 경우, 이러한 갈등을 사적 영역의 문제로 간주하고 공적 영역에서 배제함으로써 그 갈등을 해결하고자 했다.	(가): 첫 번째 문장이 의문문으로 시작하고 있는데, 전체 글이 이 물음에 대한 답이므로 이를 주제문장으로 볼 수 있다.
(나) 하지만 다원주의 사회에서 발생하는 심각한 갈등들을 해소하기 위해서 모든 사람이 수용할 수 있는 합리성에 호소하는 것은 어리석은 일이다. 왜냐하면 모든 사람들이 수용할 수 있는 합리성의 범위가 너무 협소하기 때문이다. 물론 이러한 상황에서도 민주적 합의는 여전히 유효하고 필요하다. 비록 서로 처한 상황이 다르더라도 정치적으로 평등한 모든 시민들이 자유롭게 합의할 때, 비로소 그 갈등은 합법적이고 민주적으로 해결될 것이기 때문이다. 따라서 다원주의 사회의 문제는 궁극적으로 자유주의의 제도적 토대 위에서 해결되어야 한다.	(나): '따라서'라고 하며 앞에 서술된 내용을 정리하고 있다.
(다) 가령 한 집단이 다른 집단에게 자신의 정체성을 '인정'해 달라고 요구할 때 나타나는 문화적 갈등은 그 해결이 간단하지 않다. 예컨대 각료 중 하나가 동성애자로 밝혀졌을 경우, 동성애를 혐오하는 사람들은 그의 해임을 요구할 것이다. 이 상황에서 발생하는 갈등은 평등한 시민들의 자유로운 합의, 대의원의 투표, 여론조사, 최고통치자의 정치적 결단 등의 절차적 방식으로는 잘 해결되지 않는다. 동성애자들이 요구하고 있는 것은 자신들도 사회의 떳떳한 구성원이라는 사실을 다른 구성원들이 인정해 주는 것이기 때문이다.	(다): 문화적 갈등의 해결이 간단하지 않다는 것을 서술한 첫 문장이 주제문장이 되고, '예컨대' 이후는 이에 대한 구체적인 사례를 설명하고 있다.
(라) 이처럼 오늘날 자유주의가 직면한 문제는 단순히 개인과 개인의 갈등뿐 아니라 집단과 집단의 갈등을 내포한다. 사회 내 소수 집단들은 주류 집단에게 사회적 재화 중에서 자신들의 정당한 몫을 요구하고, 더 나아가 자신들도 하나의 문화공동체를 형성하고 있는 구성원이라는 사실을 인정하라고 요구한다. 그들이 저항을 통해, 심지어는 폭력을 사용해서라도 자신의 정체성을 인정하라고 요구한다는 사실은 소수 문화가 얼마나 불평등한 관계에 처해 있는지를 여실히 보여 준다. 따라서 자유	(라): 첫 단락 물음에 대한 답이며, '따라서'라고 하며 정리하고 있다.

주의가 채택하는 개인주의나 절차주의적 방법으로는 소수자들의 불평등을 실질적으로 해결하지 못한다. 그 해결은 오직 그들의 문화적 정체성을 인정할 때에만 가능할 것이다.

PART 3 일반형 정보 Text 읽기

거시적 이해: 주제문제

유형 분석

★ Main Type | 주제찾기 문제

정답 | ⑤

해설 |

한반도에서 표명된 '공화제적 원리'라는 핵심 키워드에 대해 시대순으로 설명하고 있다. 공화제적 원리가 언제부터 어떤 식으로 변화했나를 설명하는 글이기 때문에 핵심내용은 ⑤이다. ①~④는 제시문을 통해 확인할 수 있는 내용이나, 글의 일부분에만 해당하므로 글의 핵심내용으로는 보기 어렵다.

★ Sub Type 1 | 맥락형 문제

정답 | ③

해설 |

"대도시 사람들은 모두가 사기꾼처럼 보인다는 주장이 일리 있게 들리기도 한다. 그러나"하고 이어진다는 것을 생각해야 한다. 그렇지 않다는 이야기가 이어져야 하고, 빈칸의 뒤쪽을 봐도 '건강한 나무'가 필요하다는 맥락의 이야기가 나온다. 따라서 빈칸에는 사기꾼적인 행태와 반대 성향의 행동이 들어가야 하므로 ③이 가장 적절하다.

★ Sub Type 2 | 근거, 예, 반론 등 찾기

정답 | ①

해설 |

이 글의 주장은 우리가 거리를 인지할 때 먼 거리의 물체는 그 동안의 경험을 바탕으로 거리를 추론하게 되고, 가까운 거리의 물체는 두 눈과 대상이 위치한 한 점을 연결하는 두 직선이 이루는 각의 크기를 감지함으로써 거리를 감지하게 된다는 이야기다.

ㄱ. (○) 처음 보는 물체이기 때문에 경험이 없어 거리를 지각하지 못하는 경우다. 경험으로 먼 거리를 알아본다는 본문의 주장에 대해서 강화하는 역할을 한다.

ㄴ. (×) 경험으로 낯이 익은 물체들을 지각하고 그것과 비교하여 거리를 판단한다는 주장인데, 불빛은 어떤 크기를 가지는 물체가 아니므로, 이 경우에는 짐작이 되지 않아야 본문의 주장을 강화한다.

ㄷ. (×) 가까운 거리는 두 눈과 물체 사이의 각도에 따라 거리를 잰다고 하는데, 한쪽 눈이 기능을 상실한 상태이므로 이 경우에는 거리를 감지할 수 없어야 본문의 주장을 강화할 수 있다.

Skill 연습 1

01

어떤 학자는 산업사회와 후기산업사회를 구분하면서 전자의 특징은 '힘의 정복'에 있고, 후자의 특징은 '시간의 정복'에 있다고 한다. 다시 말해, 기계와 동력이 주된 가치인 산업사회에서는 넓은 의미에서 힘을 키워 왔고, 디지털과 정보통신기술을 바탕으로 한 후기산업사회는 속도(시간의 정복)를 키워 가고 있다는 입장이다. <u>하지만 필자는 바로 이 점에서 우리의 삶은 아직 산업사회의 커다란 파도의 연속에 있다고 생각한다.</u> 후기산업사회에서 '후기'라는 말은 연속의 의미이지 '탈(脫)'의 의미는 매우 미약하다는 것이다. 시간의 정복은 산업사회에서도 교통과 통신 수단의 속도 증진으로 지속돼 온 것이기 때문이다.

→ 필자의 생각

→ '하지만' 이후

02

시간이라는 새는 자신의 둥지에서 속도라는 독사의 알을 부화했다. 사람들이 쉽게 지나치는 것이지만, 시간과 속도는 사실 천적(天敵) 관계에 있다. 인간이 속도를 내는 것은 시간의 지배를 벗어나고자 하는 방식이다. 이동과 속도에 대한 인간의 열망은 '최대한 빠르게'에 대한 욕구로 마침내 '시간을 없앨 것'을 요구하게 된 것이다. 진정한 의미에서 실시간(real time)이 실현되면, 즉 절대 속도가 실현되면 시간은 소멸한다. <u>그런데 이 말은 곧 속도의 의미와 필요도 소멸할 것이라는 것을 뜻한다.</u> 이상시(理想時), 즉 절대 속도에 대한 추구는, 자신의 천적을 부화하면서도 건재한 냉소적 지배자 시간을 상대로 한 인간의 처절하고 허망한 싸움일 뿐이다.

→ 은유적인 말에 대한 해석

03

완전경쟁은 개개인 결정의 독립성을 가정한다. <u>그러나 공간적 차원이 경제에 결부되자마자 그 결정들이 과점 조직하에서와 같은 방법으로 상호의존적으로 된다는 것은 명백하다.</u> 예를 들어 사람들이 고르게 분포되어 있는 해변가에 두 명의 아이스크림 행상인이 있다고 상상해 보자. 해변에 있는 모든 사람들이 아이스크림을 살 것이며 항상 가까이에 있는 행상인에서 사려 하고, 행상인들은 판매수익을 최대화하려고 행동한다고 가정하자. 두 명의 행상인이 그들 스스로 해변의 4분의 1 지점에서 자리를 잡고 일과를 시작한다고 생각하자. 그 지점은 사실상 해변에 있는 아이스크림 소비자들이 걷는 전체 거리를 최소화할 수 있는 곳이다. 그러나 이 지점은 안정적이지 않다. 왜냐하면 판매수익을 최대화하기 위해 행상인 A는 B의 시장을 더 많이 침해하려고 시도할 것이고 B는 입지이동에 대해 앙갚음을 할 것이기 때문이다. 따라서 유일한 안정적인 균형성은 양쪽 행상인이 그들 스스로 해변의 중앙에 자리를 정할 때 이루어질 것이다. 이것은 균형해법에서 소비자들이 걸어야 하는 평균거리가 두 배가 된다는 것을 입증해 줄 수 있으며, 그리고 그것은 본질적으로 중요한 결론이다. 그렇지만 세 명의 아이스크림 행상인이 있다면 어떤 일이 일어날 수 있는가를 상상해 보자. <u>시장점유의 관계에서 그들이 갖는 입지적 상호관련성은 사실상 안정적 해법이 없다는 것을 의미한다.</u>

→ 예를 들어 설명하는 문장
→ 전체적으로 정리하는 말 "그러므로"의 생략형

04

오늘날의 예술, 특히 미술은 그 기본 존재 의의부터 지난날의 미술과 다르다. 사물을 객관적으로, 보여지는 그대로 표현하는 것은 아마도 미술가가 추구하는 것 중 극히 작은 부분에 지나지 않을 것이다. 오늘날의 미술은 사물의 실체를 표현하는 노력, 인간의 인지심리에 관한 작가 나름대로의 견해, 작가가 우리에게 전달하려고 하는 메시지 등이 어지럽게 교차하고 있다. <u>따라서 미술 작품을 이해하는 것이 그만큼 어려워졌다.</u>

→ '따라서' 뒤의 문장
→ 글쓴이의 의견이 분명하게 드러남

05

반면에 괴테는 색채 현상을 밝음과 어둠의 양극적 대립 현상으로 보면서, 인간의 감각과는 무관하게 존재하는 색채 자체의 실체를 인정하기를 거부한다. 그리고 이러한 입장이 이후 그의 색채 이론의 토대가 된다. 그러나 괴테 당대는 물론 그 이후에도, 수학적인 체계를 갖추지 못한 괴테의 색채 이론은 거의 아무런 주목을 받지 못한다. 괴테는 자신의 문학 작품들은 다른 사람들도 쓸 수 있는 것이었지만, 그의 색채론만큼은 독창적인 것으로서 자신의 불멸의 업적이며, 자기야말로 이 위대한 자연의 대상에 관하여 수백만 중에 올바른 것을 알고 있는 유일한 사람이라며 호언장담하기까지 한다. 그리고 뉴턴의 이론은 순수한 학문의 발전을 위해서는 쳐부수어야 할 〈바스티유의 요새〉라며 적대의 감정을 숨기지 않는다. 하지만 그의 색채 이론은 색채의 심미적인 효과에 대한 자세한 설명과 병리색에 대한 독창적인 설명에 의하여 일부 화가와 생리학자들의 주목을 받았을 뿐, 물리학의 주류로부터는 완전히 배제되어 있었다. 그러나 20세기 중반에 들어와 산업사회의 모순이 심화되고, 도구적 사고방식과 무한 성장에 의한 문명의 자기파괴적인 결과가 초래되면서 괴테의 색채론이 하나의 대안으로서 일부 물리학자들을 비롯한 연구자들에 의해 새롭게 조명되었다. 괴테가 명백하게 드러난 색채론의 여러 오류에도 불구하고, 자신의 이론에 집착했던 이유가 어느 정도 설득력을 얻게 되었던 것이다. 말하자면 괴테는 그의 색채론을 통하여 데카르트와 갈릴레이, 그리고 뉴턴에서 출발한 자연과학의 기계론적, 환원주의적 사고 방식이 초래할 위험성을 예고하고 있었다는 것이다. 괴테는 자신의 색채 이론이 인정받지 못했던 것을 원통해 했지만, 바로 그 점 때문에, 즉 근대 자연과학의 주류와 대척 관계에 있었다는 점 때문에 현대에 다시 재조명을 받게 된 것이다.

→ 글쓴이의 판단

06

약물치료에 변환을 준 생명공학의 기술에는 두 가지가 있다. DNA의 재조합기술과 하이브리도마(Hybridoma)공학에서 유래된 단일항체 제조기술이 그것이다. <u>DNA 재조합기술은 사람의 공여세포(donor cell)의 유전정보를 대개 박테리아의 플라스미드나 박테리오파지 등의 매개분자(vector molecule)에 전달하는 재조합 DNA에 의하여 내인성 치료물질을 적절한 가격으로 충분한 양을 만들어내는 기술이다. 단일항체 제조기술은 동물에게 방어 기전의 활성화를 자극하는 특수항원을 주사하여 특이적인 항체를 생성하도록 한 다음, 수명이 짧은 임파구를 수명이 긴 골수종 세포(myeloma cell)와 융합하는 것이다. 이 Hybridoma로부터 특이한 항체를 스크린하고 분류하여 시험동물에게 재주사하면 많은 양의 단일항체를 얻을 수 있다. 이 원리를 이용한 약물이 올소 제약의 장기이식 면역 억제제 '올소클론OKT3'이다.

→ 구조적으로 나누게 되는 리딩: 약물치료에 변화를 준 기술

07

다원적 유연사회라는 사회개방체제의 모습으로 정보사회의 내용을 묘사하는 의견이 대체로 받아들여지고 있다. '다원적'은 사회의 각 영역이 완고한 경계를 갖고 하나의 유기체인 양 일사불란하게 조직되던 제도의 변화를 명시한다. 정보화의 파급효과는 국가 간의 국경 개념을 무색케 하는 월드와이드웹(WWW) 사회를 가능케 하였듯이 한 사회의 각 영역 간의 폐쇄성을 이완시켰다. 사회가 발전할수록 사회분화는 더 심화되지만 이 분화에 의한 다양한 실체들이 서로 긴밀한 영향하에 엮이게 된다. '유연사회'는 옳고 그름, 선과 악 등의 판단을 하게 되는 배열적 사고가 존재하는 모든 것들에 나름대로의 가치를 부여하는 조합적 사고로 전환되어 열린 사회의 경향을 낳는다. 이 사회에서는 표준화되고 획일화된 생활세계에 의한, 마치 틀 속에 갇힌 듯한 생활을 하는 개인보다는 열린 마음으로 다양한 생활양식을 보이는 개성화된 퍼스널리티가 용납되어 개성의 편차에 의한 경쟁력을 더 갖게 되는 사회분위기가 일상생활을 지배하게 되는 것이다. 사회의 구석구석까지 보급되는 전산화에 의한 각 사회 실체들의 온라인화는

합리성을 높여 줄 뿐 아니라 사회네트워크체제의 유연성을 가져와 결국 가치체계의 다원화가 자연스레 자리 잡게 된다.
→ 첫 문장이 주제, 이후 내용에서 첫 문장을 자세히 설명함

08

구조주의 진화론을 짧은 지면에서 설명하기에는 벅차지만, 적응 진화에 영향받지 않는 '항상성(homeostasis)'과 '운하화(canalization)'라는 발생학적 개념으로서 생물학적 형질을 설명하는 방식이다. 이타주의 형질이나 도덕감의 특징의 경우도 비록 이기적 행동특질에 비해 약한 기능의 발현이지만, 그것도 일종의 운하화의 산물이라는 점이다. 이는 영장류에서 인간화(hominization)가 이루어지면서 인류만이 갖는 도덕적 특이성으로 진화하면서, 적응 기제와 다른 방식의 구조적인 도덕감이 형성되었다는 설명 방식이다. 이런 방식의 형질 구조화는 이타적 표현형이 유전자풀로 환원되지 않는 측면이 있을뿐더러 생물 종마다 다른 형질의 고유성을 인정할 수밖에 없다. 형질로서의 이타적 도덕감 역시 마찬가지이다. 쉽게 말해서 인간만이 지니는 성대의 발생학적 기관에서 언어행위 나아가 논리적 이성, 혹은 환경을 인지하는 감각기관에서 군집/집단을 인식하는 기능, 나아가 도덕적 행위와 자아를 반성하는 행위 등은 매우 밀착된 연속적 상관성을 지니며 이는 적응 진화로 설명하기 어려우며, 구조적으로 안정된 종 고유성으로 인정해야 한다.
→ 첫 문장은 '운하화'라는 개념을 설명한 후 이에 대한 내용을 쓰기 위한 전제에 가깝다.
→ '쉽게 말해서'라는 것은 앞의 말을 정리하겠다는 의미

09

자본주의사회에서 '선거'란 기본적으로 자본주의사회를 유지·재생산하는 정치형식의 하나로, 그것도 가장 기초적인 '헤게모니적' 정치형식에 속한다. 이때 '헤게모니적'이라 함은 자본주의사회를 유지·재생산하는 방식이 '억압'과 '배제'를 앞세우는 것이 아니라, '동의'와 '자발적 지지' 획득을 목표로 하는 것이라는 점을 말한다. '선거'가 자본주의사회를 유지·재생산하는 가장 기초적인 '헤게모니적' 정치형식에 속하는 이유는 다음과 같다. 자본주의사회에서의 정치는 사회구성원 모두로부터 분리된 국가와 국가를 중심으로 형성된 제도정치권을 중심으로 이루어진다. 이로 인해 일반국민들은 일상적으로는 정치과정에 직접적으로 참여하지 못하고 국가권력의 행사로부터 배제된다. 그러나 선거는 '주권재민'의 원리를 확인하고 일반국민이 정치과정에 직접적으로 참여할 기회를 제공하며, 국가권력의 행사에 요구되는 절차적 정당성을 부여해 주는 것이다. 이로 인해 부르주아지는 일반국민들의 자발적인 정치적 의사를 수렴하는 선거라는 형식을 빌려 자신의 지배를 관철함으로써 자신의 지배에 대한 절차적 정당성을 확보하게 되고, 이를 통해 자신의 지배를 헤게모니적 지배로 상승시킬 수 있게 된다.
→ '이유는 다음과 같다.'라는 구절이 마치 '?'처럼 기능하고 있다.

10

외교언어의 해석문제는 문화 간 소통맥락에서 번역의 문제를 내포한다. 오해의 여지가 없는 번역은 외교텍스트 생산자의 의도뿐만 아니라 해당 텍스트의 사회적·문화적·역사적 배경을 충분히 전달할 수 있는 번역이다. 국제관계에서 외교용어의 잘못된 번역은 자칫 오해나 사건의 복잡화 및 불필요한 혼란을 낳기 쉽다. 외교수사의 문제는 단순한 용어 선택이나 번역의 문제를 훨씬 뛰어넘는 매우 포괄적인 것이기 때문이다. 가령 두 국가 사이에서 일어난 사고를 놓고, 특정국이 상대국에게 사과의 표현을 제대로 하느냐 하지 않느냐의 차이는 단순한 용어문제를 넘어서 사후 국제정치상의 협상에서 얼마나 자국의 이익을 포기해야 하느냐의 문제와 직결된다. 예를 들어 2001년 봄 미국 정찰기와 중국 전투기 사이의 충돌사건 직후 미국의 사과는 곧 중국 영공 근처에서의 정찰비행 중지 등의 요구를 받아들여야 하는 책무를 수반할 것이므로, 미국으로서는 단순한 사고의 성격을 띤 사건에 대한 사과를 피하기 위해 양측에서 납득할 수 있고 만족할 수 있는 외교용어의 선택을 놓고 오랫동안 고심해야 했다.
→ 첫 문장이 주제인 두괄식 전개

STEP 03　　　　　　　　　　　　　　　　　P.93~96

Skill 연습 2

01

우리는 식인 풍습의 긍정적인 형태들, 여기에는 그 기원이 신비적이고도 주술적이며 종교적인 것들이 대부분 포함될 것인데, 이것들을 고찰해 볼 필요가 있다. 조상의 신체의 일부분이나 적의 시체의 살점을 먹음으로써 식인종은 죽은 자의 덕을 획득하려 하거나 그들의 힘을 중화하고자 한다. 이러한 의식은 종종 매우 비밀스럽게 거행된다. 그들은 먹고자 하는 그 음식물을 다른 음식물과 섞거나, 빻아서 가루로 만든 유기물 약간을 합해 먹는다. 사람들은 식인 풍습을 비도덕적이라는 근거를 들어 저주하기도 한다. 그러나 식인 풍습의 요소가 보다 공개적으로 인정되었다고 할지라도, 그것은 시체가 물질적으로 파괴되면 어떤 육체적 부활도 위태로워진다는 생각이 의존하고 있는 육체와 정신의 통일에 의거하고 있는 것과 마찬가지의 논리에 의존할 것일 뿐이다. 또한 영혼과 육체의 이원론과 그것의 연결에 따르는 다양한 관념들이 널리 퍼져 있는 지역에서의 풍습이 이와 다르다는 점을 인정해야만 한다. 이러한 확신들은 의식적인 식인 풍습의 의미로 시행되고 있는 것에 나타나는 것과 동일한 성격을 지니는 것이다. 그러므로 우리는 어느 편이 더 나은 것이라고 말할 수 있는 어떠한 정당한 이유도 지니고 있지 못하다. 뿐만 아니라 우리는 죽음의 신성함을 무시한다는 이유에서 식인종을 비난하지만, 이는 우리가 해부학 실습을 용인하고 있는 사실과 별반 다를 것이 없다. 그러나 무엇보다도 만약 어떤 다른 사회의 관찰자가 우리를 조사

하게 된다면, 우리와 관련된 어떤 사실이 그에게는 우리가 비문명적이라고 여기는 식인 풍습과 비슷한 것으로 여겨질 수 있다는 점을 인식해야만 한다. 여기에서 나는 우리들의 재판과 형벌의 습관들에 대해 생각해 보고 싶다. 만약 우리가 외부로부터 이것들을 관찰한다면, 우리는 두 개의 상반되는 사회형을 구별하고자 할 것이다. 즉, 식인 풍습을 실행하는 사회에서는 어떤 무서운 힘을 지니고 있는 사람들을 중화시키거나 또는 그들을 자신들에게 유리하도록 변모시키는 유일한 방법은 그들을 자신들의 육체 속으로 빨아들이는 것이라고 믿는다. 한편, 우리 사회와 같은 두 번째 유형의 사회는, 소위 말하는 앙트로페미(anthropémie: 특정인을 축출 또는 배제하는 일)를 채택하는 사회이다. 즉, 동일한 문제에 직면하여 우리와 같은 사회는 정반대의 해결을 선택했던 것이다. 우리와 같은 사회는 이 끔찍한 존재들을 일정 기간 또는 영원히 고립시킴으로써 그들을 사회로부터 추방한다. 이 존재들은 특별한 목적을 위해 고안된 시설 속에서 인간과의 모든 접촉이 거부된다. 우리가 미개하다고 여기는 대부분의 사회적 관점에서 볼 때, 우리와 같은 사회의 이 같은 관습은 극심한 공포를 불러일으킬 것이다. 그들이 오직 우리와는 대칭적인 관습들을 지니고 있다는 이유만으로 우리가 그들을 야만적이라고 간주하듯이 우리들도 그들에게는 야만적으로 보이게 될 것이다.

02

의식에 대한 문제를 다룰 때에는 '쉬운 문제'와 '어려운 문제'를 구분하는 것이 유익하다. '쉬운 문제'란 다음과 같은 물음들이다. 인간이 어떻게 감각 자극들을 구별해 내고 그에 대해 적절하게 반응하는가? 두뇌가 어떻게 서로 다른 많은 자극들로부터 정보를 통합해 내고 그 정보를 행동을 통제하는 데 사용하는가? 인간이 어떻게 자신의 내적 상태를 말로 표현할 수 있는가? 이 물음들은 의식과 관련되어 있지만 모두 인지 체계의 객관적 메커니즘에 관한 것이다. 따라서 인지 심리학과 신경 과학의 지속적인 연구가 이에 대한 해답을 제공해 줄 것이라고 충분히 기대할 수 있다. 이와 달리 '어려운 문제'는 두뇌의 물리적 과정이 어떻게 주관적 경험을 갖게 하는가에 대한 물음이다. 이것은 사고와 지각의 내적 측면―어떤 것들이 주체에게 느껴지는 방식―과 관련된 문제이다. 예를 들어 하늘을 볼 때 우리는 생생한 푸름과 같은 시각적 감각을 경험한다. 또는 말로 표현할 수 없는 오보에 소리, 극심한 고통, 형언할 수 없는 행복감을 생각해 보라. 이러한 의식 현상들이야말로 마음에 관한 진정한 미스터리를 불러일으키는 것들이다.

최근 신경 과학과 심리학의 분야에서 의식과 관련된 연구가 돌풍을 일으키고 있다. 이 현상을 감안하면 그러한 미스터리가 풀리기 시작했다고 생각할 수도 있다. 그러나 자세히 살펴보면 오늘날의 거의 모든 연구가 의식에 대한 '쉬운 문제'를 다루고 있음을 알 수 있다. 환원주의자들의 자신감은 '쉬운 문제'와 관련된 연구가 이룩한 성과에서 나오는 것이지만 그중 어느 것도 '어려운 문제'와 관련해서는 명확한 해답을 주지 못한다.

'쉬운 문제'는 인지 기능 혹은 행동 기능이 어떻게 수행되는가와 관계된다. 일단 신경 생물학이 신경 메커니즘을 적절하게 구체화하면서 어떻게 기능들이 수행되는지를 보여 주면, '쉬운 문제'는 풀린다. 반면에 '어려운 문제'는 기능 수행 메커니즘을 넘어서는 문제이다. 설사 의식과 관계된 모든 행동 기능과 인지 기능이 설명된다고 해도 그 이상의 '어려운 문제'는 여전히 해결되지 않은 채로 남을 것이다. 그 미해결의 문제는 이러한 기능의 수행이 왜 주관적 의식 경험을 수반하는가라는 것이다.

03

현대 연극은 현실의 재현을 의도했던 예전의 연극과는 다른 세계를 창조한다. 눈에 보이는 것, 언어로 지시된 것만이 객관적 사실이라는 믿음 위에 서 있었던 리얼리즘의 시각에서 보면, 그 세계는 새롭고 낯설다. 현대 연극의 텍스트는 고정된 의미를 제시하기보다 관객 스스로 텍스트의 의미를 적극적으로 찾아갈 것을 요구한다. 물론 관객의 해석이 작가의 의도와 반드시 일치하는 것은 아니다. 중요한 것은 해석의 가능성이며, 현대 연극 텍스트는 관객이 부여하는 의미로 그 두께를 더해 가게 된다.

현대 연극에서는 오브제가 이러한 해석 행위의 좋은 대상이 된다. 예전의 연극에서 오브제는 극중 인물의 형상화와 상황의 전개를 돕는 소품으로, 단지 리얼리티의 재현 도구로 사용되었을 따름이다. 그러나 현대 연극에 이르러 오브제는 극적 상상력을 확대하는 중요한 기표가 되었다. 이런 의미에서 현대 연극은 '오브제와의 유희'라고 할 만하다. 무대 공간을 자신의 창조력이 집중되는 터전으로 삼게 된 연출가는 오브제의 다양한 활용을 통해 무대 공간의 물리적 제약을 뛰어넘을 수 있었다. 연출가는 오브제를 배치하고 활용하는 총책임자로서 새로운 의미 창조의 중심에 선다. 예전의 연극이 극작가가 중심이었다면, 현대 연극은 연출가 중심이라 할 수 있는 것이다.

폴란드 태생의 극작가 칸토르가 직접 쓰고 연출한 〈죽음의 교실〉은 아우슈비츠 수용소에서 돌아오지 못한 자신의 아버지를 회상하면서 죽은 자들을 추모하는 '죽음의 연극'이자, 죽은 자들과 산 자가 '교실'에서 만나는 '제의(祭儀)의 연극'이다. 나이가 든 모습의 연기자들은 아이 크기만 한 인형을 안거나 업고 무대인 교실에 등장한다. 교실 의자에 앉혀진 아이 인형들은 노인들의 어린 시절의 모습 또는 전쟁터에서 죽은 이들을 상징한다. 무대 한편에 놓인 긴 의자에 앉아 있는 노인들은 군인들에 의해 학살되는 인형을 지켜보기도 하고, 그 인형들이 재현하는 행복한 어린 시절을 관망하기도 한다. 과거에는 이들이 그 사건을 직접 체험했지만, 지금은 무대 위에서 연기자이자 사건의 관망자가 된다. 인형들에게 벌어진 사건은 무대 위에서는 연기자들이, 객석에서는 관객들이 바라보고 있는 사건들이기도 하다. 행복한 유년 시절에 대한 기억, 잔인한 전쟁의 참상, 그리고 살아남은 자들의 죄의식과 피해 의식이 여러 시선을 통해 해석되기를 기다리는 것이다.

이 연극에서는 인형들이나 연기자들에 섞여 무대 위에 선 연출가의 존재가 특이하다. 무대 위의 연출가는 관객들에게 자신의 몸을 하나의 오브제로 제공한다. 이러한 행동은 '왜 나는 무대 위에 올랐는가? 연극 속에서 나는 과연 누구인가?'라는 연출가 자신의 반성적 성찰도 드러내고 있다. 아마도 그는 자기 자신인 동시에 자기를 비추는 거울일지 모른다.

이와 같은 연극을 접한 관객들은 과연 어떤 태도를 지녀야 할까? 작품의 다층적이고 복합적인 성격 중에서 오브제가 지닌 이미지를 적극적으로 수용하는 것이 한 방법이 된다. 오브제는 이제 관객들의 해석을 기다리는 기호, 곧 관객과 무대를 이어 주는 가교가 된다. 관객은 오브제를 통해 작품의 의미를 해석해 내거나 자신의 삶과 연관 지어 새로운 의미를 생산해 내는 경험을 하게 된다. 오브제는 공연의 영역에 속해 있는 동시에 관객들의 삶에 속해 있는 것이다.

04

18세기 초부터 약 한 세기 동안 영국의 경험주의 철학자들이 발전시킨 미의 이론인 취미론은 미를 객관적이고 형식적인 성질, 예를 들어 비례와 같은 것으로 이해하였던 전통적인 미론과는 근본적으로 다른 것이었다. 취미론에 속하는 이론가들은 상이한 개념이나 취지로 다양한 주장들을 전개했지만, 이것들로부터 다음과 같은 몇 가지 공통 요소들을 도출할 수 있다.

먼저 취미론자들은 '미의 감관'의 존재, 즉 감각적인 성질로서의 미를 파악하는 감관(sense)인 '취미(taste)'가 존재함을 주장한다. 하지만 취미는 시각과 청각과 같은 외적 감관이 아니라 내적인 감관이다. 맹인이 빛을 보지 못하듯, 사람들 중에는 뛰어난 시각 능력을 지니고 있으면서도 자연 풍경이나 그림에서 아무런 즐거움을 얻지 못하거나, 혹은 뛰어난 청각 능력에도 불구하고 음악에서 아무런 감흥을 느끼지 못하는 경우가 있다. 이들은 취미를 결여한 사람들이다. 이렇듯 비록 대상을 지각하는 외적인 감관과 더불어 작동하더라도 취미는 외적 감관인 오감의 능력과는 구별되는 능력이며, 그러한 의미에서 '내감' 혹은 '제6감'이라고도 할 수 있다.

한편, 미가 취미에 의해 지각된 것이라면 취미론자들에게 미는 주관적인 것이 된다. 취미론자의 한 사람인 허치슨은 미란 마음 속에 일어난 하나의 관념이라고 주장했다. 이는 곧 미가 그것을 지각하는 마음과 어떠한 관계도 없이 그 자체로 아름다운 성질, 곧 대상 속에 들어 있다고 생각되는 성질을 뜻하는 것이 아니라는 말이다. 미의 관념이란 대상의 어떤 특수한 성질을 지각할 때 그 지각으로부터 환기되는 특수한 즐거움을 뜻한다고 이해할 수 있다. 취미론자들은 '이 꽃은 아름답다.'와 같은 취미 판단을 할 때 '이 꽃'은 분명 외부 세계의 대상들을 지시하고 있지만, '아름답다'는 외적인 자극의 성질을 지시하는 것이 아니고 그러한 자극에 의해 우리의 마음속에 환기된 즐거움을 지시하고 있는 것으로 파악했다. 물론 고전적 미론에서도 주관의 즐거움이 거론된 경우는 있었으나, '아름다운 사물은 우리를 즐겁게 한다.'와 같은 식의 파생적인 요소로 거론된 것이었고, 미의 본질에 대한 대답은 아니었다. 이 변화가 바로 스톨니츠에 의해 '미학에서 일어난 코

페르니쿠스적 혁명'이라 명명된 것으로, 취미론으로부터 비롯된 근대 미론과 그 이전의 고전적 미론을 구분하는 분수령이 된다.

하지만 주관적 즐거움이 모두 다 미일 수는 없다. 왜냐하면 그러한 즐거움 중에는 우리의 식욕이나 성욕 혹은 소유욕이나 지배욕 등으로 인한 즐거움이 있을 수 있기 때문이다. 이에 대해 취미론은 '무관심성(disinterestedness)'이라는 기준을 제시한다. 즉, 이해관계(interest)에서 벗어나 대상을 그 자체로서 지각할 때 얻는 특수한 즐거움이 무관심적 즐거움이며, 이것이 곧 미적 즐거움이라는 것이다.

마지막으로 취미론은 무관심적 즐거움을 느끼게 하는 대상들의 성질들을 경험적으로 관찰하기 시작했다. 이는 우리의 취미 능력에 반응하여 특수한 즐거움을 환기하는 대상들의 공통적인 성질을 찾아내어 미적 판단의 보편적 기준을 확보함으로써 소위 '취미론의 공식'을 완성하려는 시도였다. 그 결과 제시된 것이 '다양성 속의 통일성', '비례' 같은 것이었다. 그러나 예견할 수 있는 일이듯이, 이 성질들의 목록은 확정될 수 없는 것이다. 어떤 대상을 아름답다고 판단하는 근거가 궁극적으로 주관적인 즐거움에 있다면, 그렇게 판단된 대상들을 경험적으로 관찰하여 도출된 대상의 특수한 성질이라는 기준은 기껏해야 개연성을 가질 뿐 보편적인 확실성을 가질 수는 없기 때문이다. 요컨대 취미론을 따르는 한, 미적 판단의 객관성과 보편성에 대한 기대는 헛된 것이 된다.

취미론의 기본 정신은 후에 미적 태도론으로 계승되는데, 여기에서는 미적 판단의 객관성과 같은 문제는 대두되지 않는다. 취미론보다 훨씬 간단한 구조를 가진 미적 태도론에서는 특수한 감관으로서의 취미나 취미에 반응을 일으키는 특수한 대상과 같은 요소들이 미를 정의하기 위해 필요한 것이 아니기 때문이다. 대신 태도론자들은 우리들 누구나 가지고 있는 지각 능력을 일상적 지각과 미적 지각으로 구분할 것을 제안한다. 대표적인 미적 태도론자인 쇼펜하우어에게 있어 미적 지각은 대상에 대한 관조적 태도라고 할 수 있는데, 그는 그 태도의 특징이 무관심적이라고 한다. 미적 태도론은 대상이 무엇이든 간에 그것에 대해 미적 태도를 취하기만 하면 그것이 곧 아름다운 대상이라는 결론으로 귀결된다.

STEP 03   P.97~101

Skill 연습 3

01

과학자들이 미래를 예측하거나 예측하지 못한 사례를 통시적으로 서술하고 있다.
→ 주어진 글의 구조는 ___ㄱ___ 이다.

02

사회의 주류적인 의견과 다른 의견을 가진 사람들을 통제함으로

써 생기는 피해에 대한 글쓴이의 주장을 강하게 드러내고 있다.

→ 주어진 글의 구조는 ㅅ 이다.

03

'인적 판매'라는 용어에 대한 개념과 장·단점에 대해 상세히 설명하고 있다.

→ 주어진 글의 구조는 ㄷ 이다.

04

악성 이동 코드로부터 접속자의 컴퓨터를 보호하기 위한 방법을 두 가지로 나누어 설명하고 있다.

→ 주어진 글의 구조는 ㅁ 이다.

05

'전자' 입자를 발견하기까지 진행된 물리학자들의 실험 과정을 시대순으로 전개하고 있다.

→ 주어진 글의 구조는 ㄱ 이다.

06

우리나라 학문의 근간이 되는 '정주학설'에서의 '풍수설'에 대해 소개하고, 이에 대해 부정적인 입장을 드러내고 있다.

→ 주어진 글의 구조는 ㅇ 이다.

07

근대 시민 법 질서에서는 실질적으로 평등하고 자유로운 인간 생활이 지켜지지 않았으나, 결국 국가가 단결권, 단체교섭권, 단체행동권 등 노동자의 집단적 행동을 위한 법적 장치들을 승인하고 보호하게 된 과정을 연쇄적으로 서술하고 있다.

→ 주어진 글의 구조는 ㅂ 이다.

STEP 04   P.102~111

실전 문제

| 01 | ⑤ | 02 | ② | 03 | ③ | 04 | ④ | 05 | ⑤ |
| 06 | ④ | 07 | ① | 08 | ③ | 09 | ① | 10 | ① |

01

정답 | ⑤

해설 |

첫째 단락 – 역사적 서술의 타당성은 논증에 의해 결정되지 않는다.

둘째 단락 – 이야기식 서술에 따라 사건들이 연관을 맺으며 인식 가능한 전개 과정의 형태로 제시된다.

셋째 단락 – 이야기식 서술은 역사적 사건의 경과 과정에 의미도 함께 부여한다.

따라서 글의 중심내용으로는 ⑤가 가장 적절하다.

02

정답 | ②

해설 |

동물의 가축화를 진화론적 현상으로 이야기한다는 것이 결국은 "생명체를 죽이기 위해서 그 생명체를 태어나게 하는 일을 정당화"하는 시도라고 놓는다면 정답은 ②가 된다. 그것이 정당하지 않다는 것을 말하는 것이 마지막 단락이다.

④는 폴란이 동물의 가축화를 진화론적 현상으로 당연하게 여기는 것에 대한 반론이기는 한데, 문제는 틀린 정보에 기초하였기 때문에 그렇다고 한 적은 없다는 것이다.

03

정답 | ③

해설 |

"무슬림 여중생들은 가장 무거운 징계인 퇴학을 감수하면서까지 왜 히잡 착용을 고집했을까?"라는 문제 제기를 하고, 그에 대한 답을 마지막 단락에서 제시하고 있다. "그럼에도 이들이 여전히 히잡을 착용하는 것은 프랑스 사회로의 통합에 소극적이며, 나아가 프랑스 공화국의 원칙에 적대적인 것으로 프랑스인들에게 여겨지고 있다."는 것이다. 그러므로 전체 글의 핵심내용은 ③이라고 정리할 수 있다.

04

정답 | ④

해설 |

주어진 글은 '사회이익의 중간적 집성의 어려움'이라는 난점을 지니고 있는 민주주의를 극복할 수 있는 대안적 사회 모델로 이익 통합적 토의민주주의를 주장하고 있다. 이익 통합적 사회민주주의의 관점에서 볼 때, 광범한 대중의 지지를 얻기 힘든 오늘날의 상황에서 대의과정상 의원들 간의 상호설득과 이익통합을 위한 충분한 토의가 진행될 때 사회적 신뢰감을 확산시킬 수 있고, 이렇게 얻어진 신뢰감은 원활한 거버넌스를 가능하게 하는 중요한 요인이 된다는 점을 이야기하고 있다. 요컨대 대의제도하에서 대표자들 간에 충실한 대화와 토의가 국민들의 신뢰감을 형성하는 데 큰 역할을 할 수 있고 이런 과정을 통해 얻어진 정치적 효능감과 사회적 신뢰감이 오늘날 대의제도가 직면한 문제, 즉 의회의 거버넌스 저해 가능성을 해결할 수 있는 기제가 된다는 것이다.

05

정답 | ⑤

해설 |

첫 번째 단락의 마지막에 "이러한 변화에 따라 우리 사회의 모습이 바뀌리라는 생각에는 의문의 여지가 없지만, 그 변화의 결과가 어떠할 것이냐에 대해서는 논란이 있다. 기술(技術)과 사회의 관계를 바라보는 관점에 따라 그 변화의 방향이나 성격이 각각 다르게 예측될 수 있기 때문이다."라는 구절을 보면 이 글에서는 변화의 방향이나 성격을 설명하려 한다는 것을 알 수 있다. 이어서 기술 결정론과 사회 구조론의 시각에 맞춰 변화의 방향을 설명하고 있고, 마지막 단락에서는 "우리는 정보 사회와 관련된 갖가지 전망을 통하여 실제로 변화하게 될 것은 어떤 것이고 변화하지 않을 것은 어떤 것인지를 잘 분간하는 한편, 긴 역사적 과정 속에서 정보 사회가 어떠한 자리를 차지할 것인지를 주체적 관점에서 정리하는 일이 필요하다."라고 하여 두루뭉술한 마무리를 하고 있다.

그러니까 전반적으로 변화의 방향과 성격에 대해 설명하고, 잘해 보자고 정리하고 있기 때문에 특별한 의견을 드러내기 보다는 설명을 하고 있다고 보면 된다. 결국 하고자 하는 말은 변화의 방향이 되는 것이다.

06

정답 | ④

해설 |

첫 번째 단락 주제문장: 그 결과 양반과 농민 가운데 다수의 부농이 나타나게 되었다고 주장한다.

두 번째 단락 주제문장: 그런데 A는 조선 후기에 다수의 양반이 광작을 통해 부농이 되었다는 주장은 근거가 없다고 비판한다.

세 번째 단락 주제문장: 또한 A는 조선 후기의 대다수 농민은 소작인이었으며, 그나마 이들이 소작할 수 있는 땅도 적었다고 주장한다.

이 내용들을 연결하여 정리하면 기존의 주장과는 다르게 A의 주장은 결국 농민이나 양반이나 부농이 되기 힘들었다는 이야기가 된다.

07

정답 | ①

해설 |

우주의 조건이 생명이 탄생하기에 적절하게 맞추어져 있다는 것인데, 다른 면에서 보자면 이런 조건에 맞는 생명체가 진화한 것이라고 볼 수도 있다. 그런 의미에서 ① 같은 경우는 지금과 다른 형태의 생명체를 생각할 수 있기 때문에 이 글과 반대 입장을 가진다고 볼 수 있다.

08

정답 | ③

해설 |

제시문에서 제시된 전제는 바다 수온이 대기 온도에 의해 규정된다는 것이다. 그런데 ③의 반론은 전제를 직접적으로 공격한다. ①의 진술은 평균 수온이 일정하다는 진술과 양립할 수 있다. ② 이는 관련 없는 진술이다. ④의 진술도 평균 수온이 일정하다는 진술과 양립 가능하다. ⑤의 진술은 바다 수온이 대기 온도에 의

해 규정된다는 전제와 아무 관련이 없다.

09

정답 | ①

해설 |

이 글의 주장은 자유무역에 반대하는 이유가 특정 분야에 있어 수익의 불균형을 불러일으켜 소득분배에 있어 사회적 격차가 커져 손해를 보는 소수의 이익집단과 반사이익을 보는 소수의 이익집단 간에 사회적 갈등과 문제가 발생할 수 있음을 지적하고 있다. 다만, 이익이 손해보다 그 규모 면에서 일반적으로 크기 때문에 결과적으로 자유무역이 국가 경제에 도움이 된다고 주장한다.

10

정답 | ①

해설 |

지식격차가설이라고 한다.

"이 가설대로 하면 신문이 없다는 것은 교육을 더 받은 사람들이 당시의 뉴스를 덜 접한다는 것을 의미하기 때문에 신문사 파업으로 인해 비례적으로 더 많이 '손해'를 보게 될 것이다."를 통해 추론할 수 있다.

이 가설에 따르면 어떤 특정한 주제에 관한 대중매체의 보도를 제거해 버리면 교육수준의 차이가 있는 집단들 사이에 지식 차이가 줄어든다.

CHAPTER 02

미시적 이해: 내용일치와 추론 문제

STEP 01   P.113~114

유형 분석

★ Main Type   내용일치 문제

정답 | ①

해설 |

ㄱ. (○) "따라서 사전 학습 데이터가 반드시 제공되어야 한다."
→ 지도 학습 방식을 사용하기 위해서는 반드시 사전 학습 데이터가 주어져야 한다.

ㄴ. (×) "그러나 딥러닝 작업은 고도의 연산 능력이 요구되기 때문에, 웬만한 컴퓨팅 능력으로는 이를 시도하기 쉽지 않았다." → 단계가 축소된 것은 맞지만 자율 학습은 지도 학습보다 진일보한 방식이므로 연산 능력은 고도화되어야 한다.

ㄷ. (×) "딥러닝 기술의 활용 범위는 RBM과 드롭아웃이라는 새로운 알고리듬이 개발된 후에야 비로소 넓어졌다." → 새로운 알고리듬이 개발된 이후에야 활용 범위가 넓어졌다.

정답 | ⑤

해설 |

"일본의 정책들은 함경도를 만주와 같은 경제권으로 묶음으로써 조선의 다른 지역과 경제적으로 분리시켰다." → 함경도와 만주가 같은 경제권이 되고 다른 지역과는 분리된다.

① "1935년 회령의 유선탄광에서 폭약이 터져 800여 명의 광부가 매몰돼 사망했던 사건은 그 단적인 예이다. 영화 〈아리랑〉의 감독 겸 주연이었던 나운규는 그의 고향 회령에서 청진까지 부설" → 나운규의 고향인 회령에서 폭발사고가 있었다는 것을 알 수 있다.

② "이에 따라 오지의 작은 읍이었던 무산·회령·종성·온성의 개발이 촉진되어 근대적 도시로 발전하였다." → 조선 최북단 지역의 작은 읍들이 근대 도시로 발전하게 되었다.

③ "특히 청진·나진·웅기 등 대륙 종단의 시발점이 되는 항구와 조선의 최북단 지역이던 무산·회령·종성·온성을 중시하였다.", "일본은~남부의 원산~문천 간, 북부의 청진~회령 간을 잇는 함경선과 함경북도 무산~백암을 잇는 백무선 등의 철도를 잇따라 부설하였다." → 축산 거점(청진)에서 대륙 종단의 시발점(회령)이 되는 항구까지 부설된 철도가 있었다는 것을 알 수 있다.

④ "광물과 목재 등 군수산업 원료를 약탈하는 데 주력하게 되었다. 콩 또한 확보해야 할 주요 물자 중 하나", "일본은 만주와 함경도에서 생산된 광물 자원과 콩, 두만강변 원시림의 목재를 일본으로 수송하기 위해 함경선, 백무선 등의 철도를 잇따라 부설하였다." → 함경선 부설은 광물, 목재, 콩의 운반 때문인데, 이것들은 군수산업의 원료이다.

STEP 02   P.117~121

문제 해결방법

리딩스킬을 어떻게 내용일치 문제에 적용하여 마법의 도구화할 것인가?

1 주제를 파악하기

정답 | ②

해설 |

"타자들로 가득한 현실을 경험함으로써 인간은 스스로 변화하는 동시에 현실을 변화시킬 동력을 얻는다. 이와 달리 가상현실에서는 그것을 체험하고 있는 자신을 재확인하는 것으로 귀결되기 마련이다." → 이 글의 주제에 해당한다고 할 수 있다. 현실을 변화시킬 수 있는 동력은 체험이 아닌 경험으로부터 나온다는 것을

알 수 있다.

① "눈에 보이지 않는 구조, 손에 닿지 않는 제도, 장기간 반복되는 일상은 체험행사에서는 제공될 수 없다." → 체험사업에서는 제공할 수 없는 것이 반복되는 일상이다.

③ "경험 대신 체험을 제공하는 가상현실은 실제와 가상의 경계를 모호하게 할 뿐만 아니라 우리를 현실에 순응하도록 이끈다." → 가상현실은 실제와 가상 세계의 경계를 모호하게 한다.

④ "타자들로 가득한 현실을 경험함으로써 인간은 스스로 변화하는 동시에 현실을 변화시킬 동력을 얻는다. 이와 달리 가상현실에서는 그것을 체험하고 있는 자신을 재확인하는 것으로 귀결되기 마련이다." → 체험은 타자와의 만남이 아니라 자기 자신만 재확인하게 만든다.

⑤ "직접 겪지 못하는 현실을 잠시나마 체험함으로써 미래에 더 좋은 선택을 할 수 있게 한다는 것이다." → 체험사업 생산자의 주장으로, 제시문에서는 해당 주장에 대해 회의적인 태도를 드러내고 있다.

정답 | ⑤

해설 |

"그리고 반드시 중문과 강당 사이를 회랑으로 연결하여 탑을 감쌌다." → 중문과 강당 사이를 회랑으로 연결하였고, 회랑은 탑을 감쌌다고 하였으므로 탑이 중문과 강당 사이에 위치한 것이라고 해석할 수 있다.

① "특히 삼국시대 사찰은 후대의 산사와 달리 도심 속 평지 사찰이었기 때문에 회랑이 필수적이었다." → 삼국시대 사찰이 평지 사찰이어서 회랑을 필수적으로 세웠음을 확인할 수 있으나, 삼국시대 이후의 회랑 유무에 대해서는 언급되어 있지 않다. 다만, 평지 사찰에서는 회랑이 존재했을 것임을 추론할 수 있다.

② "이제 탑은 석가모니의 분신을 모신 곳이 아니라 사찰의 상징적 건축물로 그 의미가 변했고, 예배의 중심은 탑에서 불상을 모신 금당으로 자연스럽게 옮겨 갔다." → 진신사리를 모신 곳이 바뀐 것이 아니라, 예배의 중심이 바뀐 것이다.

③ "탑은 석가모니의 분신을 모신 곳으로 간주되어 사찰의 중심에 놓였다." → 분신을 모신 곳이기 때문에 사찰의 중심에 놓은 것이지, 사찰이 성역임을 나타내기 위한 것이 아니다.

④ "그러나 진신사리는 그 수가 한정되어 있었기 때문에 삼국시대 말기에는 사리를 대신하여 작은 불상이나 불경을 모셨다." → 탑 안을 비워 두지는 않고 불상이나 불경을 두었음을 알 수 있다.

3 두 과정을 합친 것이 바로 내용일치 문제의 해결방법

정답 | ④

해설 |

"그러나 노동조합이 전반적으로 몰락한 주요 원인을 제조업 분야의 쇠퇴에서 찾는 이러한 견해는 틀린 것으로 판명되었다." →

노동조합 가입률 하락의 원인을 산업구조의 변화로 인한 서비스업의 성장으로 보는 것은 잘못된 견해가 된다.

① "1973년 전체 제조업 종사자 중 39%였던 노동조합원의 비율이 2005년에는 13%로 줄어들었을 뿐더러" → 비율이 줄어들었다.

② "1970년대 중반 이후 기업들은 보수적 성향의 정치적 영향력에 힘입어서 노동조합을 압도할 수 있게 되었다." → 정치와 기업이 결속한 결과로 노동조합이 몰락하게 되었다.

③ "이와 같은 산업구조의 변화는 기술의 발전이 주된 요인이지만 많은 제조업 제품을 주로 수입에 의존하게 된 것이 또 다른 요인이다."

④ "1970년대 말과 1980년대 초에는, 노동조합을 지지하는 노동자 20명 중 적어도 한 명이 불법적으로 해고되었다." → 기업이 노동조합에 소속된 노동자에게 행한 조치가 불법적인 경우가 있었다는 것을 명시하고 있다.

STEP 03　　　　　　　　　　　　　　　　P.126~129

Skill 연습 1

01

노벨 경제학상 수상자인 쿠즈네츠 교수는 경제성장의 초기 단계에서는 소득분배의 불평등이 심해지지만 국민소득이 일정수준을 넘어서면 소득분배가 개선된다는 내용의 가설을 제시하였다. 환경문제를 설명하는 가설A는 쿠즈네츠 가설에 등장하는 역U자 곡선을 경제성장과 환경문제의 관계에 적용하였다. 가설A는 경제성장과 환경오염 간의 관계에도 경제성장과 소득분배 간의 관계에서 보이는 경향이 존재한다고 본다. 경제성장을 어느 정도 달성한 후에는 해결해야 할 문제의 우선순위 중에서 환경오염 문제가 앞부분을 차지하게 되고, 환경정책 집행을 위한 기술이나 인력 및 예산도 풍부해진다. 또한 소득증가와 높은 교육수준이 지역사회로 하여금 환경기준을 더욱 강화할 수 있게 만든다.

02

세계화는 인적 유동성의 증가, 커뮤니케이션의 향상, 무역과 자본 이동의 폭증 및 기술 개발의 결과이다. 세계화는 세계 경제의 지속적인 성장 특히 개발도상국의 경제발전에 새로운 기회를 열어주었다. 동시에 그것은 급격한 변화의 과정에서 개발도상국의 빈곤, 실업 및 사회적 분열, 환경 파괴 등의 문제를 야기하였다.

03

아인슈타인은 우리의 창조적 사고가 본질적으로 비언어적이라고 생각한 듯하다. 그는 이렇게 말했다. "어떻게 우리는 경험에 대해 자발적으로 '놀라워할' 수 있는가?" 아인슈타인은 '놀라워한다'는 말의 뜻을 최대한 정교하게 했다. 놀라움은 어떤 경험이 이미 우리 속에 충분히 정착된 세계 개념과 충돌할 때 일어난다. 예를 들어 아인슈타인은 자기가 대여섯 살 때 나침반을 보고, 바늘이 마치 보이지 않는 손에 잡힌 듯이 한 방향을 유지하는 것을 '놀라워한' 기억을 회상했다. 이 이미지는 그에게 큰 영향을 주어서, 그는 물리학을 패러데이와 맥스웰이 기초한 것과 같은 장이론으로 정식화하는 것을 좋아하게 되었다. 장이론은 접촉에 의한 작용을 추상화한 것이다.

04

어떤 스타일의 음악을 이해하는 능력, 즉 음악을 음의 연속 이상의 그 어떤 것으로 듣는 능력은 여러 가지 음악적 형식들이 우리 머릿속에 들어 있어서 음악을 들을 때 우리가 그 형식을 사용하여 음악을 체계화할 수 있기 때문에 가능한 것이다. 우리 머릿속에 있는 이러한 음악적 형식은 일반적인 것으로, 어떤 특정한 곡조를 아는 것하고는 상관이 없으며, 같은 스타일을 가진 무한히 많은 수의 새 곡조에 적용할 수 있다.

05

전국적으로 주목되는 민속놀이로는 남정네들의 동채싸움과 아낙들의 놋다리밟기가 있다. 현재는 제각기 고등학교 학생들이 전수하면서 민속축제 때 선을 뵈는 정도이다. 이들 놀이는 놀이 주체의 남녀, 놀이 방식의 음양, 놀이 시기의 낮과 밤 등으로 서로 대조적이긴 해도 한결같이 정월 대보름 때 하는 풍년기원의 놀이라는 점에서 일치한다. 농경사회에서 패를 갈라서 하던 놀이를 현대화하는 것은 쉽지 않다. 현재 기능보유자도 지정되어 있고 이를 전수하고 있는 학교도 있으나 현대적 계승보다는 최소한의 전수 구실을 감당하고 있다. 이것의 현대적 계승에 관해서는 한층 구체적이고 본격적인 연구가 별도로 필요하다.

06

고용이 증가하면 총실질소득이 증가한다. 공동체의 심리는 총실질소득이 증가하면 총소비도 증가하지만, 이가 소득만큼 증가하지는 않는 방식으로 작용한다. 따라서 만약 고용 증가의 전체가 당장의 소비에 대한 수요 증가를 만족시키기 위하여 사용된다면, 고용주는 손실을 보게 될 것이다. 그리하여 어떤 주어진 양의 고용을 지탱하기 위해서는 그 수준의 고용에 공동체가 소비하기로 한 양을 초과하는 총산출량을 흡수할 만큼 충분한 양의 경상 투자가 있어야 한다. 왜냐하면 이만큼의 투자량이 없다면, 기업가들의 수입은 그만큼의 일자리를 주도록 기업가들을 유도하는 데 필요한 액수보다 적을 것이기 때문이다. 그러므로 그 공동체의 소비 성향이 일정할 때, 균형고용수준, 즉 고용주 전체가 고용을 늘리거나 줄이려는 아무런 유인이 없는 수준은 경상 투자량에 의존한다. 그리고 경상 투자량은 우리가 '투자 유인'이라고 부르려는 것에 의존하며, 투자 유인은 '자본의 한계효율스케줄(schedule of marginal efficiency of capital)'과 다양한 만기와 위험을 가진 대출에 대한 이자율 체계의 관계에 의존한다는 것을 알게 될 것이다.

07

우리 회사의 규정상, 회사로부터 지시받은 업무를 처리하지 않은 직원은 징계를 받습니다. 그러나 그 징계의 정도는 업무 성격에 따라 달라집니다. 단 한 명의 직원만 처리할 수 있는 회사 업무를 생각해 봅시다. 그 업무를 처리할 수 있는 직원에게 해당 업무 처리를 지시했을 때 이를 수행하지 않으면 그 직원은 중징계를 받습니다. 단 한 명의 직원만 처리할 수 있는 회사 업무가 아닐 경우, 그 업무 처리 지시를 수행하지 않은 직원은 경징계를 받습니다.

08

지금 우리가 하고 있는 복제는 유전자 복제이지 생명체 복제가 아니다. 칭기즈칸을 복제한다 하더라도 그가 제2의 칭기즈칸이 될 확률은 거의 영에 가깝다. 테레사 수녀를 여럿 복제한다고 해서 그들이 모두 남을 위해 한 평생을 바치지 않을 것이다. 복제인간은 출산 시간이 좀 많이 벌어진 쌍둥이에 불과하다. 나는 쌍둥이로 태어나지 않았지만 내가 만일 지금 나를 복제한다면 무슨 이유에서인지 어머니 뱃속에서 몇 십년을 더 있다가 나온 쌍둥이 동생이 뒤늦게 태어난 것뿐이다. 몇 초 간격으로 태어난 쌍둥이 형제들도 결코 똑같은 인간으로 자라지 않는 것과 마찬가지로 그 늦둥이 쌍둥이 동생이 나와 완벽하게 똑같은 인간이 될 리 없다. 유전자는 나와 완벽하게 같을지라도 그 유전자들이 발현하는 환경이 나와 다르기 때문에 전혀 다른 인간으로 성장하게 될 것이다.

09

범주들 중 소수만이 의식적인 범주화 행위에 의해 형성되었다. 그러나 대부분의 범주는 세계 안에서 기능화의 결과로서 자동적·무의식적으로 형성된다. 비록 우리가 일상적으로 새로운 범주들을 배우기는 하지만, 이러한 의식적인 재범주화 행위를 통해 우리의 범주 체계에 대규모의 변화를 일으킬 수는 없다. 우리는 우리의 범주화 방식을 의식적으로 완전히 통제하지도 않고 또한 통제할 수도 없다. 따라서 인간이 아무리 심사숙고하여 새로운 범주들을 만들고 있다고 생각할 때에도, 무의식적 범주들은 모든 의식적 범주들의 선택에 개입한다는 것이다.

10

사회에서 일반적으로 옳다고 생각되는 견해도 사실은 오류일 수 있다는 가정을 무시하고 그것의 진위 여부에 대하여 자유롭고 공개적인 토론이 이루어지지 않는 경우를 생각해 보자. 사회에서 강력한 영향력을 행사하는 의견의 소유자는 그러한 자신의 의견이 어쩌면 오류일 수 있다는 사실을 자인하는 것까지는 힘들더라도 최소한 다음의 사실은 명심해야 한다. 만일 그 자신의 의견이 개방된 분위기 속에서 충분한 토론의 도마 위에 올려진 적이 없다면 설령 그것이 진리라고 할지라도 그것을 살아있는 진리라고 할 수 없으며 죽은 독단으로서 지지되는 진리일 뿐이라는 것이다.

Skill 연습 2

01

ㄱ. (가) 1천억 개의 작은 얼음덩이로 엉겼다는 것이다. (○)

ㄴ. (나) 이 구름은 행성들이 있는 곳에서도 굉장히 멀리 떨어져 있지만 여전히 태양의 중력권 안에 있다. (×)

ㄷ. (나) 물론 아직까지는 아무도 오르트의 구름을 관측하거나 확인하지는 못했다. 그럼에도 그것이 지금까지 혜성의 존재를 설명할 수 있는 유일한 방법으로 알려져 있다. (×)

ㄹ. (다) 거대한 오르트 구름 속의 혜성들은 아주 천천히 태양 둘레를 도는데, 그 주기는 수백만 년이나 되는 것으로 보인다. (○)

ㅁ. (라) 이때 속도가 빨라지면 혜성은 태양에서 더욱 먼 곳으로 확대된 궤도를 돌거나 아니면 영원히 태양계 밖으로 빠져 나가게 된다. (×)

ㅂ. (마) 그게 사실이라면 아직까지도 전체 혜성의 4/5가 창고 속에 고스란히 남아 있는 셈이다. (○)

02

ㄱ. (나) 중추 신경계는 뇌와 척수로 이루어져 있다. 중추 신경계는 감각 기관을 통해 입력되는, 환경과 신체의 상태에 대한 정보를 처리하고 근육을 움직이게 하는 운동 명령을 내린다. (○)

ㄴ. (사) 세포체로부터 나뭇가지모양으로 여러 돌기가 뻗어 있는데 이 가지들은 다른 뉴런과의 통신을 위해 사용된다. (○)

ㄷ. (다) 신경은 신체 말단에서 수용되는 감각 정보가 중추 신경계에 전달되고 중추 신경계가 생성하는 운동의 명령이 신체 근육에 전달되는 통로이다. (○)

ㄹ. (바) 뉴런은 다른 세포와 마찬가지로 DNA의 유전정보를 번역해 뉴런이 필요로 하는 단백질을 합성하는데, 합성은 대게 세포체에서 이루어져 뉴런의 각 부분으로 이동된다. (×)

ㅁ. (마) 인간의 신경계는 약 1천억 개의 뉴런이 있으며 이보다 더 많은 수의 교세포가 있다. (○)

03

ㄱ. (다) 하지만 신 사회운동이 경제적 관계와는 다른 대립 축들을 둘러싸고 전개되면서 사회 성원들의 이익 표현과 참여를 확대할 뿐 아니라, 구 사회운동의 한계를 극복하고 그 목표를 완결시키고자 한다는 점에서 두 운동을 배타적인 것으로 볼 수는 없다. (×)

ㄴ. (라) 한국의 신 사회운동은 근대의 한계뿐 아니라 전근대(前近代)의 질곡도 동시에 해결하고자 한다고 하겠다. (○)

ㄷ. (나) 그러므로 신 사회운동은 경제적 관계 대신 다원적이고 분산적인 대립 축들을 중심으로 다양한 집단들 사이의 연대,

탈물질주의적 가치 지향의 특징을 보인다. (×)

ㄹ. (가) 이 과정에서 분출된 여러 형태의 사회운동은 권위주의 체제의 막대한 물리적·이데올로기적 통제에 의해 억압되었다. (×)

ㅁ. (다) 한국 사회에서는 구 사회운동이 그 목표를 완수하기 전에, 즉 구 사회운동이 정당 정치의 틀 안에서 제도화되어 계급 타협을 이끌어 내고 인간다운 삶을 확보하기 전에 신 사회운동이 함께 발전하였다. (×)

04

ㄱ. (가) 이 내는 이미 언급한 바와 같이 남대문구릉 때문에 직접 남쪽 한강 방면으로 흐르지 못하는 것이다. (×)

ㄴ. (가) 서울의 중심부, 즉 종로구와 중구 사이를 서쪽에서 동쪽으로 흐르는 내를 청계천 또는 개천이라고 한다. (×)

ㄷ. (나) 조선 초기 이런 점을 살피신 이가 바로 태종이다. 그는 즉위 11년(1411)에 개거도감(開渠都監)을 두어, 그 이듬해부터 개거공사를 시작하여 약 1년 만에 준공하였다. (×)

ㄹ. (다) 특히 영조 49년의 양안 석축공사에서의 상석(床石)의 사용과 유로변경공사(流路變更工事)는 지금의 도시계획적 견지에서 보아도 훌륭한 공사이었다. 이 공사로 청계천은 동서로 비교적 직선코스로 흐르게 되었다. (×)

ㅁ. (다) 이 공사로 청계천은 동서로 비교적 직선코스로 흐르게 되었다. 이 내를 건너는데 수표교·오간수교·광교·영미교·관수교 등이 있었다. (×)

STEP 04 P.134~143

실전 문제

01 ⑤	02 ③	03 ②	04 ③	05 ⑤
06 ④	07 ④	08 ④	09 ⑤	10 ③

01

정답 | ⑤

해설 |

ㄱ. (○) "소행성은 대형 천문대에서 그다지 중요한 요소로 취급되지 않았다. 오히려 천문학 연구를 방해하는 골치 아픈 존재이기까지 했다." → 환영받지 못한 존재였다는 것을 알 수 있다.

ㄴ. (○) "반면 소행성은 아마추어들 사이에서 실력을 겨뤄볼 수 있는 도전의 장으로 인식돼, 미국이나 일본의 많은 아마추어들이 소행성 발견에 도전했고 그 성과 또한 컸다." → 도전거리로 인식되고 있었다.

ㄷ. (○) "소행성들 중 가장 밝은 것은 밝기가 6등급 정도나 되지만 대다수는 18등급가량으로 상당히 어둡다." → 대다수는 18등급으로 어둡다고 한다.

ㄹ. (×) "발견된 소행성의 궤도가 확정되면 이름과 번호가 붙는다." → 순서가 바뀌어 있다. 발견된 후 궤도가 확정된 후에야 이름이 붙는다.

ㅁ. (×) 이에 대한 사실은 이 글에서는 알 수 없다.

02

정답 | ③

해설 |

개인이 자신의 권리를 절대권력에 의뢰하는 것은 오히려 규칙을 정해 강요하는 것과 마찬가지로 볼 수 있다. 따라서 자생적 질서와 상통하는 면이 있다는 진술은 적절하지 않다.

① "자유의 적들은 인간의 질서가 누군가에 의해 만들어지고 다른 사람들은 이에 복종해야 한다는 주장을 펼친다." → '자유의 적'이라고 표현하는 것을 보면 질서에 대해 회의적 입장임을 알 수 있다.

② "사회생활에 일종의 질서, 일관성 및 지속성이 존재한다는 점은 분명하다. 만일 그것이 없다면 우리 중 어느 누구도 자기 업무를 수행할 수 없고 가장 기본적인 욕구조차 충족하지 못할 것이다." → 기본적인 입장은 질서는 필요하다는 입장이나, 문제는 그것을 어떻게 정하게 되는가이다.

④ 상황에 따라 조정이 이루어지는 분산적 질서는 중앙의 지침에 의해 확립될 수 없으므로 적절한 비유이다.

⑤ "우리는 일정한 조건 아래에서 개별 요소들이 스스로 배열되어 특정한 속성을 지닌 구조를 이루는 것을 관찰" → 비버들의 사례는 중앙의 지침 없이 상황에 따라 조정이 이루어지는 분산적 질서를 잘 보여 준다.

03

정답 | ②

해설 |

"그렇다고 하더라도 이들이 서구의 계몽사상가들처럼 기존의 유교 질서와 다른 정치적 대안을 제시할 수는 없었다." → 문사 계급이 새로운 정치적 대안을 제시한 것은 아니었다.

① "달리 말하면 유교 전통에서는 통치자의 윤리만을 문제 삼았을 뿐, 갈등하는 세력들 간의 공존을 위한 정치나 정치제도에는 관심을 두지 않았다." → 사회적 갈등관리는 군주가 해야 할 일이 아니었다.

③ "유교 전통의 이런 측면은 동아시아에서의 민주주의의 실현 가능성을 제한하였다." → 기본적으로 민주주의의 등장은 제한되었다.

④ "문사 계층은 윤리적 덕목을 군주가 실천하도록 함으로써 갈등 자체가 발생하지 않도록 힘썼다." → 군주가 아닌 문사 계측이 갈등관리 역할을 맡았다.

⑤ "유교 전통의 이런 측면은 동아시아에서의 민주주의의 실현 가능성을 제한하였다." → 동아시아에서는 민주주의가 발전하기 힘들었다.

04

정답 | ③

해설 |

"집진기의 설치비용은 상당 부분 전력 소비자들에게 전가되어 전력 소비량 자체를 줄이는 효과가 있었다." → 이산화황의 배출을 줄이는 집진기의 설치비용은 환경에 대한 비용으로 볼 수 있다.

① "미국 정부는 1990년 이 법안을 수정하면서 시장 원리에 근거한 해결 방법들을 도입하였다." → '환경을 오염할 권리'를 매매할 수 있었던 것은 '청정 대기 법안'이 수정된 1990년 이후이다.

② "석탄을 원료로 사용하는 발전소가 배출하는, 산성비의 주요 원인이기도 한 이산화황" → 이산화황은 석탄을 사용하는 발전소에서 배출된다고 하였으므로 다른 원료를 사용하는 수력 발전 등에도 해당하는 부분인지 알 수 없다.

④ "미국 전체의 대기 오염은 같은 기간 동안 1/3 이상 감소하였다." → 대기 오염이 감소했다는 내용만 확인할 수 있으므로 이산화황 배출의 감소 정도는 알 수 없다.

⑤ "이 프로그램이 1994년도에 시행된 이후로 허용량의 가격은 큰 폭으로 변해 왔으며 이산화황 1톤을 배출할 수 있는 권리는 2004년에 260달러에 거래되었다." → '청정 대기 법안'에 명시된 금액이 아니라 시장원리에 따라 형성된 가격이다.

05

정답 | ⑤

해설 |

강화도 마니산 것이 원본이라 가장 오래된 것인데, 이것은 정족산으로 갔다가, 다시 서울대학교로 옮겨지게 된다.

① "재인쇄 작업의 결과 원본을 포함해 모두 5벌의 실록을 갖추게 되었다." → 원본을 포함한 개수가 5벌이므로 재인쇄 실록은 모두 4벌이라는 것을 알 수 있다.

② "정족산과 태백산의 실록은 1930년에 경성제국대학으로 옮겨져 지금까지 서울대학교에 보존되어 있다." → 서울에 있다.

③ 내란과 외적 침입으로 남은 4벌 중 일본으로 가져간 것은 관동대지진 때 소멸되었으므로 3벌이 남았다.

④ "적상산의 실록은 구황궁 장서각으로 옮겼으며", "한편 장서각의 실록은 6·25전쟁 때 북으로 옮겨져 현재 김일성종합대학에 소장되어 있다." → 현재 북한에 있는데, 훼손 여부는 이 글에서는 정확히 알 수가 없다.

06

정답 | ④

해설 |

"이처럼 피타고라스주의자들은 수를 실재라고 여겼는데, 여기서 수는 실재와 무관한 수가 아니라 실재를 구성하는 수를 가리킨다." → 실재와 무관하지 않고 어떤 연관성이 있다고 생각하는 수와 관련짓는 것이다.

① "음정 간격과 수치 비율이 대응하는 원리를 발견"

②, ⑤ "즉 피타고라스주의자들은 자연의 온갖 변화는 조화로운 규칙으로 환원될 수 있다고 믿었다."

③ "피타고라스주의자들은 '기회', '정의', '결혼'과 같은 추상적인 개념을 특정한 수의 가상적 특징, 즉 특정한 수에 깃들어 있으리라고 추정되는 특징과 연계시켰다."

07

정답 | ④

해설 |

ㄱ. (×) "공간의 팽창과 함께 우주의 온도가 내려가면서 순차적인 대칭 깨짐과 그에 해당하는 상전이(phase transition)가 일어난다." → 공간 팽창, 우주 온도 하락, 대칭 깨짐의 순서로 일어난다.

ㄴ. (×) "우주론적 상전이는 우주공간의 급팽창(inflation), 우주론적 결함(cosmological defects)의 생성, 밀도요동, 강입자 수 비대칭의 유발 등의 원인으로 작용" → 상전이가 다른 현상들의 원인이 된다.

ㄷ. (×) 이 글을 통해 추론할 수 없는 내용이다.

ㄹ. (○) "초기우주에 대한 연구는 ~ 입자물리학이나 상대론 등 분야의 최첨단 이론을 현상론적으로 검증할 수 있는 창구가 되기도 한다.", "따라서 현재 실제로 관측되는 천체현상과 초기우주를 연결 짓기 위해서는 이러한 우주론적 상전이의 과정과 결과에 대한 연구가 필요하다." → 우주론적 상전이에 대한 연구는 결국 초기우주에 대한 연구로 이어지므로 이는 곧 상대론을 검증할 수 있는 도구가 된다.

08

정답 | ④

해설 |

"화기 사용의 전통이 오래된 조선의 경우 비록 육전에서는 소형 화기가 조총의 성능을 당해내지 못했지만, 해전에서는 함선에 탑재한 대형 화포의 화력이 조총의 성능을 압도하였다.", "해전에서 조선 수군이 거둔 승리의 원인은 이순신의 탁월한 지휘력에도 힘입은 바가 컸지만, 이러한 장병 전술의 우위가 승리의 기본적인 토대가 되었던 것이다." → 해전에서 사용된 대형 화포의 화력이 조총의 성능을 압도하였으므로 적절한 진술이다.

① "조총은 단지 조선의 장병 무기류를 압도하는 데 그치지 않고 일본이 본래 가지고 있던 단병 전술의 장점을 십분 발휘하게 하였다." → 단병 전술의 장점을 십분 발휘하게 하는 조총은 단병 무기로 볼 수 있다.

② "조선의 화기 기술은 고려 말 왜구를 효과적으로 격퇴하는 방도로 수용된 이래 발전을 거듭" → 고려 말에는 화기 기술이 수용된 것이지, 장병 전술이 시작된 것이 아니다. 오히려 장병 전술의 종류에 "궁시(弓矢)나 화기(火器) 같은 장거리 무기" 같은 것을 드는 것을 보면, 활로써 싸운 장병 전술도 있었다는 것

을 알 수 있다.

③ "조선이 임진왜란 때 육전(陸戰)에서 참패를 거듭" → 조선은 육전에서 우위에 서지 않았다.

⑤ 글의 맥락을 고려하였을 때 무기 기술의 열세보다는 육전에서의 장병 전술에서 원인을 찾아야 한다. 해전 같은 경우는 오히려 장거리 포가 일본을 압도했으니 조총이 없었다고 무조건 무기 기술이 열세에 있었다고 할 수는 없다.

09

정답 | ⑤

해설 |

"이보다는 오히려 토대가 무너지면 그 위에 세워진 것도 저절로 무너질 것이기에, 기존의 의견이 의존하고 있는 원리 자체를 바로 검토해 보자."라는 구절로 미루어 보아, 글쓴이는 원리 자체가 모든 의견들의 토대이므로 이것을 건드려야 한다고 주장한다. 바꿔 말하면 원리는 다른 의견들에 영향받지 않는 최초의 원형적 형태의 토대이며 다른 의견들은 이것을 발판으로 이루어진다는 이야기이다. 때문에 이 원형적 토대는 다른 의견에 의존하지 않고 독립적임을 추론할 수 있다.

10

정답 | ③

해설 |

ㄱ. (○) "북부 이주민들을 … 스스로를 '순례자'로 칭했을 만큼 엄격한 규율을 지켰다. … 맨 먼저 한 일은 자치를 위한 사회 규약을 만드는 일이었다." → 종교 규율과 사회 규약을 중시했다.

ㄴ. (○) "가난한 형편을 면하기 위해 남부로 이주한 영국 이주민들", "북부 이주민들을 아메리카로 이끈 것은 순수한 종교적 신념과 새로운 사회에 대한 열망" → 이주의 목적이 서로 달랐다.

ㄷ. (×) "유럽인들이 전제적인 신분질서에 얽매여 있는 동안, 뉴잉글랜드에서는 평등한 공동사회가 점점 모습을 드러냈다." → 오히려 이러한 신분제를 폐지하기 위해 이주한 것이므로, 새로운 사회 체계가 등장했다.

CHAPTER 01
미디어형 정보 읽기

STEP 01　P.149~151
유형 분석

★ Main Type　신문기사/보도자료 읽기

정답 | ④

해설 |

세 번째 문단의 '코레일은 IoT 센서를 이용해 레일 온도를 실시간으로 원격 측정할 수 있는 시스템으로 안전과 효율성을 동시에 잡겠다고 밝혔다'내용을 통해 알 수 있다.

① 본문보다 포괄적인 내용이므로 적절하지 않다.

② 공동 연구협약을 체결한 뒤의 진행 상황에 대한 내용이므로 적절하지 않다.

③ 본문의 내용과 일치하지만 주된 내용은 아니다.

⑤ IoT를 활용한 차량·시설물 모니터링은 현재 추진 중인 시범사업으로, 우수성을 입증했다고 보기 어렵기 때문에 적절하지 않다.

★ Sub Type 1　신문 읽고 반응하기

정답 | ③

해설 |

신문에 기재된 매체 정보와 이를 통한 음성 정보를 토대로 두 정보의 내용을 정확하게 조합하고 파악할 수 있는 능력을 측정하는 문항이다. ③은 기사의 내용 중 합석에 대한 설명으로 추론할 수 있다.

①, ④ 주어진 기사와 대화 내용으로 추론하기 어려운 내용이다.

② 기사 내용으로 볼 때 잘못된 내용이다.

★ Sub Type 2　뉴미디어 읽기

정답 | ②

해설 |

변경된 항목은 다음과 같다.

㉠: 계약기간 변경　㉡: 문구 삭제　㉢: 조항 추가　㉣: 우대 폭 확대　㉤: 조건 변경

따라서 '② 우대 폭 감소'가 정답이다.

STEP 02　P.153~155
문제 해결방법

신문기사/보도자료에서 '리드' 문장 찾기

정답 | ④

해설 |

갑, 을, 병이 일자리 안정자금 지원사업에 따른 적용 목적과 대상, 목표에 대해 이야기했으므로 찾아가는 접수 서비스의 신청방법으로 이야기를 마무리하면 대화의 흐름과 맞는다.

① 일자리 안정자금 지원사업은 최저임금 인상으로 인한 사업주의 부담을 덜어주기 위해 사업주에게 지원한다.

② 공동주택경비, 청소원의 경우에는 30인 이상 사업주도 지원받을 수 있다.

③ 일자리 안정자금 지급은 현금 직접지원과 사회보험료 대납방식의 간접지원 둘 다 모두 가능하다.

신문기사를 활용한 '사회'나 '정책'에 대한 문제의 진짜 의미

정답 | ①

해설 |

②, ③, ④, ⑤는 실제로 실시하게 되면 일어날 수도 있고 그렇지 않을 수도 있지만 개연성이라는 측면에서 여기서는 예측될 수 있는 결과이다. 하지만 ①은 명백히 틀렸다. 유기동물 보호소에서 동물실험을 하지 않는 한 의료지식의 향상을 기대할 수는 없다. 또한 보호소를 설치함으로써 오히려 전염병 유포의 가능성을 줄일 수 있다.

STEP 03　P.156~159
Skill 연습 1

신문기사에서 리드 찾기

01

정답 및 해설 |

리드 문장: 한국수력원자력이 ○○일 강원 동해시에서 발생한

4.3 지진에 따른 원전운영에 아무런 이상이 없다고 밝혔다.

전체 내용: 동해시에 4.3 규모의 지진이 발생했지만, 한국수력원 자력이 운영하는 원전에는 아무런 이상이 없다.

02

정답 및 해설ㅣ

리드 문장: 코레일이 올바른 철도 이용문화 정착과 정당한 승차 자 보호를 위해 부정승차 단속 및 부가운임 징수 강화에 나선다.

전체 내용: 코레일이 올바른 철도 이용문화 정착과 정당한 승차 자 보호를 위해 부정승차 단속 및 부가운임 징수 강화에 나선다. 최근 코레일은 승차권 위조에 대해 30배의 벌금을 부과했다. 코 레일은 부정승차에 대한 예방과 함께 교묘해지는 수법에 대비한 새로운 대책 마련과 단속을 강화할 방침이다. 정상적으로 열차를 이용하는 대다수 고객이 피해를 입지 않도록 부정승차 예방과 단 속을 한다고 밝혔다.

03

정답 및 해설ㅣ

리드 문장: 국내 생활가전 시장에 세대교체 바람이 불고 있다.

전체 내용: 가전업계에 따르면 올해 국내 시장에서 건조기 판매 량이 세탁기를 추월할 것으로 예상되고 있다. 주방가전의 주인공 도 바뀌고 있다. 전기레인지 판매가 가스레인지와 견줄 만큼 성 장할 것으로 보인다. 그리고 국내 청소기 시장에선 이미 무선 제 품이 대세가 됐다.

04

정답 및 해설ㅣ

리드 문장: 한국을 찾은 외국인 관광객 수는 늘었지만, 이들이 한 국에서 쓴 평균 지출액은 줄어든 것으로 나타났다.

전체 내용: 한국을 찾은 외국인 관광객 수는 늘었지만, 이들이 한 국에서 쓴 평균 지출액은 줄어든 것으로 나타났다. 지난해 외국 인 관광객은 1,535만 명으로 사드 여파를 겪은 2017년에 비해 무려 15.1%나 증가했다. 다만, 1인당 소비액은 전년 대비 139.2 달러 감소한 1342.4달러에 그쳤다.

STEP 03   P.160~163

Skill 연습 2

주어진 상황에서 방향성 찾기

01

정답ㅣ ⑤

해설ㅣ

정리: 사업자 등록은 재화나 용역을 공급할 때 <u>계속성, 반복성,</u> <u>독립성을 가진</u> 경우에 해야 한다.

甲 (×): 1회 등록한 것이라 연속성이 없다.

乙 (×): 고용된 사원이라 독립성이 없다.

丙 (○): 비영리 목적으로 재화를 공급하고 있으며, 연속성과 독 립성이 있다.

丁 (○): 영리 목적으로 재화를 공급하고 있으며, 연속성과 독립 성이 있다.

02

정답ㅣ ③

해설ㅣ

정리: 자료는 국민연금이 <u>가까운 시일 안에 고갈될 수 있다</u>는 이 야기를 하고 있다. 따라서 정책대안으로는 <u>조금 더 내고 덜 받는</u> 방향으로 가야 할 것이다.

"유족연금의 중복급여 제한 규정의 완화"와 "신용불량자 급여압 류 제한"등은 오히려 정 반대의 효과를 내는 정책이므로 적절하 지 않다.

03

정답ㅣ ⑤

해설ㅣ

정리: 이 관리법은 노동자들의 노동이 <u>매뉴얼화(기계적으로 관</u> <u>리)</u> 될 수 있다는 것을 전제하고 있다.

테일러의 방법은 기계적 조직법의 일종으로 관리자가 매뉴얼을 만들어 놓고, 거기에 맞춰 사람들을 훈련시키는 것이다. 때문에 지극히 관료적이고 기계적일 수밖에 없고, 통제가 중요해진다.

04

정답ㅣ ③

해설ㅣ

정리: 바뀌기 전 제도는 <u>정당에 투표</u>하는 것이었다. 바뀐 다음에 는 <u>정당의 지지 후보에게 투표</u>하는 방식이다.

바뀌기 전 제도는 정당에 투표하는 것이었다. 그래서 각 정당의 득표율에 따라 당에서 정한 순서대로 당선자를 내는 방식이었지 만, 바뀐 다음에는 정당의 지지 후보에게 투표하는 방식이다. 하 지만 그 후보가 그대로 당선자가 되는 것은 아니다. 역시 권역별 득표율을 따져야 하기 때문이다. 그래도 바뀌기 전의 방식이 전 국을 단일 선거구제로 보는 반면, 바뀐 후에는 권역별로 나누는 차이가 있어서 개인 선거 운동의 필요성이 전 방식보다 증대될 것이라는 점을 추론할 수 있다.

실전 문제

01	③	02	①	03	②	04	④	05	③
06	③								

01

정답 | ③

해설 |

첫 번째 문단에 '한-ILO 초청연수는 우리나라와 국제노동기구(ILO)가 2005년부터 매년 실시해 온 사회보장분야 국제협력 핵심 프로그램이다'라는 내용이 있다. 따라서 '초청연수가 잠시 중단됐었는데, 다시 재개되어서 다행이네요.'라고 말한 민아의 말은 적절하지 않다.

① 첫 번째 문단에서 미얀마, 베트남, 캄보디아의 산재보험 관련 노사정 대표 9명이 대상이라는 것을 알 수 있다.

② 세 번째 문단 마지막 부분에서 근로복지공단 안산병원 견학에 대한 내용을 찾을 수 있다.

④ 네 번째 문단을 보면 공단이 아시아 개도국 사회보장제도 발전에 기여했다는 것을 알 수 있다.

02

정답 | ①

해설 |

한국전력공사가 6월 15일 일본 홋카이도에서 최초의 융복합형 태양광 발전소 시운전에 착수했다는 중심내용과 이 사업의 의의에 대해 전체적으로 설명하고 있는 ①이 가장 적절하다.

② 한국전력공사가 시운전에 착수했다는 사실에 대한 언급이 없으며, 세 번째 문단의 내용만을 설명하고 있다.

③ 중심내용에서 벗어나 중요하지 않은 세 번째 문단의 내용을 제시하고 있다.

④ 한국전력공사가 시운전에 착수했다는 중심내용이 없으며 네 번째 문단 위주로 설명하고 있다.

⑤ 중심내용보다 첫 번째 문단의 부가적인 내용을 위주로 설명하고 있다.

03

정답 | ②

해설 |

첫 번째 문단을 보면 전담조직 신설 등을 주요내용으로 하는 조직개편을 대대적으로 단행했다는 것을 알 수 있다. 따라서 신규 사업 본격 추진과 조직개편 내용이 담긴 ②가 정답이다.

① 본문에 일자리안정지원단 출범에 대한 언급이 있지만 주된 내용은 아니므로 옳지 않다.

③ 조직개편에 대한 내용이지만 본문에 조직개편의 득과 실에 대한 내용은 없으므로 옳지 않다.

④ 본문에 해당 내용이 있지만 개편 조직 중 구상금협의조정위원회에 대한 설명이므로 옳지 않다.

⑤ 조직개편을 하는 이유 중 하나일 뿐이므로 옳지 않다.

04

정답 | ④

해설 |

'스마트 워크(Smart Work)란 샐러리맨들이 겪는 노동환경을 개선하기 위해 디지털 네트워크를 활용하여 효율성을 높이는 방식이나, 우리에게는 스마트 환경이 노동환경의 부담을 덜어주기는 커녕 더 가중시키는 방식으로 적용되었다'고 명시되어 있다.

따라서 본문과 일치하는 내용은 ④이다.

① 스마트 워크(Smart Work) 시대에 출퇴근은 '비효율'의 상징처럼 이야기되고 있다.

② 현대 사회의 샐러리맨들은 출퇴근 없는 업무가 자유의 확장이라고만 생각하지 않는다.

③ 근무환경이 스마트하게 변화하면서 멀지 않은 미래에 자율출퇴근제나 재택근무로 노동 환경이 변화되리라 예상한다.

⑤ 관련 안건이 발의되었으나 법으로 제정된 것은 아니며, 해외와 다른 업무환경으로 인해 법으로 제정되기는 현실성이 없다는 비판이 나오고 있다.

05

정답 | ③

해설 |

주어진 제시문은 일종의 미괄식으로, 글쓴이의 주장은 '의사라면 누구나 의사소통에 대한 훈련과 연수가 필요하며, 이것을 위해 노력해야 한다.'이며, 이 주장은 글의 뒷부분에 나오기 때문에 주장을 앞에 두어 논점을 분명히 하고 있다는 ③은 잘못된 평가이다.

06

정답 | ③

해설 |

의사소통에 대한 훈련과 연수라는 강연의 요점을 정리하고, 구체적인 프로그램의 필요성이라는 질문의 초점을 분명히 하였으며, 구체적인 교육 내용에 대한 안내를 정중히 요청하고 있으므로 [보기]의 조건을 모두 충족하고 있다.

① 이 글은 질 높은 의료서비스에 대한 논의가 아니라, 의사들의 올바른 의사소통 교육에 대한 글이므로 논점에서 벗어난 질문이라 할 수 있다.

② 강연의 요점을 정리하지 않고 있다.

④ 강연의 요점을 정리하지 않았고, 질문의 초점이 명확하지 않다.

⑤ 글쓴이의 주장은 기본적으로 의사소통 행위의 중요성을 보편적으로 강조하면서 의사들을 대상으로 의사소통능력을 향상

하도록 노력해야 한다는 주장이다. 따라서 왜 의사만 일방적으로 의사소통의 책임을 져야 하나는 질문은 공격적이고 논점에서 벗어나는 질문이다.

CHAPTER 02

법률/계약서형 정보 읽기

STEP 01
P.171~174

유형 분석

★ Main Type 법률 조항 읽기

정답 | ②

해설 |

ㄱ. (×) 개발부담금 징수권의 소멸시효는 고지한 납부기간이 지난 시점부터 중단되는 것이 아니라 "새로이 진행한다."

ㄴ. (×) 개발부담금 징수권의 소멸시효는 3년이 아니라 5년이다.

ㄷ. (○) "제1항에 따른 개발부담금 징수권의 소멸시효는 다음 각 호의 어느 하나의 사유로 중단된다. 1. 납부고지" → 5년 안이므로 소멸시효가 중단된다.

ㄹ. (×) 환급권의 소멸시효는 5년이다.

★ Sub Type 1 계약서 읽기

정답 | ④

해설 |

"카드사용 대금을 3회 연속하여 연체" → 2회의 카드사용 대금을 연체하였으므로 카드사용의 일시정지 또는 해지 사유에 해당하지 않는다.

① "본인회원은 가족회원의 동의 없이 가족회원의 카드사용의 일시정지 또는 해지를 통보할 수 있습니다." → 본인회원의 경우 가족회원의 카드사용 정지가 가능하다.

② "회원은 카드사에 언제든지 카드사용의 일시정지 또는 해지를 통보할 수 있습니다." → 가족회원이지만 자신의 카드라면 회원의 권한을 사용해서 카드사용의 일시정지를 요청할 수 있다.

③ "회원이 최종 사용일로부터 1년 이상 카드를 사용하지 않은 경우 카드사는 전화, 서면, 전자우편(e-mail), 단문메시지서비스(SMS), 자동응답시스템(ARS) 등으로 회원의 계약 해지의사를 확인"하고 "회원이 해지의사를 밝히면 그 시점에 계약이 해지" → 카드사가 최근 1년 간 카드사용 실적이 없는 회원 D에게 전화로 계약 해지의사를 묻자, D가 해지의사를 밝힌 경우이므로 카드사용이 해지될 수 있다.

⑤ "입회신청서의 기재사항을 허위로 작성한 경우" → 카드사가 카드사용의 일시정지 또는 해지를 통보할 수 있다.

★ Sub Type 2 법률 조항 적용하기

정답 | ③

해설 |

"이러한 소급효 제한의 취지로 인해 동일한 형벌조항에 대해서 헌법재판소가 여러 차례 합헌 결정을 한 때에는 최후에 합헌결정을 선고한 날의 다음 날로 소급하여 그 형벌조항의 효력이 상실되는 것으로 본다."

따라서 2008. 10. 30.에 마지막 합헌결정을 하였으니 2008. 10. 31.로 소급이 가능하다. 그런 의미에서 갑(甲)은 2007년에 형이 확정되었으므로 이 경우는 소급이 불가능하다.

을(乙)의 경우는 소급이 가능한 날짜라서 재심청구가 인정되지만, 집행유예 기간이 지나면 형의 선고는 효력을 상실하고, 복역하거나 벌금을 낸 것도 아니므로 형사보상금 청구는 인정되지 않는다.

병(丙)의 경우는 날짜로 보면 재심청구가 가능하고, 복역까지 하였기 때문에 형사보상금 청구도 가능하다.

★ Sub Type 3 회사 내규 읽기

정답 | ④

해설 |

ㄱ. (×) "그 사업 또는 사업장에 근로자의 과반수로 조직된 노동조합이 있는 경우에는 그 노동조합에 해고를 하려는 날의 50일 전까지 통보하고 성실하게 협의하여야 한다." → 협의해야 하는 것은 의무사항이다.

ㄴ. (×) "근로자에 대한 해고는 제1항에 따라 서면으로 통지하여야 효력이 있다." → 구두로 통지한 것은 효력이 없다.

ㄷ. (×) "근로자가 고의로 사업에 막대한 지장을 초래하거나 재산상 손해를 끼친 경우에는 그러하지 아니하다." → 고의인 경우에 30일 전 해고 예고가 면제되기 때문에, 고의가 아니라면 30일분 이상의 통상임금을 지불하는 규약에 자유롭지 못하다.

ㄹ. (○) "근로자에 대한 해고는 제1항에 따라 서면으로 통지하여야 효력이 있다." → 서면으로 통지하지 않으면 효력이 없다.

STEP 02
P.176~177

문제 해결방법

SKILL ❶

법률 조항이나 계약서를 거시적으로 파악하기

정답 | ⑤

해설 |

ㄱ. (○) 상위 3개 이하의 사업자의 시장점유율의 합계가 75% 이상일 경우에 시장지배적 사업자로 규정되는데, 단 이 경우

100분의 10 미만인 사업자는 제외한다. 그러므로 시장점유율이 40%, 30%, 8%, 5%일 경우 3개 사업자의 시장점유율이 75%를 넘기는 하지만 3위의 사업자가 10% 미만인 8%의 시장점유율만을 갖고 있기 때문에 시장지배적 사업자로 규정되지 않는다.

ㄴ. (○) 3위와 4위가 합병을 하게 되면 13%가 되어 10% 이상이 되므로 시장지배적 사업자로 규정된다.

ㄷ. (○) 합병 전보다 합병 후에 HHI지수가 크다.

합병 전: 0.4×0.4+0.3×0.3+0.08×0.08
$\quad$=0.16+0.09+0.0064=0.2564

합병 후: 0.4×0.4+0.3×0.3+0.13×0.13
$\quad$=0.16+0.09+0.0169=0.2669

ㄹ. (×) HHI지수는 시장의 집중도를 나타내므로 HHI지수가 더 작은 상황 2의 시장 경쟁의 정도가 더 크다.

상황1: 0.4×0.4+0.4×0.4+0.1×0.1+0.1×0.1
$\quad$=0.16+0.16+0.01+0.01=0.34

상황2: 0.3×0.3+0.3×0.3+0.3×0.3+0.1×0.1
$\quad$=0.09+0.09+0.09+0.01=0.28

ㅁ. (○) 1개 기업의 시장점유율이 100%일 경우 HHI지수는 '1.0×1.0=1'이 되어 가장 큰 값을 갖게 된다.

제목으로 나뉘지 않은 법 조항에 제목 붙이기

정답 | ②

해설 |

첫 번째 조항은 "성년후견", 두 번째 조항은 "피성년후견인의 신상결정", 세 번째 조항은 "성년후견인의 선임"이다.

"가정법원은 질병, 장애, 노령, 그 밖의 사유로 인한 정신적 제약으로 사무를 처리할 능력이 지속적으로 결여된 사람에 대하여 본인, 배우자, 4촌 이내의 친족, 검사 또는 지방자치단체의 장의 청구에 의하여 성년후견 개시의 심판을 한다." → 가정법원은 지방자치단체의 장의 청구에 의하여 성년후견 개시의 심판을 한다는 것을 알 수 있다.

① "가정법원은 성년후견인이 선임된 경우에도 필요하다고 인정하면 직권으로 또는 청구권자의 청구에 의하여 추가로 성년후견인을 선임할 수 있다." → 추가 선임이 가능한 것으로 보아 1인으로 제한된 것은 아니다.

③ "성년후견인은 피성년후견인의 법률행위를 취소할 수 있다." "제2항에도 불구하고 일용품의 구입 등 일상생활에 필요하고 그 대가가 과도하지 아니한 법률행위는 성년후견인이 취소할 수 없다." → 대가가 과도하지 않은 것을 취소할 수 없는 것이므로 기본적으로는 취소할 수 있다.

④ "가정법원은 성년후견인이 선임된 경우에도 필요하다고 인정하면 직권으로 또는 청구권자의 청구에 의하여 추가로 성년후견인을 선임할 수 있다." → 가정법원 직권으로 선임할 수 있다.

⑤ "성년후견인이 피성년후견인을 치료 등의 목적으로 정신병원이나 그 밖의 다른 장소에 격리하려는 경우에는 가정법원의 허가를 받아야 한다." → 이런 것을 허가 없이 가능하게 하면 커다란 부작용이 예상된다. 그래서 법률에서도 허가를 받아야 한다고 명시하고 있다.

STEP 03 $\qquad$ P.178~181

Skill 연습 1

01

정답 | ③

해설 |

정리: 주어진 규정은 <u>무사고 기간</u>와(과) <u>동일회사 근무 기간</u>을(를) 기준으로 개인택시 면허 발급 우선순위를 정하고 있다.

① 오로지 무사고 연수와 근속 연수로만 따지므로 실제적인 기술이나 적합도를 정확히 측정한다고 말할 수는 없다.

② 17년 이상의 경우가 아니면 '동일' 회사에서 근무할 것을 강조하므로 회사가 폐업할 경우 운전자가 피해를 입을 수 있다.

③ 회사를 옮기기 어려울 수 있지만, 회사를 임의로 선택하는 데 제한을 두고 있지는 않으므로 타당한 비판으로 볼 수 없다.

④ '동일' 회사에서의 근무 기간을 중시하므로 직장 이동이 어려워질 수 있다.

⑤ 2순위와 3순위 사이의 사각지대라 할 수 있다.

02

정답 | ⑤

해설 |

정리: 총액 벌금형 제도에서는 <u>부자와 가난한 사람이 동일하게</u> 벌금을 내지만, 일수 벌금형 제도에서는 부자에게 <u>가난한 사람보다 많은 벌금</u>을 요구하게 된다.

일수 벌금형 제도는 배분적 정의 실현에 가까이 가고자 하는 노력이라고 할 수 있다. 총액 벌금형 제도에서는 부자에게나 가난한 사람에게나 요구하는 금액이 똑같았다면 일수 벌금형 제도에서는 부자에게는 보다 많이, 가난한 사람에게는 보다 적게 요구하는 것이기 때문이다. 그런 점에서 ③과 ④가 성립한다. 그리고 같은 맥락에서 ②와 같은 문제점이 있을 수도 있다. 그리고 금융실명제가 되면 가난한 사람과 부자인 사람이 보다 명확하게 드러나기 때문에 ①도 성립한다. 하지만 벌금 총액이 증가한다는 내용은 제시문의 정보를 통해 추론할 수 없는 내용이다. 가난한 사람만 많다면 국가가 거두는 벌금 총액은 줄어들 수도 있기 때문이다.

03

정답 | ②

해설 |

정리: 전반적으로 음주를 한 번에 많이 할수록 그리고 여러 번 할수록 처벌을 강화하는 기조의 법이다.

ㄱ. (×) "혈중알콜농도가 0.05퍼센트 이상 0.1퍼센트 미만인 사람은 6개월 이하의 징역이나 300만 원 이하의 벌금"이다. 반면 "술에 취한 상태에 있다고 인정할 만한 상당한 이유가 있는 사람으로서 제2항에 따른 경찰공무원의 음주측정에 응하지 아니한 사람"은 "1년 이상 3년 이하의 징역이나 500만 원 이상 1천만 원 이하의 벌금에 처한다." → 처벌을 보면 후자 쪽이 더 처벌의 강도가 세다고 할 수 있다.

ㄴ. (○) 법 자체가 혈중알콜농도에 따라 세분화해서 양형기준을 마련하고 있고, 제4항에서는 2회 이상 적발된 사람에 대해서 더 중한 처벌을 내리는 것을 알 수 있다.

ㄷ. (×) 처음 적발되었을 때 "6개월 이상 1년 이하의 징역이나 300만 원 이상 500만 원 이하의 벌금"이지, 2회 이상 적발이 되면 "1년 이상 3년 이하의 징역이나 500만 원 이상 1천만 원 이하의 벌금"으로 가중된다.

04

정답 | ④

해설 |

정리: 야간과정의 접근성을 조금 더 쉽게 하는 취지의 제도다.

① 야간과정이 생기면 직장인 등의 사람들이 조금 더 편하게 학교에 다닐 수 있기 때문에 교육에 대한 접근성을 높이는 효과가 있다.

② 학점 취득 규정상 주간과정보다 야간과정이 학점을 적게 취득할 수 있는데 학위는 동일한 학위를 부여하므로 ○○학위 소지자들의 학문적 역량이 장기적으로는 저하될 수 있다고 추론할 수 있다.

③ 대학에서는 재정 확보를 위해 많은 학생들을 손쉽게 받아들이고, 학생들은 그 학위 과정에 몰릴 경우, 학력 인플레이션이 일어날 수도 있다.

④ 다른 조건이 동일하면 대학 입장으로서는 단기적이든 장기적이든 '재정적으로'는 상당한 도움을 받게 되며, 재정을 악화시킬 만한 단서는 찾아볼 수 없다.

⑤ 공급보다 수요가 많으면 굳이 학비를 내릴 필요가 없다. 그러므로 주간과정보다 낮아지지는 않을 것으로 보인다.

Skill 연습 2

01

정답 및 해설 |

제00조 이 법에서 말하는 폐기물이란 쓰레기, 연소재, 폐유, 폐알칼리 및 동물의 사체 등으로 사람의 생활이나 사업활동에 필요하지 않게 된 물질을 말한다.	폐기물의 정의
제00조 ① 도지사는 관할 구역의 폐기물을 적정하게 처리하기 위하여 환경부장관이 정하는 지침에 따라 10년마다 '폐기물 처리에 관한 기본계획'(이하 '기본계획'이라 한다)을 세워 환경부장관의 승인을 받아야 한다. 승인사항을 변경하려 할 때에도 또한 같다. 이 경우 환경부장관은 기본계획을 승인하거나 변경 승인하려면 관계 중앙행정기관의 장과 협의하여야 한다. ② 시장·군수·구청장은 10년마다 관할 구역의 기본계획을 세워 도지사에게 제출하여야 한다. ③ 제1항과 제2항에 따른 기본계획에는 다음 각 호의 사항이 포함되어야 한다. 1. 관할 구역의 지리적 환경 등에 관한 개황 2. 폐기물의 종류별 발생량과 장래의 발생 예상량 3. 폐기물의 처리 현황과 향후 처리 계획 4. 폐기물의 감량화와 재활용 등 자원화에 관한 사항 5. 폐기물처리시설의 설치 현황과 향후 설치 계획 6. 폐기물 처리의 개선에 관한 사항 7. 재원의 확보계획	폐기물 처리에 관한 기본계획
제00조 ① 환경부장관은 국가 폐기물을 적정하게 관리하기 위하여 전조 제1항에 따른 기본계획을 기초로 '국가 폐기물 관리 종합계획'(이하 '종합계획'이라 한다)을 10년마다 세워야 한다. ② 환경부장관은 종합계획을 세운 날부터 5년이 지나면 그 타당성을 재검토하여 변경할 수 있다.	국가 폐기물 관리 종합계획

02

정답 및 해설 |

제00조 ① 증인신문은 증인을 신청한 당사자가 먼저 하고, 다음에 다른 당사자가 한다. ② 재판장은 제1항의 신문이 끝난 뒤에 신문할 수 있다. ③ 재판장은 제1항과 제2항의 규정에 불구하고 언제든지 신문할 수 있다.	증인신문 순서

④ 재판장은 당사자의 의견을 들어 제1항과 제2항의 규정에 따른 신문의 순서를 바꿀 수 있다. ⑤ 당사자의 신문이 중복되거나 쟁점과 관계가 없는 때, 그 밖에 필요한 사정이 있는 때에 재판장은 당사자의 신문을 제한할 수 있다. ⑥ 합의부원은 재판장에게 알리고 신문할 수 있다.	
제00조 ① 증인은 따로따로 신문하여야 한다. ② 신문하지 않은 증인이 법정 안에 있을 때에는 법정에서 나가도록 명하여야 한다. 다만 필요하다고 인정한 때에는 신문할 증인을 법정 안에 머무르게 할 수 있다.	증인신문의 실제
제00조 재판장은 필요하다고 인정한 때에는 증인 서로의 대질을 명할 수 있다.	증인대질
제00조 증인은 서류에 의하여 진술하지 못한다. 다만 재판장이 허가하면 그러하지 아니하다.	서류진술

03

정답 및 해설 |

제1조 이 규정은 졸업을 위한 재적기간 및 수료연한을 정하는 것을 목적으로 한다.	목적
제2조 ① 재적기간은 입학 시부터 졸업 시까지의 기간으로 휴학기간을 포함한다. ② 졸업을 위한 수료연한은 4년으로 한다. 다만 다음 각 호의 경우에는 수료연한을 달리할 수 있다. 1. 외국인 유학생은 어학습득을 위하여 수료연한을 1년 연장하여 5년으로 할 수 있다. 2. 특별입학으로 입학한 학생은 2년 차에 편입되며 수료연한은 3년으로 한다. 다만 특별입학은 내국인에 한한다. ③ 수료와 동시에 졸업한다.	재적기간과 수료연한
제3조 ① 휴학은 일반휴학과 해외 어학연수를 위한 휴학으로 구분한다. ② 일반휴학은 해당 학생의 수료연한의 2분의 1을 초과할 수 없으며, 6개월 단위로만 신청할 수 있다. ③ 해외 어학연수를 위한 휴학은 해당 학생의 수료연한의 2분의 1을 초과할 수 없으며, 1년 단위로만 신청할 수 있다.	휴학

04

정답 및 해설 |

제00조 ① 종전부지 지방자치단체의 장은 군 공항을 이전하고자 하는 경우 국방부장관에게 이전을 건의할 수 있다.	예비이전후보지의 선정

② 제1항의 건의를 받은 국방부장관은 군 공항을 이전하고자 하는 경우 군사작전 및 군 공항 입지의 적합성 등을 고려하여 군 공항 예비이전후보지(이하 '예비이전후보지'라 한다)를 선정할 수 있다.	
제00조 국방부장관은 한 곳 이상의 예비이전후보지 중에서 군 공항 이전후보지를 선정함에 있어서 군 공항 이전부지 선정위원회의 심의를 거쳐야 한다.	이전후보지의 선정
제00조 ① 군 공항 이전후보지 및 이전부지의 선정 등을 심의하기 위해 국방부에 군 공항 이전부지 선정위원회(이하 '선정위원회'라 한다)를 둔다. ② 위원장은 국방부장관으로 하고, 당연직 위원은 다음 각 호의 사람으로 한다. 1. 기획재정부차관, 국토교통부차관 2. 종전부지 지방자치단체의 장 3. 예비이전후보지를 포함한 이전주변지역 지방자치단체의 장 4. 종전부지 및 이전주변지역을 관할하는 특별시장·광역시장 또는 도지사 ③ 선정위원회는 다음 각 호의 사항을 심의한다. 1. 이전후보지 및 이전부지 선정 2. 종전부지 활용방안 및 종전부지 매각을 통한 이전주변지역 지원방안	군 공항 이전부지 선정위원회
제00조 ① 국방부장관은 이전후보지 지방자치단체의 장에게 「주민투표법」에 따라 주민투표를 요구할 수 있다. ② 제1항의 지방자치단체의 장은 주민투표 결과를 충실히 반영하여 국방부장관에게 군 공항 이전 유치를 신청한다. ③ 국방부장관은 제2항에 따라 유치를 신청한 지방자치단체 중에서 선정위원회의 심의를 거쳐 이전부지를 선정한다.	이전부지의 선정

STEP 04   P.186~193

실전 문제

01 ⑤	02 ④	03 ①	04 ①	05 ④
06 ①	07 ④			

01

정답 | ⑤

해설 |

총액 예산제의 가장 큰 목적은 비용 절감이다. 하지만 업자들 간 담합이 있는 경우 이 목적이 달성되지 못할 수도 있다. 따라서 ④는 추론할 수 있는 사항이다. 하지만 공급자를 대상으로 하는 총액 예산제의 효과가 수요자들에게까지 경쟁을 유도해 소비하게 하리라고는 예상하기 힘들다.

02

정답 | ④

해설 |

ㄱ. (✕) "4급 이상으로 그 근무기간이 1년 이상이 경과된 자로서, 계약심사·IT·회계·인사분야 업무에서 3년 이상 근무한 경력이 있는 자" → 경력 조건은 4년으로 만족하나, 4급 이상이기 때문에 5급인 직원 甲은 원칙적으로 감사인으로 임명될 수 없다.

ㄴ. (○) "정보시스템 감사사(CISA) 자격증을 가지고 있는 직원"은 감사인으로 임명될 수 있다.

ㄷ. (✕) "징계 이상의 처분을 받은 날로부터 3년이 경과되지 않은 자"는 감사인으로 선임될 수 없으므로 직원 丙은 감사인으로 임명될 수 없다.

ㄹ. (○) "감사가 당해 감사업무에 필요하다고 인정할 때에는 소관부서장과 협의하여 그 소속 직원으로 하여금 감사업무를 수행하게 할 수 있다." → 감사업무 수행은 협의를 통해 가능하다고 명시하고 있다.

03

정답 | ①

해설 |

ㄱ. (○) "우수의 판정은 광고에서 정한 자가 한다. 광고에서 판정자를 정하지 아니한 때에는 광고자가 판정한다." → 특별히 광고에서 판정자에 대한 이야기가 없으므로 광고자인 A청이 직접 판정을 하게 된다.

ㄴ. (○) "우수한 자가 없다는 판정은 할 수 없"기는 하지만, "그러나 광고에서 다른 의사표시가 있거나 광고의 성질상 판정의 표준이 정하여져 있는 때에는 그러하지 아니하다."라고 하고 있다. 그런 면에서는 광고에서 "기준을 충족한 논문이 없다고 판정된 경우, 우수 논문을 선정하지 않을 수 있다."라고 이야기하고 있기 때문에 우수자를 선정하지 않을 수 있다.

ㄷ. (✕) "응모자는 제2항 및 제3항의 판정에 대하여 이의를 제기하지 못한다." → 안타깝게도 甲, 乙, 丙 등은 우수의 판정에 대해 이의를 제기할 수 없다.

ㄹ. (✕) "수인의 행위가 동등으로 판정된 때에는 각각 균등한 비율로 보수를 받을 권리가 있다. 그러나 보수가 그 성질상 분할할 수 없거나 광고에 1인만이 보수를 받을 것으로 정한 때에는 추첨에 의하여 결정한다." → 광고에 1명에게 상금을 전액 지급한다고 되어 있기 때문에 동점이 되면 추첨에 의해 상금 수여자를 정하게 된다.

04

정답 | ①

해설 |

주 40시간의 근무시간을 지킬 예정이므로 시간제근무는 제외되

고, 사무실 출근을 원하므로 재택근무제도 제외된다.

탄력근무제 중에서도 5일 근무를 하는데, 하루 8시간을 고집하는 것이 아니기 때문에 이런 조건을 만족시키는 것은 '근무시간 선택형'이다. 이것은 "주 5일 근무를 준수해야 하지만 1일 8시간을 반드시 근무해야 하는 것은 아니다. 근무가능 시간대는 06:00~24:00이며 1일 최대 근무시간은 12시간이다."라는 조건을 가진다.

05

정답 | ④

해설 |

본 문항은 온라인 고객관리 직원으로서 회사의 제품구매 규정에 대한 내용을 숙지하고, 고객의 문제를 이해하며, 답변을 통해 적절하게 대응했는지를 알아보기 위한 문항이다.

제품구매 규정에 대한 내용은 규정약관을 정확히 숙지해야만 가능하며, 고객의 문제를 이해하는 데에 있어서 고객의 질문의 핵심내용을 파악하는 능력이 요구된다. 따라서 본 문항을 해결하기 위해서는 문서이해능력과 경청능력이 요구된다.

④의 경우 고객은 제주도에 거주하고 있으므로 약관 내용에 따르면 도서지역에 해당된다. 이 경우 배송기간은 기본 배송일 2~5일에 추가적으로 2~3일이 소요된다고 안내해야 한다.

06

정답 | ①

해설 |

본 문항은 직장 내 업무처리 중 의사소통수단으로 빈번하게 사용되는 이메일 활용능력을 평가하기 위한 문항이다. 해결을 위해서는 고객이 요구하는 내용의 핵심을 정확히 이해하는 능력을 요한다. 또한 명확한 문제이해를 바탕으로 한 간결하고 정확한 의사표현 능력과 업무처리 시 필요한 문서작성능력이 요구된다. 의사소통수단으로 이메일을 활용하고 있기 때문에 이를 해결하기 위한 컴퓨터활용능력 또한 요구된다.

보내는 사람에 대하여 서명란에 소속과 이름을 밝히긴 했으나 발신자의 이메일 주소가 개인메일일 경우엔 수신자의 진위 여부를 파악하기가 어렵다. 특히, 카드사 직원과 같이 이메일을 많이 받는 직종에 있는 사람일수록 발신자의 진위를 빠르게 파악하는 것이 신속한 업무처리를 가능하게 한다. 따라서 가능한 업무상 이메일은 회사계정주소와 발신자의 이름이 드러난 주소를 사용하는 것이 적절하다.

② 발신자의 출처와 제목을 통해 처리해야 할 내용이 파악되므로 적절하다.

③ 제목에서 언급되지 못한 사항을 좀 더 상세히 언급하고 있다.

④ 처리기한에 대하여 명시해 줌으로써 발신자로 하여금 수신자의 요청기한을 파악할 수 있도록 하였다.

07

정답 | ④

해설 |

본 문항은 의사소통능력 중 경청능력과 의사표현능력을 평가하는 문제이다. 한편 고객상담원으로서 받은 기술훈련에 대한 실전 상황 적용 여부도 평가하게 된다. 문제해결을 위해서는 전체적인 전화상담 프로세스를 이해하는 능력이 요구된다. 또한 전화상황 역할극을 통해 고객의 요구사항을 경청하는 능력을 요하며, 답변에 있어서 전문 상담원의 역할에 맞는 언어 사용과 정확한 정보 전달을 위한 의사표현능력이 요구된다.

④ 의사표현을 하는 데에 있어 문제에 대한 원인을 고객 책임으로 돌리고 있다. 좀 더 올바른 표현으로는 "현재 통화하시는 지역의 수신 상태가 좋지 않은 것 같습니다. 좀 더 크게 말씀해 주시겠습니까"와 같이 상황에 대한 대처가 적절하다.

CHAPTER 03
회사문서 정보 읽기

STEP 01
유형 분석

P.195~198

★ Main Type 회사 안내문이나 공고문 읽기

01

정답 | ④

해설 |

㉠은 개인의 경력개발을 지원해 주는 제도이다. 금융에 한정된 분야가 아니므로 ②, ③은 옳지 않고, 취미활동이나 업무능력에 제한된 것이 아니므로 ①, ⑤도 적절하지 못하다.

02

정답 | ③

해설 |

MBA과정을 연수할 수 있는 국외 대학 중 뉴욕대는 없다.
지원이는 자기주도의 경력개발 지원, 상규는 어학능력향상 연수, 규진이는 다양한 분야의 전문인력 육성, 기현이는 Cyber 연수원 운영에 해당하는 프로그램에 지원을 받을 수 있다.

★ Sub Type 1 회사 내 공문 읽기

정답 | ②

해설 |

본 문항은 자동차 회사의 경영진에게 전달된 문서를 읽고 그에 대한 상세 정보의 의미를 정확하게 이해, 수집하는 능력을 측정하는 문항이다.

① 전달받은 자료를 보면 대상이 전 구매 고객 및 구매 예약자를 포함한 것이므로 옳은 설명이다.

② 주유 상품권과 소모품 무상 교체 혜택을 모두 제공하는 것이 아니며, 무상 교체 방법으로 이용권을 증정하는지의 여부까지는 알 수 없다.

③ 4. 기타 항목을 통해 확인할 수 있다.

④ 혜택 사항에 선수금 30% 납부 시 무이자 할부 혜택 제공이 있으나 명확한 설명이 없으므로 이를 강조해 주면 도움이 될 수 있다.

★ Sub Type 2 공문 규칙 적용하기

정답 | ④

해설 |

30만 원 이하의 접대비 지출품의서는 최고 결재권자(대표이사) 또는 전결을 위임받은 팀장에게 결재를 받아야 하며, 30만 원 이하의 지출결의서는 최고 결재권자(대표이사) 또는 전결을 위임받은 본부장의 결재를 받아야 한다.

① 접대비 지출품의서의 전결사항은 팀장이 위임받는다.

② 팀장이 전결받았으므로 최종결재란에 팀장이 기입되어야 한다.

③ 지출결의서의 전결은 본부장의 결재를 받아야 한다.

④ 전결을 위임받은 본부장이 전결사항을 정확하게 기록했으므로 정답이다.

★ Sub Type 3 매뉴얼 읽기

정답 | ③

해설 |

본 문항은 기계설비 안전 업무 담당자가 작성된 안전수칙을 토대로 작업자에게 올바른 안내를 해야 하는 상황으로 목적을 파악하고 그에 맞는 정보를 조직할 수 있는 능력을 측정하는 문항이다.

① 중량물 편하중이 생기지 않도록 적재할 것이라는 문구를 통해 알 수 있다.

② 로프를 풀거나 덮개를 벗기는 작업을 행하는 때에는 적재함의 화물이 낙하할 위험이 없음을 확인한 후 해당 작업을 하도록 할 것이라는 문구를 통해 알 수 있다.

③ 잘못된 설명이다. 공정구역 내에서는 긴급할 때를 제외하고는 뛰어다니지 말 것이라는 항목을 통해 알 수 있다.

④ 중량물 운반용으로 사용하는 로프는 밧줄가닥이 절단되거나 손상된 것을 사용하지 말 것이라는 문구를 통해 알 수 있다.

문제 해결방법

자주 나오는 공문 정리

정답 | ①

해설 |

ㄱ. (×) "본문이 끝나면 1자(2타) 띄우고 '끝.' 표시를 한다. 단, 첨부물이 있는 경우, 첨부 표시문 끝에 1자(2타) 띄우고 '끝.' 표시를 한다." → 첨부물이 있기 때문에 본문이 아닌 첨부물 뒤에 '끝.' 자 표시를 하여야 한다.

ㄴ. (○) "날짜는 숫자로 표기하되 연·월·일의 글자는 생략하고 그 자리에 온점을 찍어 표시한다." → 연·월·일을 온점으로 대체하여 표시하였으므로 적절하다.

ㄷ. (×) "문서의 모든 처리절차가 전자문서 시스템 또는 업무관리 시스템상에서 전자적으로 처리되도록 하여야 한다." → 전자결재로 이루어져야 한다.

ㄹ. (○) "기안문 및 시행문에는 기관의 로고·상징·마크 또는 홍보문구 등을 표시하여 기관의 이미지를 높일 수 있도록 해야 한다." → 기관과 관련된 내용이 없으므로 로고를 넣는 것은 적절하다.

안내문, 공고문에서 주의 깊게 보아야 할 곳

정답 | ④

해설 |

공모대상은 전 국민 누구나로, 원자력 협력사나 유관기관에서도 지원 가능하다.

① 심사기준은 주제 적합성, 실현 가능성, 구체성, 참신성, 기대효과 5가지이다.

② 공모전의 내용을 통해 알 수 없는 내용이다.

③ 온라인으로만 접수 가능하다.

⑤ 공모전의 내용을 통해 알 수 없는 내용이다.

Skill 연습

01

정답 | ④

해설 |

사무용품비는 액수에 상관없이 지출결의서만 존재하고, 그것의

전결권자는 팀장이다. 팀장란에 전결이라 표시하고, 본부장란에는 상향대각선 처리를 하고, 그리고 최종결재란에는 팀장이라고 적혀 있어야 한다.

02

정답 | ③

해설 |

경조사비는 접대비에 들어가고, 접대비는 접대비 지출품의서와 지출결의서 모두 대표이사까지 결재가 필요하다. 그렇다면 그 이하 직책자는 결재를 해야 한다는 말이므로, 상향대각선으로 표시되어 있는 ⑤는 제외된다. 따라서 ③이 정답이다.

03

정답 | ④

해설 |

접대비 30만 원 이하이니까 접대비 지출품의서와 지출결의서 모두 본부장 전결이다. 본부장란에 전결이라고 쓰고, 최종결재란에는 본부장 직책을 쓴다.

04

정답 | ②

해설 |

기안서는 팀장 전결이므로 팀장란에 전결이라고 쓰여 있고, 최종결재란에는 팀장이라고 쓰여 있어야 한다. 지출결의서는 대표이사 결재인데, 본부장의 결재 후에 대표이사한테 가는 것이기 때문에 ⑤처럼 팀장과 본부장 칸에 상향대각선이 있으면 안 된다.

05

정답 | ④

해설 |

출장계획서는 팀장 전결이다. 그리고 출장비 신청서는 대표이사 결재이므로 ②는 제외된다. 이미 출장비를 지출하였으므로 출장비 신청서를 작성하는 것이 적절하다. 따라서 정답은 ④이다.

실전 문제

01	③	02	②	03	①	04	⑤	05	④
06	①								

01

정답 | ③

해설 |

세종의 리더십으로 지적된 것 중에서 가장 중요한 것은 적재적소에 맞는 인재를 배치하는 일로, 한 분야의 전문가라면 그 분야의

능력을 발휘할 수 있도록 해 주었다는 것에 있다. ㉠, ㉡, ㉣, ㉤은 모두 전문가라든가 능력 있는 인재를 우대하는 일인 반면 ㉢은 장애인의 의무고용으로, 실제 장애인이 그 분야에 꼭 맞는 실력을 가진 사람인 것이라는 보장은 없기 때문에 세종대왕의 리더십과 관련성이 가장 적다.

02

정답 | ②

해설 |

방사선비상 시 행동방법 중 구호소 대피통보를 받았을 시 복용 중인 약과 간단한 생필품만을 준비하라 했으므로 ②가 정답이다.

03

정답 | ①

해설 |

"퇴직일까지 사용하지 않은 월차는 퇴직일에 월급여와 함께 월차수당으로 지급" 그러므로 7월 20일에 받아야 한다.

② "월(月)에 12일 이상 근무한 근로자에게 1일의 유급휴일을 부여"하는 것이므로, 9일이라면 12일을 채우지 못했다.

③ 3, 4, 5, 6월까지는 월차로 사용할 수 있어 4일까지 월차 사용이 가능하다. 7월은 "퇴직한 월의 근무로 인해 발생한 월차는 유급휴일로 사용할 수 없고, 월차수당으로만 지급"하기 때문에, 월차로 사용하는 것이 아니라, 수당으로 받아갈 수 있다.

④ "매년 12월 또는 퇴직한 월의 근무로 인해 발생한 월차는 유급휴일로 사용할 수 없고, 월차수당으로만 지급"하니까 12월은 원래 월차를 사용하는 것은 없는 것이라고 볼 수 있다.

⑤ 9월의 근무기간이 12일 미만이므로 9월분의 월차는 발생하지 않지만, 10, 11, 12월 근무로 발생한 3일분의 월차수당은 받을 수 있다.

04

정답 | ⑤

해설 |

신용카드를 이용한 물품 구입은 정상 이용이 가능하다.

① 1월 4일 12시 이후로는 정상 이용이 가능하다.

② 1월 4일 12시까지 인터넷뱅킹은 불가능하다. 그러나 오프라인 창구 이용은 가능하므로 오프라인으로 대출 신청을 할 수 있다.

③ 고객센터 전화를 통한 카드 분실 신고는 정상 이용이 가능하다.

④ 타 은행 ATM 거래도 일시 중지된다.

05

정답 | ④

해설 |

ㄱ. (○) "input은 레코드를 이용하여 변수에 수를 저장하는 것을 의미한다."라는 구절에서 변수에 수를 저장한다는 것을 알 수

있고, 이어지는 설명을 보면 숫자로 위치를 지정한다는 것을 알 수 있다.

ㄴ. (×) "한편 input 명령문이 다수인 경우, 어느 한 input 명령문에 @가 있으면 바로 다음 input 명령문은 @가 있는 input 명령문과 같은 레코드를 이용한다." → 두 개라 하더라도, @가 있으면 같은 레코드를 이용할 수 있다.

ㄷ. (○) "[프로그램 2]와 같이 만약 input 명령문이 하나이고 여러 개의 레코드가 있을 경우 모든 레코드를 차례대로 이용한다." → 하나의 input 명령문으로 여러 개의 레코드를 이용할 수 있다.

06

정답 | ①

해설 |

a는 첫 번째 자료의 숫자를 쓰고, b는 두 번째 자료의 3~4번째 자리의 숫자를 쓴다. 그리고 다음 input에서는 두 번째 자료의 5~6번째 수인 2를 c에 쓰게 된다. 그리고 두 번째 input에 @가 붙어 있으므로 다음 input은 이 두 번째 자료의 숫자를 다시 사용하게 된다. 그래서 d는 두 번째 자료의 3~4번째 자리의 숫자인 11이 오게 된다. 그리고 마지막 자료의 3~5번째 숫자인 50이 e에 오게 된다. 이를 정리하면 다음과 같다.

a	b	c	d	e
20824	8	2	11	50

따라서 20824+8+2+11+50=20895가 된다.

PART 5 　맞춤법과 어법, 그리고 기타 유형

CHAPTER 01
맞춤법과 어법

STEP 01　　　　　　　　　　　　　P.219~220

유형 분석

★ Main Type 　맞춤법 찾기

정답 | ②

해설 |
① 웬만하면 손톱은 낮에 깎는 것이 좋겠구나.
③ 나의 바람은 내 적성에 걸맞은 직업을 갖는 것이다.
④ 그동안의 고생만으로도 죗값은 충분히 치렀다고 본다.
⑤ 계곡물에 한동안 발을 담갔더니 몸 전체가 으스스해졌다.
* '담그다'는 '액체 속에 넣다.'를 뜻하는 단어로, '담그다'의 어간은 '담그-'이다. 이 어간의 '그'에 들어 있는 '으'는 모음으로 된 어미 앞에서 탈락한다. 이것을 '으' 탈락 현상이라고 한다.
　담그-아 → 담가 (모음으로 시작되는 어미 '-아' 앞에서 '으'가 탈락)
　담그-았-다 → 담갔다 (모음으로 시작되는 선어말 어미 '-았-' 앞에서 '으'가 탈락)
　따라서, '담가, 담갔다'가 된다.

★ Sub Type 1 　어법에 맞게 고치기

정답 | ④

해설 |
① 동일 어구(오염을 방지)가 반복되고 있다.
② 무엇이 '나빠지는 것'인지 주어가 생략되어 있으므로 주어 '수질이'를 추가해야 한다.
③ '이것'의 지시 내용이 '바다나 육지에 내리는 비'가 되어야 하므로 문맥상 바다에 내리는 비에 대한 내용을 포함하지 않아 어색한 문장이 된다.
⑤ 주술의 불일치 문장으로, '-행위는 선전 효과를 노린 것에 불과하다.' 정도로 수정하는 것이 자연스럽다.

★ Sub Type 2 　오타 찾기

정답 | ③

해설 |
비전 부분에서 '조직채질 → 조직체질'
경영방침 부분에서 '창조경영의 중진 → 증진', '경쟁력 재고 → 제고'

따라서 3개이다.

STEP 03　　　　　　　　　　　　　P.239~243

Skill 연습 1

정답 및 해설 |

1. 꿈의 대륙 호주가 (가까와집니다, <u>가까워집니다</u>).

2. 서로 조금이라도 빨리 (<u>가려고</u>, 갈려고) 끼어드는 차

3. 지난달보다 도시 (까스, <u>가스</u>) 값이 많이 올랐다.
* 외래어 표기 시 파열음 표기에는 된소리를 쓰지 않는 것이 원칙이다.(발음은 된소리)
　틀리기 쉬운 외래어: 싸인펜 → 사인펜, 싸인 → 사인, 싼타모 → 산타모, 아반떼 → 아반테, 인써트 → 인서트, 까운 → 가운, 쨈 → 잼, 써비스 → 서비스

4. 6월도 중순이니 이 비는 분명히 (장마비, <u>장맛비</u>)렷다.
* 한글 맞춤법 제30항
사이시옷은 다음과 같은 경우에 받치어 적는다.
1. 순 우리말로 된 합성어로서 앞말이 모음으로 끝난 경우
1) 뒷말의 첫소리가 된소리로 나는 것
　냇가, 나룻배, 바닷가, 햇볕, 쳇바퀴, 나뭇가지, 모깃불, 찻집, 잇속, 장맛비
2) 뒷말의 첫소리 'ㄴ, ㅁ' 앞에서 'ㄴ' 소리가 덧나는 것
　잇몸, 냇물, 빗물, 뒷머리, 깻묵, 아랫니
3) 뒷말의 첫소리 모음 앞에서 'ㄴㄴ'이 덧나는 것
　베갯잇, 두렛일, 나뭇잎, 댓잎
2. 순우리말과 한자어로 된 합성어로서 앞말이 모음으로 끝난 경우
1) 뒷말의 첫소리가 된소리로 나는 것
　장밋빛, 귓병, 머릿방, 사잣밥, 샛강, 전셋집, 찻잔, 탯줄, 텃세, 햇수.
2) 뒷말의 첫소리 'ㄴ, ㅁ' 앞에서 'ㄴ' 소리가 덧나는 것
　곗날, 제삿날, 툇마루, 양칫물
3) 뒷말의 첫소리 모음 앞에서 'ㄴㄴ'이 덧나는 것
　가욋일, 예삿일, 훗일
4) 두 음절로 된 다음 한자어
　곳간(庫間), 셋방(貰房), 숫자(數字), 찻간(車間), 툇간(退間), 횟수(回數)

5. 맑게 (갠, 개인) 아침 하늘이다.

6. 빈칸에 (알맞는, <u>알맞은</u>) 말은?

7. 이번 시험은 (경쟁율, <u>경쟁률</u>)이 치열한데.
   * 한글 맞춤법 제11항
   모음이나 'ㄴ'받침 뒤에 이어지는 '렬, 률'은 '열, 율'로 적는다.
   실패율, 감소율, 백분율, 자수율
   시청률, 합격률, 증감률, 법률, 경쟁률, 고장률

8. 귀에 익은 아름다운 (<u>선율</u>, 선률)이었다.

9. 진주 (<u>귀걸이</u>, 귀거리) 한 쌍을 장만했어.(귀고리 가능)

10. (텔레비전, <u>텔레비전</u>) 시청률을 조사하였다.(멀티비전, 비전)

11. 그 둘은 싸워도 (<u>금새</u>, 금세) 풀어지곤 한다.

12. 국내산 토종한우와 (<u>암퇘지</u>, 암돼지) 고기만을 씁니다.

13. 정성을 (<u>기울여</u>, 기우려) 만든 작품입니다.

14. 피부 (깊숙이, <u>깊숙히</u>) 파고드는 찜질의 효과.
    * 한글 맞춤법 제21항: 부사의 끝 음절이 분명히 '이'로만 나
    는 것은 '-이'로 적고, '히'로만 나거나 '이, 히'로 나는 것은
    '-히'로 적는다.
    1) '이'로만 나는 것
        깨끗이, 헛되이, 느긋이, 따뜻이, 반듯이, 산뜻이, 의젓이,
        가까이, 번번이, 일일이, 틈틈이, 겹겹이, 버젓이, 고이
    2) '히'로만 나는 것
        극히, 엄격히, 정확히, 속히, 특히, 작히
    3) '이', '히'로 나는 것
        솔직히, 가만히, 간편히, 각별히, 소홀히, 쓸쓸히, 열심히,
        공평히, 당당히, 분명히, 조용히, 고요히, 도저히, 급급히

15. (<u>솔직히</u>, 솔직이), 오늘 패션은 좀 아닌데...

16. 책값을 15% (<u>깎아</u>, 깍아) 드립니다.

17. 배가 커서 웬만한 파도에는 (끄덕없습니다. <u>끄떡없습니다</u>).

18. 선녀와 (<u>나무꾼</u>, 나뭇꾼)이라는 전설이 있어.
    예 장난꾼, 지게꾼, 심부름꾼, 농사꾼, 사냥꾼, 일꾼

19. 여기저기서 들려오는 (<u>나지막한</u>, 나즈막한) 노래 소리.

20. (님, <u>임</u>)이 부르는 목소리

21. 우리 만남은 우연이 아니야, 그것은 우리의 (<u>바람</u>, 바램)이었어.

22. 특유의 맛과 향을 (<u>느껴보십시오</u>, 느껴보십시요).

23. 가시 (덩쿨, <u>덩굴</u>)을 헤어나오니, 또 다른 위험이 기다리고 있
    었다.(=넝쿨)

24. 아기의 (<u>돌</u>, 돐) 잔치에 반지를 선물했다.(돌=생일)
    광복 50 돌 맞이 경축 대행사(돌=주기)
    * '돐'은 어느 경우에도 쓰지 않고 '돌'로만 쓴다.

25. 다시 한번 깜짝 (놀랬습니다. <u>놀랐습니다</u>).

26. 당신의 성적을 50% (높여, <u>높혀</u>) 드립니다.

27. 소녀시대의 노래로 분위기는 절정에 (다달았다. <u>다다랐다</u>).

28. 가정에서 손쉽게 (달여, <u>다려</u>) 드실 수 있는 보약

29. 할머니가 (담궈주시던, <u>담가주시던</u>) 바로 그 장맛!

30. 심부름의 (<u>대가</u>, 댓가)로 받은 돈입니다.

31. 카드로 (결재, <u>결제</u>)하신 금액의 반을 돌려드립니다.

32. (일찌기, <u>일찍이</u>) 우리의 선조들은 이 땅에 정착하셨다.

33. 눈 (덮힌, <u>덮인</u>) 묘지의 꿈

34. 그는 언젠가 가수가 (<u>될는지도</u>, 될런지도) 몰라.

35. (<u>눈물로써</u>, 눈물로서) 호소한다.(눈물로써: 수단)
    사람으로서 그럴 수는 없다(사람으로서: 자격)

36. 거울 보기 (두려우시다구요, <u>두려우시다고요</u>)?

37. 아르바이트 학생 환영, (<u>뒤쪽</u>, 뒷쪽) 사무실로 오세요.

38. 이산가족 만남, (<u>뒤처리</u>, 뒷처리)가 더 중요하다.

39. 시원한 빙수 만들어 (드릴께요, <u>드릴게요</u>).

40. 이젠 마음 잡고 (공부할 꺼야, <u>공부할 거야</u>).

41. 사나이 가는 길 후회가 (있을쏘냐, 있을소냐)?

42. 이건 (책이오, <u>책이요</u>), 저것은 공책이오.
    (책이요, 공책이오)(연결형어미=(이)요, 종결형어미(=이)오)

43. 세상이 (<u>떠들썩한</u>, 떠들석한) 전대미문의 사건

44. 어머니, (떡볶기, <u>떡볶이</u>) 좀 해 주세요.

45. (<u>또아리</u>, 똬리) 튼 살모사의 위협에 놀랐다.

46. (<u>웬만하면</u>, 왠만하면) 이런 일은 그냥 넘어갑시다.

47. 너에게는 (안성마춤, <u>안성맞춤</u>)이지.

48. 백마 탄 왕자라도 (만날런지, <u>만날는지</u>) 알아?

49. 이거 노트북 (맞어, <u>맞아</u>)?

50. 요새 퀴즈 (맞추는, <u>맞히는</u>) 재미에 푹 빠져 있다.

51. (모밀, <u>메밀</u>) 국수 판매 개시.
    얼큰한 육개장 있어. 안주 일체

52. 나는 이 소설을 읽고 목이 (<u>메었다</u>, 매었다).

53. 그의 처지를 알고 (<u>안쓰러운</u>, 안스러운) 마음이 들었다.

54. 편지가 도착하려면 (몇 일, <u>며칠</u>) 걸릴 거야.

55. 난 (무우, <u>무</u>)말랭이가 좋아.

56. (바다속, <u>바닷속</u>)의 생물을 본다는 것이었다.

57. 정성을 (<u>들여</u>, 드려) 만든 음식들

58. 힘찬 (발돋음, **발돋움**)을 하려고 노력한다.

59. 해 질 무렵 날 끌고 간 (발거름, **발걸음**)

60. (부페, **뷔페**)에서 저녁 식사를 하자.
   벤치, 브라보, 캐비닛, 비스킷, 프런트, 비즈니스, 에어컨, 케첩

61. 장애물에 어깨를 (부딪혔다, **부딪쳤다**). 앞차가 뒤차에 부딪혔다.(피동)

62. 인간의 기를 (복돋우는, **북돋우는**) 황토방.

63. 살아있는 화석이라고 (**불리는**, 불리우는) 은행나무.

64. 택시를 (**뺏아**, 뺏어) 가지고 도망갔대.

65. 윤기 있는 피부를 (**뽐내**, 뽐내) 보세요.

66. 금연 구역 내 흡연을 (**삼가합시다**, 삼갑시다).

67. (넉넉지, **넉넉치**) 않은 살림살이
   * 한글맞춤법 제40항: 어간의 끝음절 '하'의 'ㅏ'가 줄고 'ㅎ'이 다음 음절의 첫소리와 어울려 거센소리로 될 적에는 거센소리로 적는다.
     간편하게 → 간편케 / 가하다 → 가타, / 흔하다 → 흔타, / 연구하도록 → 연구토록
   붙임2) 어간의 끝음절 '하'가 아주 줄 적에는 준 대로 적는다. ('하' 앞의 받침이 안울림 소리, 즉 'ㄱ, ㄷ, ㅂ, ㅅ, ㅈ, ㅎ'이 오면 '하'를 생략한다.
     거북하지 → 거북지 / 넉넉하지 않다. → 넉넉지 않다.
     생각하건대 → 생각건대 / 생각하다 못해 → 생각다 못해
     못하지 않다 → 못지않다. / 익숙하지 않다 → 익숙지 않다.
   붙임3) 다음과 같은 부사는 소리대로 적는다.
     결단코, 기필코, 무심코, 아무튼, 예컨대, 요컨대, 하마터면, 하여튼, 한사코

68. 아! 누구인가 슬프고도 (애닯은, **애달픈**) 마음을 맨 처음 공중에 달 줄을 안 그는.

69. 고향으로 가는 (설레임, **설렘**)으로 막차를 타고 떠났다.

70. ①번과 ③번, 두 개 중에 (**헷갈린다**, **헛갈린다**).(복수표준어)

71. 내 소원은 (세째, **셋째**)도 독립니다.
   제2, 제3, 제4의 뜻으로는 '둘째, 셋째, 넷째'로 쓴다. 단, 십의 단위에서는 열두째, 스물 두째, 서른 두째'로 쓴다.

72. 마치 오늘의 주인공인 (채, **체**) 행동했다.
   마약은 인간의 영혼을 송두리째 파괴한다.(째=있는 그대로, 전부)
   불을 켠 채 잠이 들었다.(채=어떤 상태가 계속된 대로, 그냥)
   마치 오늘의 주인공인 체 행동했다.(체=-인 것처럼)

73. 이제 (**수돗물**, 수도물)을 가려 마실 필요가 없습니다.

74. 구걸하는 어린이의 모습이 (**안쓰럽다**, 안스럽다).

75. 뭐 그렇게 혼자 (궁시렁거리고, **구시렁거리고**) 있어?

76. 시험 (칠, **치를**) 때 자리 이동은 8명씩 한다.

77. 촘촘히 수놓은 무늬가 (아름다와라, **아름다워라**).

78. 봄 언덕 (아지랭이, **아지랑이**) 모락모락 넘실대던 고향.

79. 학교 앞에서 파는 병아리들은 대부분 (**수평아리**, 숫병아리)들이야.
   예 수캉아지, 수캐, 수키와, 수탉, 수탕나귀, 수평아리

80. (어제밤, **어젯밤**) 꿈속에 나는, 나는 날개 달고 구름보다 더 멀리.

81. 이런 (응큼한, **엉큼한**) 녀석.

82. (옛부터, **예부터**) 전해 오는 재미있는 이야기.
   ('옛'은 관형사: 옛 것 / '예'는 명사: 예스럽다)

83. 그의 인생은 (오뚜기, **오뚝이**)와 같다.

84. (**오랜만에**, 오랫만에) 만난 친구, 변함없는 우정.

85. 나 동혁이 형이야. 나보고 잘라라고? 야 (**인마**, 임마) 너나 잘 해.

86. (윗어른, **웃어른**)에게 공손해야지.

87. 커피에 들어가는 (어름, **얼음**)은 특별한 제조공정을 거친다.

88. 오늘은 (웬지, **왠지**) 서글퍼지네.

89. 김 대리는 (웃사람, **윗사람**)에게는 충실하다.
   윗사람에게는 충실하지만('위'-'아래' 반대 개념 있으면=윗, 윗말 ↔ 아랫말. 윗목 ↔ 아랫목, 윗도리 ↔ 아랫도리)
   웃어른에게 공손해야지.(↔ 아래어른, 반대 개념 없으면=웃)
   * 거센소리나 된소리 앞에서는 '윗'대신 '위'로 한다.
     예 위짝, 위쪽, 위층, 위치마, 위턱

90. 짐차니까 (**으례**, 으레) 양보했는데 결국은 사고가 날 줄이야.

91. 술과 안주 (일절, **일체**)을/를 제공하다.

92. 나는 늘 작심삼일(이였어요, **이었어요**).

93. 동화책 속에 내가 주인공(이예요, **이에요**).

94. 한국 축구만의 (잇점, **이점**)을 살려야 한다.

95. 나는 농담을 (일체, **일절**) 하지 않기로 했음(=아주, 전혀, 절대로)
   술과 안주 일체를 제공하다.(=모든 것)

96. 이제 남북한 간에 편지를 주고 받을 수 (있데요, **있대요**).

97. 자세한 사항은 참고서에 (**있습니다**, 있읍니다).

98. (머릿말, **머리말**)에는 필자의 진심이 가득 담겨 있었다.

99. (**재떨이**, 재털이) 좀 가져와. 뭐, 자기는 손발이 없나.
   • 털다 – 1) 두들기거나 흔들어서 붙어 있는 것을 흩어지거

나 떨어지도록 하다.

  2) 재산을 내어 쓰다.

  3) 남의 물건을 빼앗아 내거나 훔쳐가다.

- 떨다 – 1) 붙은 것을 떨어지게 하다. 낟알을 떨다.

  2) (전체의 셈에서 일부를) 덜어내거나 빼내다.

  3) (돈, 재물을) 있는 대로 써서 없애다.

  4) 죄다 팔거나 사다.

100. (쪽집게, <u>족집게</u>) 고액 과외, 믿을 수 있을까?

101. 이 옷 (짜집기, <u>짜깁기</u>) 해야 해.

102. (쭈꾸미, <u>주꾸미</u>) 전문집.

103. 따라해 보세요. 엄마 앞에서 (짝자꿍, 짝짝쿵, <u>짝짜꿍</u>).

104. 살이 (쩌도, <u>쪄도</u>) 먹고, 안 (쩌도, <u>쪄도</u>) 먹고.

105. 물가가 (<u>천정부지</u>, 천장부지)로 뛰어 오르고 있다.

106. (차돌배기, <u>차돌박이</u>) 맛있어.

107. (<u>눈곱</u>, 눈꼽) 좀 떼고 다녀.

108. 윗집에서 싸우는 소리에 (<u>천장</u>, 천정)이 무너지는 줄 알았다.

109. (철들은, <u>철든</u>) 아이.

110. 카메라의 (촛점, <u>초점</u>)이 안 맞아.

111. 행사를 (<u>치르고</u>, 치루고) 나니 후련하군.

112. 황금 (들녁, <u>들녘</u>)에 넘실대는 풍년의 메아리.

113. 이번 잔치는 잘 (<u>치뤄야</u>, 치러야) 해.

114. (햇님, <u>해님</u>)이 방긋 웃는 이른 아침에 나팔꽃 아가씨 인사합니다.

  단, 햇볕, 햇빛

115. 식구들이 늘어 방 한 (간, <u>칸</u>) 늘려야겠어요.

  칸막이, 빈칸 / 단, 초가삼간, 윗간

116. (계케묵은, <u>케케묵은</u>) 생각은 버려야 한다.

117. (<u>무엇이든지</u>, 무엇이던지) 마음대로 먹어라.

  (든지: 선택할 때에, 던지: 과거를 회상할 때)

118. 불우 이웃 성금이 잘 (거친다, <u>걷힌다</u>).

119. (걷잡아서, <u>겉잡아서</u>) 열흘이나 걸릴 일이다.

120. (<u>걷잡을</u>, 겉잡을) 수 없는 상황으로 치달았다.

121. 도시 인구의 팽창으로 학교 수를 더 (늘려야, <u>늘여야</u>) 한다.

  늘이다– 옷을 늘이다.

122. 편찮으신 할머니의 한약을 정성스럽게 (다려, <u>달여</u>) 주시는 어머니

123. (상치, <u>상추</u>) 먹으면 정말 졸려?

124. (<u>지루한</u>, 지리한) 수험기간. 이 또한 지나가리라.

125. (주착맞은, <u>주책없는</u>) 양반이야.

126. 우산을 (바쳐, <u>받쳐</u>) 들고 거리를 걸었다.

127. 합격자 발표 방송에 너무 마음을 (<u>졸이지</u>, 조이지) 마라.

128. 열심히 (<u>하노라고</u>, 하느라고) 한 것이 이 모양이다.

129. 그는 한때 훌륭한 (<u>선수이였으나</u>, 선수이었으나) 지금은 아니다.

130. 콩쥐는 어려서 (<u>구박깨나</u>, 구박께나) 받으면서 자라났지.

141. 그는 가스를 너무 많이 (들어마셨어, <u>들이마셨어</u>).

142. (넓다란, <u>널따란</u>) 물그릇에 담아 두거라.

  (기본형: 널따랗다/ 잘따랗다. 단, 굵다랗다.)

143. 학교에 (<u>들러</u>, 들려) 원서를 갖고 대학교로 가거라.

144. (손살같이, <u>쏜살같이</u>) 달려드는 반나절 선수.

145. 텅 빈 그 집은 (으시시한, <u>으스스한</u>) 분위기가 감돈다.

145. 오늘 네 얼굴은 (<u>부스스해</u>, 부시시해) 보인다.(=푸시시하다)

146. 그 선생님은 수학을 (가리킨다, <u>가르친다</u>).

147. 과거 보러 떠나는 나그네의 (<u>괴나리봇짐</u>, 개나리봇짐)을 챙겨주던 아낙네.

148. 피곤하면 코를 심하게 (골게, <u>곯게</u>) 된다.

149. 달걀 (껍질, <u>껍데기</u>)을/를 화분에 넣어 두어라.

150. 장차 네가 (나갈, <u>나아갈</u>) 길은 학자의 길이다.

  나가다: 안에서 밖으로 나가다. / 나아가다: 앞으로 가다.

151. 높게 (날으는, <u>나는</u>) 새가 멀리 본다.

152. 검게 그을린 피부를 (<u>드러낸</u>, 들어낸) 해변의 여인이여.

153. 철없는 어린애의 (<u>등쌀</u>, 등살)을 견뎌 내야 해.

154. 초록빛을 (띈, <u>띤</u>) 윗도리를 입고 가라.

  떼다: 떨어지게 하다. / 띄다: 눈에 띄다. / 띠다: 빛깔을 지니다. 사명을 가지다.

155. 연분홍 (꽃봉우리, <u>꽃봉오리</u>)여. (반면 산봉우리)

156. 앞서 간 (발자욱, <u>발자국</u>)을 따라 가 보면 길을 찾겠지.

157. 아파트에 콩나물 (<u>장수</u>, 장사)가 생겼다.

158. 염불에는 관심이 없고 (젯밥, <u>잿밥</u>)에만 신경을 쓴다.

  (잿밥: 불공 때 부처에게 올리는 밥,

  젯밥: 제사에 쓰고 물린 밥)

159. 김장을 담그기 전에 배추를 우선 (저려, <u>절여</u>) 놓아라.

160. 선생님의 가르침을 (쫓아, <u>좇아</u>) 열심히 공부하겠습니다.

  (좇다: 정신이나 사상을 따르다.=종(從) / 쫓다: 추격, 추방.)

161. 그 사람은 나이를 (<u>지긋이</u>, 지그시) 먹었다.

162. 이번 일은 (한갓, **한갓**) 금전만을 위한 목적이 아니었다.

163. 그는 (홀홀단신, **혈혈단신**)으로 내려왔다.

164. 오래된 양말은 (헤어지기, **해어지기**) 십상이다.

165. 그 일을 하기에 (서슴치, **서슴지**) 않았다.

166. (**허우대**, 허위대)는 멀쩡한 녀석이 하는 짓은 왜 그래?

167. (**아무튼**, 아뭏든) 이번 시험에서는 최선을 다해야 해.

168. (**어쨌든**, 어쨌든) 우리 축구가 결승전에 올라가야 해.

169. (**요컨대**, 요컨데) 수학은 정보화 시대에서도 중심 학문이 될 것이다.

170. (**휴게실**, 휴계실)은 사무실에서 거리가 가까워야 좋다.

171. 결승전을 앞두고 (안절부절하는, **안절부절못하는**) 선수들.

172. 손대면 톡 하고 터질 것만 같은 그대 (봉숭화, **봉선화**) 연정. (봉선화 / 봉숭아)

173. (시라소니, **스라소니**)는 고양이과의 동물이다.

174. 태풍에 선박이 (풍지박산, **풍비박산**) 났구나.

175. 옛날에는 빚지고 (야밤도주, **야반도주**)하는 사람이 많았지.

176. 어디론가 (훌적, **훌쩍**) 떠나가고 싶구나.

177. 좌석이 (널직이, **널찍이**) 배열되어 있다.

178. 주문하신 음식 다 (**됐습니다**, 됬습니다).
    * '되/돼'의 용법
    헷갈리는 경우 각각 '하'와 '해'를 대입하여 구분할 수 있다.
    되는 하를 대입!
    돼는 해를 대입!
    예 그래도 되요? → 그래도 하요?(×)
       그래도 돼요? → 그래도 해요?(○)
       안돼나요? → 안해나요? (×)
       안되나요? → 안하나요?(○)
       다됐습니다. → 다했습니다.(○)
       다됬습니다. → 다핬습니다.(×)

179. 미술 시간에 내 잘못으로 물통을 쏟아 친구의 자리를 (흥건이, **흥건히**) 적셨다.

180. 제 (말, **말씀**)은 자리 이동이 너무 잦으면 안 된다는 것입니다.

181. 김유정의 작품은 토속적 냄새가 (물신물신, **물씬물씬**) 풍긴다.

182. 글씨를 촘촘하게 쓰지 말고 (띠엄띠엄, **띄엄띄엄**) 쓰거라.

183. 돈만을 추구하는 (알팍한, **얄팍한**) 꾀.

184. 어떻게든 살아보려고 (아둥바둥, **아등바등**) 애를 써야지.

185. 한국인으(**로서**, 로써) 월드컵 16강을 기원하는 것은 당연한 일이다.

186. 그를 매로써 (닥달, **닦달**)한다고 사실을 말하지 않을 것이다.

187. 3월 (삼짇날, **삼진날**)에 제비가 돌아온다고

188. 동지 (석달, **섣달**) 꽃 본 듯이 날 좀 보소.

189. 산토끼 토끼야 어디를 가느냐 (깡총깡총, **깡충깡충**) 뛰면서 어디를 가느냐.

190. 너희 둘은 (**쌍둥이**, 쌍동이) 아냐.

191. 그는 아직 (**신출내기**, 신출나기) 선수다.

192. 가뭄 때문에 쓰고 난 (허드랫물, **허드렛물**)도 부족한 형편이야.

193. (**솔개**, 소리개)가 빙빙 높이 떴구나.

194. (**낚지**, 낙지) 볶음을 먹자.

195. 너무 배가 불러 음식을 아예 (**안**, 않) 먹고 버렸다.
    * '않'과 '안'의 용법
    그거 안 해도 되나요?(○) /그거 않 해도 되나요?(×)
    구분이 어렵다면!
    '않'은 빼면 말이 되지 않습니다.
    '안'은 빼도 말이 됩니다.
    예 먹지 않고 버렸다
       안 먹고 버렸다

196. 북엇국에 (**새우젓**, 새우젖)을 넣어 먹으면 맛있다.

197. 더 이상 너는 (**꼭두각시**, 꼭뚝각시)가 되지마.

198. 뱁새가 황새 따라가다가는 (**가랑이**, 가랭이) 찢어진다.

199. 이제는 남북한 화해의 (물고, **물꼬**)가 트였다.

200. 지금까지 우리가 공부한 것은 한글 '**맞춤법**'이니 '마춤법' 이니?

STEP 03   P.244~251

Skill 연습 2

정답 및 해설 |

1. 우리 회사가 개발한 새로운 신제품은 세계적 경쟁력을 가진 것으로 평가받고 있다.
   개발한 새로운 신제품 → 개발한 신제품(중복)

2. 인간에 의해 초래된 생태계의 인위적 변화로 자연계에 돌연변 이가 일어나고 있다.
   인간에 의해 초래된 → 인간이 초래한(불필요한 피동)

3. 폭넓은 독서와 부지런히 운동을 하면 훌륭한 사람으로 성장할

수 있다.

폭넓은 독서와 → 폭넓게 독서를 하고

4. 너하고 나는 성격이 완전히 틀려서 함께 어울리기가 힘들 것 같다.

틀려서 → 달라서

5. 월드컵에서 보여 준 국민적 에너지를 창조적 에너지로 바꾸어 국민 통합과 국가 경쟁력을 제고해야 한다.

국민 통합과 → 국민을 통합하고(서술어의 공유)

6. 아무쪼록 나는 너의 쾌유를 성심껏 빌어야겠다.

아무쪼록 ~ 빌어야겠다. → 아무쪼록 ~ 빈다.(부사어의 호응)

7. 글을 쓰는 데 있어서 무엇보다 중요한 것은 진실을 표현해야 한다.

중요한 것은 ~ 표현해야 한다. → 중요한 것은 ~ 표현해야 한다는 것이다.(주술 일치)

8. 필자는 이 글을 통해서 속마음의 진실한 고백이라는 점에 참 뜻이 있다.

참뜻이 있다. → 참뜻을 둔다.(주술 일치)

9. 첨단 통신 수단의 발달은 거리와 시간을 구애받지 아니하고 생활에 필요한 정보를 입수하게 해 준다.

거리와 시간을 구애받지 아니하고 → 거리와 시간에 구애받지 아니하고(조사 호응)

10. 제가 말씀드린 문제에 대한 솔직하고 냉정한 선생님의 답변을 부탁드립니다.

제가 말씀드린 문제에 대한 선생님의 솔직하고 냉정한 답변을 부탁드립니다.(어순)

11. 수험생들이 변화가 많은 입시환경과 다양한 입시 전형 속에서 자신이 원하는 정보를 얻을 수 있는 채널이 제한돼 있어 어려움을 겪고 있다.

'수험생들이'를 '수험생들은'으로 고치고 '어려움을 겪고 있다' 앞으로 옮긴다.

12. 국내외 증권사들을 주요 기업들이 하반기에도 눈에 띄는 실적개선이 없을 것으로 전망하는 등 비관론이 확산되고 있다.

증권사들을 → 증권사들은

13. 대화에서는 상대방이 누구인가에 따라 준비가 필요한 경우가 있고, 대개는 그렇지 않은 경우도 많다.

'대개는'을 삭제하거나 또는 '~경우도 있지만 대개는 그렇지 않다.' 혹은 '~경우도 있지만 대개는 그렇지 않은 경우도 많다.' 정도로 고쳐 쓴다.

14. 인간은 언어를 통하여 복잡한 사물을 추상화할 수 있었고, 이에 따라 사고 능력을 발달시킬 수 있었다는 것이다.

있었다는 것이다. → 있었다.(주술 일치)

15. 비행기는 고도를 높일수록 연료소비가 적게 든다.

연료소비가 적게 든다. → 연료가 적게 든다.

16. 어린이날에 어린이들이 가장 원하는 선물은 휴대전화를 받는 것이다.

어린이날에 어린이들이 가장 원하는 선물은 휴대전화이다.(주술 일치)

17. 우리의 근대사는 처절한 암흑기였고, 민족의 정기를 계승하고 대한민국의 정통성을 이은 것이 상해 임시 정부이다.

~암흑기였지만, 그 어려운 시기에도 상해 임시 정부는 민족의 정기를 계승하고 대한민국의 정통성을 이었다.(앞, 뒤의 내용이 모순.)

18. 어제 눈이 와서 대관령 고개를 넘어가지 못했다.

대관령 고개를 → 대관령을(중복)

19. 하늘의 수많은 별들에게는 변화가 있고, 사람들은 이것을 인간의 삶과 연관 지어 생각했다.

별들에게는 → 별들에는

20. 비타민 C는 체내에 잘 흡수되어 피로를 회복시켜 주며 기미, 주근깨 형성을 예방시킨다.

주근깨 형성을 예방시킨다. → 주근깨 형성을 예방한다.(불필요한 사동)

21. 탈냉전 시대의 국제 정세는 종전의 이데올로기의 지위를 과학 기술주의가 대체하고 있다.

탈냉전 시대의 국제 정세는 → 탈냉전 시대의 국제 정세를 보면

22. 나는 방과 거실 그리고 부엌 설거지를 도맡아 했다.

거실 그리고 → 거실 청소 그리고(잘못된 공유)

23. 철수는 영희에게 지금 밥을 먹냐고 물었다.

먹냐고 → 먹느냐고('먹느냐 하고'의 줄임말)

24. 우리나라에는 현재 태양열 발전소가 아직 한 곳도 없다.

'현재', '아직'이 불필요하게 중복된다.

25. 발전소 내의 창고에 보관되고 있는 폐기물은 현재 총 48,000 드럼에 이른다.

보관되어지고 → 보관하고(불필요한 피동)

26. 미래의 인류의 문화가 물질문명이나 정신문화의 조화를 이루는 발전이 주축이 될 것이다.

~ 문화는 물질문명과 정신문화가 조화를 이루는 방향으로 발전할 것이다.

27. 자기의 생이 보람을 못 느낄 때, 허무의 감정과 공허의 의식이 우리의 마음을 사로잡는다.

생이 → 생에(조사 호응)

28. 봄바람을 타고 겨우내 움츠렸던 나뭇가지가 기지개를 펴기 시작했다.

펴기 → 켜기('기지개'는 '켜다'와 호응)

29. 우리 집 편으로 바람이 불어오는 저녁에는 아이들의 떼를 지어 노래를 부르는 소리가 들린다.
아이들의 떼를 지어 → 아이들이 떼를 지어(조사 호응)

30. 북한팀은 불확실한 패스와 조직력이 허술해서 큰 점수 차로 졌다.
불확실한 패스는 명사구, 조직력이 허술해서는 문장이기 때문에 공유가 잘못되었다.

31. 요즘 증시침체로 인한 자금 조달이 어려워지고 있다.
증시침체로 인한 → 증시침체로 인해

32. 사용자의 안전과 재산상의 손해를 막기 위한 내용입니다.
사용자의 안전과 → 사용자의 안전을 도모하고(공유의 잘못. 사용자의 안전을 막기 위한 것이 된다.)

33. 어떻게 감사함을 표현할 줄을 모르겠다.
감사함을 표현할 줄을 → 감사함을 표현해야 할지

34. 농심은 신라면으로 100여 개 나라에 수출하여 2,000여 억원의 흑자를 냈다.
신라면으로 → 신라면을(조사 호응)

35. 중국은 기원전 2,600년경 계산기의 시초인 수판을 만들어 오늘날까지 동양의 여러 나라에서 사용되고 있다.
수판을 만들어 → 수판을 만들었고, 그것은 ～

36. 영국의 식민정책은 세포이의 항쟁을 유발하였으나, 영국군에 의해 진압되었다.
뒷문장에 주어인 '세포이의 항쟁은', 혹은 '그 항쟁은'. 지금 상태에서는 영국의 식민정책을 진압한 것이 된다.

37. 인구분포는 대부분 공업이 발달하고 생활이 편리한 태평양 연안에 밀집되어 있다.
인구분포는～밀집되어 있다. → 인구는～밀집되어 있다.(주술일치)

38. 1회용 접시는 플라스틱에 염화플루오르화탄소와 섞어서 만든다.
염화플루오르화탄소와 섞어서 → 염화플루오르화탄소를 섞어서

39. 아빠를 다시 찾았다는 것만으로도 우리 모녀는 너무나 감사한 하루하루였습니다.
하루하루였습니다 → 하루를 보냈습니다('우리 모녀는' 주어와 '하루하루였습니다' 서술어가 호응하지 않는다.)

40. 참가국 중에는 이 기회에 한반도에서의 영향력을 확대하는 계기로 삼으려는 의도를 지닌 나라도 있다.
참가국 중에는 이 '기회를' 한반도에서의 영향력을 확대하는 계기로 '삼으려는' 의도를 지닌 나라도 있다.(서술어와 목적어의 호응)

41. 그는 가까스로 30점밖에 못 얻었다.

'가까스로'는 긍정문과 호응한다.

42. 단식이 계속되면서 노약자들 사이에서 탈진과 구토 증세를 보여서 병원 치료를 받는 일까지 생겼습니다.
노약자들 사이에서 → 노약자들이

43. 주변 사람들과 좋은 얘기 많이 나누는 그런 하루가 되시기를 바랍니다.
하루가 되시기를 → 하루를 보내시기

44. 나는 앞으로의 교육 문제가 대학원 교육에 역점 및 중점을 두면서도 기본적인 초등 교육의 문제를 공존시켜야 한다.
공존시켜야 한다. → 공존시켜야 한다고 생각한다.

45. 외국인 노동자의 최저 임금 보장과 함께 근무 여건을 내국인 수준으로 올려야 한다는 목소리가 높다.
최저 임금 보장과 함께 → 최저 임금을 보장하고(서술어 공유)

46. 그 단체에서는 회원 가입을 원하는 모두에게 회원권을 부여하였으며, 모든 회원에게 규칙은 평등하게 적용되었다.
→ 그 단체는 ～ 규칙을 평등하게 적용하였다.

47. 중용의 자세에서는 우리의 욕망이 한쪽으로만 치우치는 것을 억제하는 태도를 말하지만, 아무 때나 적용해서는 곤란하다.
중용의 자세에서는 → 중용의 자세는

48. 더욱 문제가 되는 것은 테러에 대한 공포가 심각해지고 있다라는 사실이다.
있다라는 → 있다는

49. 박지원은 사회 각 방면에 대한 비판과 개혁을 주장시켰던 진보적 유학자였다.
주장시켰던 → 주장하였던

50. 이러한 주장은 접근 방법이나 절차의 차이일 뿐 문제의 본질이나 핵심 차이는 없다.
핵심 차이는 없다. → 핵심에는 차이가 없다.

51. 인간은 타인과의 관계에 있어 사회적 유대뿐만이 아니라 역사적으로도 책임 있게 행동할 필요가 있다.
→ 인간은 타인과의 관계에서 ～ 역사적 책임 의식을 지녀야 한다.

52. 그간 우리가 함께 겪어온 일들이 기억이 새롭습니다.
기억이 → 기억에

53. 새로운 신시대의 도래를 지켜보면서 우려와 불안이 앞서는 것은 어찌할 수 없습니다.
새로운 신시대의 → 새로운 시대의(중복)

54. 철수의 어머님은 우리를 매우 친절하고 정성껏 보살펴 주셨다.
친절하고 → 친절하게

55. 베토벤의 위대함은 그가 그에게 주어진 운명을 굴복하지 않고 이겨낸 데서 찾아야 한다.

운명을 굴복하지 않고 → 운명에 굴복하지 않고 운명을 이겨
낸

56. 우리가 이 자리에 나오게 된 것은 이와 같은 혼란 상태가 오
래 계속된다면 우리 사회의 안전과 평화가 심히 위태롭게 된
다.
→ 나오게 된 것은 ~ 위태롭게 된다는 것을 말하기 위해서
입니다.(주술 일치)

57. 노동자들의 참정권 요구 운동인 차티스트 운동은 자본가나
자유주의자들의 냉담한 반응과 정부가 탄압하게 됨에 따라
목적한 바를 이루지 못했다.
정부가 탄압하게 됨에 따라 → 정부의 탄압으로

58. 그의 하루 일과는 신문을 보는 일에서부터 시작한다.
시작한다 → 시작된다('일과'는 능동적인 행동을 할 수 없는
주체이므로 '시작된다'가 맞는다.)

59. 수업이 끝나자마자 빵과 우유를 있는 대로 마셨더니 배탈이
났다.
빵과 우유를 있는 대로 마셨더니 → 빵을 먹고 우유를 있는
대로 마셨더니

60. 현대 사회에서 발생하는 윤리 문제를 해결하기 위해서는 인
간에 대한 신뢰를 바탕으로 인간의 존엄성이 회복되는 방향
으로 이루어져야 한다.
문제를 해결하기 위해서는 → 문제의 해결은

STEP 04   P.252~257

실전 문제

01	②	02	⑤	03	⑤	04	⑤	05	⑤
06	④	07	②	08	③	09	①	10	①

01

정답 | ②

해설 |

'로서'는 자격이나 지위 등에 붙는 조사이고, '로써'는 방법과 수
단 뒤에 붙는 조사로, 명사형 뒤에는 '로써'가 쓰인다. 따라서 이
경우에는 '인정함으로써'가 올바른 표기이다.
① '이따가'는 조금 지난 뒤라는 시간적 의미를 나타내며, '있다
가'는 어느 곳에서 벗어나지 않고 상태를 유지하는 공간적 의
미를 나타낸다. 따라서 '있다가'는 주어와 부사어를 필요로 하
므로 올바른 표현은 '이따가'이다.
③ '뵈다' 뒤에 어미 '-어요'를 붙여서 '뵈어요, 봬요'의 형태로
사용된다. 올바른 표현은 '내일 저녁에 봬요'이다.
④ 상사가 부하의 안건을 승인하는 것은 '결재'라 하고, 금전 관

계를 깨끗하게 마무리하는 것은 '결제'라 한다. 올바른 표현은
'업무를 할 때 담당 과장님께 결재를 요청할 일이 있습니다'
이다.
⑤ '~대'는 타인이 말한 내용을 간접적으로 전달할 때, '~데'는
자신이 직접 경험한 사실을 나중에 보고하듯이 말할 때 쓰인
다. 따라서 올바른 표현은 '그 친구 말을 참 잘하데'이다.

02

정답 | ⑤

해설 |

ⓓ 지냈대: 사실에 대한 의문을 나타내는 종결 어미, '-(ㄴ)다고
해'로 풀 수 있는 경우이다.

03

정답 | ⑤

해설 |

ㄱ. 자음으로 끝나는 말에는 '이에요'가 붙고 모음으로 끝나는 말
에는 '예요'가 붙는다. 다른 말로 하면 받침이 있으면 '이에
요'고 받침이 없으면 '예요'가 된다는 것이다.
ㄹ. '띠고'는 띄어쓰기처럼 떨어져 있는 모양을 나타내고, 어떤
성질을 가진다는 의미를 나타내기 위해서는 '띠고'가 되어야
한다.

04

정답 | ⑤

해설 |

'덮이다'는 '일정한 범위나 공간이 빈틈없이 휩싸이다.'를 뜻하는
말로, '덮다'의 피동사이다.
① 뒤처리, ② 떠들썩하게, ③ 귀걸이, ④ 깎아

05

정답 | ⑤

해설 |

제시된 지문에서 어법상 틀린 부분은 다음과 같다.
• 최대여객 → 최다여객: '최대'는 '수나 양, 정도 따위가 가장
큼'을 뜻하는 단어이고, '최다'는 '수나 양 따위가 가장 많음'
을 뜻하는 단어이므로 의미상 '여객'은 '최다'와 호응한다.
• 증폭했다 → 증가했다: '증폭하다'는 '사물의 범위가 늘어나
커지다. 또는 사물의 범위를 넓혀 크게 하다.'를 뜻하는 단어이
고, '증가하다'는 '양이나 수치가 늘다.'를 뜻하는 단어이므로
문맥상 '증가하다'를 쓰는 것이 적절하다.
• 개관 → 개항: '개관'은 '도서관, 영화관, 박물관, 회관 따위의
기관이 설비를 차려 놓고 처음으로 문을 엶. 또는 그렇게 함'을
뜻하는 단어이고, '개항'은 '새로 항구나 공항을 열어 업무를
시작함'을 뜻하는 단어이므로 문맥상 '개항'을 쓰는 것이 적절
하다.
• 갱신했다 → 경신했다: '2급 자격증을 1급으로 갱신했다.'에서

와 같이 '이미 있던 것을 고쳐 새롭게 하다.'를 의미할 때는 '갱신하다'와 '경신하다'를 모두 쓸 수 있지만, '어떤 분야의 종전 최고치나 최저치를 깨뜨리다.'를 의미할 때는 '경신하다'만 쓸 수 있으므로 문맥상 '경신하다'를 쓰는 것이 적절하다.

- 분장 → 분산: '분장'은 '일이나 임무를 나누어 맡아 처리함'을 뜻하는 단어이고, '분산'은 '갈라져 흩어짐. 또는 그렇게 되게 함'을 뜻하는 단어이므로 문맥상 '분산'을 쓰는 것이 적절하다.

따라서 어법상 틀린 부분의 개수는 총 5개이다.

06
정답 | ④

해설 |

① '중요합니다'
② '사고방식에 달려 있지 않고'
③ '문제가 있습니다'
⑤ '예술적이지만'

07
정답 | ②

해설 |

① 미래의 인류 문화는 물질문명과 정신문화가 조화를 이루는 방향으로 발전할 것이다.
③ 우리 민족은 과거의 역사를 통하여 저항적인 민족주의 경향을 지니게 되었으나 이제는 외국 사람들과 교류함으로써 이웃이 될 수 있도록 이런 사고방식에서 벗어나야 한다.
④ 교통 및 정보 통신수단의 가속적인 발달로 인해 세계는 점차 좁아지고 있으며, 기업이 다국적화 되고 국가 간의 상호 의존성이 심화됨으로써 (세계는) 국경 없는 지구촌과 한 지붕 경제권 시대를 맞게 되었다.
⑤ 암에는 발암성 바이러스에 의해 발생하는 것 말고도, 세포가 유전적으로 비정상이어서 특수한 염색체의 일부분이 위치를 옮겨 감으로써 일어나거나 돌연변이를 일으키는 발암 유전자로 인해 발생하는 것도 있다.

08
정답 | ③

해설 |

'미리'와 '준비'의 의미가 중복된 것이 아니라 '별도'와 '따로'가 중복된 것이다.

09
정답 | ①

해설 |

높여야 할 대상의 신체의 일부, 소유물, 생각 등과 관련된 말에는 높임의 선어말 어미 '-(으)시-'를 붙여 간접적으로 높임을 실현하는데, '허리'는 높임의 대상인 '할아버지'의 신체의 일부이므로 높임의 의미로 '아프셔서'를 써야 한다.

10
정답 | ①

해설 |

정식 재판 절차는 당사자가 증거를 제시하고 자기의 의견을 주장할 수 있는 충분한 기회를 제공하기 때문에 진실을 찾고 진정한 권리자를 가리는 데 가장 좋은 형식이다.
② 조사 '의'의 남용
③, ④ 수식 관계의 적절성
⑤ 문장 성분 생략

CHAPTER 02
문단배열

STEP 01   P.259

유형 분석

★ Main Type   문단배열

정답 | ②

해설 |

'생태계'라는 말을 쓰고 'ecosystem'이라고 영어로 주석을 단 ㄷ이 다른 단락보다 앞에 선다.
"따라서 이 생태계를 구성하는 구역은, 그 지역이"라는 ㄱ의 앞에는 생태계라는 말의 정의와 그것이 지역과 연관되는 어떤 얘기들이 나와야 한다. 따라서 ㄷ이 첫 문단으로 제시되고, ㄱ이 바로 이어져야 하므로 ②가 정답이다.

STEP 03   P.263~265

Skill 연습

01
정답 | ④

해설 |

ㄱ의 첫말인 참호를 통해 앞에서 이와 관련된 내용이 나올 것임을 알 수 있으므로 첫 문장으로는 ㄷ이 와야 한다. 그리고 ㄹ의 '그들을'이 지칭하는 사람들은 ㄱ 외에는 찾을 수 없다. 그러니 ㄱ-ㄹ이 바로 연결된다. 이 연결점을 가진 것은 ④이다.

02
정답 | ③

해설 |

'기술'이라는 말이 제일 처음 등장한 것은 기술에 작은따옴표가 있는 ㄴ이다. ④, ⑤는 지워진다. 그리고 ㅁ의 '이 용어'가 지칭하는 것은 ㄴ이다. 그래서 ㄴ-ㅁ으로 붙어 있어야 한다. 그래서 ③이 정답이다.

03

정답 | ①

해설 |

ㄱ에서 '마치 ~ 물음과 비슷하다'라고 했기 때문에 그 바로 앞에는 어떤 물음이 와야 한다. 그래서 ㄷ-ㄱ이 붙어 있어야 한다. ㄹ에서 '때문이다'가 들어가려면, 앞에는 그와 호응하는 말이 와야 한다. ㄷ-ㄱ이 짝이 되었기 때문에, ㄴ-ㄹ로 붙어야 한다.

04

정답 | ⑤

해설 |

ㄷ의 '라그랑지안(Lagrangian)'이라는 표현을 보면 ㄱ 앞에 나와야 한다는 것을 알 수 있다. ㄱ에서는 라그랑지안을 자연스럽게 쓰고 있기 때문이다. 따라서 ② 아니면 ⑤가 정답이다. 제일 앞에 올 문장이 ㄴ 아니면, ㄹ이 되는데 ㄹ에서 뉴턴에 대해 말하면서 '예측가능성'이라는 단어를 사용하였으므로, '예측가능성'의 의미를 설명하는 ㄷ 앞에 와야 자연스럽다. 그래서 ⑤가 정답이다.

05

정답 | ③

해설 |

제일 앞에 올 문장은 ㄴ 아니면 ㅁ인데, ㄴ에서 '이 문제를 해결'하려면, 그 앞에 어떤 문제가 제기되어야 한다. 그러니까 ③과 ④ 중에 답이 있다. 그런데 ㄴ 앞에 있을 만한 어떤 문제는 ③과 ④의 경우에 ㄷ 아니면 ㅁ이 되는데, ㅁ의 경우에는 딱히 문제되는 것이 없다. 반면 ㄷ에는 어떤 곤란한 점이 나타나 있다. 따라서 ㄷ-ㄴ이 연결된다. 부합하는 것은 ③이 된다.

06

정답 | ③

해설 |

ㄹ에서 비스마르크가 처음 나오기 때문에, ㄷ과 ㄱ처럼 그를 지칭하는 대명사가 나오는 경우에는 ㄹ 앞으로 올 수 없다. ④, ⑤가 지워진다. 그리고 ㄴ에서 '그 재원'이라고 지칭하는 것을 연결시키려면 ㅁ-ㄴ이 붙어 있어야 한다. 따라서 ③이 정답이다.

STEP 04   P.266~270

실전 문제

| 01 | ③ | 02 | ② | 03 | ② | 04 | ⑤ | 05 | ② |

01

정답 | ③

해설 |

이 글의 주제를 살펴보면 '온라인 게임에서의 청소년 욕설 사용 문제를 해결하기 위하여 노력해야 한다.'라고 볼 수 있다. 따라서 청소년 욕설 문제 해결의 필요성을 말하고 있는 (나)가 처음으로 위치하는 것이 알맞다. 그리고 욕설의 실태에 대한 근거의 글인 (라), 청소년들이 욕설을 하게 되는 이유를 설명하고 있는 (마), 욕설에 대한 청소년 인식과 개선방안을 설명하고 있는 (가)가 이어지며 배열되면 적절하다. 마지막으로 (다)에서 청소년 욕설 문제는 청소년과 학교, 게임 업체 모두가 협력해야 한다는 결론을 보여 주고 있다.

따라서 올바른 문단배열 순서는 (나)-(라)-(마)-(가)-(다)이다.

02

정답 | ②

해설 |

(라)의 '단지 경험만으로는 부족하다'라고 시작하는 앞에 이어질 만한 구절은 (나)의 끝부분 '인간은 토론과 경험에 힘입을 때에만 자신의 과오를 고칠 수 있다.' 정도도. 따라서 (나)-(라)가 바로 이어져야 한다는 것을 알 수 있으므로 ②가 정답이다. (마)와 (가)도 '여론'이라는 키워드로 붙어 있다는 것을 알 수 있다.

03

정답 | ②

해설 |

(가)의 '이 증명'이 가리키는 증명이 이 앞에 와야 한다. (가), (다), (마)는 '보옴'이라는 단어로 묶인다. 그중에서도 보옴의 풀네임이 나와 있는 (가)가 (마)보다 앞에 와야 한다. 그리고 (마)와 (다)는 다시 '인과율'이라는 단어로 묶이므로 바로 연결된다. 따라서 (나)-(라)-(가)-(마)-(다)의 ②가 정답이다.

04

정답 | ⑤

해설 |

접속부사나 글 중간에 나오는 몇몇 핵심단어들에 주의하여 글을 읽는다. (가)에서 '펠드호퍼 동굴', (다)에서 "이 네안데르탈인 아기의 DNA 분석 증거는 매우 강한 확신을 준다.", (라)에서 첫 문장 "일부 학자들은 이러한 발견에 의문을 갖는다."와 중간에 있는 "2001년에 북구 코카서스에서 발견된 네안데르탈인 아기의 가슴뼈에서 추출한 DNA 분석", 그 뒤의 "이 네안데르탈인 아기의 DNA를 이전에 연구된 펠드호퍼 DNA", (마)에서 첫 문장의 접속부사 '그러나'와 같은 것들이 내용 전개하는 데 있어서 힌트가 된다.

(다)의 "이 네안데르탈인 아기의 DNA 분석 증거는 매우 강한 확신을 준다."라는 문장과 (라)의 "2001년에 북구 코카서스에서 발

견된 네안데르탈인 아기의 가슴뼈에서 추출한 DNA 분석"이라는 문장을 비교해 볼 때 (다)보다는 (라)가 앞선다. 또 (라)의 "이 네안데르탈인 아기의 DNA를 이전에 연구된 펠드호퍼 DNA"라는 문장과 (가)에서 '펠드호퍼 동굴'의 문장을 볼 때 (가)가 (라)에 앞서는 것을 알 수 있다. 그러므로 세 단락의 관계만을 놓고 볼 때 (가)−(라)−(다)의 순서가 된다. ①, ③, ④는 (가)−(라)−(다)의 순서로 이어져 있지 않으므로 제외하고 나머지 중에서 찾으면 된다. 이때 힌트는 (마)의 첫 문장에 있는 접속부사 '그러나'다. 이를 내용과 함께 종합해 보면 답이 ⑤인 것을 쉽게 파악할 수 있다.

05

정답 | ②

해설 |

(라)의 '우리가 이러한 생각을 소박하다고 말하는 이유'라는 구절을 보면 그 앞에 소박함에 대해서 말하는 (나)가 와야 한다. 즉 (나)−(라)로 연결되어야 한다.

또한 (가)의 '이 예는'이라는 첫 구절을 보면 그 앞에 예가 나와야 한다. 즉 (다)−(가)로 연결이 되어야 하므로 (나)−(라), (다)−(가)의 순서로 연결된 ②가 정답이다.

MEMO

NCS, 59초의 기술: 의사소통능력

발 행 일	2024년 1월 7일 초판
편 저 자	이시한
펴 낸 이	양형남
펴 낸 곳	(주)에듀윌
등록번호	제25100–2002–000052호
주　　소	08378 서울특별시 구로구 디지털로34길 55
	코오롱싸이언스밸리 2차 3층

www.eduwill.net

대표전화　1600-6700

여러분의 작은 소리
에듀윌은 크게 듣겠습니다.

본 교재에 대한 여러분의 목소리를 들려주세요.
공부하시면서 어려웠던 점, 궁금한 점,
칭찬하고 싶은 점, 개선할 점, 어떤 것이라도 좋습니다.

에듀윌은 여러분께서 나누어 주신 의견을
통해 끊임없이 발전하고 있습니다.

에듀윌 도서몰 book.eduwill.net
- 부가학습자료 및 정오표: 에듀윌 도서몰 → 도서자료실
- 교재 문의: 에듀윌 도서몰 → 문의하기 → 교재(내용, 출간) / 주문 및 배송

정답과 해설

최신판

에듀윌 공기업

NCS, 59초의 기술

의사소통능력

고객의 꿈, 직원의 꿈, 지역사회의 꿈을 실현한다

에듀윌 도서몰
book.eduwill.net

· 부가학습자료 및 정오표: 에듀윌 도서몰 > 도서자료실
· 교재 문의: 에듀윌 도서몰 > 문의하기 > 교재(내용, 출간) / 주문 및 배송

167. (아무튼, 아뭏든) 이번 시험에서는 최선을 다해야 해.

168. (어쨋든, 어쨌든) 우리 축구가 결승전에 올라가야 해.

169. (요컨대, 요컨데) 수학은 정보화 시대에서도 중심 학문이 될 것이다.

170. (휴게실, 휴계실)은 사무실에서 거리가 가까워야 좋다.

171. 결승전을 앞두고 (안절부절하는, 안절부절못하는) 선수들.

172. 손대면 톡 하고 터질 것만 같은 그대 (봉숭화, 봉선화) 연정.

173. (시라소니, 스라소니)는 고양잇과의 동물이다.

174. 태풍에 선박이 (풍지박산, 풍비박산) 났구나.

175. 옛날에는 빚지고 (야밤도주, 야반도주)하는 사람이 많았지.

176. 어디론가 (훌적, 훌쩍) 떠나가고 싶구나.

177. 좌석이 (널직이, 널찍이) 배열되어 있다.

178. 주문하신 음식 다 (됐습니다, 됬습니다).

179. 미술 시간에 내 잘못으로 물통을 쏟아 친구의 자리를 (홍건이, 홍건히) 적셨다.

180. 제 (말, 말씀)은 자리 이동이 너무 잦으면 안 된다는 것입니다.

181. 김유정의 작품은 토속적 냄새가 (물신물신, 물씬물씬) 풍긴다.

182. 글씨를 촘촘하게 쓰지 말고 (띠엄띠엄, 띄엄띄엄) 쓰거라.

183. 돈만을 추구하는 (알팍한, 얄팍한) 꾀.

184. 어떻게든 살아보려고 (아둥바둥, 아등바둥) 애를 써야지.

185. 한국인으(로서, 로써) 월드컵 16강을 기원하는 것은 당연한 일이다.

186. 그를 매로써 (닥달, 닦달)한다고 사실을 말하지 않을 것이다.

187. 3월 (삼짇날, 삼진날)에 제비가 돌아온다고 하던데.

188. 동지 (석달, 섣달) 꽃 본 듯이 날 좀 보소.

189. 산토끼 토끼야 어디를 가느냐 (깡총깡총, 깡충깡충) 뛰면서 어디를 가느냐.

190. 너희 둘은 (쌍둥이, 쌍동이) 아냐.

191. 그는 아직 (신출내기, 신출나기) 선수다.

192. 가뭄 때문에 쓰고 난 (허드랫물, 허드렛물)도 부족한 형편이야.

193. (솔개, 소리개)가 빙빙 높이 떴구나.

194. (낚지, 낙지) 볶음을 먹자.

195. 너무 배가 불러 음식을 아예 (안, 않) 먹고 버렸다.

196. 북엇국에 (새우젓, 새우젖)을 넣어 먹으면 맛있다.

197. 더 이상 너는 (꼭두각시, 꼭둑각시)가 되지마.

198. 뱁새가 황새 따라가다가는 (가랑이, 가랭이) 찢어진다.

199. 이제는 남북한 화해의 (물고, 물꼬)가 트였다.

200. 지금까지 우리가 공부한 것은 한글 '맞춤법'이니 '마춤법'이니?

다음 주어진 문장들은 어법에 어긋나 있다. 자연스러운 문장으로 고쳐 보자.

01 우리 회사가 개발한 새로운 신제품은 세계적 경쟁력을 가진 것으로 평가받고 있다.

→ _____

02 인간에 의해 초래된 생태계의 인위적 변화로 자연계에 돌연변이가 일어나고 있다.

→ _____

03 폭넓은 독서와 부지런히 운동을 하면 훌륭한 사람으로 성장할 수 있다.

→ _____

04 너하고 나는 성격이 완전히 틀려서 함께 어울리기가 힘들 것 같다.

→ _____

05 월드컵에서 보여 준 국민적 에너지를 창조적 에너지로 바꾸어 국민 통합과 국가 경쟁력을 제고해야 한다.

→ _____

06 아무쪼록 나는 너의 쾌유를 성심껏 빌어야겠다.

→ _____

07 글을 쓰는 데 있어서 무엇보다 중요한 것은 진실을 표현해야 한다.

→ _____

08 필자는 이 글을 통해서 속마음의 진실한 고백이라는 점에 참뜻이 있다.

→ _____

09 첨단 통신 수단의 발달은 거리와 시간을 구애받지 아니하고 생활에 필요한 정보를 입수하게 해 준다.

→ _____

10 제가 말씀드린 문제에 대한 솔직하고 냉정한 선생님의 답변을 부탁드립니다.

→ _____

11 수험생들이 변화가 많은 입시환경과 다양한 입시 전형 속에서 자신이 원하는 정보를 얻을 수 있는 채널이 제한돼 있어 어려움을 겪고 있다.

→ _____

12 국내외 증권사들을 주요 기업들이 하반기에도 눈에 띄는 실적개선이 없을 것으로 전망하는 등 비관론이 확산되고 있다.

→ _____

13 대화에서는 상대방이 누구인가에 따라 준비가 필요한 경우가 있고, 대개는 그렇지 않은 경우도 많다.

→ _____

14 인간은 언어를 통하여 복잡한 사물을 추상화할 수 있었고, 이에 따라 사고 능력을 발달시킬 수 있었다는 것이다.

→ _____

15 비행기는 고도를 높일수록 연료소비가 적게 든다.

→ _____

16 어린이날에 어린이들이 가장 원하는 선물은 휴대전화를 받는 것이다.

→ _____

17 우리의 근대사는 처절한 암흑기였고, 민족의 정기를 계승하고 대한민국의 정통성을 이은 것이 상해 임시 정부이다.

→ _____

18 어제 눈이 와서 대관령 고개를 넘어가지 못했다.

→ _____

19 하늘의 수많은 별들에게는 변화가 있고, 사람들은 이것을 인간의 삶과 연관 지어 생각했다.

→ _____

20 비타민 C는 체내에 잘 흡수되어 피로를 회복시켜 주며 기미, 주근깨 형성을 예방시킨다.

→ _____

21 탈냉전 시대의 국제 정세는 종전의 이데올로기의 지위를 과학 기술주의가 대체하고 있다.

→ _____

22 나는 방과 거실 그리고 부엌 설거지를 도맡아 했다.

→ _____

23 철수는 영희에게 지금 밥을 먹냐고 물었다.

→ _____

24 우리나라에는 현재 태양열 발전소가 아직 한 곳도 없다.

→ _____

25 발전소 내의 창고에 보관되어지고 있는 폐기물은 현재 총 48,000드럼에 이른다.

→ _____

26 미래의 인류의 문화가 물질문명이나 정신문화의 조화를 이루는 발전이 주축이 될 것이다.

→ _____

27 자기의 생이 보람을 못 느낄 때, 허무의 감정과 공허의 의식이 우리의 마음을 사로잡는다.

→ _____

28 봄바람을 타고 겨우내 움츠렸던 나뭇가지가 기지개를 펴기 시작했다.

→ _____

29 우리 집 편으로 바람이 불어오는 저녁에는 아이들의 떼를 지어 노래를 부르는 소리가 들린다.

→ _____

30 북한팀은 불확실한 패스와 조직력이 허술해서 큰 점수 차로 졌다.

→ _____

31 요즘 증시침체로 인한 자금 조달이 어려워지고 있다.

→ _____

32 사용자의 안전과 재산상의 손해를 막기 위한 내용입니다.

→ _____

33 어떻게 감사함을 표현할 줄을 모르겠다.

→ _____

34 농심은 신라면으로 100여 개 나라에 수출하여 2,000여 억원의 흑자를 냈다.

→ _____

35 중국은 기원전 2,600년경 계산기의 시초인 수판을 만들어 오늘날까지 동양의 여러 나라에서 사용되고 있다.

→ _____

36 영국의 식민정책은 세포이의 항쟁을 유발하였으나, 영국군에 의해 진압되었다.

→ _____

37 인구분포는 대부분 공업이 발달하고 생활이 편리한 태평양 연안에 밀집되어 있다.

→ _____

38 1회용 접시는 플라스틱에 염화플루오르화탄소와 섞어서 만든다.

→ _____

39 아빠를 다시 찾았다는 것만으로도 우리 모녀는 너무나 감사한 하루하루였습니다.

→ _____

40 참가국 중에는 이 기회에 한반도에서의 영향력을 확대하는 계기로 삼으려는 의도를 지닌 나라도 있다.

→ _____

41 그는 가까스로 30점밖에 못 얻었다.

→ _____

42 단식이 계속되면서 노약자들 사이에서 탈진과 구토 증세를 보여서 병원 치료를 받는 일까지 생겼습니다.

→ _____

43 주변 사람들과 좋은 얘기 많이 나누는 그런 하루가 되시기를 바랍니다.

→ _____

44 나는 앞으로의 교육 문제가 대학원 교육에 역점 및 중점을 두면서도 기본적인 초등 교육의 문제를 공존시켜야 한다.

→ _____

45 외국인 노동자의 최저 임금 보장과 함께 근무 여건을 내국인 수준으로 올려야 한다는 목소리가 높다.

→ _____

46 그 단체에서는 회원 가입을 원하는 모두에게 회원권을 부여하였으며, 모든 회원에게 규칙은 평등하게 적용되었다.

→ _____

47 중용의 자세에서는 우리의 욕망이 한쪽으로만 치우치는 것을 억제하는 태도를 말하지만, 아무 때나 적용해서는 곤란하다.

→ _____

48 더욱 문제가 되는 것은 테러에 대한 공포가 심각해지고 있다라는 사실이다.

→ _____

49 박지원은 사회 각 방면에 대한 비판과 개혁을 주장시켰던 진보적 유학자였다.

→ _____

50 이러한 주장은 접근 방법이나 절차의 차이일 뿐 문제의 본질이나 핵심 차이는 없다.

→ _____

51 인간은 타인과의 관계에 있어 사회적 유대뿐만이 아니라 역사적으로도 책임 있게 행동할 필요가 있다.

→ _____

52 그간 우리가 함께 겪어온 일들이 기억이 새롭습니다.

→ _____

53 새로운 신시대의 도래를 지켜보면서 우려와 불안이 앞서는 것은 어찌할 수 없습니다.

→ _____

54 철수의 어머님은 우리를 매우 친절하고 정성껏 보살펴 주셨다.

→ _____

55 베토벤의 위대함은 그가 그에게 주어진 운명을 굴복하지 않고 이겨낸 데서 찾아야 한다.

→ _____

56 우리가 이 자리에 나오게 된 것은 이와 같은 혼란 상태가 오래 계속된다면 우리 사회의 안전과 평화가 심히 위태롭게 된다.

→ _____

57 노동자들의 참정권 요구 운동인 차티스트 운동은 자본가나 자유주의자들의 냉담한 반응과 정부가 탄압하게 됨에 따라 목적한 바를 이루지 못했다.

→ _____

58 그의 하루 일과는 신문을 보는 일에서부터 시작한다.

→ _____

59 수업이 끝나자마자 빵과 우유를 있는 대로 마셨더니 배탈이 났다.

→ _____

60 현대 사회에서 발생하는 윤리 문제를 해결하기 위해서는 인간에 대한 신뢰를 바탕으로 인간의 존엄성이 회복되는 방향으로 이루어져야 한다.

→ _____

정답 및 해설 P. 31~38

01 다음 [보기]의 밑줄 친 부분이 어법상 바르게 표기된 것은?

┤보기├

ㄱ. <u>있다가</u> 단둘이 있을 때 얘기하자.

ㄴ. 지위에 따라 다르게 보는 차이를 <u>인정함으로써</u> 차별화를 부여할 수 있도록 하였습니다.

ㄷ. 내일 저녁에 <u>뵈요.</u>

ㄹ. 업무를 할 때 담당 과장님께 <u>결제</u>를 요청할 일이 있습니다.

ㅁ. 그 친구 말을 참 <u>잘하대.</u>

① ㄱ   ② ㄴ   ③ ㄷ   ④ ㄹ   ⑤ ㅁ

02 '–대/–ㄴ대'와 '–데/–ㄴ데'의 표기 원리와 용례를 [보기]와 같이 작성하였다. ㉠~㉤ 중 용례로 삼기에 적절하지 <u>않은</u> 것은?

┤보기├

○ '–(ㄴ)다고 해'로 풀 수 있으면 '–(ㄴ)대'로 적는다.

  ㉠ 철수야, 저녁 먹으러 어디로 <u>간대?</u>

○ '–(ㄴ)다고 해'로 풀 수 없을 경우 아래의 뜻에 따라 '–데', '–ㄴ데'로 구분해서 적는다.

  • –데: 과거에 직접 경험하여 알게 된 사실을 현재에 옮겨 와서 말함을 나타내는 종결어미.

  ㉡ 철수는 아이가 <u>둘이데.</u>

  • –ㄴ데: 어떤 일을 감탄하여 말하는 뜻을 나타내는 종결어미.

  ㉢ 소문대로 과연 <u>절경인데!</u>

○ '–(ㄴ)다고 해'로 풀 수 없어도 아래의 뜻이 있으면 '–(ㄴ)대'로 적는다.

  • –(ㄴ)대: 어떤 주어진 사실에 대한 의문을 나타내는 종결어미. 놀라거나 못마땅하게 여기는 뜻이 섞여 있다.

  ㉣ 나 혼자 이 많은 일을 언제 다 <u>한대?</u>

  ㉤ 여보, 처남은 그동안 잘 <u>지냈대?</u>

① ㉠   ② ㉡   ③ ㉢   ④ ㉣   ⑤ ㉤

03 [보기]에서 밑줄 친 부분의 표기가 옳은 것을 모두 고르면?

> ──────────────── 보기 ────────────────
>
> ㄱ. 여기가 우리 병원이예요.
>
> ㄴ. 오늘은 여느 때보다 일찍 일어났다.
>
> ㄷ. 기계를 못 쓸 정도로 부셔뜨리고 말았다.
>
> ㄹ. 선생님은 얼굴에 미소를 띠고 말씀하셨다.
>
> ㅁ. 나도 하노라고 했는데 결과가 기대에 미치지 못했다.
>
> ㅂ. 많은 사람들이 막으려야 막을 수 없는 재난으로 고통 받고 있다.

① ㄱ, ㄹ   ② ㄷ, ㅂ   ③ ㄱ, ㄴ, ㅁ   ④ ㄱ, ㄷ, ㄹ   ⑤ ㄴ, ㅁ, ㅂ

04 다음 [보기]의 밑줄 친 부분이 맞춤법에 맞는 것은?

> ──────────────── 보기 ────────────────
>
> 김선생: 요즘 정음씨 잘 지내?
>
> 이선생: 말도 마. 어제 또 술 먹고 떡실신해서 내가 다 ①뒷처리하느라고 혼났어.
>
> 김선생: 참 신기하단 말야. 그런데도 여전히 만나는 것을 보면……
>
> 이선생: 그러게. 이렇게 ②떠들석하게 연애하는 것도 싫어했는데.
>
> 김선생: 만난 지 100일이라며? 선물은 준비했어?
>
> 이선생: ③귀거리를 하나 샀어.
>
> 김선생: 그래. 그런 건 당최 고르기가 힘들어서.
>
> 이선생: 50% 세일해서 ④깍아 주길래 난 그냥 그걸로 했는데.
>
> 김선생: 세일해서 산 것을 정음씨한테 주려고? 네 장례식에 갈 준비를 해야겠구나.
>
> 이선생: (웃으며) 그러든지. 눈 ⑤덮인 무덤에 꽃이나 하나 꽂아줘.

05 다음 보도자료에서 어법상 **틀린** 부분의 개수는?

인천공항, 5월 황금연휴 기간 중 140만 명 이용

인천국제공항공사는 5월 황금연휴 기간(5. 1.~5. 7.) 중 전년 대비 13.6% 증가한 140만 명이 인천공항을 찾아 역대 5월 연휴기간 중 최대여객을 기록했다고 밝혔다. 이번 연휴기간 중 인천공항을 찾은 여객은 총 140만 797명으로, 지난해 5월 연휴기간('18. 5. 1.~'18. 5. 7.) 123만 2,655명 대비 13.6%가량 크게 증폭했다.

올해 연휴기간 중 일평균 여객은 20만 114명으로 전년도 일평균 여객 17만 6,094명 대비 큰 폭으로 증가해, 2001년 인천공항 개관 이후 역대 5월 황금연휴 일평균 최다여객 기록을 갱신했다. 일자별로는 연휴 첫날인 5월 1일에 21만 514명이 인천공항을 찾았다. 출발여객이 가장 많은 날은 5월 4일로 11만 924명이 인천공항에서 출국했으며, 도착여객이 가장 많은 날은 5월 6일로 10만 9,749명을 기록했다. 터미널별로는 제1여객터미널 이용객 99만 4,955명(일평균 14만 2,136명), 제2여객터미널 40만 5,842명(일평균 5만 7,977명)으로 여객이 고르게 분장(제1여객터미널 약 71%, 제2여객터미널 약 29%)되었다.

---

① 1개   ② 2개   ③ 3개   ④ 4개   ⑤ 5개

06 다음 중 어법상 가장 자연스러운 문장은?

① 판소리의 진정한 이해를 위해서는 무엇보다도 판소리를 많이 듣는 가운데 판소리의 미적인 쾌감을 느끼고 누리는 것이 중요하다는 사실입니다.

② 역사의 진정한 흐름은 몇몇 지배 계층의 사고방식에 있는 것이 아니고 대다수의 민중이 어떻게 생각하느냐에 달려 있습니다.

③ 언어의 과학성은 언어 그 자체가 불확실하기 때문에 결코 달성될 수 없는 목표라고 생각하는 데 문제가 발단하고 있습니다.

④ 강대국이 세계의 평화를 위해서가 아니라 자국의 이익을 위해서 행동한다는 것을 간과한다면 이 문제를 올바로 파악할 수 없습니다.

⑤ 영화는 가장 예술적인 동시에 대중의 취향에 아부한다는 점에서 통속적이라는 비난을 면할 수 없을 것입니다.

07 다음 중 어법에 맞고 가장 자연스러운 문장은?

① 미래의 인류의 문화가 물질문명이나 정신문화의 조화를 이루는 발전이 주축이 될 것이다.

② 우리 것을 내팽개치는 것이 아니라 오히려 우리 문화와 전통을 갈고 닦으면서 우물 안 개구리에서 벗어나 세계 속에 우뚝 서는 것이 세계화의 참뜻이다.

③ 과거 역사를 통하여 우리 민족에게는 저항적인 민족주의가 깊이 뿌리박고 있으나 이제는 한국인들이 외국 사람과의 섞임에 익숙하여 이웃으로 변해지도록 우리 스스로를 변화시켜야 한다.

④ 교통과 정보 통신 수단의 가속적인 발달과 함께 세계는 점차 좁아지고 있으며, 기업의 다국적화와 각국 간의 상호 의존성의 심화와 함께 국경 없는 지구촌 시대와 한 지붕 경제권이 되었다.

⑤ 암이 일어나는 원인에는 발암성 바이러스에 의한 것 말고도, 세포가 유전적으로 비정상이어서 특수한 염색체의 일부분이 위치를 옮겨 감으로써 일어나는 암도 있고, 돌연변이를 일으키는 발암 유전자로 인해 발생하는 암도 있다.

08 다음 문장 중 어법상 틀린 이유가 적절하지 <u>못한</u> 것은?

① 민족의 과거사를 돌이켜 회고해 보건대 형극의 가시밭길을 우리는 헤쳐 왔습니다.
→ '돌이켜'와 '회고해', '형극'과 '가시밭길'이 중복

② 순간 그의 머릿속에는 뇌리 속을 스치는 기억 하나가 있었다.
→ '머릿속'과 '뇌리 속'이 중복

③ 이번 세미나를 위해 미리 자료를 준비한 분은 별도의 자료를 따로 만들 필요가 없습니다.
→ '미리'와 '준비'의 의미 중복

④ 회원 각자의 현재의 자기 상황에 최선을 다하는 것은 매우 중요한 일이다.
→ '회원 각자의'와 '자기 상황'이 의미가 중복

⑤ 텔레비전의 심야 오락 프로그램에는 간혹 지나치게 선정적이고 성적 자극을 유도하는 장면이 있다.
→ '선정적'과 '성적 자극을 유도하는'의 의미 중복

09 다음 ㉠~㉤에 대한 설명으로 적절하지 <u>않은</u> 것은?

- 아버지: 엄마 어디 가셨니?
- 아들: 할아버지께서 허리가 ㉠아프셔서 할아버지를 모시고 병원에 가셨어요.
- 아버지: 젊으셨을 때 전쟁에서 다치셨단다. 그 후로 지금까지 고생이시구나.
- 아들: 좀 전에 어머니께 전화가 왔는데요. 집으로 오는 버스를 ㉡타고 있는데, 금방 도착할 거라고 하셨어
  요. 참, 심하지는 않으시다는 말씀도 ㉢계셨어요.
  (현관문이 열리며 할아버지와 어머니 등장)
- 아들: 할아버지, 조금 전에 아버지 ㉣퇴근했어요.
- 아버지: (안방에서 나오며) 좀 어떠세요?
- 할아버지: 괜찮으니, ㉤너무들 걱정 마라.

---

① ㉠의 '아프다'의 주어가 '할아버지께서'가 아니라 '허리가'이므로 '아프셔서'를 '아파서'로 고쳐야 한다.

② ㉡의 '타고 있다'는 동작의 진행이라는 의미 또는 완료된 상태의 지속이라는 의미의 두 가지로 해석된다.

③ ㉢과 관련하여, '어른의 말씀이 있다.'에서 '있다'의 높임 표현은 '계시다'가 아니라 '있으시다'를 사용해야
한다.

④ ㉣에서 아버지를 높이는 표현인 '퇴근하셨어요'를 사용하지 않은 것은 청자인 '할아버지'를 고려한 것이다.

⑤ ㉤에서 '들'은 그 문장의 주어가 복수임을 표시하는 것으로 '들'을 '걱정'뒤에 붙여도 문장의 의미 차이가
거의 없다.

10 다음 밑줄 친 부분을 어법에 맞게 고치지 <u>못한</u> 것은?

구분	예시문	수정 내용
㉠	정식 재판 절차는 당사자가 증거를 제시하고 자기의 의견을 주장할 수 있는 <u>충분한 기회를 제공함에도 불구하고</u> 진실을 찾고 진정한 권리자를 가리는 데 가장 좋은 형식이다.	→ 제공하기 위해 그 절차로써
㉡	새 정책에 대한 설명이 충분하지 않으면 국민이 그 정책을 이해하지 못하고 <u>기존 정책과의 혼동이나</u> 새 정책에서 소외되는 문제가 발생한다.	→ 기존 정책과 혼동하거나
㉢	민사 소송이란 민사 분쟁, 즉 <u>사법상의 권리와 의무에 관해</u> 분쟁이 발생했을 때 그 분쟁을 해결하는 강제적 절차이다.	→ 사법상의 권리와 의무에 관한
㉣	통신 판매업자는 휴업 기간이나 영업 정지 기간 중에도 청약 철회 업무와 <u>그에 따라</u> 대금 환급 업무를 계속하여야 한다.	→ 그에 따른
㉤	응찰자는 사전에 <u>제한 사항 확인 및</u> 입찰 등록 장소에 비치되어 있는 입찰 공지서, 계약서 등을 열람한 후 공사에 응찰하여야 한다.	→ 제한 사항을 확인하고

① ㉠   ② ㉡   ③ ㉢   ④ ㉣   ⑤ ㉤

정답 및 해설 P. 38~39

문단배열

유형 분석

Main Type
문단배열

★ Main Type | **문단배열**

　시험에 자주 나오지는 않지만 나오게 되면 Skill을 알고 있는 경우와 모르고 있는 경우의 풀이 속도가 상당히 차이가 나는 문제 유형이다. 그러니 확실하게 Skill을 익혀 놓아야 할 문제다.

　문단배열 문제는 먼저 각 단락의 주제를 찾고, 그 주제를 논리적으로 앞·뒤가 맞게 연결하는 복합적인 문제다. 내용적인 부분과 형식적인 부분을 정확히 알아야 풀 수 있는 문제인 만큼, 이 문제는 지원자의 언어적인 능력과 논리적인 능력을 한꺼번에 체크한다는 의미에서 매우 좋은 문제라고 할 수 있다. 이 문제 같은 경우 내용적인 부분이 조금만 어려워지거나, 주어진 제시문 자체가 길어지면, 지원자들도 매우 어려워하는 문제라고 할 수 있다.

　비교적 짧은 문장 위주로 문제가 출제되어서 문단배열보다는 문장배열이 되는 경우도 있지만, 최근에는 배치해야 될 텍스트가 길어지는 경향이 있다. 시간을 충분히 주면 두 번 세 번 읽어보며 결국 풀어낼 수는 있겠지만, 문제는 주어지는 시간이 짧다는 것이다. 그러니 결국 짧은 시간 안에 원래의 배열을 찾아내는 Skill을 익히는 것이 그 무엇보다 중요한 문제다.

다음 글의 순서로 가장 적절한 것은?

ㄱ. 따라서 이 생태계를 구성하는 구역은, 그 지역이 끝없이 연결되는 열대우림이나 사막과 같이 매우 넓게 정의될 수도 있고, 작은 어항이나 연못과 같이 매우 좁게 정의될 수도 있다.

ㄴ. 경우에 따라서 자연생태계와 인공생태계 사이에 반자연생태계(semi-natural ecosystem) 또는 순치생태계(domestic ecosystem)를 정의하기도 하는데, 이는 농업, 산림업, 양식업 등을 위하여 인간이 자연생태계에 변형을 가하여 인간이 필요한 생물을 산물로 얻으면서 관리해 가는 생태계를 말한다.

ㄷ. 생태계(ecosystem)는 특정한 지역에 살고 있는 생물들과 그 생물들이 살고 있는 주변 환경을 합쳐서 일컫는다.

ㄹ. 이러한 생태계는 크게 자연적으로 만들어져서 태양의 힘에 의해서 그 기능이 유지되는 자연생태계(natural ecosystem)와 인간이 만들고 인공적으로 그 기능이 유지되는 인공생태계(artificial ecosystem)로 구분할 수가 있다.

① ㄷ - ㄴ - ㄱ - ㄹ 　② ㄷ - ㄱ - ㄹ - ㄴ 　③ ㄴ - ㄱ - ㄷ - ㄹ

④ ㄴ - ㄷ - ㄱ - ㄹ 　⑤ ㄴ - ㄹ - ㄱ - ㄷ

1단계	2단계	3단계
전체 제시문을 훑어보고 핵심어가 무엇인지 찾아낸다.	각 단락별 주제문장을 찾아낸다.	핵심어를 참고해 전체 흐름에 맞춰 끼워 맞춘다.

1단계 | 핵심어는 글 전체를 꿰는 꼬치 같은 것이다. 핵심어만 잘 찾아도 대강의 그 글의 주제를 짐작할 수 있는 여지가 생긴다. 핵심어를 통해 글의 전개 과정을 이해하고, 주제문장을 찾을 때 핵심어를 힌트로 이용한다.

2단계 | 한 단락에는 하나의 주제문장이 있다. 단락별로 다른 내용을 대표할 수 있는 하나의 문장을 찾는다.

3단계 | 논리적인 연결이 중요하다. 하지만 진짜 논리가 필요한 것은 아니다. 논리적인 연결에서의 핵심은 앞·뒤 문맥에 맞게 단락들을 배열해 뜻을 만들어 낼 수 있느냐 없느냐이다. 문맥적으로 뜻이 통하는 것이 중요한 문제이니 만큼, 전체적인 글의 흐름을 찾아내는 것이 관건이다.

59초도 남게 만들어 주는 문단배열 문제의 4가지 Skill

본래 문단배열 문제의 풀이가 그리 간단한 것은 아니다. 하지만 문단배열 문제에는 이러한 풀이 외에도 약간의 요령적 풀이가 있을 수 있다. 원래 두 문단의 배열이 반드시 하나로 고정된 제시문이 나오는 문제여야 풀 수 있는 문제이니 만큼, 그 필연성의 정체를 파악하는 것이 곧 문단배열 문제 풀이의 요령이 된다. 다음과 같은 4가지 Skill을 적용하면, 문단배열 문제도 59초 안에 해결할 수 있다. 이는 다음과 같다.

 **지시어의 사용**

'이', '저' 등을 비롯해, '이러한', '이런 점에서', '이런 실험은'과 같은 지시어는 반드시 지시하는 대상이 앞에 있어야 한다. 그러니까 지시어가 보이면 그 지시어가 지시할 만한 개념을 함유한 단락을 바로 그 앞에 위치시키면 된다는 것이다.

ex
> 종합무역상사는 재벌의 수출창구로서의 역할을 수행하였는데, 수출에서 차지하는 비중이 1979년에는 31.5%에 이르렀다. 정부의 중화학공업육성정책도 재벌의 확장에 큰 몫을 담당하였으며, 이 외에도 재벌은 해외건설, 부실기업 흡수, 제2금융권 진출 등을 통해 양적으로 팽창할 수 있었다.
> (이처럼) 재벌은 빠른 시간 내에 경제성장을 이루어야 하는 상황에서 유용한 도구가 되었으며, 이 과정에서 재벌은 정부의 집중적인 지원하에 급속도로 성장하였다. 재벌은 정부 정책의 최대 수혜자이자 경제성장의 동력이었다.

SKILL ❷   개념이나 이름의 선·후

어떤 개념이 나오는데 그 개념이 일반적이지 않다면 그것에 대해 정의하거나 소개하는 단락이 그 개념을 자연스럽게 사용하는 단락보다 먼저 나온다. 또한 이름도 마찬가지로, 누군가에 대해 언급하고 있다면 그 이름은 처음 나올 때 소개되는 경우가 많다. 가령 "프로이트는" 하고 자연스럽게 쓰고 있는 단락보다, "심리학자인 프로이트"이라는 구절이 함유된 단락이 먼저 나온다는 것이다. 그러니까 단락들을 정확하게 연결할 수는 없지만 적어도 어떤 단락은 다른 어떤 단락보다 먼저 온다는 선·후의 부등호 관계는 확인할 수 있다.

ex

> 우주의 초대칭 모형들은 여전히 물리학 연구의 최전선의 영역으로 남아 있다. 지난 10여 년 동안 초끈 이론(superstring theory)이라고 부르는 여러 가지 우아한 변형판들이 집중적으로 탐구되었다. 초끈 이론은 모든 입자를 점이 아니라 10차원 공간 속에서 진동하는 끈의 선분이나 고리로 수학적으로 모형화하려고 시도한다. 우리는 시간과 공간의 4차원밖에 경험하지 못하지만, 나머지 6차원이 촘촘하게 감겨 있다는 것이다. 단단하게 말려진 2차원 종이 조각이 멀리에서 보면 1차원 선처럼 보이는 것과 마찬가지이다. 이 이론에 따르면, 끈의 진동으로 질량이나 스핀과 같은 입자의 특성을 설명할 수 있다.
>
> 오늘날 여섯 개 정도의 초끈 모형들이 서로 경쟁을 벌이고 있다. 각각의 모형들은 학자들의 인정을 받기 위해서 제각기 우주에 대한 시험 가능한 예견을 내놓고 있다. 호기심을 자아내는 이 모형들 중 하나는 기본 구성단위의 수를 두 배로 늘리면서 입자와 s입자들이라는 자체 보완물을 가지는 그림자 우주(shadow universe)의 존재를 제시한다.

SKILL ❸   접속사의 존재

'그러나', '그래서' 등의 접속사가 연결하는 단락 등을 찾는 것인데, 고등학생 수준의 문제가 아닌 이상 이런 식으로 문제가 쉽게 해결될 수 있으리라고는 기대하지 않는 것이 좋다. 그런데 바꿔 생각하면 접속사가 하나라도 함유된 문제가 주어진다면 접속사가 상당히 눈에 띄는 요소인 만큼 접속사의 앞·뒤 관계를 주의 깊게 살펴보면 된다는 말이 된다.

ex

> 판소리처럼 입에서 입으로 전해 오는 문학을 구비 문학이라고 한다. 구비 문학은 다른 문학 작품과는 달리 고정된 형태가 있는 것이 아니라 늘 변모하고 유동하는 특성을 갖는다. 시나 소설 같은 것은 특정한 작가 혼자서 창작해 내면 되지만 판소리는 오랜 세월 동안 수많은 광대들에 의해 조금씩 축적되어 온 것이기 때문이다.
>
> 그런데 판소리가 어떠한 이야기로부터 파생·발전하였다고 할 때 그 이야기 중에서도 쪼개려야 쪼갤 수 없는 최소 단위의 이야기를 가리켜 '근원 설화'라고 한다. 모든 판소리는 하나 또는 둘 이상의 근원 설화들이 모여 '기본 줄거리'를 이루고, 이 기본 줄거리에 '첨가 줄거리'들이 덧붙어서 점차 확장되어 온 것이다. 덧붙여진 첨가 줄거리들은 늘 유동적이어서 들어가기도 하고 빠지기도 하지만, 근원 설화로 이루어진 기본 줄거리만큼은 절대 없어서는 안 되는 요소이고 또 변할 수도 없는 핵심이 된다. 그런데 여기서 우리가 유의할 점은 판소리가 각 시대의 생활상과 사회적 배경을 작품 안에 담고자 할 때 정작 중요한 쪽은 기본 줄거리가 아니라 첨가 줄거리라는 점이다. 왜냐하면, 여러 사람들의 개성 있는 생각과 능력을 그때그때 덧붙이자면 첨가 줄거리의 유동적 성격을 활용해야 하기 때문이다.

단어의 중복 사용

어떤 단락의 앞에 있는 어휘가 또 어떤 단락의 뒤에 있는 어휘와 같은데, 전체적으로 딱 그 두 군데에서만 그 어휘들이 사용된다면 80~90%는 그 단락끼리 붙어 있는 것이다.

ex

데카르트는 자기 방법의 모형을 기하학에서 찾았다. 기하학은 가장 명징하고 논리적이어서 이성적 사고의 표본이 될 만하다. 그러나 기하학은 사고의 형식을 보여 줄 따름이고 정작 그 내용은 배제되어 있다. 형식을 익혀 어떤 대상이든지 적응해 내용을 마련하면 된다고 하겠지만, 적용해야 할 대상은 기하학적 명징성을 거부하거나 기하학의 논리로 파악될 수 없는 내용이 허다해서 문제가 생긴다. 데카르트가 실제로 이룩한 기하학의 업적은 오늘날까지 그대로 인정되지만, 인간의 신체적 활동이니 도덕이니 하는 다른 여러 문제에 관한 논의는 자기가 주장한 만큼 명징하지도 않고 논리적이지도 않다. 그런 문제를 논할 때에는 불필요한 선입견을 배제하지 못했으며, 자기가 내세운 방법의 타당성을 입증하는 결과에 이르지도 못했다.

데카르트만 특별히 그랬던 것은 아니다. 감성과 이성을 갈라놓고, 사물에 대한 감성의 반응은 잡다하며 그 타당성을 신임할 수 없지만, 사람이 이미 갖고 있는 이성은 그렇지 않아 시비를 가리는 분명한 기준이 된다고 하는 것이 데카르트 이래로 서양 근대 합리주의 사상의 공통된 근거이다. 그래서 이성을 일방적으로 추켜올리면서 과도한 짐을 지웠다.

다음에 나열된 문장들을 문맥상 논리적 순서에 맞게 재배열하여 보자.

01

ㄱ. 참호 안에서 공포에 시달린 남성들은 무력감에 사로잡혔고, 전멸될지 모른다는 위협에 억눌렸으며 동료들이 죽고 다치는 것을 지켜보며 히스테리 증상을 보였다.

ㄴ. 폭력적인 죽음에 지속적으로 노출되어 받는 심리적 외상은 히스테리에 이르게 하는 신경증적 증후군을 유발하기에 충분했다.

ㄷ. 제1차 세계대전 이후 심리적 외상의 실재가 인정되었다.

ㄹ. 그들은 울며 비명을 질러대고 얼어붙어 말이 없어졌으며, 자극에 반응을 보이지 않고 기억을 잃으며 감정을 느끼지 못했다.

ㅁ. 이러한 정신적 증후군의 발병은 신체적 외상이 아니라 심리적 외상을 계기로 발생한다는 것을 알게 되었다.

① ㄱ - ㄹ - ㄷ - ㄴ - ㅁ 　② ㄱ - ㅁ - ㄴ - ㄷ - ㄹ 　③ ㄷ - ㄱ - ㄴ - ㅁ - ㄹ
④ ㄷ - ㄱ - ㄹ - ㅁ - ㄴ 　⑤ ㄷ - ㅁ - ㄹ - ㄱ - ㄴ

02

ㄱ. 한 가지 분명한 사실은 우리가 기술이라고 부를 수 있는 것은 모두 물질로 구현된다는 것이다.

ㄴ. 현대 사회에서 '기술'이라는 용어는 낯설지 않다.

ㄷ. 나노기술이나 유전자조합기술도 당연히 이 조건을 만족하는 기술이다.

ㄹ. 기술이 물질로 구현된다는 말은 그것이 물질을 소재 삼아 무언가 물질적인 결과물을 산출한다는 의미이다.

ㅁ. 이 용어는 어떻게 정의될 수 있을까?

① ㄴ - ㄱ - ㄷ - ㅁ - ㄹ 　② ㄴ - ㄹ - ㄷ - ㄱ - ㅁ 　③ ㄴ - ㅁ - ㄱ - ㄹ - ㄷ
④ ㄹ - ㄱ - ㄴ - ㄷ - ㅁ 　⑤ ㄹ - ㄴ - ㅁ - ㄱ - ㄷ

03

ㄱ. 마치 "초록색 물고기와 주황색 물고기 중 어느 것이 초록색에 가까운가?" 하는 싱거운 물음과 비슷하기 때문이다.

ㄴ. 그러나 앞의 물음은 뒤의 물음과 성격이 다르다.

ㄷ. "강한 인공지능과 약한 인공지능 가운데 어느 편이 더 강한가?" 하는 물음은 이상해 보인다.

ㄹ. 앞의 물음에서 '인공지능'이라는 명사를 수식하는 '강한'이라는 표현의 의미가 우리가 일반적으로 '강하다'는 말을 사용할 때의 그것과 다르기 때문이다.

① ㄷ - ㄱ - ㄴ - ㄹ　　　② ㄷ - ㄱ - ㄹ - ㄴ　　　③ ㄷ - ㄴ - ㄱ - ㄹ

④ ㄷ - ㄹ - ㄱ - ㄴ　　　⑤ ㄷ - ㄹ - ㄴ - ㄱ

04

ㄱ. 예측의 자연철학적 전환을 가져온 뉴턴역학 역시 라그랑지안을 통해서 자연을 가역적 상태로서 기술하고자 했다.

ㄴ. 뉴턴역학의 결정론을 계승한 아인슈타인의 물리적 실재론의 입장에 도전하는 양자론적 인식론에 대한 몇 가지 논제를 자세히 살펴볼 필요가 있다.

ㄷ. 예측가능성의 의미는 앞의 상태(state)와 뒤의 상태를 연결시킬 수 있는 라그랑지안(Lagrangian)이라는 기술방정식이 존재하며 그리고 그 해의 값이 하나라는 조건을 만족해야 한다.

ㄹ. 뉴턴은 신의 인식의 영역인 결정론적 세계와 인간인식의 영역인 예측가능성의 범위를 가역적 시간관을 통해서 연결시켰다.

① ㄴ - ㄱ - ㄷ - ㄹ　　　② ㄴ - ㄹ - ㄷ - ㄱ　　　③ ㄹ - ㄱ - ㄴ - ㄷ

④ ㄹ - ㄱ - ㄷ - ㄴ　　　⑤ ㄹ - ㄷ - ㄱ - ㄴ

05

ㄱ. 이것은 주관의 정신의 빛이 객관인 사물에 반사되어 다시 의식 속으로 귀환하는 반성(re-flexion)의 인식적 구조를 가지며, 주어와 서술어의 두 요소로 구성되는 판단의 논리적 형식으로 언표된다.

ㄴ. 헤겔은 인간의 유한한 인식 능력에서 말미암는 반성을 절대적 반성으로, 판단을 사변적 문장으로 만듦으로써 이 문제를 해결한다.

ㄷ. 하지만 인식이 인간의 의식 속에서 일어나는 한, 인식은 반성의 구조를 벗어날 수 없으며 그 표현은 판단의 형식을 띨 수밖에 없을 것 같이 보인다.

ㄹ. 헤겔은 여기서 주관과 객관, 주어와 술어의 근원적인 분리를 보며, 이러한 이분법적 제한 속에서는 그가 인식의 대상으로 보는 절대자가 파악되고 표현될 수 없다고 본다.

ㅁ. 칸트의 인식론은 오성의 기능이 현상하는 사물을 파악하는 것이다.

① ㄴ - ㄱ - ㄹ - ㅁ - ㄷ　　② ㄴ - ㄷ - ㄱ - ㄹ - ㅁ　　③ ㅁ - ㄱ - ㄹ - ㄷ - ㄴ
④ ㅁ - ㄴ - ㄱ - ㄹ - ㄷ　　⑤ ㅁ - ㄴ - ㄷ - ㄹ - ㄱ

06

ㄱ. 그의 복지 정책은 노동자뿐 아니라 노인과 약자 등 사회의 다양한 계층으로부터 광범위한 지지를 얻을 수 있었지만, 이러한 정책을 실행하는 과정에서 각 정파들 간에 논쟁과 갈등이 발생했다.

ㄴ. 그런데 그 재원을 확보하고자 국가가 세금과 같은 방법을 동원할 경우 그 비용을 강제로 부담하고 있다고 생각하는 국민들의 불만은 말할 것도 없고, 실제 제공되는 복지 수준이 기대치와 다를 경우 그 수혜자들로부터도 불만을 살 우려가 있었다.

ㄷ. 그는 노령연금과 의료보험 정책을 통해 근대 유럽 복지 제도의 기반을 조성하였는데 이 정책의 일차적 목표는 당시 노동자를 대변하는 사회주의자들을 견제하면서 독일 노동자들이 미국으로 이탈하는 것을 방지하는 데 있었다.

ㄹ. 19세기 후반 독일의 복지 제도를 주도한 비스마르크는 보수파였다.

ㅁ. 복지 제도는 모든 국민에게 그들의 공과와는 관계없이 일정 수준 이상의 삶을 영위할 수 있도록 사회적 최소치를 보장하는 것이고 이를 위해선 지속적인 재원이 필요했다.

① ㄹ - ㄱ - ㅁ - ㄷ - ㄴ　　② ㄹ - ㄷ - ㄱ - ㄴ - ㅁ　　③ ㄹ - ㄷ - ㄱ - ㅁ - ㄴ
④ ㅁ - ㄱ - ㄹ - ㄴ - ㄷ　　⑤ ㅁ - ㄴ - ㄷ - ㄱ - ㄹ

정답 및 해설 P. 39~40

01 다음 제시된 문단을 순서대로 바르게 나열한 것을 고르면?

> (가) 그런데 최근 한 연구 보고서에 따르면 청소년의 77.5%가 온라인 게임에서의 욕설이 잘못된 것이라고 생각하고 있고, 83.0%는 욕설을 하지 않고도 온라인 게임을 할 수 있다고 생각하고 있었습니다. 그러므로 이러한 인식을 바탕으로 청소년 스스로가 조금만 더 바르고 고운 말을 사용하려고 노력한다면 욕설을 줄일수 있을 것입니다. 또한 학교에서도 학생들을 대상으로 온라인 게임의 매체 특성을 고려한 언어 교육이나캠페인 활동이 이루어져야 합니다.
>
> (나) 청소년기에 사용하는 언어는 개인의 정서와 인격 형성에 영향을 주기 때문에 매우 중요합니다. 그런데 최근 청소년들이 일상생활에서 온라인 게임을 하는 시간이 늘어나면서 온라인 게임에서의 청소년 욕설도 증가하고 있습니다. 이는 그 자체로도 문제지만 청소년들의 갈등과 폭력, 소외를 유발하는 직접적인 원인이된다는 점에서 반드시 해결해야 하는 사회적인 문제입니다.
>
> (다) 온라인 게임에서 발생하는 청소년의 욕설 문제는 단순히 학생들만의 문제는 아닙니다. 따라서 이를 개선하기 위해서는 언어 사용의 주체인 청소년은 물론, 학교와 게임 제공 업체가 문제 해결을 위해 협력해 나가야 합니다.
>
> (라) 온라인 게임을 이용하는 대부분의 청소년들이 욕설을 경험하고 있습니다. 온라인 게임의 상황에서는 평소보다 더 많은 욕설을 하고 있으며, 그 내용도 선정적이고 폭력적인 경우가 더 많습니다. 또한 상대방을 가리지 않고 욕설을 하는 양상을 보입니다.
>
> (마) 그렇다면 청소년들이 온라인 게임에서 욕설을 하는 이유는 무엇일까요? 우선, 온라인 게임의 특성 측면에서 살펴보면, 온라인 게임을 통해 과도한 경쟁이 유발되기 때문입니다. 또한 온라인 게임은 직접 상대방과대면하지 않는다는 점과 익명성 때문에 일상에서보다 더 많은 욕을 하게 되는 것입니다. 그리고 개인적인측면에서는 평상시에도 욕을 많이 하던 학생이 온라인 게임에서도 습관적으로 욕설을 하게 됩니다.

① (가) - (나) - (다) - (라) - (마)
② (가) - (다) - (마) - (나) - (라)
③ (나) - (라) - (마) - (가) - (다)
④ (나) - (마) - (가) - (라) - (다)
⑤ (다) - (라) - (나) - (마) - (가)

02 다음 제시된 문단을 순서대로 바르게 나열한 것을 고르면?

> (가) 하지만 그 어떤 정부라 하더라도 여론의 힘을 빌려 특정 사안에 대한 토론의 자유를 제한하려 하는 행위를 해서는 안 된다. 그런 행위는 여론에 반(反)해 사회 구성원 대다수가 원하는 토론의 자유를 제한하려는 것만큼이나 나쁘다.
>
> (나) 인간이 발전시켜 온 생각이나 행동의 역사를 놓고 볼 때, 인간이 지금과 같이 놀라울 정도로 이성적인 방향으로 발전해 올 수 있었던 것은 이성적이고 도덕적 존재로서 자신의 잘못을 스스로 시정할 수 있는 능력 덕분이다. 인간은 토론과 경험에 힘입을 때에만 자신의 과오를 고칠 수 있다.
>
> (다) 인류 전체를 통틀어 단 한 사람만이 다른 생각을 가지고 있다고 해도, 그 사람에게 침묵을 강요하는 것은 옳지 못하다. 이는 어떤 한 사람이 자신과 의견이 다른 나머지 사람 모두에게 침묵을 강요하는 것만큼이나 용납될 수 없는 일이다.
>
> (라) 단지 경험만으로는 부족하다. 경험을 해석하기 위해서는 토론이 반드시 있어야 한다. 인간이 토론을 통해 내리는 판단의 힘과 가치는, 판단이 잘못되었을 때 그것을 고칠 수 있다는 사실로부터 비롯되며, 잘못된 생각과 관행은 사실과 논쟁 앞에서 점차 그 힘을 잃게 된다. 따라서 민주주의 국가에서는 자유로운 토론이 보장되어야 한다. 자유로운 토론이 없다면 잘못된 생각의 근거뿐 아니라 그러한 생각 자체의 의미에 대해서도 모르게 되기 때문이다.
>
> (마) 어느 누구에게도 다른 사람들의 의사 표현을 통제할 권리는 없다. 다른 사람의 생각을 표현하지 못하게 억누르려는 권력은 정당성을 갖지 못한다. 가장 좋다고 여겨지는 정부일지라도 그럴 자격을 갖고 있지 않다. 흔히 민주주의 국가에서는 여론을 중시한다고 한다.

① (나) − (다) − (가) − (마) − (라)
② (나) − (라) − (마) − (가) − (다)
③ (다) − (나) − (마) − (가) − (라)
④ (다) − (라) − (가) − (나) − (마)
⑤ (다) − (라) − (가) − (마) − (나)

03 다음 주어진 단락을 원래의 순서대로 재배열하면?

(가) 평자가 지루하게 이 논거를 말하는 이유는 같은 파동함수를 대하는 방식이 쉬뢰딩거와 폰노이만이 전혀 다르다는 점 때문이다. 어쨌든 이 증명이 확실하게 보여 주는 것 하나는 숨겨진 변수이론이 양자역학의 파동함수와 일치되지 않는다는 점이다. 그러나 필자가 중시한 데이비드 보옴은 파동함수의 비국소성을 인정하면서도 상대성의 숨겨진 변수의 존재를 인정하는 독특한 대안을 제시했다. 물리적 실재론자들에게 있어서 물리학에서 양자론의 파동함수와 같은 비인과적 성향은 당위적으로 불완전한 것이며 결코 정당화될 수 없는 것으로 여겨진다. 결국은 양자론도 끝내는 숨겨진 변수에 의해서 대치될 것이라는 강한 믿음이 있다. 이러한 사람들의 대표적인 이가 보옴이다.

(나) 양자역학의 확률론이 옳다는 것을 받아들인다면 양자역학을 인과율의 범주에서 말할 수 없게 된다. 수학자인 폰노이만은 양자역학의 형식론에서 숨겨진 변수가 있을 수 없다는 것을 증명하였다.

(다) 보옴은 모든 확률성이 물리학에서는 근원적으로 인과율로 환원될 수 있다고 믿었다. 그에게 있어서 확률적 언명은 현 시점에서 임시적(ad hoc)일 뿐이다. 여기서 필자는 보옴의 인과성 주장보다는 비국소성의 명제를 부각하였다. 보옴의 자연관에 따르면 자연 그 자체는 무한의 복잡한 양상을 갖고 존재한다. 따라서 자연은 겉보기에 무질서로 보일 수 있다. 그러나 그의 자연이해는 현상 뒤에서 그것을 결정해 주는 숨겨진 변수들이 자연에 내재한다고 보는 데서 시작된다.

(라) 한 입자의 스핀값에 대해 n번 측정은 아래와 같은 각각의 파동함수 값에 의존될 것이다. 그리고 그 가관찰량 A에 대한 n번의 결과치는 숨겨진 변수 λ에 의해 결정된다고 가정하면, 즉 숨겨진 변수의 존재를 인정한다면 변수 λ에 의한 분산자(dispersion) 값이 중간평균값을 가질 것이며, 이는 폰노이만의 공리들을 위반하는 수학적 귀류법에 따라서 자유분산 상태는 존재할 수 없다는 결과에 이르며 결국 숨겨진 변수의 존재는 부정된다.

(마) 보옴은 코펜하겐 해석의 기본입장을 거부하고 양자론의 이상현상들을 다시 고전적 입장의 결정론 안에서 재해석하려 했다. 보옴은 52년에 발표한 숨겨진 변수이론을 60년대에 와서 약간 수정을 하지만 70년대 중반 들어 다시 초기이론으로 돌아간다. 보옴은 폰노이만의 결과가 수학적으로 옳지만, 물리적으로 무의미한 공리를 포함한 것이기 때문에, 양자론을 결정론적 구조와 완전히 모순된 것으로 볼 수 없다는 입장을 보인다. 폰노이만의 해석은 측정과정에 대한 분석에서 출발하여 확률적 인과율만을 고려한 반면, 보옴은 제한 없는 인과율의 타당성을 인정하면서 들어간다.

① (나) – (다) – (마) – (가) – (라)
② (나) – (라) – (가) – (마) – (다)
③ (나) – (마) – (가) – (다) – (라)
④ (마) – (가) – (라) – (다) – (나)
⑤ (마) – (나) – (가) – (라) – (다)

04 다음 글의 내용 전개상 가장 적절한 문단배열 순서는?

(가) 150년 전 독일의 네안데르탈에 있는 펠드호퍼 동굴에서 네안데르탈인의 유골이 처음 발견되었는데, 지난 1997년에 이 네안데르탈인의 뼈에서 DNA를 채취하여 분석한 결과, 네안데르탈인의 DNA가 현대 인간의 DNA와는 매우 다르다는 것을 알 수 있었다. 그뿐 아니라 네안데르탈인의 DNA는 유럽인보다는 아시아인 이나 아프리카인의 DNA와 더 비슷하였다. 만일 네안데르탈인에서 현대의 유럽인이 기원했다면 네안데르 탈인의 유전자가 유럽인의 유전자와 훨씬 더 비슷한 결과를 나타냈을 것이다. 따라서 현대인은 네안데르 탈인으로부터 유전자를 거의 물려받지 않았다고 볼 수 있다.

(나) 네안데르탈인은 약 4만 년 전, 유럽에서 살았던 초기의 인간으로, 키는 작았지만 근육질이었으며, 형태는 조금 달랐지만 현대인과 같은 크기의 뇌를 가지고 있었다. 그들은 큰 눈썹과 큰 광대뼈, 그리고 큰 코를 가 지고 있어서 또 다른 초기 인간인 크로마뇽인과는 다른 모습을 하고 있었다. 우리는 크로마뇽인을 오늘날 유럽인의 직계 조상으로 알고 있지만 현대 유럽인이 네안데르탈인과 얼마나 가까운지에 대해서는 아직도 논쟁 중이다. 일부 인류학자들은 네안데르탈인이 크로마뇽인에서 진화되었다고 생각한다.

(다) 네안데르탈인이 크로마뇽인과 다르다고 주장하는 사람들에게 이 네안데르탈인 아기의 DNA 분석 증거는 매우 강한 확신을 준다. 그러나 과학적 논쟁의 특성상 일부 연구자들이 DNA 분석 결과의 신빙성에 대해 의문을 제기하고 있다. 네안데르탈인 아기는 겨우 생후 한 달밖에 되지 않았으므로 그로부터 네안데르탈 인과 크로마뇽인의 뼈 형성 과정을 구별하는 것은 불가능하다는 것이다. 이들은 또한 스페인의 라거벨호 지역에서 2만 4천년 전에 살았던 어린아이의 유골을 발견하였는데, 이 어린아이의 이와 턱은 현대인의 것 과 유사하지만 아래턱과 땅딸막한 몸은 네안데르탈인과 비슷하다는 점을 지적한다. 네안데르탈인과 크로 마뇽인의 유전자가 서로 섞였다고 믿는 사람들은 네안데르탈인이 사라진 뒤, 네안데르탈인과 유사한 특징 들이 수천 년 동안 계속 유지된 것은 과거에 그들의 유전자가 섞였음을 의미한다고 주장한다.

(라) 일부 학자들은 이러한 발견에 의문을 갖는다. 왜냐하면 화석에서 오염되지 않은 재료를 얻는 것이 매우 어 려워 고대의 DNA를 연구하는 분야는 상당히 도전적인 분야라고 할 수 있기 때문이다. 화석에서 고대 DNA의 분리에 성공했다는 연구 보고들은, 화석에서 분리된 DNA가 박테리아나 곰팡이의 DNA 또는 연구 자들의 DNA에 의해 오염되지 않았다는 확신이 들 때까지는 매우 회의적이다. 그러나 2001년에 북구 코 카서스에서 발견된 네안데르탈인 아기의 가슴뼈에서 추출한 DNA 분석에서도 비슷한 결과가 나왔다. 이 네안데르탈인 아기의 DNA를 이전에 연구된 펠드호퍼 DNA와 현대인의 DNA, 침팬지의 DNA와 비교하였 는데, 네안데르탈인 아기의 DNA는 펠드호퍼의 DNA와 가장 비슷하였으며 현대인의 DNA와는 뚜렷하게 구별되었다.

(마) 그러나 같은 시대에 가까운 곳에서 살았던 두 집단의 유골이 발견되면서 이러한 생각은 더 이상 그럴듯하 지 않게 되었다. 그렇다면 네안데르탈인은 크로마뇽인과 완전히 다른 종일까, 아니면 두 종의 유전자가 섞 였을까? 여기에 대해서는 여전히 논쟁 중이지만 새로운 유전학적 증거에 의해, 일부 연구자들은 두 집단 의 유전자가 거의 섞이지 않았을 것이라고 확신을 한다.

① (가) - (나) - (다) - (라) - (마)
② (가) - (라) - (마) - (나) - (다)
③ (나) - (가) - (다) - (마) - (라)
④ (나) - (마) - (가) - (다) - (라)
⑤ (나) - (마) - (가) - (라) - (다)

05 다음 글의 내용 전개상 가장 적절한 문단배열 순서는?

(가) 이 예는 특수한 경험을 바탕으로 얻어진 법칙과 이론 위에서 연역적 추론이 진행되어야 한다는 것을 말한다. 말하자면 귀납은 그 스스로의 힘으로는 정당화될 수 없다는 말이다.

(나) 과학은 관찰과 실험에 근거한 귀납에 의해서 세워진 구조물이라는 소박한 생각은 마치 집을 지을 재료만 가지고 있으면 훌륭한 집을 지을 수 있으리라 기대하는 것만큼이나 소박하기 그지없다. 물론 이때 '소박하다'는 말은 삶을 소박하게 욕심 없이 살아야 한다는 말과는 의미의 맥락이 다르다. 이 경우의 소박함은 관찰과 실험에 호소하는 지식만이 가장 객관적으로 믿을 만한 지식이라는 생각을 말하는 것이다.

(다) 순수한 관찰을 통한 귀납적 추리만이 객관적 지식을 보증해 줄 것이라는 생각이 얼마나 소박한지를 예를 들어 생각해 보자. 그 유명한 버트란트 러셀의 칠면조의 슬픈 이야기이다. 주인이 아침 9시만 되면 모이를 가져온다. 칠면조는 수많은 시간 동안 다양한 조건 아래에서 9시에 주인이 모이를 준다는 사실을 관찰하였다. 비가 오나 눈이 오나, 수요일도 금요일도 주인은 항상 9시에 모이를 주는 것이다. 이러한 수많은 관찰을 토대로 칠면조는 드디어 "나는 항상 9시에 모이를 주인에게서 받아먹는다"라는 결론을 내렸다. 그런데 크리스마스이브 날 칠면조의 결론은 거짓으로 드러난 것이다. 칠면조는 모이를 받는 대신에 자신의 목을 주인에게 내놓고 말았다.

(라) 우리가 이러한 생각을 소박하다고 말하는 이유는 순전히 관찰에만 호소하여 얻어진 지식이라는 것이 있을 수 있는지를 물을 때 드러난다. 아무리 중립적인 태도로 관찰한다고 하더라도 관찰된 사실에서 일반적인 법칙이 이끌려 나올 수 있기 위해서는 관찰을 넘어 설명하고 예측하는 능력이 필요한 것이다. 만약 관찰자가 단순히 관찰하는 기계와 같은 사물이 아닌 이상, 관찰자는 자신의 관찰을 통해 얻은 사실을 근거로 하여 연역적으로 설명하고 예측하는 절차로 나아가야 한다. 그러므로 화이트헤드의 말대로, 베이컨의 귀납주의는 과학적 발견의 과정에서 자유로운 상상력의 구실을 생략한 것이다. 화이트헤드는 진정한 과학적 발견을 비행기의 비행과 비유한다. 발견의 과정은 특수한 관찰을 토대로 이륙하여 상상력을 통한 일반화의 과정을 거쳐 비행한 후, 합리적 해석에 의해 새롭게 얻은 관찰로 다시 착륙하는 일련의 비행과 같다고 말한다.

① (나) − (다) − (라) − (가)
② (나) − (라) − (다) − (가)
③ (다) − (나) − (가) − (라)
④ (다) − (라) − (가) − (나)
⑤ (다) − (라) − (나) − (가)

정답 및 해설 P. 40~41

끝이 좋아야 시작이 빛난다.

– 마리아노 리베라(Mariano Rivera)

IT자격증 단기 합격!
에듀윌 EXIT 시리즈

컴퓨터활용능력

- **필기 초단기끝장(1/2급)**
  문제은행 최적화, 이론은 가볍게 기출은 무한반복!

- **필기 기본서(1/2급)**
  기초부터 제대로, 한권으로 한번에 합격!

- **실기 기본서(1/2급)**
  출제패턴 집중훈련으로 한번에 확실한 합격!

GTQ

- **GTQ 포토샵 1급 ver.CC**
  노베이스 포토샵 합격 A to Z

ITQ

- **ITQ 엑셀/파워포인트/한글 ver.2016**
  독학러도 초단기 A등급 보장!

- **ITQ OA Master ver.2016**
  한번에 확실하게 OA Master 합격!

정보처리기사/기능사

- **필기 / 실기 기본서(기사)**
  한번에 확실하게 기초부터 합격까지 4주완성!

- **실기 기출동형 총정리 모의고사(기사)**
  싱크로율 100% 모의고사로 실력진단+개념총정리!

- **필기 한권끝장(기능사)**
  기출 기반 이론&문제 반복학습으로 초단기 합격!

120만 권 판매 돌파!
36개월 베스트셀러 1위 교재

최신 기출 경향을 완벽 분석한 교재로 가장 빠른 합격!
합격의 차이를 직접 경험해 보세요

2주끝장

판서와 싱크 100% 강의로
2주만에 합격

기본서

첫 한능검 응시생을 위한
확실한 개념완성

10+4회분 기출700제

합격 필수 분량
기출 14회분, 700제 수록

1주끝장

최빈출 50개 주제로
1주만에 초단기 합격 완성

초등 한국사

비주얼씽킹을 통해
쉽고 재미있게 배우는 한국사

베스트셀러 1위
에듀윌 토익 시리즈

쉬운 토익 공식으로
기초부터 실전까지 한번에, 쉽고 빠르게!

토익 입문서

토익 입문서

토익 실전서

토익 종합서

토익 종합서

토익 단기서

토익 어휘서

동영상 강의 109강 무료 제공

꿈을 현실로 만드는
에듀윌

DREAM

공무원 교육
- 선호도 1위, 신뢰도 1위!
  브랜드만족도 1위!
- 합격자 수 2,100% 폭등시킨
  독한 커리큘럼

자격증 교육
- 8년간 아무도 깨지 못한 기록
  합격자 수 1위
- 가장 많은 합격자를 배출한
  최고의 합격 시스템

직영학원
- 직영학원 수 1위, 수강생 규모 1위!
- 표준화된 커리큘럼과 호텔급 시설
  자랑하는 전국 27개 학원

종합출판
- 온라인서점 베스트셀러 1위!
- 출제위원급 전문 교수진이
  직접 집필한 합격 교재

어학 교육
- 토익 베스트셀러 1위
- 토익 동영상 강의 무료 제공
- 업계 최초 '토익 공식' 추천 AI 앱 서비스

콘텐츠 제휴 · B2B 교육
- 고객 맞춤형 위탁 교육 서비스 제공
- 기업, 기관, 대학 등 각 단체에 최적화된
  고객 맞춤형 교육 및 제휴 서비스

부동산 아카데미
- 부동산 실무 교육 1위!
- 상위 1% 고소득 창업/취업 비법
- 부동산 실전 재테크 성공 비법

공기업 · 대기업 취업 교육
- 취업 교육 1위!
- 공기업 NCS, 대기업 직무적성,
  자소서, 면접

학점은행제
- 99%의 과목이수율
- 15년 연속 교육부 평가 인정 기관 선정

대학 편입
- 편입 교육 1위!
- 업계 유일 500% 환급 상품 서비스

국비무료 교육
- '5년우수훈련기관' 선정
- K-디지털, 4차 산업 등 특화 훈련과정

eduwill